Web2.0环境下职前与在职教师
教育技术能力培养模式
研究与实践

主编◎ 吴鹏泽 杨琳

SPM 南方出版传媒

全国优秀出版社
全国百佳图书出版单位

广东教育出版社

·广州·

图书在版编目（CIP）数据

Web2.0环境下职前与在职教师教育技术能力培养模式研究与实践／吴鹏泽，杨琳主编. —广州：广东教育出版社，2018.11

ISBN 978-7-5548-2445-0

Ⅰ.①W… Ⅱ.①吴… ②杨… Ⅲ.①高等学校—教育技术学—师资培训—研究 Ⅳ.①G40-057

中国版本图书馆CIP数据核字（2018）第185622号

责任编辑：孔　婷　窦　敏　李映婷
责任技编：黄　康
装帧设计：梁　杰

Web 2.0 Huanjingxia Zhiqian Yu Zaizhi Jiaoshi Jiaoyu
Jishu Nengli Peiyang Moshi Yanjiu Yu Shijian
广 东 教 育 出 版 社 出 版 发 行
（广州市环市东路472号12−15楼）
邮政编码：510075
网址：http://www.gjs.cn
广东新华发行集团股份有限公司经销
佛山市浩文彩色印刷有限公司印刷
（佛山市南海区狮山科技工业园A区）
787毫米×1092毫米　16开本　23.5印张　480 000字
2018年12月第1版　2018年12月第1次印刷
ISBN 978-7-5548-2445-0
定价：68.00元

质量监督电话：020-87613102　邮箱：gjs-quality@gdpg.com.cn
购书咨询电话：020-87615809

序

互联网从Web1.0进入Web2.0时代，使学习者既成为网络学习信息的浏览者，同时也成为网络学习信息的发布者；使学习者的学习模式由读信息的模式向写信息的模式转变以及向建构共享共建的学习模式方向发展；使学习者由被动地接收互联网的学习信息向主动创造互联网的学习信息发展。伴随着移动互联网的发展，学习者的个人空间开始从PC端走向移动端，构建了更加开放、自主、移动、即时的信息发布与传播环境，学习者可以使用各类移动端应用，进行随时随地的内容创作、交流协作与信息传播。由此可见，应用Web2.0技术及移动互联技术为职前与在职教师教育技术能力培养与培训的理念、内容、模式、策略的变革，培养教育信息化后备人才，促进教育信息化的快速、可持续发展，带来了挑战与机遇。

吴鹏泽、杨琳的专著《Web2.0环境下职前与在职教师教育技术能力培养模式研究与实践》将教师群体分为职前教师与在职教师，分别对应职前中小学教师及在职高校教师，应用Web2.0交互、参与、协作、共享共建的教育功能以及移动学习移动性、便捷性、微型性等优势，以教学系统设计理论、混合学习理论、移动学习理论、学习共同体理论、社会建构主义理论、群体动力学理论、成人教育理论及绩效理论为指导，运用文献研究、内容分析、比较研究、个案研究和试验研究等研究方法，展开以下几个方面的研究：

（1）基于Web2.0的高校教师教育技术能力评价指标体系研究，明确基于Web2.0的高校教师教育技术能力评价指标项及各指标项的权重；

（2）基于Web2.0的高校教师教育技术能力培训模式及策略研究；

（3）移动环境下职前教师信息技术应用能力培养策略研究。

该专著建构基于Web2.0及移动学习环境的职前与在职教师教育技术能力培养与培训模式及策略，对于优化教师教育技术能力培养与培训过程，提高其绩效具有重要的理论意义与应用参考价值。

徐福荫

2018年8月

于华南师范大学

徐福荫，教授，博士研究生导师，博士后科研流动站合作导师，第五届、第六届国务院学位委员会教育学科评议组成员，2006—2010年教育部高等学校教育技术学专业教学指导委员会主任委员，中国教育学会中小学信息技术教育专业委员会理事会名誉理事长。

前　言

随着信息技术的不断发展，其对教育的革命性影响日趋明显。《国家中长期教育改革和发展规划纲要（2010—2020年）》首次专门把"加快教育信息化进程"作为一章，提出将教育信息化纳入国家信息化发展整体战略，要通过教育信息化整体提升教育质量。作为教育信息化的重要环节，教师队伍的建设至关重要。教师的信息化教学能力提升被认为是破解教育信息化发展瓶颈和促进教师专业发展的重要软实力。

我国对教师信息化教学能力的重视程度，通过相关标准、政策的制定与实施可见一斑。2004年12月，教育部正式颁布了《中小学教师教育技术能力标准（试行）》。这是我国中小学教师的第一个专业能力标准，为教育技术在我国中小学教育教学中的普遍应用提供了必要的师资基础和必要的政策保障。随着信息技术的不断发展，教育部在2013年10月发布了《关于实施全国中小学教师信息技术应用能力提升工程的意见》，并于2014年5月发布了《中小学教师信息技术应用能力标准（试行）》《中小学教师信息技术应用能力培训课程标准（试行）》等，为中小学教师信息技术应用能力培训给出了方向性指导。

联合国教科文组织将信息技术与教育融合发展的过程划分为四个阶段，依序是起步、应用、融合、创新。整体来看，当前我国教育信息化大部分地区已进入应用阶段及融合的初期阶段。顺应我国教育信息化的发展进程，关于教师信息化教学能力出现了从"教育技术能力"向"信息技术应用能力"的术语变迁。我国教育部提出了"教师信息技术应用能力"标准，着力于教师应用信息技术促进教学及学习者学习方式的转变。而教育信息技术应用能力相对信息技术应用能力而言，不止包含信息技术"应用"的范畴，同时关注对教育信息技术环境、教育信息资源与教育过程的设计、开发、利用、管理、评价，更突显能力体系的系统性。因此，本书在突出"教师信息技术应用能力"的同时，仍沿用"教育技术能力"这一表述。而中小学部分，以"中小学教师信息技术应用能力标准"为基础展开论述，采用"信息技术应用能力"的表述。

互联网从Web1.0进入Web2.0时代，使学习者既成为网络学习信息的浏览者，也成为网络学习信息的发布者；使学习者的学习模式由读信息的模式向写信息的模式转变以及向建构共享共建的学习模式方向发展；使学习者由被动地接收互联网的学习信息向主动创造互联网的学习信息发展。伴随着移动互联网的发展，学习者的个人空间开始从PC端走向移动端，构建了更加开放、自主、移动、即时的信息发布与传播环境，学习者可以使用各类移动端应用，进行随时随地的内容创作、交流协作与信息传播。

由此可见，Web2.0技术及移动互联技术等为教师教育技术能力培养的理念、内容、模式的变革带来了挑战与机遇，建构基于Web2.0及移动学习环境的教师教育技术能力培训模式及策略，对于优化教师教育技术能力培训过程，提高其绩效具有重要的理论意义和应用价值。

本书的主题为Web2.0环境下教师教育技术能力培养。第一篇为绪论部分，交代背景、阐述概念、分析内涵等。第二篇为研究综述，综述教师教育技术能力培养和培训的研究现状，对中小学教师、高等学校教师和其他领域教师包括幼儿园教师、职业学校教师、民族地区教师、特殊教育教师等方面分别阐述。最后从横向和纵向的角度对现状进行评述。第三篇为典型的研究实践案例部分。针对中小学教育领域和高等教育领域进行理论构建及实践应用，主要包括基于Web2.0的高校教师教育技术能力评价指标体系研究；基于Web2.0的高校教师教育技术能力培训模式及策略研究；移动环境下职前教师信息技术应用能力培养策略研究；并选取两个典型案例，对本篇提出的培训策略进行实证研究。第四篇为教师教育技术应用能力前瞻，预测教育技术应用能力研究的发展方向。

本书在编写过程中得到了徐福荫教授的指导。华南师范大学教育信息技术学院在读博士研究生崔萌，在读硕士研究生李娴娟、姚昕雨、许婷，本科生郑玉燕及罗慧敏同学参与了本书的编撰和校对工作。

编 者
2018年5月

目 录
contents

第四篇　教师教育技术能力研究前瞻 / 267

图目录

表目录

Chapter 1

第一篇

绪论

本篇为本书的先导部分，按照"教师—教师专业发展—教师信息技术应用能力"的思路展开内容，主要内容有信息化环境下教师角色的变革、教师专业发展的变革、教师信息技术应用能力的培养和培训等。

第一章

信息化环境下的教师及其专业发展

在新技术层出不穷、迅速发展的时代里，教育作为一种培养人的社会活动，正在信息技术的推动下不断地进行着变革。为进一步促进信息技术与教学的融合，作为教学活动主体之一的教师，其角色转换和专业发展正逐步成为社会组织所关心的话题。

第一节　信息化环境下教师角色的变革

目前，信息化环境下的学习主体为互联网时代中成长起来的"数字原住民"，信息技术正从方方面面渗入他们的生活，影响着他们知识获取与应用的方式，使得他们的学习渠道多元化，从而打破了教师在传统教育教学过程中的中心地位。为了更好地适应"新型"学习者的需要，教师需要具备一定的信息素养，并能够通过现代信息技术进行教学，开展以学生为主体的教学活动。这就迫使教师进行角色的转换，重新确定自己的角色定位。

信息化环境下的教师角色变革有以下几种形式：

1. 从教授者到引导者

在传统教学中，教师是课堂教学的中心，以讲授式教学法为主，学生是知识的接受者，只是被动地接受教师灌输的知识。这种传统教学模式虽然有助于培养学生尊师守纪的良好品格，并且能让学生在短时间内抓住所学知识的重点，但往往容易导致在课堂教学中出现满堂灌的现象，忽视了学生不同的知识水平与接受能力，使得学生的自主学习能力、批判性思维、创新能力以及问题解决能力得不到充分的重视和发展。信息化环境下的教育正进行改革，强调教师应该将学生作为教学活动的中心，帮助学生转换学习方式，引导学生获取适应未来社会需求的能力。

2. 从执行者到设计者

信息时代下的教师不再只是教学活动中的执行者，而是能够设计出提升学生综合能力的学习活动、学习空间、学习情境、学习资源以及学习评价的教学设计者。教师通过对技术的选择和使用，采取不同的方式在学生兴趣和学习目标之间建立联系，力求最大限度地发挥学生的主观能动性，避免传统教学模式压制学生的发展。

3. 从实施者到参与者

在信息化环境下教师应该走出传统的教学模式，使自己从原来教学活动的实施者转变为教学活动的参与者。协作学习不只发生在生生之间，也发生在师生之间。信息技术为教师提供了与学生组成学习共同体的机会，由于教师的知识结构和能力水平都远高于学生，在协作过程中教师能够引领、指导和监控学生行为，使得教学活动得以顺利进行。教师应该成为学生学习过程的支架，为学生学习提供全过程支持，成为知识的协同创造者[①]。

4. 从教学者到研究者

由于学生对知识的熟练程度和准备状态存在个体差异，并且不同的学习者具有不同的学习方式，所以教师在进行教学时需要提供更广泛的教学技巧和策略。这要求教育者有能力来整合主题；学会利用技术、实践项目以及原始学习材料来增加学习机会；开发评估学生学习的新方法，并使用评估数据来改进教学过程。在信息化环境下，随着技术的普及与使用成本的降低，让教师能更加容易地去通过试验验证新技术和新方式的可行性。信息技术的支持，使得教师可以通过互联网与不同地域的专家学者们建立联系，形成教学者之间的学习社群，互相分享、借鉴教学经验，拓宽视角，促进教学研究。教师只有成为研究者，才能更好地进行信息时代下的教学活动，同时满足自己专业发展的要求。

第二节　信息化环境下教师专业发展的变革

一、教师专业发展

2000年，全美教育委员会在《追求高质量的教学：对决策者的五个重要战略》一书中指出，教师的能力是在家庭与家庭环境之外影响学生成功的最

---

① 赵建华，蒋银健，姚鹏阁，等. 为未来做准备的学习：重塑技术在教育中的角色——美国国家教育技术规划（NETP2016）解读[J]. 现代远程教育研究，2016（2）：3-17.

有影响力的决定因素。①要使学生取得更显著的进步，教师专业得到持续的、高质量的发展是必要的。

对于教师专业发展，不同学者给出了不同的定义。2002年，戴（Day）在《教师发展：终身学习的挑战》一书中，综合了众多理论学派的理解，将教师专业发展理解为一个教师通过不断学习、不断接受新知识、进行反思，得到知识、技能的掌握和思想、情感的发展的终身学习和终身成长的过程。②哈格里夫斯（Hargreaves）提出，教师发展的实践和研究应该解决提高技术技能、道德品质、自我需求、政治意识、熟练度和敏锐度等方面的问题，更重要的是发现它们之间的相互作用并进行整合。③

我们可以把教师专业发展理解为四个部分的内容：学科知识的发展、基础知识的发展、实践性知识的发展以及师德的培养。学科知识的发展指系统性地加强专业学科的知识，教师是教学过程中的主导者，教师的学科知识水平极大地影响着学生学习知识的正确性。基础知识的发展指课程与教学理论知识以及心理学知识等教学知识，可以通过教师进修、开展理论研讨等活动进行培养。实践性知识指教学中所应用的方法和技能的培养，可以通过教学实践和教师研修等方式培养。教师不仅承担着传播先进思想文化的重要任务，还是学生健康成长的指导者，因此，还要考虑教师个人在专业发展的过程中也能够满足自身成长的需要，从而获得一定程度的成就感与幸福感。所以，教师的职业道德培养是教师专业发展中不可或缺的一部分，要把提高教师思想政治素质和职业道德水平摆在首要位置。

二、信息技术与教师专业发展的关系

传统社会教师的专业素质主要包括师德、专业知识和教学知识三部分，而信息环境下教师的专业素质可以概括为师德、专业知识、教学知识、信息技术知识，这是在互联网的影响下所产生的重要变化。知识在剧增，环境在改变，教师凭借多年前掌握的知识年复一年地重复过去话题的时代一去不复返了。随着时代的发展，教师的专业知识必须不断地进行更新，教学方法与

---

① Allen M, Palaich R. In Pursuit of Quality Teaching: Five Key Strategies for Policymakers[R]. Denver: Education Commission of the States Distribution Center, 2000.

② Day C. Developing teachers: The challenges of lifelong learning[M]. Bristol: Routledge, 1999.

③ Hargreaves A. Development and Desire: A Postmodern Perspective[J]. Activism, 1994: 51.

教育观念也需要不断地进行变革。随着国家对教育信息化的大力推动，越来越多的学校将落实教育信息化提上日程，越来越多的教师开始将信息技术纳入课堂教学。多年来，诸多教学研究和实践成果昭示了信息技术应用于教学的重要价值，如果今天的教师依然忽视信息化变革，在迅速发展的时代中仍旧墨守成规，必将在竞争与发展中被淘汰。时代呼唤着教师角色、教师素养必须为适应信息化教育环境而进行演变和提升。

在前信息化时代，教师专业发展就是指教师的专业知识和教学能力不断提升的过程。在信息化时代，教师专业发展与信息技术紧紧挂钩，将技术纳入教师专业发展体系中。技术作为教师专业发展的内容之一，也构成了教师专业发展的手段、途径、方式、方法。

在信息化环境下，大家对教师专业发展阶段有不同的认识。其中有以王陆为代表的"学习体验阶段、实践反思阶段、研究创新阶段"三阶段说，以顾小清为代表的"了解、应用、整合、创新"四阶段说，以余胜泉为代表的"学习模仿、尝试使用、困惑、专业进化融合、创新发展"五阶段说等。综合这三种阶段总结，可以将技术引入后的教师专业发展阶段概括为学习知识、将知识进行实践应用、对实践情况进行反思总结、将各项专业技能融合以及实现创新发展。其中，虽然教师专业发展的各阶段特征发生了变化，但都包含着创新阶段，创新是适应信息化环境必不可少的能力素养。

联合国教科文组织（UNESCO）在《教师战略（2012—2015）》[1]中提出要"利用包括ICT在内的多种方式提升教学质量，促进教师专业发展"。如果说计算机辅助教学是对传统教学方式的一种静态的改良，那么基于网络的教学形式则是一种时空的突破，而当今提出的信息技术与学科教学整合便成为一种综合性的、动态的、全方位的跨越式变革。

三、信息化环境下教师应具备的能力及标准

教师专业发展和教师的专业能力是相辅相成的。我国政府一直很重视教师信息化教学能力的培养和提升，多次要求"提高教师应用信息技术水平。建立和完善各级各类教师教育技术能力标准……将教育技术能力评价结果纳

---

① UNESCO. UNESCO Strategy on teachers（2012—2015）. 联合国教科文组织官网.

入教师资格认证体系"[①]。

2013年10月25日，教育部发布了《教育部关于实施全国中小学教师信息技术应用能力提升工程的意见》[②]，决定实施全国中小学教师信息技术应用能力提升工程。2014年5月27日，教育部印发了《中小学教师信息技术应用能力标准（试行）》[③]，根据我国中小学校信息技术实际条件的不同、师生信息技术应用情境的差异，对教师在教育教学和专业发展中应用信息技术提出了基本要求和发展性要求。依据该标准，教育部在2014年5月30日印发了《中小学教师信息技术应用能力培训课程标准（试行）》[④]，对中小学教师信息技术应用能力培训给出了方向性指导。为规范指导各地组织实施教师信息技术应用能力测评，教育部于2014年7月7日发布了《中小学教师信息技术应用能力测评指南》[⑤]。

2015年，《中华人民共和国国民经济和社会发展第十二个五年规划纲要》完美收官，继而开创了《中华人民共和国国民经济和社会发展第十三个五年规划纲要》新局面。教育部在2016年6月7日发布了《教育信息化"十三五"规划》[⑥]，文件指出，要建立健全教师信息技术应用能力标准，将信息化教学能力培养纳入师范生培养课程体系，列入高校和中小学办学水平评估、校长考评的指标体系，将教师信息技术应用能力纳入教师培训必修学时（学分），将能力提升与学科教学培训紧密结合，有针对性地开展以深度融合信息技术为特点的课例和教学法的培训，培养教师利用信息技术开展学情分析与个性化教学的能力，增强教师在信息化环境下创新教育教学的能力，使信息化教学真正成为教师教学活动的常态。

为推动教师主动适应信息化、人工智能等新技术变革，积极有效开展教育教学，2018年2月11日，教育部发布了《2018年教育信息化和网络安全工作

① 中华人民共和国教育部. 教育信息化十年发展规划（2011—2020年）. 中华人民共和国教育部官网.

② 中华人民共和国教育部. 教育部关于实施全国中小学教师信息技术应用能力提升工程的意见. 中华人民共和国教育部官网.

③ 中华人民共和国教育部. 中小学教师信息技术应用能力标准（试行）. 中华人民共和国教育部官网.

④ 中华人民共和国教育部. 中小学教师信息技术应用能力培训课程标准（试行）. 中华人民共和国教育部官网.

⑤ 教育部教师工作司. 中小学教师信息技术应用能力测评指南. 中华人民共和国教育部官网.

⑥ 中华人民共和国教育部. 教育信息化"十三五"规划. 中华人民共和国教育部官网.

要点》①，提出启动实施新周期中小学教师信息技术应用能力提升工程，建设7个创新培训平台，以及启动面向中小学教师的信息技术应用能力发展测评指标研究和面向师范生的信息技术应用能力标准及培养模式研究。全国范围内新一轮中小学教师信息技术应用能力培训开展得如火如荼。

2018年，教育部印发了《教师教育振兴行动计划（2018—2022年）》②，提出要"研究制定师范生信息技术应用能力标准，提高师范生信息素养和信息化教学能力。依托全国教师管理信息系统，加强在职教师培训信息化管理，建设教师专业发展'学分银行'"。

表1-1 国家政策和标准

国家/机构	政策/文件	相关内容
教育部（2013）	《教育部关于实施全国中小学教师信息技术应用能力提升工程的意见》	决定实施全国中小学教师信息技术应用能力提升工程
教育部（2014）	《中小学教师信息技术应用能力标准（试行）》	对教师在教育教学和专业发展中应用信息技术提出了基本要求和发展性要求
教育部（2014）	《中小学教师信息技术应用能力培训课程标准（试行）》	对中小学教师信息技术应用能力培训给出了方向性指导
教育部（2014）	《中小学教师信息技术应用能力测评指南》	提出中小学教师信息技术应用能力测评的内容并规范指导各地组织实施教师信息技术应用能力测评
教育部（2016）	《教育信息化"十三五"规划》	提出要建立健全教师信息技术应用能力标准
教育部（2018）	《2018年教育信息化和网络安全工作要点》	提出启动实施新周期中小学教师信息技术应用能力提升工程，建设7个创新培训平台，以及启动面向中小学教师的信息技术应用能力发展测评指标研究和面向师范生的信息技术应用能力标准及培养模式研究
教育部（2018）	《教师教育振兴行动计划（2018—2022年）》	研究制定师范生信息技术应用能力标准，提高师范生信息素养和信息化教学能力

---

① 中华人民共和国教育部. 2018年教育信息化和网络安全工作要点. 中华人民共和国教育部官网.
② 教育部等五部门. 教师教育振兴行动计划（2018—2022年）. 中华人民共和国教育部官网.

世界各地的教育政策制订者也根据本国的实际情况制订了相应的教师专业标准和教师能力标准。如联合国教科文组织的《教师信息和通信技术能力标准》、韩国的《教师ICT应用能力标准》等，并且还根据信息技术对教学的变革，不断修改完善甚至颁布新的教师信息化教学能力标准。例如美国政府不仅发布了《面向教师的美国国家教育技术标准（2008）》更新版，美国教育传播与技术协会还颁布了《AECT标准（2012年版）》，对职前教师的信息化教学能力发展提出了明确要求。

为适应信息技术给教育带来的影响，信息化环境下的教师应具备以下五种基本能力：

（一）扎实的专业知识与教学能力

学生要达到较高的专业知识水平，这就需要教师本身必须具备扎实的知识基础与过硬的教学能力，才能在教育工作中培育出更多的人才。教师必须要熟练地掌握本学科的专业知识以及教学法相关的知识，通过学习不断提升自己的文化素养。信息化环境下的教师不仅需要学科知识和教学知识，还需要信息技术相关的技术知识，并将这三种知识相整合，成为整合技术的学科教学知识（TPACK）。信息化环境下，应用信息技术优化课堂教学的能力为教师的基本要求，主要包括教师利用信息技术进行讲解、启发、示范、指导、评价等教学活动应具备的能力；应用信息技术转变学习方式的能力为教师的发展性要求，主要针对教师在学生具备网络学习环境或相应设备的条件下，利用信息技术支持学生开展自主、合作、探究等学习活动所应具有的能力。

（二）研究素养和综合实践能力

21世纪的学生作为在信息化环境下成长起来的一代，他们获取知识的手段与方式都与过去的学生有着显著差异，学习风格也与以往学生的传统学习风格大相径庭，研究适应新时代学生学习的教学模式已成为现代化教育者们刻不容缓的要求。教师只有当自身同时具备研究素养和综合实践能力时，才能更好地培养学生的创新能力、科研能力和实践能力。首先，教师成为研究者，也是教师自身发展的要求。提升教师研究素养过程中，注重研究道德需摆在第一位。其次，教师需要关注问题意识、批判意识、反思意识、积累意识、成果意识和特色意识等六种意识培养的内容。教师的研究素养必须在实践活动中得到锻炼和提升，也只有在实践活动中才能体现和发挥出来。在实践过程中进行不断的锻炼，积累相关的知识和方法，获得更多的经验和体验。

（三）自我反思与总结能力

总结是一种发现问题并解决问题的手段。教师应该不断对日常开展的教学实践进行反思，在反思中提高自己的教学技能。信息技术的出现，一方面拓展了教师教学反思与总结的内容范围，将技术的应用纳入了反思与总结的内容中；另一方面技术构成了教师教学反思与总结的手段、途径、方式、方法和环境，为教师的教学反思与总结提供了更为有力的支持。

（四）表达与沟通能力

在技术应用的前提下，教师协作成为教师专业发展的重要特征。教师专业发展不再是单一教师的事情，而是要在教师协作中实现共同成长。教师之间的协作往往通过"专业实践共同体"（COP）实现，也可以通过有组织的校际教研活动或者帮扶实现，这要求教师具有良好的表达与沟通能力。信息时代注重交互，Web2.0环境下出现了微博、博客等以互动交流为特点的平台，在供使用者之间进行交流分享的同时，也成为承载教育资源的新型工具。教师可以通过网络与在线平台和不同区域的专家学者之间进行交流，分享并学习教学知识与经验。

（五）自主学习和创新能力

教师可以通过高速互联网获取信息，不意味着他们一定要成为跨越所有可能学科的内容专家，但要求他们必须要具有一定的自主学习能力。信息化环境下的教师在教学中，需要不断地进行自我完善学习，才能在教改中更为迅速地适应教学中的变化。与此同时，教师还必须具有创新能力，树立现代化的教育观念，开展教学研究，灵活运用现代信息技术进行教学，探索出新的模式和教学观念，让学生能更好地理解并对教育内容产生浓厚兴趣，从而转变学生的学习方式，从被动学习转变为主动学习。

四、信息化环境下教师专业发展途径

信息化环境下推动教师发展有多种途径，总体可以从提升教师职业素养、更新教师教学观念、加强专业知识与技术培训、完善教师岗位评价制度以及健全教师待遇保障机制等五个方面出发。

（一）提升教师职业素养

当前教师职业素养主要表现在职业道德、专业能力、教学和科研能力、日常管理能力以及心理素质等方面。信息化环境下的教师要能始终保持拥有良好的职业道德，坚持正确的教育教学理念和原则，拥有良好素养、品德和能力，多与学生进行交流沟通，了解学生的真实想法，尊重和理解学生，才能为社会培养出更多的具有良好品德的精英人才，这也是教师的基本职责和使命。信息化环境下的教师除了具备扎实的专业知识能力以及教育教学能力以外，还需要具备一定的信息素养，才能够抓住信息时代、数字化世界所带来的机遇。

（二）更新教师教学观念

信息时代下的教师需要更新教学观念，重新明确自己的角色定位，把学习的主动权交给学生，以培养学生适应社会的能力为目标。由原来单纯的讲授知识要点转化为开展基于情境创设、问题解决、协作指导等方式的教学活动，提倡合作学习，注重激发学生学习的内部动机，让学生在学习过程中自己寻找动力；开展个性化教学使每个学生都得到培养，让每个学生的潜能都能够得到最大程度的发挥；由以考查学生记忆知识多寡为主要评价方式转化为着重检查学生自主学习能力、思维方式等各项适应社会的能力素养。教师需明确教学活动除了传授知识内容外，还要激励和指导学生展开主动积极的学习，以使学生有效地获得学习成果，达到教学的认知、技能和情感态度目标。

（三）加强专业知识与技术培训

教师只有不断地提升自己的专业水平，才能使教学工作始终保持旺盛的生命力。随着网络互联的实现，学习需求在不断地变化，教学内容也在不断地更新，教师在过去所熟悉的一些学科知识可能会被退出教学计划，新的知识取而代之进入教材进入课堂，如果不进行知识的更新就难以胜任教学。在过去，要成为一名合格的教师，需要具备深厚的学科知识、过硬的语言基本功以及教学方法等相关知识。随着信息技术在教育中的逐渐普及，技术知识也逐渐为教师所必须具备。教师需要会利用信息技术在教学内容和方法上进行开拓与创新。如通过开发和创作，把课程学习内容转化为数字化的学习资源；充分利用全球共享的数字化资源作为课程教学的素材资源，如将视频资料、音频资料、图像资料、文本资料等作为教师开发或学习创作的素材整合到与课程学习内容相关的电子讲稿、课件之中，整合到学习者的课程学习内容中；将利用搜索引擎检索出的专业文献、新闻报道与课程内容融合在一起直接作为学习对象，供学生进行学习、评议、分析、讨论等。信息化环境下对教师进行的培训，除了进行技能方面的培训和训练，更重要的是要引导教师掌握利用信息技术手段解决问题的方法，引导教师运用所学的方法去从事教育教学活动，进而提高教育教学的质量。

（四）完善教师岗位评价制度

为促进教师专业发展，必须要完善教师岗位职责和考核评价制度，对教学规范、教学运行、课堂教学效果、教学改革与研究、教学获奖等教学工作实绩进行多维度的考评。通过完善、公正的岗位评价制度，扭转重数量轻质量的科研评价倾向，鼓励潜心研究、长期积累，遏制急功近利的短期行为。将具有创新性和显示度的学术成果作为评价教师科研工作的重要依据，鼓励教师在教育教学和日常工作中主动应用信息技术。

（五）健全教师待遇保障机制

想要激发教师队伍的整体活力，除了培养教师职业精神以外还需要一定的物质激励，要让教师感到在学校里"留得住，待得好"。教育部部长陈宝生在"部长通道"上谈到教师队伍建设方面的话题时表示，要完善教师待遇保障机制，健全教师工资长效联动机制，确保中小学教师的工资不低于或高于当地公务员的平均工资收入，提高乡村教师的待遇，落实贫困地区教师的补贴政策。要把提高教师待遇、完善教师待遇保障落实到教师的心里面去，"让他们脸上充满笑容"[①]，让教师职业真正成为人人羡慕的职业。

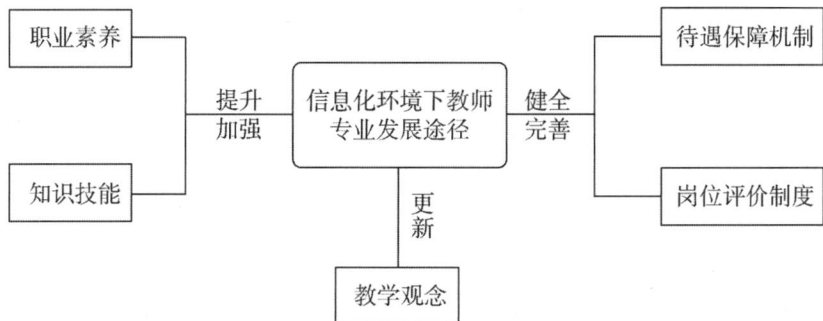

图1-1 信息化环境下教师专业发展途径

---

① 熊丙奇. 完善待遇保障机制让教师更乐教[N]. 中国教育报，2018-03-04（002）.

　　信息化环境下的教学与传统教学存在着巨大差异。在信息化环境下，只有对教师的角色和职责有了明确清晰的定位，进而才可能对教师专业发展的内容提出具体要求，并在实践中指导专业发展活动的开展。

第二章 ▸▸▸
信息化环境下的教师教育技术能力

第一节　教师教育技术能力相关政策

一、联合国教科文组织技术整合能力标准

2008年1月4日，联合国教科文组织在英国伦敦举行的一个国际会议上推出《教师信息和通信技术能力标准》（UNESCO ICT Competency Standards for Teachers，以下简称《ICT-CST 2008》标准），由教科文组织与思科、英特尔、微软公司、国际教育技术协会（International Society for Technology in Education）以及美国弗吉尼亚理工大学共同开发。教科文组织指出，仅仅为学校配备计算机等硬件不足以确保教师能够将必要的技能教授给学生，使他们在21世纪顺利地工作和生活。教师本身必须熟悉信息和通信技术，同时学校也应在课程设置、教育政策、教师培训等多方面促进通信技术的传播。

因此，这套能力标准中列出了教师应掌握的信息和通信技能，并就如何通过教学改革政策引导来促进教师掌握和应用这些技能提供了指导，以帮助世界各国的教育决策者和课程设置者了解在教学中利用通信技术对于教师能力的要求，并且为教师利用通信技术改善教学提供指导。教科文组织表示，《教师信息和通信技术能力标准》将有助于改善教学质量，为更好地培养信息时代的公民做出贡献，从长远上有利于促进经济与社会发展。[①]

在继承《ICT-CST 2008》标准的基础上，2011年11月，联合国教科文组织推出《教师信息与通信技术能力框架》（UNESCO ICT Competency Framework for Teachers，以下简称《ICT-CFT 2011》框架，该框架以技术素养、知识深化、知识创造三大教学方式为一级框架，技术素养方式是通过在学校课程中整合技术提高学生、公民和劳动者使用新技术的程度。知识深化方式是通过应用所学知识解决真实工作、社会和生活问题的复杂问题，提高

---

① 赵呈领，万力勇. 教育信息化发展与师范生教育技术能力培养[M]. 北京：科学出版社，2013.

学生、公民和劳动者的能力。知识创造方式是通过让学生、公民和劳动者参与创造新知识来提高其能力。二级框架中对教师运用ICT进行有效教学所应具备的能力进行了描述。[①]如表2-1所示。

表2-1　三大教学方式下的教师能力整体描述

	技术素养下的教师能力	知识深化下的教师能力	知识创造下的教师能力
模块1：理解教育中的ICT	教师必须能熟知政策，并能清晰说明教室中的活动如何贯彻这些政策	教师应深入理解国家政策和迫切的社会需求，能够设计、修改和实施支持这些政策的课堂实践	教师必须理解国家政策的目的，能够参与到教育改革政策的讨论中，并参与到设计、执行和修改的计划中以便实施计划
模块2：课程与评估	教师必须精通相关学科的课程标准、标准评价策略等方面的知识。除此之外，教师还必须能将技术整合到课程中	教师必须深入理解所授学科的知识，并能在各种情境下灵活运用。他们还必须能够创设复杂的问题，可用来测量学生对知识的掌握程度	教师必须了解复杂的人类发展，例如认知、情感和生理发展。他们必须知道在怎样的情境下学习者可以更好地学习，必须预测并有能力解决学生遇到的各种问题，必须具备支持复杂过程的能力
模块3：教学法	教师必须知道要在何时、何地、对谁，以及如何在课堂活动与授课中使用ICT	教学以学习者为中心，教师以富有技巧的方式、有目的地开展教学，同时要设计问题任务、引导学生学习、支持学生的合作活动。在这个角色中，教师需要具备帮助学生创造、实施和监测项目计划和解决方案的能力。此外，教师还需要注重学习中的评价，并以此作为基本的原则来指导自己的实践	教师建模学习过程并创设情境让学生运用这些认知技能

① Fallis A G. UNESCO ICT Competency Framework for Teachers[J]. UNESCO，2013.

	技术素养下的教师能力	知识深化下的教师能力	知识创造下的教师能力
模块4：ICT	教师必须知道基础的软硬件操作，以及办公软件、浏览器、通信软件、演示软件和管理应用软件	教师必须熟悉各种学科工具和应用程序，能够在各种基于问题或项目的情境中灵活使用这些工具与程序。学生在分析和解决所选定的问题时，教师应当能够使用网络资源来帮助学生合作、获得信息、与外部专家交流。教师应当能够使用信息与通信技术创建和监控学生个人与小组的项目计划	教师必须能够设计基于信息和通信技术的知识社区，并运用信息和通信技术来支持培养学生的知识创造技能及其持续的反思型学习
模块5：组织与管理	教师能在全班、小组、个人学习活动中使用技术，并确保每个学生都可获取资源	教师必须能够创建灵活的课堂学习环境，在这种环境中，教师必须能够整合学生为中心的活动，并且灵活地应用技术来支持合作	教师应能够发挥领导作用，培训同事并为之提供后续支持，建立和使用基于信息与通信技术的创新和持续学习社区
模块6：教师专业学习	教师必须具备使用技术在网络中获得更多的学科内容与教学法知识的技能和知识，来促进其专业发展	教师必须要有能力和知识创建和管理复杂的项目，与其他教师合作，使用网络去获取信息、与其他同事或外部专家联系来支持他们的专业学习	教师还必须具备能力、动机、意愿、鼓励和支持实验、持续学习和运用信息通信技术来创造一个基于知识创新的专业学习社区

二、美国教师教育技术标准

美国ISTE组织是一个集合了超过85 000个全球会员的、非营利性的专业组织，其宗旨是引领和服务"促进教育技术在教学和学习中有效运用"，为会员应对教育改革挑战提供信息、网络机会和指导。自20世纪90年代始，该协会就陆续制定了国家教育技术标准（NETS），如美国学生教育技术标准（National Educational Technology Standards for Students，以下简称NETS-S）、美国教师教育技术标准（National Educational Technology Standards for Teachers，以下简称NETS-T）、美国（教育）管理者教育技术标准（National Educational Technology Standards for Adminstrators，以下简称NETS-A）等，对美国国内和全世界其他国家都产生了广泛而深远的影响。

随着时间的推移和社会的发展，美国国家教育技术标准也不断地得到修订，以适应信息时代的教育需求，引领着信息化学习、教学、教育管理的潮流。其中的教师教育技术标准进行了多次修订，形成了1993年版、1997年版、2000年版、2008年版四个版本，已成为美国进行教师职前培训的标准和教师资格认证依据之一。①

2008年，新修订的美国教师教育技术标准（National Educational Technology Standards for Teachers，以下简称NETS-T）涵盖五大能力维度和20个能力指标。新标准关注的是教师在一个日益数字化的时代里，如何提升学生有效学习的能力以及让学生如何富有成就地生活。为有效地把教育技术融入课堂，教师需要构建数字化学习资源与学习环境，将数字化工具和资源融入新的教学方法当中，更新数字化学习氛围下的课堂，开发对于个人和社会有积极发展意义的课程内容，鼓励个性发展，倡导协作学习，开展多样化评估方式。教师将以提升自己教学实践能力、促进教师专业发展的方式来最终实现教育技术在课堂上的有效整合以及对学生学习和创造力的提升。新标准将会给教育者提供一个框架以帮助他们在学习环境当中，完成由工业化向数字化时代的转变。具体内容如下：

（一）促进和激发学生的学习和创造性，即教师利用他们的学科知识、教与学的实践经验和技术来促进那些能够提升学生学习的经验，从而在真实或虚拟环境中提升学生的学习、创造力与创新能力。

（二）设计和推动数字时代的学习体验和评估，即教师设计、推动和评价真实可信的学习经验，教师利用当代的工具和资源设计、开发和评价真实的学习经验和评估，使学习内容最优化，并发展学生的知识、技能和态度。

（三）示范数字时代的工作和学习，即作为在全球化和数字化社会中的一种创新职业的代表，教师应展示所具有的知识、技能和工作过程。

① 赵呈领，万力勇. 教育信息化发展与师范生教育技术能力培养[M]. 北京：科学出版社，2013.

（四）促进和示范数字化公民和职责，即在不断发展的数字文化氛围中，教师要理解区域性和全球性的社会问题和职责，并在他们的专业实践中展现出合法的、道德的行为。

（五）参与专业发展和领导力建设，即教师用促进和示范有效利用数字工具和资源的方式来不断地提高自己的专业实践，示范终身学习并展示在他们学习和专业共同体中的领导能力[1]。此外，美国教育传播与技术协会于2012年颁布的《AECT标准（2012年版）》主要是从知识内容、教学法内容、学习环境、专业知识与技能、教学研究等5大维度来制定具体的信息技术应用能力标准。强调教师对于教学材料的自主创造及对于学习环境的创新性建构，不再仅仅依赖于已有的多媒体教学资源或者网络教学资源，同时注重教师对于教学资源与教学设施的合理使用与管理及对于教学过程与教学效果的评价，并要求教师学会在评估的基础上提出新的教学策略与方法[2]。

三、英国教师在学科中运用信息技术的能力标准

英国《ICT应用于学科教学的教师能力标准》是由英国教育与就业部等机构制定，英国教师培训署组织实施的英国中小学学科教师ICT能力的培训标准，该标准强调教师应具备应用ICT于学科教学的能力和使用ICT去支持教师持续的专业发展，这对当前英国各地开展的学科教师ICT培训的实践具有很大的借鉴意义。

在这个标准中，信息技术（ICT）不仅仅被界定为一个教学的工具，对于促进学生的学习具有非常重要的意义，更为重要的是在教师的培训和持续的专业发展方面，它都是一个非常重要的要素。在英国的国家学习网格（The National Grid for Learning）中，对所有的教师来说，信息技术能够帮助他们树立信心，使他们有能力在学科教学中有效地应用ICT，并能通过学习共同体来实现自己的专业发展。

ICT培训的基本目标是让教师具备基本的信息技术知识、理解力和技能，在具体的学科教学中有效地应用ICT，以及运用ICT去支持教师的专业发展。

① 吴芸，刘向敏，沈书生. 新版美国国家教师教育技术标准解读及启示[J]. 中国电化教育，2008（11）：5-10.

② 袁磊，侯晓丹. 美国《AECT标准（2012版）》与我国《中小学教师信息技术应用能力标准（试行）》的比较研究[J]. 中国电化教育，2015（5）：20-24.

虽然这个标准适用于所有的教师，但他们在不同的学科和学段所具备的知识、理解力和技能是有差异的，因此，需要灵活运用，在标准中给出了一些例子来说明这一点①。

该标准分两个部分来描述教师的能力，第一部分是有效的教学与评价方法，第二部分是教师的ICT能力。A部分：有效的教学和评价方法。这部分着重于信息技术应用于课堂教学后的教学方法和评价方法，教师必须在课堂教学中采用本部分描述的方法和技能进行实践，然后与培训者和同伴讨论他们的进步。B部分：在学科教学中使用ICT所必需的知识、理解力和技能。这部分着重于教师在学科教学中使用ICT所必需的知识、理解力和技能去支持教师在学科教学中必须具备这方面的能力②。

18

四、其他国家的信息技术标准

2007年1月，为了应对21世纪教师专业化的挑战，顺应欧洲教育一体化的潮流，并推动本国教师职前培训制度改革，法国国民教育部颁布了《教师培训大学学院的教师培训管理手册》（*Cahier des charges de la formation des maîtres en Institut Universitaire de Formation des Maîtres*，以下简称《管理手册》），详细规定了中小学教师职前培训的目标和内容，提出强调了信息和通信技术对职前教师的重要性。《管理手册》列举了中小学教师应该具备的10项专业能力，每项能力又被细化为知识、技能和态度3个层面，其中第八项是使用信息与通信技术的能力，具体内容如下：

知识：教师必须掌握C2i③二级水平的知识和使用ICT的权利和义务。技能：教师能够设计、准备和实施教育内容和学习情境；教授ICT使用的权利和义务；使用ICT工具、开放式教学和远程学习方式进行知识更新；使用协同工作的工具进行网络工作。态度：教师要批判性地使用获取的信息，对学生需

---

① 赵呈领，万力勇. 教育信息化发展与师范生教育技术能力培养[M]. 北京：科学出版社，2013.

② 王炜，祝智庭. 解析英国《ICT应用于学科教学的教师能力标准》[J]. 电化教育研究，2004（12）：77–80.

③ C2i是法国针对信息和网络技术水平进行评估认证的国家性等级考试，共有两级。C2i二级又分为五类，分别考核教师、医生、律师、工程师以及环境和可持续计划工作者的与职业相关的ICT水平。所有教师必须持有C2i二级证书，这要求教师通过与教学工作相关的27项ICT技能的考核。

要的互动工具的使用负责，在实践过程中注意不断更新知识和技能①。

　　2009年12月22日，俄罗斯教育与科学部出台了《第三代高等教育国家教育标准（"师范教育"培养方向）——学士标准》（代码050100），即《第三代教师教育国家标准（学士）》。后来进行了微调，2011年5月31日通过了修订后的标准，并于2011—2012学年起开始实施。突出强调在教师教学中运用信息技术的改善教学质量的重要性。

　　俄罗斯第三代教师教育学士标准提出要培养大学生11种特殊职业能力素养：（1）教育教学活动领域的职业能力：能够实施各种教育机构基础课程和选修课程的教学大纲；具有利用现代教学方法和教学策略，包括利用信息技术的能力，以保障教育机构具体教育层次的教学和德育质量；能够利用现代方法预测学生的学业成就，在学生社会化和职业自我确定过程中实施教育援助，培养学生自觉选择职业；能够充分利用教育环境，包括信息环境的可能性，来保障教学—德育过程的质量；能够与关注教育教学质量的家长、同行、社会合作伙伴进行互动；能够组织学生之间的合作；能够在教学—德育活动和课外活动过程中保护学生生命安全和健康。（2）文化—教育活动领域的职业能力：包括利用现代信息技术和交流技术在内，能够为各类人群制订和实施文化—教育大纲的能力；能够与文化—教育活动的参与者进行专业化的互动；能够利用本国和外国的经验组织文化—教育活动；能够挖掘和利用区域文化教育环境的可能性来组织文化—教育活动②。

五、中国教育信息化标准

　　我国发布的与教育信息化相关的政策主要有《国家中长期教育改革和发展规划纲要（2010—2020年）》《教育信息化十年发展规划（2011—2020年）》《国家"十三五"规划纲要》《教育部关于推进教师教育信息化建设的意见（2002年）》。在这些规划中，教师的信息技术应用能力提升被认为是破解教育信息化发展瓶颈、推进基础教育课程改革和促进教师专业发展的重要软实力。因此，国内制定了相关的教师信息技术标准。《中小学教师教

_____

　　①　胡森. 21世纪法国中小学教师专业能力标准探析[J]. 比较教育研究，2011，33（8）：40-44，59.

　　②　李艳辉. 俄罗斯第三代教师教育国家标准的内容与特点[J]. 比较教育研究，2014，36（8）：25-30，50.

育技术能力标准（试行）（2004年）》，以及《关于实施全国中小学教师信息技术应用能力提升工程的意见（2013年）》把对中小学教师的信息技术应用能力的要求提升到一个战略层面来实施，明确提出研制标准体系，而后相继出台了《中小学教师信息技术应用能力标准（试行）（2014年）》（以下简称《能力标准（试行）》）等标准。

　　《能力标准（试行）》根据我国中小学校信息技术实际条件的不同、师生信息技术应用情境的差异，对中小学教师在教育教学和专业发展中应用信息技术的能力提出了基本要求和发展性要求。《能力标准（试行）》将教师信息技术应用能力分为技术素养、计划与准备、组织与管理、评估与诊断、学习与发展5个维度，侧重的是教师如何应用信息技术优化课堂教学以及如何应用信息技术转变学习方式。祝智庭等指出，应用信息技术优化课堂教学的能力为基本要求，主要包括教师利用信息技术进行讲解、启发、示范、指导、评价等教学活动应具备的能力；应用信息技术转变学习方式的能力为发展性要求，主要指教师在学生具备网络学习环境或相应设备的条件下，利用信息技术支持学生开展自主、合作、探究等学习活动所应具有的能力。这种面向差异的考虑为标准因地制宜的实施和执行奠定了基础[①]。同时康玥媛等指出，《能力标准（试行）》在应用信息技术优化课堂教学和应用信息技术转变学习方式这两个方面以及技术素养、计划与准备、组织与管理、评估与诊断、学习与发展这5个维度分别提纲挈领地指出了中小学教师需具备的技术素养与能力，但该标准并未规定应掌握的具体技术、技能或软件、设备、仪器等，不便于实践中教师教学应用，也不便于对教师信息技术应用能力的考核评价与教师培训的实施。康玥媛等提出的中小学教师信息技术应用能力的因子结构模型及其因子、指标更利于教师有针对性地在课堂教学中有的放矢地应用相应技能，同时也便于进行信息技术技能训练以及教师培训和评价。比如，在常用办公软件及多媒体应用能力这一因子中，明确指出了应掌握的办公软件是Word、WPS、Excel、PPT等，相应要掌握的技能是对文档进行排版编辑，图文混排、能用相机、扫描仪等设备采集素材、能正确操作多媒体、整合教育资源等；再比如在数据分析及数字化这一因子中，指出了建议掌握

---

　　① 祝智庭，闫寒冰.《中小学教师信息技术应用能力标准（试行）》解读[J]. 电化教育研究，2015，36（9）：5-10.

的软件是SPSS和NVivo，相应的技能分别是定量的数据分析以及质性分析。本研究的因子及其指标指明了仪器设备或软件及相应技能，更加具体微观[1]。从促进教师能力发展的角度来看，新一轮中小学教师信息技术应用能力提升工程更加强调其实践性（即教师运用信息化技能解决教学实际问题的能力）、发展自主性（即教师利用信息化技能促进自身专业发展的内在动力的提升）、发展可持续性（即教师利用信息技术支撑自身专业发展的连续性）[2]。

而《能力标准（试行）》与"提升工程"关联紧密。广州市积极响应国家教育部门、省教育部门的号召，开启"广州模式"提升教师信息技术能力，申请并成为广东省五个试点地市之一。树立了"构建一套发展测评标准化体系，创建一个示范性网络研修社区，遴选一批优秀实践应用课例，培养一批中小学名师典型，打造一批示范校、示范区"的"五个一"目标。如表2-2所示。

表2-2　五个试点区特色

试点区	特　色
越秀区	基于网络平台开展"三联六合"教师教研模式
海珠区	科研引领，结合"海教通"的应用，开展跨校课题研究、混合培训模式
荔湾区	科教研结合，尝试基于信息化环境"二元五次"常态课协同研训模式
天河区	建立线上线下结合以自组织为特征的校本研修组织模式，建立特色课程
增城区	纳入层级考核，从制度层面突破创新；利用继教网网络平台有效地开展边远农村学校及民办学校教师网络研究与校本研修相结合的混合培训

全市围绕"五个一"目标积极落实各项工作，加强项目研究、汇聚优质资源、开展培训测评与自主选学、深耕网络研修与校本应用，创新实施、分步推进，形成了一定特色，助力广州教育现代化，提升基础教育质量，争创全国示范。广州市施行"教师信息技术应用能力提升工程"两年，共有128 988名参训教师，2000余学时培训课程，1679个工作坊，十余万教师参照

① 康玥媛，吴立宝，王光明. 中小学教师信息技术应用能力因子模型构建研究[J]. 中国电化教育，2016（5）：126-131.

② 赵磊磊，赵可云，侯丽雪，等. 技术接受模型视角下教师TPACK能力发展研究[J]. 教育理论与实践，2015，35（11）：25-27.

"一师一优课晒课"标准提交了研修作业①。

六、总结

美国《国家教师教育技术标准》(《NETS-T2008》)和联合国教科文组织《ICT-CFT2011》框架,在信息技术应用能力方面,均有较高的目标引领。《NETS-T2008》立意于数字化学习时代中运用技术真正变革教育,以促进学生学习、促进学生创造力发展为价值取向。《ICT-CFT2011》框架立意帮助成员国开发教师教育技术标准及相关政策,以提高教育质量、缩小贫富差距为价值取向。我国《中小学教师信息技术应用能力标准(试行)》的研制则立意于充分利用信息技术优化课堂教学、转变学习方式,以支持优质的、创新的课堂实践与个性的、灵活的学生学习为价值取向。

第二节　教师教育技术能力培训相关项目

一、国培计划

国培计划是落实全国教育工作会议和教育规划纲要启动的第一个教育发展重大项目,是建设高素质专业化教师队伍的一项重大举措②。

基于项目的中小学教师信息技术应用能力培训是目前常见且富有成效的培训方式,目前有关的培训项目有以下几个,各个项目的实施时间如表2-3所示。其中,教育部-英特尔®未来教育中小学教师培训项目、全国中小学教师教育技术能力建设计划项目具有广泛的影响力,全国中小学教师信息技术应用能力提升工程项目为新一轮的中小学教师信息技术应用能力培训项目。教育部整合信息技术应用能力相关培训项目,发挥示范引领作用。推动"英特尔未来教育""微软(中国)携手助学""乐高技术教育创新人才培养计划""中国移动中小学教师信息技术能力国家级培训"等项目与各地教师培训的融合,通过提供课程资源、培训骨干培训者和共建培训平台等方式,扩大优质资源辐射范围。

---

① 佚名. 开启"广州模式"提升教师信息技术能力——广州市"提升工程"取得累累硕果[N]. 中国教育报, 2017-05-15 (8).

② 蓝卫红. 教师实践性知识视角下的远程培训主题研修专业引领[J]. 中国电化教育, 2012 (9): 71-75.

表2-3 我国中小学教师信息技术能力培训项目实施时间

序号	项目名称	时间段（单位：年）			
		2000—2004	2005—2009	2010—2014	2015—2019
1	教育部-英特尔®未来教育中小学教师培训项目	2000年启动，持续至今			
2	教育部-微软（中国）携手助学项目	2004—2008第一期 2009—2013第二期			
3	全国中小学教师教育技术能力建设计划项目	2004—2007			
4	教育部-乐高技术教育创新人才培养计划项目			2010—2014第一期 2015—2019第二期	
5	教育部-中国移动中小学教师信息技术能力国家级培训项目			2012—2015	
6	全国中小学教师信息技术应用能力提升工程项目等			2013—2015	

二、教育部-英特尔®未来教育中小学教师培训项目

英特尔未来教育（Intel Teach to the Future）项目，是英特尔公司为支持计算机技术在课堂上的有效利用而设计的一个全球性的教师培训项目。自2000年起，英特尔公司与教育部合作，在中国启动教育部-英特尔®未来教育中小学教师培训项目（以下简称"英特尔®未来教育项目"），成为在中国开展的规模最大的国际合作教师培训项目。

2003年，在教育部师范教育司的组织下，英特尔®未来教育项目在全国10所师范院校开始对师范生进行培训。至2008年12月底，逾100万名中小学一线教师和师范生参加了"英特尔®未来教育"核心课程的培训，该项目很大程度上提高了信息技术在课堂上的有效应用，对推动中国的教育信息化和教师专业化发展发挥了积极作用。"英特尔®未来教育"核心课程项目于2006

年正式纳入教育部"中小学教师教育技术能力建设计划"。该项目的目标是对一线的学科教师进行培训，培训教师有效开展探究型学习，并能将计算机技术与网络技术合理地融入教学，最终提高学生的学习成效。该项目采用面授和在线等多元化培训模式，以信息化环境下的教学设计与实施为主要内容，指导教师在教学中有效使用现代教育技术，推动教师专业化水平的提高和教学行为的转变。

2013年，英特尔®未来教育项目正式纳入教育部全国中小学教师信息技术应用能力提升工程[①]。2014年《中国教育报》报道英特尔副总裁、英特尔中国执行董事戈峻表示，经过10多年的探索，英特尔未来教育项目在提升教师信息技术应用能力形成培训、应用、研究一体化的培训模式时，特别强调应用，鼓励教师在信息化教学应用过程中积极开展教学研究，最终实现专业化发展。

英特尔中国教育总监朱文利表示，政策支持、团队建设等也是推动教师应用信息技术的重要途径。未来教育项目与邯郸的合作就是其中代表之一，通过有效的顶层设计，充分利用政策支持、团队建设的作用，将培训纳入骨干教师评选标准，通过行政力量、专家团队推动，实现了将培训有效延伸到课堂实践。[②]

由此可见，英特尔未来教育项目的实施，不仅是一种新的教育理念和教育技术的输入，更重要的是为我国当前正在进行的素质教育改革提供了一种新思路。

三、教育部-微软（中国）携手助学项目

2003年，为尽快地缩小由于地方经济发展的不平衡而带来的数字鸿沟，实现信息技术在基础教育中的充分应用，教育部和微软（中国）有限公司在北京签署了"中国基础教育信息化合作框架"协议，启动了教育部-微软（中国）携手助学项目，携手相关的教育机构、教育工作者，以信息技术促进教

---

① 英特尔 Quark 开发者俱乐部. 英特尔教育在中国大事记：记述大事，回望成就，激励未来. 英特尔Quark开发者俱乐部网站.

② 李凌. 让教师从技术菜鸟到教学专家[N]. 中国教育报，2014-06-05（7）.

育理念的变革和教学法的创新，推动中国基础教育的信息化发展。[①]根据该协议，在教育部的指导下，微软提供资金支持，从师资培训与技能培养、农村中小学现代远程教育，以及教育信息技术管理培训等具体项目的实施探索信息技术和学科教学的整合。设定了三个目标：缩小数字鸿沟，让更多的人，特别是农村地区的人们享受信息技术带来的好处；推动信息技术在基础教育中的应用；以信息技术促进教育理念的变革和教学方法的创新。

此项目在基础培训中采用了"集中学习+DVD光盘自学+学习网站支持"的模式；在中级培训中采用了"基于网络环境的课堂面授+网上教学服务平台"的模式；在高级培训中采用了"高级研讨、国际交流+相应的网络课程"的模式。混合式学习培训模式能发挥培训主讲教师在培训过程中的主导作用，也能体现受训学员作为培训过程主体的主动性、积极性与创造性，是目前教师培训中较为新颖的模式。

2003年11月，微软（中国）有限公司和教育部签署了"中国基础教育信息化合作框架"协议。在这一协议的框架内，微软（中国）与教育部基础司一起启动了"百间计算机教室"项目，为100所学校建设计算机教室和多媒体教室。"基础教育信息化"进一步提升我国中小学的教育水平和质量，共享丰富的教学和学习资源，缩小城乡差别。[①]

此项目在做好教育信息化基础设施建议的同时，开展了一系列促进信息技术应用的活动，信息技术创新应用主题活动的主要目标是通过一系列的培训和应用评比活动，鼓励教师利用信息技术实现教学方法的创新，在教学实践中促进教师信息和传播技术能力水平的提高，促进学生学习效果的提高。最大限度地发挥教育信息化投资效益，这是值得同类项目借鉴的。项目总结出了计算机教室建设时的实用性和代表性。这些成功的经验和总结为国家实施的"农村中小学现代远程教育工程"项目提供了很好的参考和借鉴作用。

2008年，教育部和微软公司签署了该项目二期的合作协议[②]。继续支持中国教育信息化、教育研究水平的发展及人才培养。二期合作主要围绕创新教师、创新学校和创新学生三个方面展开。二期创新教师培训项目旨在充分发

---

① 陈伟玲. 教师ICT能力培养创新应用策略的设计与实现——以教育部-微软（中国）"携手助学"项目为个案[J]. 电化教育研究，2011（6）：105-109.

② 中国教育新闻网. 教育部与微软签署新一轮"携手助学"合作协议. 中国教育新闻网网站.

挥微软的技术优势，以《中小学教师教育技术能力标准（试行）》为依据，配合全国中小学教师教育技术能力建设计划的实施，通过教育技术培训有效提高中小学教师教育技术应用能力，促进技术在教学中的有效运用，提高广大教师实施素质教育的能力和水平。

四、全国中小学教师教育技术能力建设计划项目

2004年，教育部印发《中小学教师教育技术能力标准（试行）》[1]，配合基础教育课程改革，2005年，教育部启动实施全国中小学教师教育技术能力建设计划（TET），组织开展以信息技术与学科教学有效整合为主要内容的教育技术培训。提高教师教育技术应用能力，促进技术在教学中的有效运用。实施TET计划的目标主要体现在三个方面：一是依据《中小学教师教育技术能力标准（试行）》，在2005—2007年间，利用多种途径和手段，组织全国中小学教师完成不低于50学时的教育技术培训，使中小学教师教育技术应用能力显著提高；二是建立中小学教师教育技术能力水平培训和考试认证制度，形成全国统一规范的教师教育技术能力水平培训和考试认证体系，使全国中小学教师参加国家统一组织的教育技术能力水平考试；同年印发《中小学教学人员（中级）教育技术能力培训大纲》[2]和《中小学教学人员（初级）教育技术能力培训大纲》[3]，计划在2005—2007年间组织开展以信息技术与学科教学有效整合为主要内容的教育技术培训，建立教师教育技术培训和考试认证体系全面提高广大教师实施素质教育的能力水平。三要逐步将教师应用教育技术的能力水平与教师资格认证、教师考核和职务晋升相挂钩，形成鼓励广大教师不断提高自身教育技术应用水平的动力机制。截至2012年年底，培训中小学教师600余万人。

---

[1]　教育部师范教育司.中小学教师教育技术能力标准（试行）.中华人民共和国教育部官网.

[2]　教育部师范教育司.中小学教学人员（中级）教育技术能力培训大纲.中华人民共和国教育部官网.

[3]　教育部师范教育司.中小学教学人员（初级）教育技术能力培训大纲.中华人民共和国教育部官网.

五、教育部-乐高技术教育创新人才培养计划项目

教育部-乐高技术教育创新人才培养计划项目于2010年正式启动。该项目计划从2010—2014年在全国范围内选出400所中小学开展创新教育合作，乐高教育成功地为全国百所中小学校建设了科学探究实验室、通用科学实验室，并提供乐高教育器材，数以千计的教师与学生受益于该项目。创建技术教育创新人才培养示范基地，采用创新教育模式培养教育学科教师，为创新教育在全国的展开奠定基础。2014年9月，教育部与丹麦乐高集团共同启动2015—2019年技术教育创新人才培养计划项目，在此前教育器材和师资培训的合作基础上，乐高教育将通过教育部，向全国幼儿园至高等学府引入乐高集团最核心的先进创新教育理念，以提高学生动手能力、培养学生创新意识为核心，将乐高教育理念与当前基础教育课程教学改革和国家创新人才培养等重点工作相结合，探索乐高在育人方面的积极作用。组织丰富多样的教学应用、教师培训、学生活动、交流研讨等，并将师资培训拓展至多学科领域，为我国创新教育和STEAM教育的开展提供更深入的全方位支持。

乐高教育莉娜·弗雷斯（Lene Friis）表示："乐高教育认为，学生运用所有感官去学习时，效率是最高的，但是很多学生的创造力、沟通能力和批判性思维等能力还未充分发挥，所以我们希望通过与中国教育部基础教育二司的进一步合作，让一线更多教育工作者和学生们受益于乐高在创新能力培养方面的深厚积淀。"根据项目规划，2015—2019年五年间，乐高教育将在创新学习方面给予中国师生更多支持，一方面使投入的教育物资和项目器材能够更加有效地发挥应有成效，另一方面组织开展更多适应中国教育实际的课程教学和创新活动。

乐高教育为全世界的教师和学生提供内容丰富、具有挑战性、趣味性和可操作性的学习工具和教学解决方案。乐高教育不仅包含教材，更重要的是为教育工作者提供基于乐高创新精神的教育解决全案，并提供培训支持。教育部选择乐高集团作为首个国际项目合作伙伴，正是期望通过引入乐高创新教育产品，全面深化并促进新课程改革的持续健康发展，以适应新时期教育发展的新要求[①]。

---

① 乐高. 教育部-乐高"创新人才培养计划"教师培训平台. 教育部-乐高"创新人才培养计划"教师培评平台网站.

2016年9月9日，由教育部全国中小学教师信息技术应用能力提升工程执行办公室主办，乐高（上海）公司、广东第二师范学院承办的教育部-乐高"创新人才培养计划"2016年度教师培训项目专家备课会议在广东第二师范学院成功召开。教育部-乐高"创新人才培养计划"教师培训项目是根据《教育部关于实施中小学教师信息技术应用能力提升工程的意见》（教师〔2013〕13号）和教育部、乐高集团及乐高基金会签署的《中华人民共和国教育部与乐高集团及乐高基金会关于"技术教育创新人才培养计划"的合作备忘录》精神总体部署，采用创新模式培养中小学及幼儿园教师创新教育能力的国家级培训项目，通过教师培训项目实施，提升教师信息技术应用能力，改进教学方式，引导学生开展自主、合作、探究学习。根据项目计划，引进国外高水平课程资源、建设有乐高特色的教师培训平台，扩大教师培训规模，到2019年，再完成8万名中小学幼儿园教师专项培训，使受训教师总数达到10万名。

丁立教授明确提出这次培训项目的三个要点："要聚焦到21世纪技能，聚焦到STEAM，聚焦到国家核心素养；要基于教材，但不能被教材束缚，要挖掘学生的创造型思维；不能与课程标准脱节，要将它本土化。"同时，谷岳做了进一步说明："教育部-乐高'创新人才培养计划'2016年度教师培训项目是以教育部颁布的《3~6岁儿童学习与发展指南（试行）》及中小学新课程标准为依据，采用乐高教育理念所提倡的'联系—建构—反思—拓展'4C教学模式，依托符合学生年龄特征的乐高教具，通过教学活动探讨、课堂实践搭建、教学案例观摩、软件技术学习等方式，引导教师实现乐高课堂教学模式的自我建构，旨在在全国范围内培养一批乐高项目骨干教师。"

2016年9月20日，教育部-乐高"创新人才培养计划"2016年度全国骨干教师研修班在广东第二师范学院顺利开班。来自全国13个省份共200多名中小学骨干教师参加了本次培训。整体来看，项目培训取得了良好的效果，目前已有幼儿园及小学将乐高课程纳入学校的日常教学中，将创新教育与技术教育理念真正落实到一线课堂中。

六、教育部-中国移动中小学教师信息技术能力国家级培训项目

从2012年起，教育部开始实施教育部—中国移动中小学教师信息技术能

力国家级培训项目①。项目内容包括信息技术能力培训教材开发、教师信息技术能力培训、特岗教师学习平台建设等内容，计划在2012—2015年间，对20万名中小学教师进行专项培训，帮助教师提高信息技术能力，提升学校信息化管理水平，促进信息技术与教育教学的深度融合。

七、全国中小学教师信息技术应用能力提升工程项目等

2013年，为贯彻落实国家教育信息化总体要求，充分发挥三通两平台效益，教育部教师工作司计划将目前正在实施的中小学教师教育技术能力建设计划、英特尔未来教育项目、微软（中国）携手助学项目、乐高创新人才计划、中国移动信息技术教师培训等项目进行整合，全面提升教师信息技术应用能力，2013年10月，教育部决定实施全国中小学教师信息技术应用能力提升工程，从制定教师信息技术应用能力标准、采用新型教师培训模式、制定教师信息技术应用能力培训大纲、实施教师信息技术应用能力国家级培训、整合国际国内教师信息技术应用能力培训合作项目、推动各地开展教师信息技术应用能力全员培训六个方面对教师进行信息技术能力专项培训，重点提高教师信息技术基础能力、教育技术能力、技术支持的学科教学能力、技术支持的教师专业发展能力，促进信息技术与学科教学的深度融合，全面提升教师教育教学能力和水平。到2020年，对全国1000多万中小学教师进行不少于100学时的专项培训。②

2014年，国家教育部分别印发了《中小学教师信息技术应用能力标准（试行）》，根据我国中小学校信息技术实际条件的不同、师生信息技术应用情境的差异，对教师在教育教学和专业发展中应用信息技术提出了基本要求和发展性要求。同年印发了《中小学教师信息技术应用能力培训课程标准（试行）》和《中小学教师信息技术应用能力测评指南》，对本次中小学教师信息技术应用能力培训课程设置及中小学教师信息技术应用能力测评给出了方向性指导。该工程的大事记如图2-1所示。

---

① 全国中小学教师网络研修平台. 教育部—中国移动中小学教师信息技术能力国家级培训. 全国中小学教师网络研修平台网站.

② 中华人民共和国教育部. 教育信息化专刊, 2013（3）. 中华人民共和国教育部官网.

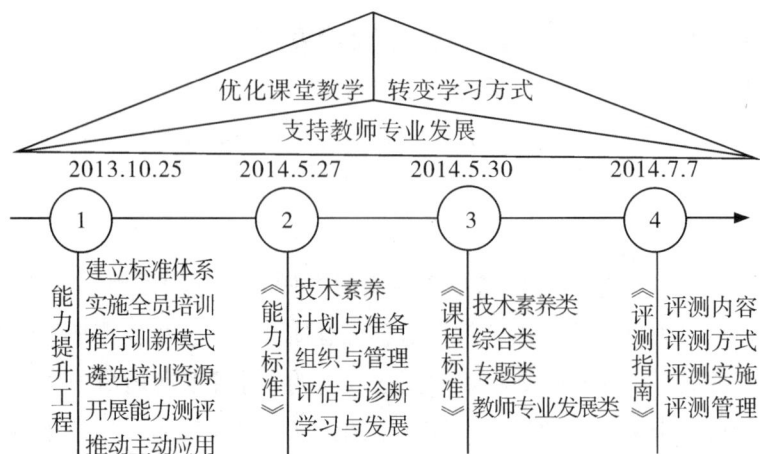

图 2-1　全国中小学教师信息技术应用能力提升工程大事记

　　整个项目由四级培训管理体系与分类、分层、分岗、分学科的培训教学体系构成。四级管理体系自上而下分别是教育部、各省（自治区、直辖市）教育行政部门和相应的项目执行机构、各地（市）教育行政部门和相应的项目执行机构、各中小学行政部门和相应的项目执行机构。整个项目由教育部统筹，各省（自治区、直辖市）教育行政部门根据本省的实际情况统筹规划，成立省级项目执行机构，专门负责项目的整体规划与实施。根据信息技术环境下教师学习特点和中小学教师信息技术应用能力的基本现状，中小学教师信息技术应用能力培训，采取集中研修、网络研修、校本研修相结合的方式开展培训，形成了分类、分层、分岗、分学科的培训教学体系。省级项目执行机构负责在全省范围内遴选学科专家、培训专家及网络课程与平台开发专家，组建省级提升工程专家库；遴选各级教育行政部门和教师培训机构管理者、学科骨干培训者或教研员、校长等建立省、市、县级培训者队伍；制订培训课程的建设机制、评审机制及使用机制。各地市提升工程市、县项目管理者、中小学校长、骨干教师、教研员由省统一组织安排，采取集中研修与网络研修相结合的方式进行，中小学学科教师全员培训由各地市、县（区）组织，采取网络研修与校本研修相结合的方式进行；不具备网络条件的农村学校，采取送教下乡或送培到校的方式。

第三节　培训方式

《教育部　国家发展改革委　财政部关于深化教师教育改革的意见》[①]指出，实施卓越教师培养计划，推进教师培养模式改革，建立高等学校与地方政府、中小学（幼儿园、中等职业学校）联合培养教师的新机制，发挥好行业企业在培养双师型教师中的作用。支持师范大学与综合大学、科研院所、行业企业、地方政府及国外教育科研机构深度合作，建立教师教育协同创新中心。推进高等学校内部教师教育资源的整合，促进教师培养、培训、研究和服务一体化。积极推进4+2中学（中等职业学校）教师培养模式，完善小学和幼儿园教师全科培养模式，创新教师培训模式。适应教学方式和学习方式的变化，重点采取置换研修、集中培训、校本研修、远程培训等多种有效途径，大力开展中小学（幼儿园）特别是农村教师培训，不断增强培训的针对性和实效性。推动信息技术与教师培训深度融合，建立教师网络研修社区，促进教师自主学习。鼓励有条件的地区开展教师海外研修。

《教育部关于实施全国中小学教师信息技术应用能力提升工程的意见》指出，各地要根据信息技术环境下教师学习特点，有效利用网络研修社区，推行网络研修与现场实践相结合的混合式培训；强化情境体验环节，确保实践成效，使教师边学习、边实践、边应用、边提升；建立学习效果即时监测机制，确保培训质量。坚持底部攻坚，积极推动网络研修与校本研修整合培训，建立以校为本的常态化培训机制。推行移动学习，为教师使用手机、平板电脑等移动终端进行便捷有效学习提供有力支持。加强薄弱环节，采取送教下乡和送培上门等方式，为不具备网络条件的农村教师提供针对性培训。

按照教育部的总体部署，教师信息技术应用能力培训主要采用混合式的培训方式进行，按照培训需求，将集中研修、网络研修、校本研修（送教下乡、送培上门）、混合研修等方式有效结合，进而开展相关培训。

---

① 教育部等三部门. 教育部　国家发展改革委　财政部关于深化教师教育改革的意见. 中华人民共和国教育部官网.

一、集中研修

集中研修又叫作集中面授培训，是指在各省、市相关机构的组织下，采取集中面授的形式对符合遴选条件的教师进行面对面培训，培训活动包括主题讲座，线下协作活动等。例如，"国培计划（2014）"—示范性网络研修与校本研修整合培训项目的培训管理者集中培训，遴选了一批培训管理者开展了为期5天的集中培训，培训包括专题讲座、问题研讨、案例学习、实践操作等环节。

二、网络研修

网络研修又叫作网络远程培训，是一种以网络为基础开展教研培训活动。一般的网络研修活动都是在各省、市相关管理机构的组织下，参加培训的教师登录指定的网络研修平台开展研修活动，收看培训课程，研读学习材料，利用网络其他学院和专家交流研讨。网络研修一般对教师学习时长、学习内容都有详细的规定。例如，广东省中小学教师教育技术应用能力建设项目中级培训全程采用远程培训方式进行。学员需按时、独立学习网络课程中各模块学习内容，每期学习时间40天。

三、校本研修

校本研修又名校本培训，是基于学校的一种教师研修方式，其研修地点为教师工作实践的主要场所——学校，教师不必脱离工作岗位，转换角色，就在学校接受全面的研修；校长和教育教学的中层组织在研修中起主体作用，是研修活动的发起者和组织管理者，同时也是学习者。校本研修提倡因校制宜地制订校本研修的方案、计划，以需定训，以求定训，从而保证校本研修的针对性和实效性。借助信息技术优势，某些校本研修也建立了专门的网站以满足本校教师技术支持下的培训需求，如校本研修网。

四、混合研修

随着培训观念的转变，单一的培训方式已不能满足教师的培训需求，因此，混合研修应运而生。混合研究又叫作混合式培训，是指在一项培训活动中，同时采用多于一种的培训方式，通常为线上线下相结合的混合培训模式，如国培计划（2014）—示范性网络研修与校本研修整合培训项目，采用了网络研修和校本研修两种培训方式。晋江市教育局开展2014年中小学教师教育技术能力初级培训采用集中面授与远程学习相结合的方式。面授时间为1天，由项目专家担任主讲；远程培训时间为35天，主要依托福建省中小学教师远程培训中心（海西教育网）和市教师进修学校，进行网络培训。

第四节　教师教育技术能力内涵发展

教师队伍建设是教育信息化可持续发展的基本保障，信息技术应用能力是信息化社会教师必备专业能力。我国针对中小学教师的信息技术培训从"九五"期间就已开始，总结起来大致可分为三个阶段：操作式培训阶段、案例式培训阶段、项目式培训阶段。

操作式培训阶段是中小学教师信息技术培训的初始阶段，主要是让教师学习一些应用软件的基本操作，培训方式是针对应用软件进行的基本技能学习和训练，这一阶段的培训，一般使用关于应用软件操作说明的系列教材，针对软件的菜单操作和界面操作进行学习。当具备了一定的软件操作基础后，为了增强教师应用技术解决教学问题的能力，中小学教师信息技术培训进入了案例式培训阶段，开始出现案例式的软件教学方法，即汇集应用软件的多个功能，设计出一个具体的案例，学习者在完成具体案例之后掌握所包含的操作技能。项目式培训阶段统一以项目形式实施，融合了信息技术和学科课程领域的双向学习需求。

一、教育技术能力阶段

教师专业化发展是国际教师教育改革的必然趋势，受到众多国家的重视，教师学习与发展以及教师专业标准建设也是近年来中国教育研究关注的热点问题。

随着信息时代的到来、教育信息化的发展以及基础教育课程改革催生了教师教育技术能力新要求，教师通过运用现代信息技术逐渐适应信息化环境下的课堂教学，以促进其专业发展。我国教育部在2003年4月正式启动中国中小学教师教育技术能力标准研制项目；2004年12月，正式发布《中学教师教育技术能力标准（试行）》（以下简称《能力标准》）。时至今日，教师教育技术能力的相关研究已有十余年，并且随着《能力标准》的正式颁布，为后来的研究提供了规范性指导，这一主题也受到较多的关注。

（一）教育技术能力的内涵

教育技术能力是随着科学技术的进步以及信息技术在教育教学中的广泛应用，逐步提出的对教师、学生、管理者等角色的一种素质要求，即作为生活在信息时代的人，在教育信息化环境下的工作者，应该具备一定的教育技术能力和素质，以更好地完成学习、教学和管理工作。我们这里所说的主要是针对教师的教育技术能力，是针对幼儿教师、中小学教师、高校教师、职前教师、师范生等对象。《现代汉语词典》对能力一词的定义为能胜任某项工作或事务的主要条件。一般分为一般能力与特殊能力两类，前者指大多数活动共同需要的能力，如观察力、记忆力、思维力、想象力、注意力等；后者指完成某项互动所需的能力，如绘画能力、音乐能力等。从这里可以看出，教育技术能力应该属于后者，即特殊能力。教育技术能力只是教师教学能力的一个组成部分，西方学者认为，教师的教学能力主要有传授知识的能力、组织教学的能力和课堂管理能力等。我国学者孟育群认为，教师的教学能力主要包括认识能力、设计能力、传授能力组织能力和交往能力，其中，传授能力主要包括教师的语言表达能力、非语言表达能力、运用现代教育技术的能力。教师除了具备常规的教学能力，还应具备在信息化教学环境和社会中胜任教学与学习的新能力——教育技术能力。由于语言和文化的地域差异，有的国家将教育技术能力译为信息技术能力或信息通信技术能力。在我国使用教育技术能力一词的较多，因为它的内涵和内容更加广泛，不仅包括技术操作上的能力，还包括信息技术应用能力以及将信息技术整合到课堂教学、教育管理、教育评价等过程的能力。综上所述，教育技术能力是现代信息社会对教师提出的要求，是教师教学能力的组成部分之一，并且随着教育信息化的深层次变革，教育技术能力在教师教学能力中的地位会日渐凸显，成为一种重要的能力素质要求，并对教师其他专业能力的影响也越来越大。

（二）教育技术能力标准

教育技术能力标准是衡量教育技术能力的准则，有了教育技术能力标准，教师的教育技术能力培养方式、培训内容就有了依据和参考。教育技术能力标准以美国的研究最具代表，美国国际教育技术协会（以下简称"ISTE"）在1993年就制定了《国家教师教育技术标准》，经过两次修改，在2008年6月，正式发布了《面向教师的美国国家教育技术标准》（第2版）在最新版的教师教育技术标准中，共有5个维度和20项指标。这5个维度如下：一是促进学生学习、激发学生创造力；二是设计、开发数字化时代的学习经验与评估工具；三是树立数字化时代学习与工作的典范；四是提升数字化时代的公民意识与素养，为学生树立典范；五是参与专业发展，提升领导力。

我国制定的中小学教师教育技术能力标准从4个维度展开，这四个维度如下：一是应用教育技术的意识与态度；二是教育技术的知识与技能；三是教育技术的应用与创新；四是应用教育技术的社会责任。2010年9月，由全国高校教育技术协作委员会公布的《国家高校教师教育技术能力指南（试用版）》将高校教师的教育技术能力细化为5个维度、17个一级指标和54个二级指标。这5个维度分别为意识与责任、知识与技能、设计与实施、教学评价、科研与创新。面向中小学教师、高校教师的教育技术能力标准（指南）的制定已基本完成。教育技术能力标准面向不同的对象，其内容与等级也有所不同，并且标准的内容也不是一成不变的，而是随着理论和技术的发展以及教学的实际需要不断做出修订。美国的教育技术标准是面向教师、学生与学校管理者等三个群体，这三者是相辅相成、互为支撑的。美国的《面向教师的国家教育技术标准》是在《面向学生的国家教育技术标准》颁布之后施行的，教师的教育技术能力标准的内容与指标是依据学生的教育技术标准而制定的，充分体现了教师掌握教育技术能力是为了学生发展服务的宗旨。这一点是我国教师教育技术能力标准制定与研究所欠缺的[①]。

教育技术能力是教师专业能力的组成部分之一，教师应用教育技术的能力与水平是影响教育信息化发展的核心。随着信息技术的发展与课程改革的不断深化，教师的教育技术能力要在课堂教学实践中得到充分体现，与课堂教学融为一体，这就要求教师必须具备较高的教育技术能力。随着《能力标准》的颁布，关于教育技术能力的研究逐年增加，且面向的对象呈现多元化趋势，从高校教师到中小学教师再到师范生、免费师范生、幼儿教师等多元化的研究主体。从标准内容的解读、国外经验的借鉴到有效培训模式的构建，教育技术能力的相关研究从理论探讨转向实践应用，注重培训效果的提升。对教育技术能力的关注不再仅局限于教育技术学领域，也开始引起教育学其他学科领域学者的认同和研究，如学前教育领域中对幼儿教师信息素养的研究等。但同美国相比，我国的教育技术能力研究与实践还存在较大差

---

① 朱书慧. 2002—2012年我国"教育技术能力"研究回顾[J]. 继续教育研究，2013（8）：4-7.

距，我国出台的教师教育技术能力标准是直接借鉴了美国《国家教师教育技术标准》。美国的教育技术标准是一个完整的系统，除了面向全体准教师的教育技术能力标准，还针对学前教育、小学、初中、高中各阶段教育技术与英语语言艺术、数学、科学和社会等各学科的整合提供丰富的学习活动案例，这些案例以课程标准和教育技术标准两个标准体系经纬互见、交叉编码，为教育技术能力标准的实施提供可操作性。

而我国的《能力标准》颁布已有十余年，并没有随着信息技术的新发展和教学环境的变化做出适当的调整，也没有建立起丰富的教育技术与课程整合的案例，使一线教师在实践操作中没有明确的引导。教育技术能力与标准是衡量教师信息素养的重要指标，对深化教育信息化有重要的促进作用。对教育技术能力研究的可持续发展需要我们在今后对《能力标准》做出新的修订与完善，不仅更具规范性和可操作性，更能适应地区差异；要加强高等学校等研究机构与一线教师的合作，逐步构建起丰富有效的教育技术与课程整合的活动案例库，为一线教师提供直接指导；同时教育技术能力标准并不是孤立的，它要在课堂教学中得到充分的体现。因此，我们对教育技术能力的研究要结合课程改革与相应的课程标准进行创新融合，使教师在教学中能够适当地使用技术工具，做到把技术作为促进学习的工具融入课程教学中来，让课堂教学同时符合课程与教育技术两个标准。

回顾十多年间我国教师教育技术能力的研究成果，是为了能够更好地认识当前存在的主要问题，为了更好地促进信息时代教师的专业发展。教育技术能力是教师专业发展的一个组成部分，在肯定它对教师专业发展的同时也要充分注意到信息技术对教师专业发展的负面作用和影响，只有充分认识信息技术对教育教学的利弊，才有可能发挥教育技术的正面作用，从而促进教师的专业发展。

二、信息技术应用能力阶段

教育部在2015年9月1日发布了《关于"十三五"期间全面深入推进教育信息化工作的指导意见（征求意见稿）》[①]，文件指出，在云计算、大数据、物联网、移动计算、3D打印等新技术不断涌现，教育信息化整体水平不断提高的

[①]　中华人民共和国教育部办公厅. 关于"十三五"期间全面深入推进教育信息化工作的指导意见（征求意见稿）. 中华人民共和国教育部官网.

背景下，要大力提升教师信息技术应用能力，拓展教师适应信息时代需求的教学能力和学习能力。为全面提升中小学教师信息技术应用能力，教育部在2013年10月25日发布了《教育部关于实施全国中小学教师信息技术应用能力提升工程的意见》（以下简称《提升工程》），决定实施全国中小学教师信息技术应用能力提升工程。随后，2014年5月27日，教育部印发了《中小学教师信息技术应用能力标准（试行）》［以下简称《能力标准（试行）》］，根据我国中小学校信息技术实际条件的不同、师生信息技术应用情境的差异，对教师在教育教学和专业发展中应用信息技术提出了基本要求和发展性要求。依据该标准，教育部在同年5月27日印发了《中小学教师信息技术应用能力培训课程标准（试行）》（以下简称《课程标准》），对中小学教师信息技术应用能力培训给出了方向性指导。为规范指导各地组织实施教师信息技术应用能力测评，教育部于2014年7月7日发布了《中小学教师信息技术应用能力测评指南》（以下简称《评测指南》）。《2016年教育信息化工作要点》指出深入实施全国中小学教师信息技术应用能力提升工程。随着两标准一指南等相关配套政策（《能力标准（试行）》《课程标准》以及《评测指南》以下统称两标准一指南）密集出台，全国范围内新一轮中小学教师信息技术应用能力培训开展得如火如荼。

《能力标准（试行）》对中小学教师的信息技术应用能力提出了基本要求和发展性要求，是规范与引领中小学教师在教育教学和专业发展中有效应用信息技术的准则，是各地开展信息技术应用能力培训、应用和测评等工作的基本依据。《能力标准（试行）》的研制是一项谨慎而严肃的工作，从标准研制到出台，参与专家达到193人次，核心专家组研讨会18次，资深专家咨询会2次。在不同阶段参与调研的中小学教师、学科专长教师、教研员、学校校长计9916人。凝聚众多专家的集体智慧，专家组提炼出本能力标准的三项定位原则：聚焦专项、面向应用、关注差异。

（1）聚焦专项。在此标准中，中小学教师的信息技术应用能力定义为中小学教师运用信息技术改进其工作效能、促进学生学习成效与能力发展，以及支持其自身持续发展的专业能力，将它作为教师专业能力子集的范畴界定更加清楚。我国2004年颁布的中小学教师教育技术能力标准，将教学系统设计等能力集纳其中。而在信息技术应用能力中，特别强调不采用信息技术手段开展教育教学所应具备的教师专业能力不在本标准覆盖范围内，由此可以看出，通过能力标准帮助教师聚焦专项、重点突破的意味十分明显。

（2）面向应用。在此次参与标准研制的专家中，教育技术专家占54%，教师培训专家占14%，一线教师教研员占23%，学科专家占9%。可以看到学科专家、一线教师、教研员占有相当高的比例，这为能力标准面向应用奠定了基础。面向应用，需要标准既要考虑到教育信息化发展远景，也要考虑我国教育信息化的发展现状，要有适合国情的立意和价值取向。美国《国家教师教育技术标准》（《NETS-T2008》）和联合国教科文组织《ICT-CFT2011》框架，在信息技术应用能力方面，均有较高的目标引领。《NETS-T2008》立意于数字化学习时代中运用技术真正变革教育，以促进学生学习、促进学生创造力发展为价值取向。《ICT-CFT2011》框架立意帮助成员国开发教师教育技术标准及相关政策，以提高教育质量、缩小贫富差距为价值取向。此次《能力标准（试行）》的研制则立意于充分利用信息技术优化课堂教学、转变学习方式，以支持优质、创新的课堂实践与个性、灵活的学生学习为价值取向。除了标准中的条目充分考虑到应用指向，在维度设计上，也特别关注了有助于教师应用的实践线索。《能力标准（试行）》从技术素养、计划与准备、组织与管理、评估与诊断、学习与发展等五个维度展开，其中的计划与准备、组织与管理、评估与诊断和教师的备课、上课与评价等教育教学的实践线索相吻合，便于教师理解与应用。

（3）关注差异。在研制《能力标准（试行）》的过程中，参与研究的专家逐渐达成了一个共识，即一个教师的信息技术应用能力所能达到的高度与他所处的信息化教学环境是密切相关的。就好比你很难要求一个家里只有自行车的人，一定要学会开汽车一样，在只有投影仪与计算机的教学环境下，也很难要求教师具备学生人手一机时所需的教学计划与管理能力。《能力标准（试行）》根据我国中小学校信息技术实际条件的不同、师生信息技术应用情境的差异，对中小学教师在教育教学和专业发展中应用信息技术的能力提出了基本要求和发展性要求。其中，应用信息技术优化课堂教学的能力为基本要求，主要包括教师利用信息技术进行讲解、启发、示范、指导、评价等教学活动应具备的能力；应用信息技术转变学习方式的能力为发展性要求，主要针对教师在学生具备网络学习环境或相应设备的条件下，利用信息技术支持学生开展自主、合作、探究等学习活动所应具有的能力。这种面向差异的考虑为标准因地制宜的实施和执行奠定了基础。关于这一特点，下文还会通过对不同教学情境的解读进行更详细的阐释。

·Chapter **2**

第二篇
教师教育技术能力
研究综述

教师队伍建设大致分为六个方面：幼儿园教师队伍建设、中小学教师队伍建设、职业学校教师队伍建设、高等学校教师队伍建设、民族地区教师队伍建设、特殊教育教师队伍建设。以下将从中小学教师、高等学校教师和其他领域教师包括幼儿园教师、职业学校教师、民族地区教师、特殊教育教师等方面介绍教师教育技术能力研究现状。

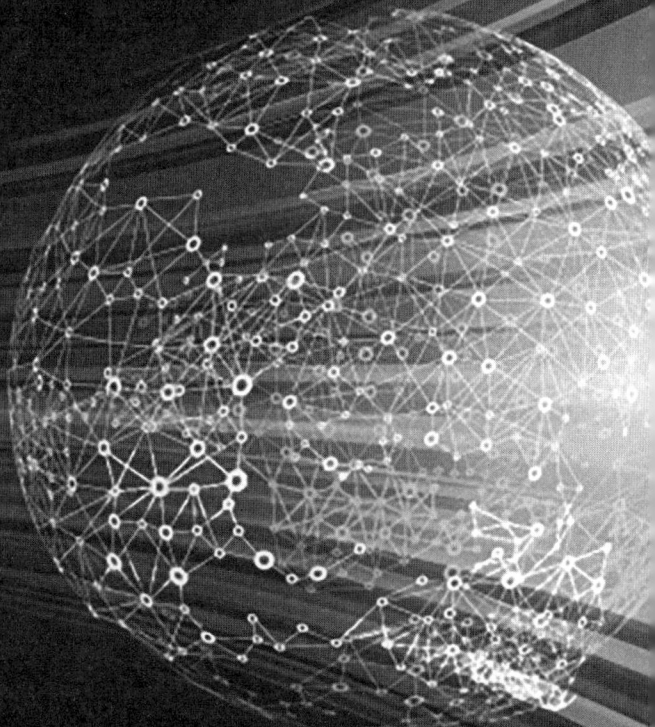

第三章

中小学教师信息技术应用能力

教育部《提升工程》指出，建立教师信息技术应用能力标准体系，完善顶层设计（顶层设计、政策标准、评估体系）；整合相关项目和资源，采取符合信息技术特点的新模式，到2017年年底完成全国1000多万名中小学（含幼儿园）教师新一轮提升培训，提升教师信息技术应用能力、学科教学能力和专业自主发展能力（培训模式、培训项目、培训课程资源平台等需要培养的能力）；开展信息技术应用能力测评，以评促学，激发教师持续学习动力（效果测评、质量评估）；建立教师主动应用机制，推动每个教师在课堂教学和日常工作中有效应用信息技术，促进信息技术与教育教学融合取得新突破（推动应用）。

第一节　信息技术应用能力培养及培训的重要性

一、中小学教师信息技术应用能力培养

信息技术对于教育体系的影响，是一种整体性的系统变革。在互联网+各行各业的大趋势下，要充分认识信息技术是行业运行和学校教学的有机组成部分（有些行业甚至是关键部分），中国社会经济转方式、调结构、保民生、创新发展促使学校教育人才培养体系在信息化支持下进行重构。

中小学教师信息技术应用能力培养的重要性。《提升工程》把对中小学教师的信息技术应用能力的要求提升到一个战略层面来实施，明确提出研制标准体系，而后相继出台了《能力标准（试行）》等标准。全国各省相继开展中小学教师信息技术应用能力提升工程，并定期举行教师信息技术能力大赛、信息技术与学科教学整合系列活动（优质课评选、优秀课件和电子教案评选、优秀应用论文评选），以此提高教师参与信息技术学习的积极性，同时展示各校信息技术应用成果，达到典型引路、示范引导、以点带面、整体推进的目标。TPACK理论也提出将"技术知识（TK）"作为信息化教学环境

下教师必备的专业之一。教师作为推进信息化应用的直接手段，其信息技术应用能力影响着在教学中应用信息技术的程度。

二、职前教师信息技术应用能力培养

费斯勒（Ralph Fessler）于1984年提出了整体、动态的教师生涯循环论，整体探讨教师生涯发展[1]（以下称之为教师职业生涯循环论，如图3-1所示），把教师专业发展划分为八个阶段：职前教育阶段（pre-service）、引导阶段（Ralph Fessler）、能力建立阶段（competency building）、热心和成长阶段（enthusiastic and growing）、生涯挫折阶段（career frustration）、稳定和停滞阶段（stable and stagnant）、生涯低落阶段（career wind down）、生涯退出阶段（career exit）。其中，职前教育阶段（pre-service）是教师专业发展的初始阶段，对整体教师专业发展水平具有重要的影响作用。处在职前教育阶段的教师，我们称之为职前教师，包括在大学或师范学院就读的师范生以及处在师资培养阶段的教师，他们一般会在师资培养结束之后从事基础教育工作，成为中小学教师。可见职前教师的培养质量直接影响中小学教师的各项素质与能力，所以中小学教师所应具有的素质与能力应为职前教师培养的目标和内容。

图3-1 费斯勒（Ralph Fessler）的教师职业生涯循环论

职前教师信息技术应用能力培养的重要性。信息技术应用能力是信息化社会中小学教师必备专业素质能力，职前教师作为中小学教师的前端角色，正处于教师教育起步和成长阶段，其培养目标和任务必然要包含信息技术应用能力的培养，并且成为职前教师培养的重要内容之一。《教育部关于大力推进教师教育课程改革的意见》[2]中明确指出，加强信息技术课程建设，提升师范生信息素养和利用信息技术促进教学的能力。《关于"十三五"期间全面深入推进教育信息化工作的指导意见（征求意见稿）》也指出，要将信息化教

---

[1] Fessler, R. Teachers' Professional Life Cycles. IH Journal网站.

[2] 中华人民共和国教育部. 教育部关于大力推进教师教育课程改革的意见. 中华人民共和国教育部官网.

学能力培养纳入师范生培养课程体系，将教师信息技术应用能力作为教师资格认定的必备条件。由此可见职前教师信息技术应用能力的培养至关重要。

第二节　信息技术应用能力培养培训研究现状

一、培养现状和存在的问题方面

信息技术由过去的单一要素，扩展为无所不在的泛在学习环境（空间），促使互联网+新形势下的教育人才培养体系发生整体性、系统性的变革。信息化融入职业教育创新发展体现在职业教育信息化人才培养体系的重构、信息化职业教育教学模式创新、职业教育数字资源建设与应用、职业教育人员信息化能力发展、职业院校数字校园建设、职业教育信息化体制机制建设等多个方面。然而，发展过程中还存在很多问题和挑战。

信息化融入职业教育创新发展是一项动态的、复杂的系统工程，需要所有利益相关者，包括职业院校、政府、行业、企业、社区、信息化部门和研究机构的共同努力。除了继续深化认识、脚踏实地的努力外，我们别无选择，正如刘延东副总理所说："在教育大国向教育强国迈进的进程中，加快教育信息化既是事关教育全局的战略选择，也是破解教育热点难点问题的紧迫任务。"

职前教师与中小学教师信息技术应用能力培养现状和存在的问题方面，相关研究通过文献分析、现状调查等不同的方法了解职前教师信息技术应用能力培养的现状，分析存在的问题并提出针对性的改进建议。例如，钟晓燕等总结了职前教师教育技术能力培养的现状：首先，从培养途径上看，目前各高师院校主要是依托学校统一规划开设的教育技术类公共课程。其次，从培养对象上来看，教育技术应用能力的培养是面向各学科职前教师，他们来自不同专业，具有不同学科背景和不同知识水平。从培养时间上来看，绝大多数的师范专业的职前教师教育技术能力培养都是一学期或者一学年的培养。同时学者也提出了目前存在的问题：课堂教学的培养途径过于单一；统一内容和步调的学习忽略了职前教师的学科差异性、针对性、适用性；有限的课时设置不利于职前教师教育技术能力的后续学习和持续提高。①刘艳丽

① 钟晓燕，瞿堃. 职前教师教育技术能力培养模式的探索与研究[J]. 电化教育研究，2010（10）：112-115.

提出职前教师教育技术能力培养存在培养方式单一、培养内容重技术，轻应用，与教学实践相脱节、培养过程缺乏对反思的重视多方面的问题。[①]相关研究梳理如表3-1所示。

表3-1 国内职前教师信息技术应用能力培养现状和存在问题及启示

学者	主要观点	启示
钟晓燕等（2010）	1．培养途径单一 2．培养内容固定 3．培养步调一致 4．培养时间不灵活	培养途径多样化 更新学习内容 个性化学习 灵活安排时间
刘艳丽（2014）	1．培养方式单一 2．培养内容重技术轻应用 3．与实践相脱离 4．缺乏培养之后的反思设计	培养途径多样化 注重技术应用能力的培养 加强实践 注重学后反思

由此可知，目前职前教师信息技术应用能力培训虽取得了一些成绩，但由于传统的培养模式和方法的局限性，职前教师信息技术应用能力仍需进一步提高。针对培养方式单一、培养时间固定、个性化学习方式缺失等问题，移动学习是比较理想的解决策略，所以，移动环境下职前教师信息技术应用能力培养策略的研究就尤为重要。

现状调研与分析方面，相关研究都提出了目前信息技术应用能力培训存在的问题，并提出移动学习解决策略。例如，孙旭涛分析了移动学习环境下高校师范生信息化教学能力的构成，包括基本信息化能力、信息化教学设计能力、教学资源设计和开发能力、信息化教学评价能力、信息化教学反思能力五个方面，进而以许昌学院师范生为例分析了目前职前教师信息技术应用能力培养普遍存在的问题，主要有课程设置没有切合实际，阻碍了学生信息技术能力的培养、信息化教学设计能力培养效果不尽人意、教学资源的整合和活动设计能力缺乏、教学实施能力偏低等，进而提出移动环境下职前教师信息技术应用能力培养的策略：改善培养模式，提高信息技术与课程整

---

① 刘艳丽. 基于体验学习圈的职前教师教育技术能力培养策略探析[J]. 中国电化教育，2014（10）：118-122.

合能力，培养师范生的创新意识，提高教学设计能力[①]。崔萌等分析了信息技术应用能力培养现状及存在的问题：培训内容和培训步调统一、培训时间集中且时间较长、培训设备不便捷、培训交互方式单一、培训环境和教学应用情境分离，进而提出移动学习解决策略[②]。徐红梅指出，目前信息技术应用能力培训以现行教材为主体，模块内容过多且内容更新过慢，导致职前教师能力培养内容不能与时俱进，影响职前教师信息技术应用能力的发展，提出将移动学习中的微课程的思想引入职前教师信息技术应用能力培养过程中[③]等。

张豪锋和范喜艳对参加河南省2010年中西部地区中小学骨干教师培训项目的700名农村骨干教师进行调查研究，并从教育技术意识与态度、知识与技能、应用与创新、社会责任和教师培训五个维度进行了分析。

杨宁对参与福建师范大学培训基地的392名中小学教师和教师进修学校的教师进行了教育技术能力现状调查。调查范围覆盖了福建省所有的地区，教师学校所在区域覆盖了城市、县城、乡镇和农村，教师所在学校的类型覆盖了小学、初中、普通高中、职业高中和教师进修学校，教师学科覆盖了中小学所有学科，以此来了解中小学教师对教育技术的意识与态度、知识与能力、应用与创新的现状。

由相关文献分析可知，现有的调研与分析有利于了解职前教师信息技术应用能力培养现状以及培养策略的研究水平，为本研究奠定了基础。但是，目前职前教师信息技术应用能力培养在课程内容和培养方式等方面存在一定的问题，相关学者专业也提出了一些改进策略，但策略的构建大多处于理论探讨阶段，过于概括导致可行性不强，并且缺少实证研究验证策略的有效性，所以，本研究在策略的可行性研究及有效性验证方面需进一步研究。

目前，我国中小学教师信息技术应用能力培训活动的开展，主要依托全国中小学教师信息技术应用能力提升工程项目展开，与其他相关培训项目

———————
①　孙旭涛. 移动学习环境下高校师范生信息化教学能力培养研究[J]. 菏泽学院学报，2014（2）：111-114.

②　崔萌，曹晓玲，王祥金. 中小学教师信息技术应用能力培训现状分析及对策研究[J]. 中小学信息技术教育，2015（10）：29-32.

③　徐红梅. 基于微型课程开发的师范生信息技术与课程整合能力培养模式探析[J]. 教育教学论坛，2015（5）：248-249.

（如国培计划）相整合展开培训。目前中小学教师信息技术应用能力培训存在的问题主要有以下几点：

培训内容和培训步调统一。在传统的教师培训中，组织者往往采用统一的培训内容和统一的培训步调，没有考虑教师信息技术素养的个体差异，而且难以照顾到不同地区、不同学校和不同教师特殊岗位之间需求的差异，针对性不强。受训教师往往是不同的专业、单位部门、年龄等，他们具有不同的知识结构和学习能力，面对统一的培训内容反应各异。因此，设置统一的培训内容不利于教师的个性化学习。这种学习方式不够灵活，无法适应教师的个别学习需求，受培训的教师往往会想出各种方法应付学习，这样的培训实际上没有真正达到学习的效果。

培训时间集中且时间较长。传统的集中面授式培训，一般是在规定的时间地点进行，大多会选择受培训教师的假期时间安排培训活动。这种形式便于教师集中精力进行学习交流，遇到学习问题能够及时得到同伴或者培训教师的帮助指导。但是在实际过程中，集中培训的形式存在的一些问题往往使得培训的效果大打折扣。教师作为成人，角色具有多面性，工作具有多样性，自身工作安排、家庭情况等原因使得教师很难保证在集中培训期间全身心投入学习中。

网络远程培训也需要受培训教师在工作时间以外安排时间进行远程学习。而且，一些网络培训课程时间较长，无法激发教师学习的兴趣，这样的培训非但不能提高中小学教师信息技术应用能力，反而增加了额外的学习负担。教师不愿意在休息时间花很长时间进行相关的网络学习，经常会出现为了应付学习课时，出现弄虚作假的学习现象。比如，统一时间用多台电脑播放教学视频，或者找代理机构或软件代替学习。

培训设备不便捷。目前传统的中小学教师信息技术应用能力培训中，教师对信息技术应用能力相关知识点的学习、中小学教师之间的互动交流、中小学教师与培训专家之间的沟通交流等大部分的学习活动都必须在电脑和网络环境中进行。中小学教师任务繁多，可用于集中学习信息技术应用的时间少，但其零碎时间多，利用空间广，可挖掘的潜力非常大。但电脑的移动性有限，教师想学习时并不一定有可用的电脑，这容易对教师学习的积极性产生消极影响。同时，由于电脑不便于携带，教师学习的时间和空间受到很大的限制，不利于学习者随时随地学习，浪费较多可利用的学习时间。

培训交互方式单一。不论是集中面授还是远程网络培训，都或多或少的存在交互方式单一的问题。集中面授过程中，培训教师基本采用讲授的方式传授知识，受培训的教师更多是聆听，信息传递为单方向的灌输方式，而在远程网络培训中，接受培训的教师利用远程网络平台进行学习，由于目前教师远程学习平台功能有限，加之培训组织管理不足，使远程培训平台不能实现良好的在线交互或线下互动。

培训环境和教学应用情境分离。教师的工作是实践性很强的专业，中小学教师信息技术应用能力培训应以解决教学实际问题为其追求的主要目标。在教育技术能力培训中，很多培训只关注了培训期间知识的短期内化过程，一个项目学习下来，短期内对教师触动较大，当回到学校真实教学环境中，曾经的项目培训所得便逐步衰减。这样的培训忽视了中小学教师教育教学行为的实践特征，难以满足中小学教师自身教学技能提高的需要。很多接受过培训的教师在回到实际工作环境后，未能像预期的那样应用培训所学改善教学行为，甚至过一段时间，又回到了培训前的状态。培训和工作是两种不同的情境，受训教师面对情境的变化，很难将培训所学顺利地迁移至工作情境中。因此，项目式的培训课程不能支持教师的常态化学习，难以使信息技术在教学中得到理想的应用效果。因此，如何实现教师培训学习和教育应用一体化，是当前中小学教师信息技术能力培训模式研究的一个重要课题。

二、培养效果影响因素方面

培养效果影响因素方面，相关研究基于不同的理论和研究方法对职前教师信息技术应用能力培养效果影响因素进行了总结归纳，并提出培养策略建议。

例如，王丹丹以技术接受模型（Technology Acceptance Model，简称TAM）为基础，探讨影响职前教师信息技术使用行为的关键影响因素，指出培养内容尽量与职前教师将来的工作任务相匹配、注意培养职前教师使用信息技术的自我效能感、良好的信息技术环境支撑及学习服务支持，使职前教师能够在技术环境中有效学习，便于建立师生共同体和学习共同体的构建、从职前教师的角度出发考虑技术的开发和引用提高技术的有用性和易用性。①
刘艳丽从体验学习圈理论提出职前教师信息技术应用能力培养应注意选择适
合体验学习的培养内容（Content内容）、创建真实的学习体验（Experience
情景体验）、设计反思性的活动（Reflection反思活动）、提供再实践的机会
（Practice实践）。②陈维维从课程平台、活动平台和技术平台三方面探讨了
职前教师信息技术应用能力培养影响因素。③冉新义提出在职前教师信息技术
培养中应注意构建基于ICT的教师教学实践共同体。④陈永光指出加强现代教
育思想和教育理论学习、提高职前教师的信息素养水平、注重培养信息化教
学设计能力、提供足够的信息化教学实践机会、提高信息化学习资源和学习
环境的综合利用水平。⑤相关研究梳理如表3-2所示。

表3-2　国内职前教师信息技术应用能力培养效果影响因素研究现状及启示

学者	主要观点	启示
王丹丹 （2015）	任务技术匹配 计算机自我效能 主观规范 技术有用性和易用性	培养内容尽量与职前教师将来的工作任务相匹配 良好的信息技术环境支撑及学习服务支持 从职前教师的角度出发考虑技术的开发和引用 提高技术的有用性和易用性
刘艳丽 （2014）	内容（Content） 情景体验（Experience） 反思活动（Reflection） 实践（Practice）	注重内容设计 创建真实的学习体验 设计反思性的活动 提供再实践的机会
陈维维 （2011）	课程平台、活动平台、技术平台	课程设计、活动设计、技术平台
冉新义 （2014）	基于ICT的教师教学实践共同体	学习共同体

①　王丹丹. 基于TAM的职前教师信息技术接受度影响因素研究[D]. 重庆：西南大学，2015.

②　刘艳丽. 基于体验学习圈的职前教师教育技术能力培养策略探析[J]. 中国电化教育，2014
（10）：118-122.

③　陈维维，杨欢. 职前教师教育中教育技术能力体系及其建构[J]. 南京晓庄学院学报，2011
（3）：116-121.

④　冉新义. 福建省职前教师教育技术能力现状与培养策略[J]. 闽南师范大学学报（哲学社会科
学版），2014（1）：144-149.

⑤　陈永光. 职前教师信息化教学能力培养策略研究[J]. 中国成人教育，2014（15）：105-107.

（续表）

学者	主要观点	启示
陈永光 （2014）	现代教育思想和理论 信息素养水平 信息化教学设计能力 信息化教学实践 信息化学习资源和平台	加强现代教育思想和理论学习 提高职前教师的信息素养水平 注重培养信息化教学设计能力 提供足够的信息化教学实践机会 提高信息化学习资源和学习环境的综合利用水平

　　杨彦栋等人提出基于能力标准的"现代教育技术"公共课程教学内容重构的建议：课程内容应与基础教育信息化建设相适应、教学内容要具有实用性和前沿性、教学内容应注重理论与实践并重。[①]朱永海等人提出将《中小学教师教育技术能力标准》融入"现代教育技术"课程体系中，采用中小学教学真实问题—课堂教学—学习活动/教学实验—问题解决—反思的服务学习教学模式，重点关注"标准"的导入、新课标的导入，以及新模式的导入等，推进"标准"与"现代教育技术"课程教学充分融合。[②]

　　教学内容的选取和资源建设方面，策略的构建多以高等师范院校的教育技术相关课程为出发点，多以"现代教育技术"课程为例，遵照目前的教学目标和教学内容，设计开发微课程、微课或微视频等适合在移动环境下开展学习的资源，以此来探索移动学习资源支持下的职前教师信息技术应用能力培养策略。

　　微课程设计开发方面，谷跃丽以《现代教育技术》实验课为例研究微型课程的设计[③]；孙婕等人开发了旨在培养化学师范生提问技能的微课程[④]；孙婕以培养化学师范生教学技能为目的进行微课程设计研究[⑤]；陈苏芳以培养师

————————

　　① 杨彦栋，郭玉刚. 基于《标准》的《现代教育技术》公共课教学内容重构探索[J]. 中国教育信息化，2015（8）：68-70.

　　② 朱永海，李晓东，孙方，等.《中小学教师教育技术能力标准》融入《现代教育技术》课程体系的设计研究[J]. 淮南师范学院学报，2013，15（2）：105-109.

　　③ 谷跃丽. 微型课程的设计与应用研究[D]. 武汉：华中师范大学，2014.

　　④ 孙婕，吴晓红. 以培养化学师范生提问技能为主线的微课程设计研究[J]. 中国信息技术教育，2014（23）：103-105.

　　⑤ 孙婕. 以培养化学师范生教学技能为主线的微课程设计研究——以宁夏大学化学微格教学课程为例[D]. 银川：宁夏大学，2015.

范生教学设计能力为主线设计并开发了相关的微课程[①]；梁洁等人设计开发了旨在提高职前教师信息化教学设计能力的微课程[②]。微课方面，胡兆欣提出了微课理念下的师范生教师职业技能训练的方法策略[③]；马金钟等人开发与设计了"现代教育技术"课程的微课[④]；叶笑蕾等人进行了师范毕业生职前培训中的微课教学相关的研究[⑤]；微视频方面，邵明杰设计了应用于现代教育技术公共实验课的微视频，探索了情景化任务驱动的教学策略[⑥]。

由相关的文献分析可知，教学内容的选取和资源建设方面的研究肯定了微课程、微课或者微视频等微视频类移动学习资源在推动职前教师信息技术应用能力培养变革方面的积极作用，所以，在移动环境下职前教师信息技术应用能力培养过程中，要注重移动学习资源建设，尤其是微视频类移动学习资源。

同时，此方面的研究提供了大量信息技术移动学习资源建设，尤其是微视频移动学习资源的设计和开发方法和案例。例如，谷跃丽设计开发了《网络教育资源的搜索与整理》《数码视频的才给予处理》两个微视频案例；孙婕等人设计开发了导入、提问、讲解等十种化学教师教学技能的培养微课程案例；陈苏芳设计了旨在提高师范生教学设计能力的微课程案例；邵明杰设计了Excel的使用技巧微视频案例等。大量相关案例的开发与制作为移动环境下职前教师信息技术应用能力的培养的资源建设提供了实践指导。

另外，此方面的研究提出了一些微视频类移动学习资源在职前教师信息技术应用能力培养方面的应用策略及模式，如谷跃丽提出的基于资源的学习模式、基于案例的学习模式、协作学习模式；孙婕等提出了体验式学习模

---

① 陈苏芳. 以培养师范生教学设计能力为主线的微型课程设计研究[D]. 武汉：华中师范大学，2013.

② 梁洁，张静，许春阳. 面向职前教师信息化教学设计能力培训的微课程设计模式研究[J]. 教育信息技术，2014（4）：45-47.

③ 胡兆欣. 微课理念下的师范生教师职业技能训练[J]. 桂林师范高等专科学校学报，2015（4）：114-116.

④ 马金钟，董德森，赵国宏，等. "现代教育技术"课程的微课开发与应用[J]. 软件导刊（教育技术），2014（10）：12-13.

⑤ 叶笑蕾，汤静，王明，等. 师范毕业生职前培训中的微课教学研究[J]. 中学生物学，2014，30（7）：30-32.

⑥ 邵明杰. 情景化任务驱动的微视频应用策略研究——以现代教育技术公共实验课为例[J].中国教育技术装备，2013（24）：43-45.

式；陈苏芳提出的基于案例的反思学习模式；邵明杰提出情境化任务驱动策略；徐红梅提出于微型课程开发的师范生信息技术与课程整合能力培养模式[①]等。这些微视频的应用模式在构建移动环境下职前教师信息技术应用能力的培养策略方面具有不可否认的理论指导作用。

但是，此类研究一般依托高等师范院校的教育技术类课程，受制于课堂教学，因而提出的移动学习资源的使用策略大部分是基于课堂教学的方式，例如谷跃丽提出的微课资源支持的基于课堂教学的协作学习模式；孙婕等人提出的将微视频资源应用于课堂教学前的翻转课堂教学模式；陈苏芳提出的基于Moodle平台的在线学习模式等。基于移动学习方式的应用策略不明晰。鉴于移动学习与移动学习资源的紧密相关性，所以，应进一步深入研究信息技术移动学习资源在移动环境下职前教师信息技术应用能力培养方面的应用方法，提出有效应用策略。

由此可知，信息技术应用能力培养效果的影响因素一般有内容、情境、反思、实践、基于技术的师生教学共同体等，移动环境下职前教师信息技术应用能力培养属于信息技术应用能力培养方式中的一种，因此，在制订移动环境下职前教师信息技术应用能力培养策略时也应考虑到这些影响因素。

三、培养模式和应用策略

培养模式和策略方面，相关研究针对目前职前教师信息技术应用能力培养现状提出一些针对性的解决策略。例如，唐加军等人提出以"现代教育技术"课程的课堂教学为主，以做中学教学模式为辅的二元培养模式[②]；钟晓燕等人提出传统课堂面授+网络自主学习的培养模式[③]；狄芳、郝雅琪基于

---

① 徐红梅. 基于微型课程开发的师范生信息技术与课程整合能力培养模式探析[J]. 教育教学论坛, 2015（5）：248-249.

② 唐加军, 舒波, 雷代勇, 等. 高等师范院校职前教师教育技术能力的培养模式与实施策略探究[J]. 中国电化教育, 2013（4）：82-87.

③ 钟晓燕, 瞿堃. 职前教师教育技术能力培养模式的探索与研究[J]. 电化教育研究, 2010（10）：:112-115.

TPACK框架进行职前教师信息技术应用能力的培养[1][2]等。

　　由此可知，在改进培养效果方面，很多研究已提出了有效的策略和方法，但现有的策略方法大都是依托课堂教学、网络平台或者两者合一，专门针对移动环境下的策略方法构建的研究较少，因移动学习在职前教师信息技术应用能力培养中确实具有重要作用，所以有必要专门研究职前教师信息技术应用能力培养策略，丰富此方面的研究。

① 狄芳. TPACK框架下职前教师信息化教学能力的培养研究[D]. 银川：宁夏大学，2013.
② 郝雅琪. 基于TPACK模型的职前教师信息化教学能力培养研究[D]. 西安：陕西师范大学，2014.

第四章

高等学校教师教育技术能力

《教育部关于加强高等学校在线开放课程建设应用与管理的意见》[1]指出依托高校、相关机构、专家组织和在线开放课程公共服务平台，根据教师、学习者的需求变化和技术发展，开展课程建设、课程应用以及大数据分析应用等培训。

随着开放教育运动的发展和普及，高等教育教学方面有如下三个发展迹象[2]。

（1）推崇个性化定制或弹性学制。由于数字化学习资源丰富，学习环境支持的学习方式形式多样，这都使得未来高校培养方案更加个性化。2014年麻省理工学院（MIT）未来教育研究组对学校提出了16条建议，包括课程模块化，探索模块化教学方法，建立模块课程库，跨院系共享，以组合形成更多的培养方案。未来学生可以借助技术形成自己个性化的受教育路径和受教育时长。

（2）推广采用混合教学或学习模型。慕课（Massive Open Online Course，简称MOOC）对高等教育的影响在于加速了高等教育向在线教育方向迈进的步伐，高校课程开始推广和采用翻转课堂教学法。

（3）基于数据分析的教学和管理决策。学习分析技术以及相关的教育大数据分析最近几年已成为研究热点，慕课的发展推动了国内高校教学信息化发展进程，提升了高校对教学管理平台、学生学习数据分析的需求。目前国内高校似乎还没有产生对课程结构和培养方案变革的举动。

信息技术的发展改变了高等教育的诸多方面，高等教育的未来在向个性化适应性方向转变，要求高等学校的教师提高信息技术应用能力，引领高等教育变革，促进高等教育人才培养。

---

[1] 中华人民共和国教育部. 教育部关于加强高等学校在线开放课程建设应用与管理的意见. 中华人民共和国教育部官网.

[2] 汪琼.信息化视角下全球高教发展趋势[N]. 中国教育报，2017–05–20（3）.

第一节 高校教师教育技术能力现状调研

丁卫泽等人[①]从意识与态度、知识与技能、应用与评价、发展与创新四个方面对南通大学不同学科的教师教育技术能力与培训需求进行调研。调查结果显示：（1）整体上该校教师教育技术态度和意识并不薄弱，并且具有运用教育技术获取教学资源的主动意识。（2）教师对教育技术的主要理论和基本内容掌握得也比较好，而对教育技术基本技能的掌握则出现了较大的差异。（3）教师在教育技术的应用与评价上出现偏离。（4）教师的教育技术发展意识强烈，创新能力有待提高。该研究结合高校教师教育技术培训的需求分析，从培训目标、培训内容、培训模式、评价方式及培训后服务等方面提出了教师培训的建议。

方明建等人[②]从培训制度、培训内容、培训方式、培训效果四个方面入手，对我国高校教师教育技术能力培训的现状进行调研。调研结果显示，我国高校教师教育技术培训存在政策不到位，培训目标与培训内容设置偏颇，培训形式与模式单一，培训效果评价与评价后管理缺失等问题。该研究对诊断我国高校教师教育技术培训存在的问题方面起到了一定的引导作用。

徐华勇[③]将教育技术能力分为四个方面：理论能力、技术能力、意识素养、审美素养。目前高校教师教育技术能力的实际状况及其不足之处主要包括（1）高校教师教育技术理论匮乏。原因可能是高校教师在未成为教师之前没有受过相关教育，也可能是高校教师在成为教师之后没有学习关于教育技术能力的相关内容。（2）部分高校教师的教育技术实际运用情况至今处于一个较低的水平。（3）高校教师教育技术意识较为薄弱。许多老师不能够将技术和教育紧密相连，只是机械、盲目地使用一些软件和手段，和原本要教授的内容脱节。

谢志昆等人[④]对近10年多间在教育核心期刊上发表相关主题的96篇文献

---

① 丁卫泽，吴延慧. 高校教师教育技术能力现状分析[J]. 电化教育研究，2010（9）：64-69.

② 方明建，郑旭煦，沈季，等. 高校教师教育技术能力培训现状与对策研究——以重庆地区高校为例[J]. 人力资源管理，2011（8）：60-63.

③ 徐华勇. 高校教师教育技术能力培养模式探究[J]. 中国成人教育，2016（11）：149-151.

④ 谢志昆，谢娅萍，杨得耀，等. 高校教师教育技术能力培训研究回顾[J]. 中国教育信息化，2015（18）：59-62.

进行了整理分析，对教师教育技术能力研究现状分析发现：在态度和意识方面，大部分高校教师能够对教育技术和重要性有认识，仍有部分教师认为教育技术作用不大；在知识与技能方面，高校教师对于信息技术与课程整合的相关概念和理论知识却认识不够。高校教师培训大多处于信息技术使用的初级培训阶段，缺少信息技术与学科教学的有效整合应用，还有部分教师没有系统地接受过心理学、教育学、教学设计等知识理论学习，缺乏教学设计、教学评价方面的理论与方法。在教学应用方面，高校教师经过培训对教育技术的作用及概念有所认识，对利用信息技术促进教学改革创新的理念也很认可，但在实际教学时仍然以讲授式为主；在科研创新方面，高校教师能应用信息技术工具来协助开展科研，如文献收集整理分析等，但创新能力不足，信息技术工具的应用处于简单使用状态。

由此可见，高校教师教育技术应用能力普遍存在以下问题：一是教师教育技术能力标准的颁布与实施没有随着时代发展而发展；二是在培训内容设置方面，许多高校对教育技术能力的本质与内涵认识不足，教育技术培训仅停留在信息技术培训层面，不重视信息化条件下的教学理念理论方面知识和信息化技术与学科教学整合能力的培训；三是在培训模式上仍以集中讲授为主，不能很好地满足高校教师个性化的多元学习需求；四是培训实施后，效果评价与后期管理缺失，较少关注教师将标准充分延伸到课堂教学的实践和指导，能力建设始于培训、止于培训，未能将初步体验层面推进到课堂实践层面；五是学习资源不足，培训课程资源是培训实施的重要保障和途径。

第二节　高校教师教育技术能力评价指标体系/标准的构建

马宁等人[①]在对国内外相关标准和规范的深入研究和分析的基础上，制定了《国家高校教师教育技术能力指南（试用版）》［*National Educational Technology Guides for Teachers in Higher Education*（*trial version*），简称为《NETG·THE》］。该指南提出了国家高校教师教育技术能力结构模型，如图4-1所示。该指南主要包括意识与责任、知识与技能、设计与实施、教学评

---

① 马宁，陈庚，刘俊生，等.《国家高校教师教育技术能力指南》的研究[J]. 远程教育杂志，2011（6）：3-9.

价、科研与创新等5个部分，共17个二级指标、54个三级指标。意识与责任部分包括对高校教学的重要性、促进教师专业发展、法律与道德3个二级指标；知识与技能部分包括由基本理论与方法、教学设计模式与方法、数字化教学一般特点与信息技术工具与方法4个二级指标；设计与实施部分包括确定合理的教学目标，选择有效的教学内容、设计并实施有效的教学活动，选择恰当的媒体、资源和工具，创设有效的学习环境和与同行和管理人员等就教学问题进行有效交流4个二级指标；教学评价部分包括掌握基本的评价理念，能够对教学活动过程进行合理的评价、反思与调整，能够选择合适的评价方法全面评价学生的学习绩效3个二级指标；科研与创新部分包括能够关注新技术和方法并应用其改进教学，能够借助技术手段开展广泛的学术研究、合作与交流，能够利用教育技术提高科研项目的管理水平和研究团队的工作效率3个二级指标。该指南针对提出高校教师教育技术能力模型，针对性地提出了教育技术培训的8个主要模块。该指南较为全面地构建了我国高校教师教育技术能力指标体系及培训的主要模块，对建构基于Web2.0的高校教师教育技术能力发展模式起到了不可或缺的支撑及方向引导作用。

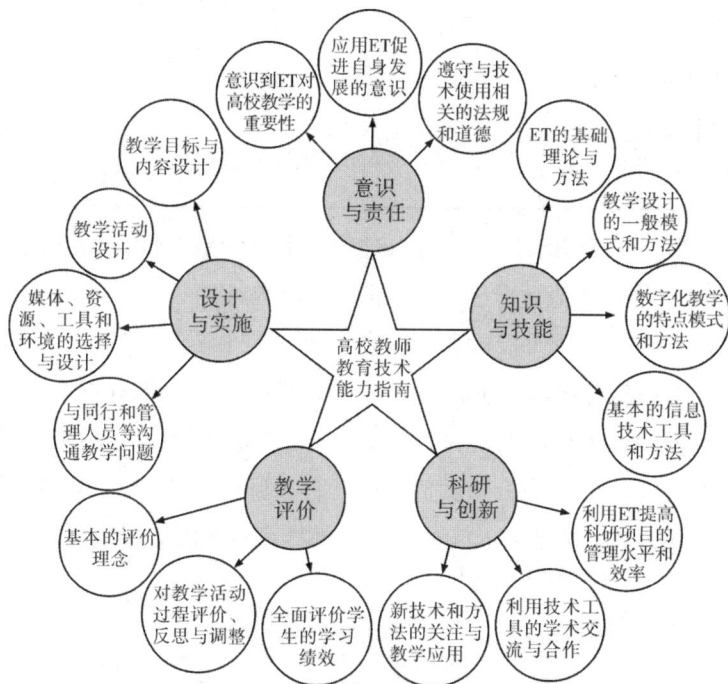

图 4-1　高校教师教育技术能力结构模型（马宁等，2011）

顾小清[①]分别对国际绩效、培训、教学标准委员会（the Internet Board of Standards for Training, Performance and Instruction，简称"IBSTPI"）制定教师能力标准、美国教师教育技术标准及绩效指标、联合国教科文组织（UNESCO）教师技术整合能力标准（Competency-Based Standards for Teachers' Training on Technology-Integrated Pedagogy，简称"TIP"）及中国教育部《中小学教师教育技术能力标准（试行）》进行解读及比较，如表4-1所示。

表4-1　整合技术能力与其他标准的对应（顾小清，2007）

IBSTPI	NETS.T	TIP	CETS
认识教学媒体和技术的潜能与局限	信息技术操作和概念	理解和操作技术	意识与态度
运用媒体和技术开展有效的教学实践	教学和课程评估与评价	理解和支持学习	应用于创新：教学支持与管理；教学设计与实践
以多样的方式呈现内容	创设学习环境和学习经验	理解与加工课程知识与资源	
为学习者使用媒体和技术做好准备	—	—	—
能够发现并解决小的技术故障	信息技术操作和概念	理解与操纵技术	知识与技能：基本知识；基本技能

比较得出：由于IBSTPI是针对教师的一般性专业技能，而其他几个标准是整合技术之后的教师标准。TIP标准是针对教师的技术整合能力的，美国教师教育技术标准及绩效指标和我国教育部《中小学教师教育技术能力标准（试行）》则是教育技术为主题的，是介于IBSTPI标准和TIP标准之间的。该研究通过对国际较为权威的几种教师能力标准的比较，对各种标准在包含范畴及技术整合内涵进行分析。虽然上述几种教师能力标准都不是针对高校教师的，但可以为建构基于Web2.0的高校教师教育技术能力标准提供参考。

---

① 顾小清. 面向信息化的教师专业发展：国际标准解读与比较[J]. 全球教育展望，2007，36（10）：76-81.

张一春等人[①]从国内外教师教育技术标准入手，研究在教学活动中教师、技术等各因素之间的关系，探讨高校教师教育技术能力标准的模型，如图4-2所示。该研究根据AECT94定义（定义内容为教育技术是为了促进学习，对有关的资源与过程进行设计、开发、利用、管理和评价的理论与实践）把教师的教育技术能力归结为对教学资源与学习过程的设计、开发、应用、管理与评价，并将其归纳为设计开发、整合应用、管理评价三个层面。在此基础上，把教师教育技术能力的另外两个因素：技术与教师自身的专业发展划分为内涵要求与外延要求。该研究为建构Web 2.0环境下高校教师教育技术能力框架及发展模式提供了一种新的思路。

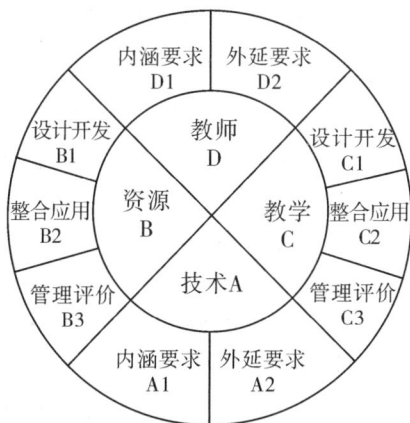

图4-2　教育技术能力结构模式（张一春，2004）

第三节　高校教师教育技术能力培训策略研究

梁文鑫等人[②]从生态学的角度提出面向信息化的教师专业发展的阶段及促进策略：（1）生态突变期的学习、模仿与尝试使用阶段；（2）生态进化期的困惑、怀疑阶段；（3）生态融合期的确定应用阶段；（4）生态平衡期的创新应用阶段。该研究通过剖析教师教育技术能力的生成阶段，为教师提供

[①] 张一春，杜华，王琴，等. 高校教师教育技术能力标准的模型建构之研究[J]. 中国电化教育，2004（5）：26-30.

[②] 梁文鑫，余胜泉，吴一鸣. 面向信息化的教师专业发展阶段描述与促进策略研究[J]. 教师教育研究，2008，20（1）：18-21.

了每个阶段需要采取的途径及策略，保证教师分阶段地按照指引完成面向信息化的自我发展。

周红春[1]提出高校教师的教育技术能力培养应从教师个人、教师组织、学校管理和相关行政主管部门或行业协会组织多个层面入手进行组织；建立基于教育技术的学习共同体，提高教师的合作与交流能力；通过制定相关激励政策，完善培训管理与保障体系，促进教师提高教育技术能力；通过评奖、评比等活动，促进教师提高教育技术能力；建立跟踪回访制度，促进教师提高教育技术能力。该研究根据其实践经验提出的高校教师教育技术能力培训的方法与措施，具有较强的参考价值和实践指导意义。

谢舒潇等人[2]提出体验式培训。体验式培训是受培训者在培训教师指导下通过自身体验、广泛交流和积极反思，从而提高自身认识，增强解决实际问题能力的一种培训方式。高校教师教育技术体验式培训模型依据体验式学习圈的原理而设计，它包含前端分析、亲历回顾、体验学习、交流协作、展示分享、评价反思和培训后支持等七个环节。这种培训模式以学员需求为中心，以具体活动为背景，以亲身体验为手段，避免了传统培训的枯燥乏味，激发了学员在真实体验中建构知识、增进能力的主动性和积极性，实现了知识传递与工作体验及个人创新与团队协作的有机结合，创造了一种能快速实现知识迁移和能力内化的可持续发展培训模式为高校教师教育技术培训开辟了一种新途径。

由此可见，当前高校教师教育技术能力的培训策略有依据教师专业化发展的基本规律，以教师需求为导向，亲身体验为手段，注重学习共同体的构建，为高校教师的信息技术应用能力培养提供了可靠的指导。

第四节　高校教师教育技术能力培训的模式/方法研究

张一春[3]在阿基利斯关于培训的八步骤基础上，结合高校教师的特点提出了"凝练问题—剖析反思—制订方案—学习行动—规划调整"的高校教师

① 周红春. 信息化环境下高校教师教育技术能力培养[J].现代教育技术，2010，20（6）：139-143.

② 谢舒潇，林秀曼，刘冠. 高校教师教育技术体验式培训的设计与实践[J]. 电化教育研究，2013（3）：95-100，106.

③ 张一春. 高校教师ET能力发展模式研究[D]. 南京：南京师范大学，2005：155-158.

教育技术能力培训行动学习的星形操作模型，如图4-3所示。这样一个培训学习过程都是在这样的循环的行动中完成的，学习是本着群体、合作、分享、行动、提高而展开。每个阶段是否真正达成目标，与群体的合作分享分不开的。该模式为本研究中的教育技术能力培养提供了一条主线，各种培训活动的开展都围绕这条主线实施。

图 4—3 高校教师教育技术能力培训行动学习的星形操作模型

罗艳君[①]提出体验式的教师教育技术能力培训，主要表现为引入情境，激发兴趣、激活起点经验；选择培训教师的条件要求；营造适合教师教育技术能力发展的环境及结合实际进行过程反思。该模式是基于信息化环境中的教师教育技术能力培养模式，可以作为个案示范。

庄琪[②]将高校教师教育技术培训内容划分为概念理解、方法技巧、作品制作和媒体操作，并分别就这四类培训内容提出了高校教师教育技术培训的合作学习模式。其中，对每种合作学习模式的阶段划分、教师及学员在每个阶段的主要任务进行了描述。

随着信息技术的不断发展，结合新的资源形式、新的教学理论等，研究者提出从培训环境、培训资源、培训活动、培训任务等要素着手开展混合式培训[③]；基于MOOC、微课、翻转课堂等探讨高校教师教育技术能力/信息化教

---

① 罗艳君. 体验式学习在教师教育技术能力培训中的实证研究[D]. 保定：河北大学，2010：16-30.

② 庄琪. 高校教师教育技术培训中的合作学习研究——以江苏省高校为例[D]. 南京：南京师范大学，2006.

③ 蒿瑞芳. 高校教师教育技术能力混合式培训模式的设计与应用研究[D]. 重庆：西南大学，2015.

学能力的培养模式及方法等[1][2][3]；基于TPACK框架研究高校教师信息技术应用能力的培养与评价等[4][5][6][7]。

第五节　高校教师教育技术能力培训的环境设计

杜芳芳[8]提出以学习者培训为中心的学习环境，学习环境包括目标/任务、情境、活动、教师共同体、支架、资源、案例、工具、评价和反思。王燕等人[9]构建了基于高校教师专业发展的网络教育资源库，分两个部分来建设：资源条件部分和环境条件部分，具体采用模块化结构设计。其中资源条件部分主要是依据教师的知识基础来设计，包括普通文化知识部分、专业知识部分、教学法知识部分、资源浏览及资源的上传和下载模块；环境部分主要是给教师个人知识管理提供空间、为专业学习共同体的交流提供平台。焦金金等人[10]提出基于云桌面环境提升高校教师的教育技术能力，具体体现为通过虚拟桌面收集需求，分配个性化空间，满足多样化教学模式，远程监控课堂教学信息，便于教学过程的记录。

———————

① 刘艳芳. 微课优化高校教师教育技术能力校本培训研究[D]. 新乡：河南师范大学，2016.

② 王时. MOOC背景下高校教师教育技术能力的现状、问题及对策研究[D]. 呼和浩特：内蒙古师范大学，2016.

③ 崔芳芳. 基于翻转课堂的高校教师教育技术培训模式研究[J]. 软件导刊（教育技术），2016，15（4）：38-40.

④ 梁存良，邓敏杰. 基于TPACK的高校教师现代教育技术培训设计研究[J]. 现代教育技术，2015，25（4）：45-51.

⑤ 张哲，陈晓慧，王以宁. 基于TPACK模型的教师信息化教学能力评价研究[J]. 现代远距离教育，2017（6）：66-73.

⑥ 缪巧玲. 基于TPACK的职业院校教师信息化教学能力调查与培养研究[D]. 重庆：重庆师范大学，2017.

⑦ 谢娅萍. TPACK框架下高校教师教育技术能力培训的研究[D]. 昆明：云南大学，2015.

⑧ 杜芳芳. 高校教师教育技术能力培训的学习环境设计[J]. 软件导刊（教育技术），2009（6）：44-46.

⑨ 王燕，苗玉辉. 高校教师专业发展与网络教育资源库建设[J]. 南阳师范学院学报，2008，07（9）：87-90.

⑩ 焦金金，郑超，吴学会，等. 基于云桌面的高校教师教育技术能力提升策略研究[J]. 中国教育信息化，2014（20）：67-69.

第五章 ▶▶▶
其他领域教师教育技术能力

第一节 幼儿园教师教育技术能力

一、信息技术在学前教育中的积极意义

信息技术在幼儿园中的应用不仅提升了幼儿园的科学管理和信息化管理水平，进一步丰富完善家园共育的形式与内容，更重要的是它可以优化教学活动过程，为幼儿的学习创造丰富的环境，创设主动学习情境。国外研究认为ICT对幼儿的语言、社会化、合作能力、智力的发展均具有积极的影响作用。ICT对幼儿语言发展的影响是一个复杂的过程，一方面，信息技术能提高幼儿学习语言的参与度与理解能力；另一方面，信息技术能营造良好的语言学习语境，优化语言学习过程与迁移过程。使用计算机的幼儿不仅更加善于交往，而且他们更加具有合作精神。此外，ICT所创设的环境也为幼儿创造力、智力的培养提供了重要的条件。①

我国当前学前教育信息化的建设与应用存在诸多问题，与中小学教育信息化、高等教育的信息化所取得的成绩还存在较大差距。但从国家到地方、从专家学者到幼儿园一线教师，都开始重视并进行学前教育信息化理论与实践的探索，有的也已形成具有鲜明特色的发展模式。②

二、学前教育信息化政策、法规与标准

《国家中长期教育改革和发展规划纲要（2010—2020年）》提出了我国十年的教育战略目标是到2020年，基本实现教育现代化。纲要在第十九章明确提出，要加快教育信息化进程，信息技术对教育发展具有革命性影响，必须予以高度重视。

---

① 张炳林，王程程. 国外学前教育信息化发展与启示[J]. 电化教育研究，2014（10）：29-35.
② 朱书慧，汪基德. 我国学前教育信息化建设与应用研究现状[J]. 电化教育研究，2013（10）：40-46.

61

　　2011年12月，为落实教育规划纲要，促进教师专业发展，建设高素质教师队伍，教育部正式研究制定出台了《幼儿园教师专业标准（试行）》（以下简称《专业标准》）文件，由三大部分构成：基本理念、基本内容、实施建议。基本组织构架包含了专业理念与师德、专业知识和专业能力3个维度14个领域，具备简明扼要、先进性、指导性、全面性、系统化等特点；基本内容涵盖幼儿园教师教育行为的各个方面，对幼儿师资队伍的建设起到引领和导向作用，有助于提高我国幼儿教师队伍的专业素质。

　　在《专业标准》中，专业能力方面，充分体现了幼儿园教育的突出特点和保教工作的基本任务，特别强调了幼儿园教师所必须具备的良好环境的创设与利用、幼儿一日生活的合理组织与保育、游戏活动的支持与引导、教育活动的恰当计划与实施能力等。在保教工作实所需的专业知识和专业技能上，要求被分布在《专业标准》包含的10个领域共42个指标中。这部分要求可以发挥信息技术的独特优势，对教师的专业发展起到积极高效的作用，这将是学前教育发展研究空间和发展的重要突破口。从专业知识上来看，信息技术可以实现资源共享，教育均衡发展。从专业技能上来看，幼儿园教师的现代教育信息素养可以帮助实现专业知识供给与提升，可以很好地融合幼儿教育的各个环节。幼儿的认知特点需要直接的、鲜明的、图文并茂的创新的教学方式，这恰好和信息技术比如多媒体手段的教学特点不谋而合。另外，在家园建设上，利用信息技术环境可以搭建幼儿园和幼儿家庭的沟通桥梁，起到及时沟通的作用，实现家园共建的有效性。

　　在《专业标准》中，第14个领域共包含的3条标准要求分别是主动收集分析相关信息，不断进行反思，改进保教工作；针对保教工作中的现实需要与问题，进行探索和研究；制定专业发展规划，不断提高自身专业素质。利用信息技术手段可以帮助教师实现反思手段的顺利开展，例如，信息环境中微格教学手段可以实现教学观摩和录像重发；Weblog博客可以为幼儿园教师提供方便易行的服务，及时编辑，及时发布，自动管理，教师利用博客有目的记录教育教学保育过程中的感想，体会，培养教师养成善于总结反思的习惯及研究态度，从而找到了专业成长的可行途径。①

---

　　① 罗月念. 信息技术视阈下教育部《幼儿园教师专业标准（试行）》内涵解读[J]. 软件导刊（教育技术），2012（7）：28-30.

三、学前教育信息化资源及应用

教育信息化资源建设是实现信息化的保证和重要支撑，是支持教师进行信息技术与课程整合的基础，资源的数量和质量决定着学前教育信息化的质量。"集成优质教育资源，推进资源共享是学前教育信息化的当务之急。"目前已有的学前教育信息化资源形式主要包括幼儿教育资源库（满足幼儿园教学需要）、专题学习网站、教师博客、各园课件制作素材库等。[①]

学前教育课程中主要包括建设贴近幼儿日常生活、弘扬中华民族传统文化等的教学资源，在设计幼儿教学软件的过程中突出幼儿独特的认知特点，最大限度促进幼儿的发展。

主题微课程的开发，应该以幼儿发展为本，结合幼儿日常生活，将更多的时间与精力花在主题微课程的活动设计和应用策略上。在主题的选择与设计上，强调主题的综合性，注重主题目标与活动目标相融合，关注幼儿的年龄特征与学习风格。在微课程开发的过程中，尤其聚焦适合幼儿观看的微视频核心资源制作，同时注重与微视频相对应的辅助资源设计。其步骤有（1）依据《3~6岁儿童学习与发展指南》，明确主题目标；（2）充分挖掘教育契机，选取有价值的活动；（3）关注幼儿发展需要，确定活动内容；（4）预设主题活动计划，搭建活动框架；（5）以学定教为导向，精心设计微教案；（6）围绕主题教育活动，恰当选取素材；（7）发挥多媒体特点，制作微视频；（8）整合活动资源，建设微课程资源包；（9）结合幼儿实际，开展微课程教学应用；（10）及时观察反思，持续提升微课程质量。[②]

中国传统文化是中华民族在历史长河中创造的宝贵财富。学前阶段是幼儿身心发展的关键时期，让幼儿从小接受优秀传统文化的启蒙教育，将为幼儿一生的成长奠定良好的基础，也为弘扬中华民族优秀传统美德和优秀传统文化培养了传承者。促进教育部门从传统文化教育资源体系、资源类型、呈现形式、呈现载体、运营模式和服务体系等方面完善幼儿传统文化教育资源的建设与应用机制，促进传统文化在各级各类幼儿园的传承和发扬[③]。

---

① 朱书慧，汪基德. 我国学前教育信息化建设与应用研究现状[J]. 电化教育研究，2013（10）：40–46.

② 陆青雯. 面向学前教育的主题微课程开发研究[J]. 中国电化教育，2016（11）：134–137.

③ 程五一，杨明欢. 基于中国传统文化的幼儿教育资源开发与应用研究[J]. 中国电化教育，2012（8）：97–101.

幼儿教育软件与一般教育软件相比具有其独特性。在美国幼儿软件设计与开发中非常强调使用技术创建探索的或建构主义经验的学习语境。制作素材主要采用图片、动画、声音或很小的文本等形式的素材。依据Haugland等人的观点，幼儿教育软件与资源的设计应该优先考虑过程，然后关注"提供学习机会"与"激发内在动机"。幼儿教育资源与软件设计通常有三种指导理论：行为主义学习理论、建构主义及社会文化理论等。依据这些理论，幼儿软件资源设计通常必须遵循三条基本原则：一是提供接近真实的活动与场景是非常重要的；二是对学习方法的设计，幼儿教育软件应该提供孩子探索与发现知识的机会；三是对协作学习的设计，软件与资源应该提供幼儿团队或小组合作的任务。通常还有其他学习理论及方法交叉混合使用。美国幼儿教育协会在1996年表示，最好的幼儿软件必须是把"建构主义学习和开放的学习方法"与"强调幼儿发展需要和适合的技术"相结合。[①]

在国内，随着新兴的科技产品不断风靡，平板电脑、电子书、虚拟现实、增强现实等开始运用于学前教学中，发挥一定的效用。平板电脑在幼儿数学教育中的应用越来越流行，但在实践中却存在一些误区，如果这些误区得不到纠正，会对幼儿数学教育的效果产生负面影响。此外，平板电脑课程在兴趣培养、教学内容、教学策略、教学模式、教学评价、问题设置、软件的易用性等7个方面存在误区。依据相关理论给出了改进的策略，包括关注幼儿数学学习兴趣，设置符合《幼儿园教育指导纲要》的教学目标，选择适合幼儿的学习内容，合理运用教学模式，精心设计符合幼儿认知特征和发展规律的教学策略和游戏，优化问题设置和评价形式，提高软件的易用性、人性化和交互性等。经过实验和观察结果发现这些策略比较有效。[②]以下列举一些新兴科技产品在学前教育的应用。

电子书对儿童早期阅读发展有积极作用，其应用可有以下两种形式：亲子阅读，从成人主导到儿童主导的分享阅读；幼儿园课程运用，从教学辅助到互动认知工具。[③]

① 张炳林，王程程. 国外学前教育信息化发展与启示[J]. 电化教育研究，2014（10）：29-35.
② 王济军，王赫男，曾毅. 平板电脑在幼儿数学教育中的应用研究[J]. 中国电化教育，2012（12）：107-110，118.
③ 许莹. 数字环境下的阅读教育新模式——学前儿童电子书应用带来的启示[J]. 中国电化教育，2014（10）：29-35.

增强现实因具有虚实结合、三维注册、实时互动的技术特点，在国外被作为一种建立多媒体感官刺激的理想幼儿教育环境的技术手段。目前，增强现实技术在我国幼儿教育中的应用还处于起步阶段，但通过实验发现，增强现实支持的教育环境对促进幼儿社会性发展、提升幼儿学习兴趣、促进师幼互动有显著效果。[①]

在美国，ICT在幼儿课堂教学中的应用，只有少数教育活动发挥了技术的最大功用。2003年，Ann E Barron等专家对美国K-12基础教育学校的2156名教师（包括很多幼儿教师）进行了走访调查，结果显示大约有50%的教师表示他们使用技术时仅仅把它作为一种交际的工具，很小一部分的教师把ICT作为一种整合的工具或作为解决问题的决策工具。改变ICT在幼儿教育中的这种应用现状的关键在于推出与幼儿相适宜的技术设备，选择与幼儿相适宜的软件，从而支持幼儿教育实践活动。

幼儿教育独特的规律与幼儿的互动方式及认知特点有关，幼儿教育信息化应该考虑重新设计改良新技术以适应幼儿发展的需要。在这一理念推动下，世界各国相继推出了幼儿教育的新设备，如幼儿触摸平板、幼儿电子书包等，为ICT在幼儿教育中的应用注入了新活力。Eugene A.Geist教授观察2~3岁幼儿与触屏设备的交互行为，认为触控设备在幼儿教育的应用更加有利于幼儿技术水平、创造力与智力的提高。美国新罕布什尔州大学的Leslie J.Couse和Dora W.Chen等观察3~6岁学前儿童使用平板电脑的情况发现，幼儿对平板拥有较高的兴趣，使用后操作水平也有较大提升，建议幼儿园教师将平板整合于幼儿课程加以应用。

国外学者认为信息技术在幼儿教育中的有效应用首先必须明确幼儿教育与其他教育的不同以及幼儿发展的具体需要，然后选择适宜的技术与软件。幼儿教育中技术与软件是否合适是影响应用效果的最直接因素。选择技术与软件必须结合幼儿活动，赋予它合适的时间与发展空间。科威特大学的Mona Mohammad和Heyam Mohammad教授研究认为，选择合适的软件支持幼儿教育活动，也是把计算机更好地集成到幼儿课程中促进幼儿社会、情感、言语、身体及认知等全面发展的重要途径。在希腊，Vasilis Gialamas等人对希腊240

---

① 康帆. 增强现实技术支持的幼儿教育环境研究——基于武汉市某幼儿园的调查与实验[J]. 电化教育研究，2015（7）：61-65.

名在职幼儿园教师和428名职前幼儿园教师应用电脑的状况进行调查，也显示信息通信技术支持的幼儿教育实践还需关注ICT教学应用的实施过程。恰当指导交互活动是应用的核心手段，指导的方式包括直接与间接两种。直接指导是发生在面对面的情境中，通过手势、抚摸、语言或情感支持等产生，也包括成人手把手地教授幼儿使用鼠标，演示数码相机的使用方法，以及用对话或问题引导幼儿持续或中止某项幼儿活动等。间接引导是指使用精心准备的游戏与事件，包括制作适宜的资源以及使用技术记录幼儿的成长过程等。一般情况下，活动引导通过问题、模型、表扬、表演等支持。信息与通信技术使用时，一方面必须把握灵活度，平衡教师与幼儿之间的需要；另一方面，要有针对性的目的，体现一定的教学方法，追求ICT与现有资源利用的创新。有关资源与软件支持幼儿教育活动的有效策略，ICT在幼儿文学教育中的应用模式为我们提供了一条可供参考的成功经验——把ICT融入幼儿的自然环境中，以一种适宜的教学方法加以运用，让ICT在幼儿教育中充当不可替代的角色，进而扩大与丰富幼儿的经验。①

四、幼儿园教师信息素养

幼儿教育作为基础教育的初始环节，幼儿园教师信息素养是其专业素质的重要组成部分。提高幼儿园教师的信息素养是幼儿园教师专业化发展的要求、是信息时代幼儿教育的要求、是终身学习的要求。②因此，提升幼儿园教师的信息素养势在必行。

幼儿园教师应具备的信息素养包括（1）信息意识。具体表现为教师对信息和信息技术具有敏锐的感受力和持久的注意力，对于其在教学活动开展的重要功能有充分的认识，能意识到信息对社会的重要性和价值，能意识到信息对自己的学习和未来发展的重要性，并能够使感受、捕捉、分析、判断和吸收信息作为自觉的行为和内在需要。（2）信息知识。幼儿园教师应具备基本的文化素养、信息的基本知识和现代信息技术知识等方面的基本信息知识；其中，基本的文化素养指能够同时进行经验世界的在做中学习、语言文字世界的向书本学习、虚拟现实世界的数字化学习，信息的基本知识指信息

---

① 张炳林，王程程. 国外学前教育信息化发展与启示[J]. 电化教育研究，2014（10）：29–35.

② 张雪萍. 幼儿园教师信息素养初探[J]. 现代教育，2012（Suppl 2）：60–61.

的理论知识、信息的传播方式与原则等，现代信息技术知识指信息技术的基本原理、作用、发展过程即未来的前进方向等。（3）信息技能。根据实践中使用信息技术的需求，幼儿园教师应当具备的信息能力包括信息工具的利用，信息的搜集和甄别，信息的加工，信息的表述和互通等；其中，信息工具的利用指教师能利用信息技术创设幼儿活动的学习环境、生活环境，利用图形、图像、动画、视频等多媒体信息技术开展幼儿教育活动，利用网络信息技术开展家园互动教育。[1]（4）信息道德。幼儿园教师在利用信息及信息技术开展教学活动的过程中应当遵循相关的法律和道德准则。比如，在教学活动中向儿童传递社会责任信息，培养儿童的社会责任意识和正确使用信息技术的观念；在信息教学活动开展过程中要保障合理和科学地使用信息，对属于他人智力劳动成果的信息要给予充分的尊重，根据法律许可的范围和方式来进行使用；[2]等等。幼儿园教师的信息素养应当是"知道如何利用计算机和网络技术以获取相关幼儿教育教学信息，创造性开发、丰富幼儿园教育资源，合理、灵活运用多种信息解决幼儿园教育教学实际问题的技术技能"。

幼儿园教师的信息素养关系信息技术在幼儿园教学中应用的效果，关系信息技术与幼儿园活动课程的整合质量，关系学前教育信息化的进程。然而，通过调查发现，幼儿园教师虽具有一定的信息意识与信息道德，但是在实际工作中逐渐出现了一定的惰性与细节问题，需要幼儿园或其他部门出台相关规定做细致规范；在信息知识与技能方面，幼儿园教师具有一定的基础，但是在细节上仍然需要克服惰性，有待改进；能够掌握一些常用的办公软件、处理软件等为自己的教学服务，但是对于一些较为专业的课件制作、图片、视音频处理软件缺少认识，还需要学习。总体来说，幼儿园教师的信息素养有待提升。

幼儿教师信息素养的培养和提升需要教育主管部门、幼儿园、培训部门以及教师本人的共同合作和努力。教育主管部门需要逐步完善幼儿教师信息素养相关政策，如增设信息素养准入政策、推进信息化教育考核政策、尝试建立相应的奖励政策，通过加强政策引导，促使教师信息素养的提高；幼儿园需要加强幼儿教师信息素养相关管理，如加强软硬件建设来营造一个有利

---

① 张雪萍. 幼儿园教师信息素养初探[J]. 现代教育，2012（Suppl 2）：60-61.

② 张淑颖. 幼儿园教师信息素养现状调研及其提升策略[D]. 武汉：华中师范大学，2017.

于教师信息素养提高的外部环境、积极开展教育信息化的理论与实践研究并形成适合幼儿园的信息技术教学应用模式、制定适宜的信息技术园本培训、倡导信息化教学和传统教学的有机结合；培训部门需要优化幼儿教师信息技术培训体系，如加大培训力度与覆盖面、重视对专业人员的培养；对于幼儿园教师本人，则需转变教育观念，实践信息化教育，通过日积月累，潜移默化地提高自身信息素养。

　　在培养和提高幼儿园教师信息素养的问题上，可借鉴在这方面卓有成效的国家的做法。一个是教育信息化高度发达的日本。日本幼儿教师的录用采取了先考试后选拔再派遣的模式，这种任用模式相当严格，教师不仅需要具备最基本的幼儿教师许可证，还要通过竞争激烈的录用和选拔考试。考试内容涉及人文、社会、自然等方面的基础知识以及教师职业与幼儿教育方面的专业知识，在这一录用选拔考试过程中，信息技术手段的考核是必需的。这从一方面保障了幼儿园教师具备基本的信息素养。另一方面，日本从法律层面上充分尊重和提倡教师自主性的研修，建立幼儿教师的在职研修制度，为幼儿教师提供内容丰富的研修资源库，鼓励幼儿教师通过互联网自主研修教育信息化相关课题；同时，对幼儿园教师开展信息技术培训，提倡和要求幼儿园教师通过网络和信息技术媒介开展幼儿园的日常教学教育工作。日本通过建立健全一系列相互衔接、相互促进的幼儿教师教育制度，保障和提高了幼儿教师的综合素质，为幼儿教师的持续发展和自主发展创造了有利条件。另一个是美国。进入21世纪，为实现普及公平、高质量学前教育改革目标，奥巴马政府从设置学前教育领导机构、改革财政投入及其运行机制、保障弱势群体受教育机会与质量以及稳定与建设教师队伍等方面进行了一系列改革，并将为美国幼儿尤其是弱势幼儿提供优质的学前教育作为当务之急。为此，奥巴马政府设立并增加专项资金，加强教师队伍建设，提高幼儿教师的信息素养，强化对学前教育的质量监控与评估。意识到教师问题在发展学前教育事业中的重要性，以及政府在教师发展问题上不可或缺且无法推卸的重要职责之后，奥巴马政府积极采取措施提升教师地位，以政策保障教师待遇；其次，奥巴马政府特别重视保障幼儿教师的培训，通过提供稳定的经费以切实落实并保障在职培训，构建和完善学前教育网及幼儿教师培训网络。此外，奥巴马政府还通过降低或减免学前教育专业学生学费等措施鼓励更多的优秀人员进入幼儿教师行列，同时鼓励有经验的教师引导、带动新教师，并给予表现优秀者额外补助。美国在发展学前教育过程中给予教师问题充分重视的做法，特别是对幼儿教师信息素养的高度重视，尤其值得学习和借鉴。[①]

第二节 职业学校教师教育技术能力

一、职业学校教育信息化建设的相关政策、法规和标准

发展职业教育已经成为各国应对危机、促进就业、迎接新工业革命挑战的共同行动。信息化将成为今后十年职业教育系统整体改革与创新发展的战略选择。世界范围的信息化发展对人才培养提出了新的挑战，信息技术的广泛应用必将促进职业教育的重大变革，为实现教育的改革、创新和跨越发展提供了前所未有的崭新空间。

2014年，《国务院关于加快发展现代职业教育的决定》明确指出要提高职业院校的信息化水平。构建利用信息化手段扩大优质教育资源覆盖面的有效机制，推进职业教育资源跨区域、跨行业共建共享，逐步实现所有专业的优质数字教育资源全覆盖。支持与专业课程配套的虚拟仿真实训系统开发与应用。推广教学过程与生产过程实时互动的远程教学。加快信息化管理平台建设，加强现代信息技术应用能力培训，将现代信息技术应用能力作为教师评聘考核的重要依据。对职业教育的培养层次进行了进一步界定，重新划分了我国的教育体系。此外，《国务院关于加快发展现代职业教育的决定》中说明今后的职业教育将包括高中、专科、本科和研究生几个阶段，使职业教育的层次丰富了，也使职业教育培养人的目标发生了变化。职业教育的培养目标转化为技术人才、技能型人才以及复合型人才。

2015年，教育部发布《职业院校数字校园建设规范》，规范包含搭建在线协同工作平台，支持教师网络研修，提供在线培训，支持教师足不出校即可远程进修，开展终身学习，保证专业能力与双师素质的可持续发展；支持在线教研科研，提高研究效率，加速科技创新的步伐，提升职业院校自主创新的能力；构建在线协同机制，支持职业院校与企业、政府和其他院校开展协同创新，促进产、学、研一体化。有利于提升教师教研科研与双师素质和

[①] 刘珍芳. 幼儿园教师信息素养培养研究[M]. 杭州：浙江大学出版社，2011.

能力。

　　2016年，教育部、财政部实施《职业院校教师素质提高计划（2017—2020年）》（以下简称《提高计划》），《提高计划》的目标任务之一是切实提升职业院校教师队伍整体素质和建设水平，加快建成一支师德高尚、素质优良、技艺精湛、结构合理、专兼结合的高素质专业化的"双师型"教师队伍。《提高计划》的计划内容包括职业院校教师示范培训，即各省（区、市）遴选具备资质条件的职教师资培养培训基地、大中型企业等，采取校企合作、工学交替、线上线下等组织形式，分层分类开展教师示范培训。培训要模块化设置课程，将师德素养、工匠精神、"双创"教育、信息技术等列入培训必修内容。重点支持新一代信息技术、生物技术、智能制造、节能环保等新兴产业及特色农业、种养业、民族传统工艺等扶贫产业领域教师培训。关于"双师型"教师专业技能培训，组织职业院校不同层次和基础水平的"双师型"教师，采取集中面授与网络研修相结合的方式，进行不少于4周的专项培训，可分阶段。开设专业教学法、课程开发与应用、技术技能实训、教学实践与演练等专题模块，重点提升教师的理实一体教学能力、专业实践技能、信息技术应用能力等"双师"素质。

　　《教育部教师工作司2017年工作要点》指出启动实施职业院校教师素质提高计划（2017—2020年），选派1万名教师到企业实践，支持聘请兼职教师。职业教育信息化的关键是提高职校教师信息技术应用能力，以信息技术为强大支撑的新一轮职业院校教师教学革命已见端倪。

二、职业学校教育信息化建设现状

　　我国职业教育的信息化建设在近几年的发展中取得了很大的进步，为我国职业教育的发展奠定了基础，为我国经济建设培养了职业技术人才。以淮安市中等职业学校为例，其教育信息化建设在"十一五"以来所取得的成效有（1）基础设施建设投入巨大，装备条件得到了进一步改善；（2）已初步形成面向全体学生的信息技术教育和信息技术专业人才培养体系；（3）教师信息化素养明显提高。①

　　但是我国职业教育信息化建设中仍存在着一些问题，主要体现在以下五

---

　　① 陈宗胜. 淮安市中等职业学校教育信息化建设现状与对策[J]. 中国电化教育，2012（7）：54-57.

个方面：（1）设施与资源结构有待加强；（2）建设经费投入不足，保障机制不完善；（3）地位不突出，推进措施不完善；（4）教师信息化教学态度不良好、实践水平和信息化教学设计水平一般；（5）职业院校整体规划与持续实施的能力欠缺。同时，任剑岚在研究中发现，目前我国职业教育信息化的建设存在着一些误区：（1）绝大多数学校将关注点放在了多媒体和网络信息技术上，认为只要有先进的技术，就能实现教育信息化，因此这些学校将信息化建设的推动主体放在了网络中心、图书信息中心等信息技术业务部门；（2）以项目驱动信息化建设，建设的成果多数以接入的带宽、生机比、教学资源的数量等指标性数据体现，而无法衡量这些信息化设备和信息化资源在日常教学中的实际应用效果；（3）学校在信息化资源应用导向方面存在偏差，没有体现出信息技术与课程整合的实质性内涵，甚至有些学校会极端地认为信息化就是完全摒弃传统的教学模式，所有课程、内容和实践都要用多媒体进行教学。[①]

清华大学的程建钢则基于教育部科技司设立专项课题的研究成果，深入分析了信息化融入职教创新发展所面临的四大问题。一是对职业教育信息化缺乏系统深刻的认识；政府制定政策文件虽将教育信息化与推动创新型教育的建设放在了一起，然而对职业教育中信息化的影响和作用认识还不清晰具体，还没有一整套理论予以阐释，也没有系统的方法指导实践。二是职业教育信息化发展不均衡日益显现；高职院校与中职学校之间差异显著，示范校与非示范校之间差异显著，学校与学校之间差异显著等，而差异主要体现在信息化理念、网络基础设施与数字化资源、人员信息化能力、教育教学模式、体制机制等多个方面。三是职业院校整体规划与持续实施的能力欠缺；职业院校的信息化虽然取得了长足进步，但是很少有院校能将信息化与其长期发展战略有机结合，制订清晰的发展愿景，进行全局规划、顶层设计，构建技术系统与组织体系相互适配的组织结构，让各类信息化项目有效衔接，最终为职业院校人才培养质量提升而服务。四是政策与措施的整体性与针对性不足；与发达国家相比，我国职业教育信息化的相关政策法规、项目工程的整体性和延续性有待完善。同时，职业教育信息化政策与措施破解瓶颈问

[①] 任剑岚. 职业教育与信息技术的深度融合[J]. 教育与职业，2015（2）：43-44.

题的针对性也有待提高。[①]

职业学校教育信息化建设是一项复杂、艰巨的系统工程，也是教育工作中的新兴事物，需要所有利益相关者，包括职业院校、政府、行业、企业、社区、信息化部门和研究机构的共同努力。对存在的问题还需要我们认真研究探索、总结经验、不断提高，并坚持实践，依据自身优势，充分利用现代信息技术和网络教育资源整体优势，遵循"依据需求、统筹规划、分步实施、以人为本"的原则，[②]共同推进职业学校教育信息化的建设。

三、职业院校教师教育信息化能力

所谓职业教育信息化，就是职业教育的师生在基于网络环境的基础上，应用信息技术和信息资源来推动教育教学发展和改革，从而实现职业教育现代化，满足时代和社会需求的过程。职业教育信息化是面向职业教育的，其任务是提高信息技术的应用能力，从而推动职业教育教学和改革的发展。制约职业院校教师教育信息化能力的因素：（1）职业教育师资来源；（2）教师态度；（3）教师信息技术应用能力；（4）评价体系。[③]

职业教育信息化的发展模式就是指采用什么样的战略来推动职业教育信息化的发展问题。（1）技术优先模式：这种模式优先考虑的是技术的量化因素，它倡导以信息化量化指标（尤其是硬件的量化指标）的建设带动职业教育的信息化，认为只有建设了信息化环境，才能谈职业教育的信息化问题，而对于教育教学及有关人的素质的培养问题的研究相对来说是不够重视；（2）教育优先模式：教育优先模式是在一定的信息化程度的基础上，充分面向教师教育教学的需求（教师通过系统的培训或通过在实践中自学运用来实现），使信息技术应用于教育教学和科研，从而提高教学的效果。（3）应用能力优先模式：这是一种在一定技术、教育基础上，追求广大教职员工和学生的信息化能力的提高，而对于计算机技术的基础知识重视不够的模式。（4）均衡发展模式：这种模式是职业教育信息化发展的方向和追求的理想模式，它在一定程度信息化的基础上实现了对技术、教育科研和人的素质的全

---

① 程建钢. 信息化融入职教创新发展的问题和对策[N]. 中国教育报, 2017-05-06（3）.

② 于杰. 职业教育信息化建设的研究与实践[D]. 长春：东北师范大学, 2006.

③ 李霞林. 浅析如何提高职业院校教师教育信息化能力[J]. 武汉大学学报（理学版）, 2012（增刊1）：107-110.

面的融合和良性的发展。①

职业院校教师信息化教学能力是指职业院校教师在信息化环境下顺利完成教学过程与教学资源的设计、开发、利用、管理与评价的综合性能力。据相关调查与研究结果可以发现，职业院校中教师的信息化教学能力从意识、应用到设计和创新方面都存在一定的问题，需要进一步加强和提高。为了让职业院校教师能够更好地适应信息化发展的需求，从五个方面拟建构一个阶梯状的职业院校教师的信息化教学能力结构框架，即意识与责任、基础与技能、应用与实践、设计与开发、研究与创新，用以指导职业院校教师的培训和研究工作。②

信息化尺度图由四个部分组成：人的素质、信息技术、教育水平、管理。教育信息化和职业教育信息化的内涵就可以从以下几个方面进行：（1）信息基础设施的建设水平是职业教育信息化的基础；（2）教育科研是职业教育信息化的主要任务之一；（3）信息环境下的人的素质是决定职业教育信息化成败的关键，其中教师的素质是关键中的关键；（4）管理是整合各种因素、实现职业教育信息化的有力推动者。

教师信息化教学能力是建立在教师信息化实践知识基础之上的，要在一定的信息化情景中形成和发展。信息技术对于教师的实践性知识有明确的指向性，因此建议职业教育的信息技术能力建构应该从基础信息技术能力、通识信息技术能力、专门信息技术能力三个方面去制定标准，促使教师具备信息化教学迁移能力、信息化教学融合能力、信息化教学交往能力、信息化教学评价能力、信息化协作教学能力、促进学生信息化学习能力六大信息化能力。要推动教师信息化教学能力培养与培训一体化发展，完善教师信息化教学能力终身发展体系。③

职业院校教师信息化教学能力的提升也是一个动态的、系统的、发展的过程，不仅需要教师个体发展的积极主动性，还需要政府和学校层面创造良好

---

① 范如涌，项晓乐. 职业教育信息化的概念、内涵及其发展模式分析[J]. 职业技术教育，2003，24（10）：57-60.

② 赵呈领，陈智慧，邢楠，等. 职业院校教师信息化教学能力现状调查分析与模型建构的启示[J]. 工业和信息化教育，2015（8）：8-14.

③ 侯小菊. 职业院校教师信息化教学能力的建构势在必行[J]. 江苏教育（职业教育），2013（2）：1.

的政策支持和发展环境。职业院校教师信息化教学能力的发展策略：（1）政府层面：注重政策引领，推动相关培训项目的设计与实施；（2）学校层面：建立有效的教学竞赛激励机制，注重资源建设；（3）教师个人层面：激发教师信息化教学能力发展的自主性。[①]职业院校教师信息化教学能力发展策略：（1）激发教师树立信息化的教育理念、提高信息素养；（2）强化教师的学习者角色，提升信息化教学能力；（3）建立提升教师信息化教学能力的培训体系；（4）创建良好的软硬件环境，支持教师信息化教学能力提升。[②]

　　从培训制度稳定性和实效性方面来说：（1）建立相对稳定的教师信息化教学能力培训制度；（2）分层培训；（3）培训内容要及时更新。培训制度激励性和竞争性：（1）建立切实可行的、科学合理的考核激励机制；（2）变被动学习为主动学习。培训制度要有可靠性和可信性：（1）建立专家制度保障机制；（2）设立保证机构；（3）完善信息化网络设备。[③]

四、职业院校课堂教学模式创新

　　课堂教学是教学的关键环节，追求高质量、寻求高效率，提高教学质量，是教师永远钻研和追求的目标，但由于职业院校学生的厌学情绪大、学习自觉性和主动性差、学习成就感弱，进职业院校学习并非学生本人的意愿，选择就读职业院校的关键因素是"升学考试成绩不好"，职业院校学生进职业院校学习有"先天不足"的因素，学生"伤痕心理"较重，信心不足，成才期望值低。同时学生中心理承受力较为脆弱，心理发展存在一定障碍的学生也不是少数。因此，在职业教育的课堂教学中，就必须改变和创新教学模式，创设问题情境，激发学生的求知欲，培养求知欲，并采用多元评价体系，树立学生的自信心。[④]

　　教师教学能力发展分为三个阶段：初级阶段、中级阶段、高级阶段。教师信息化教学能力则涉及六个方面：信息化教学理念、课程组织与评估、教

　　① 梁云真，蒋玲，赵呈领，等．职业院校教师信息化教学能力现状及发展策略研究——以W市5所职业院校为样本[J]．电化教育研究，2016（4）：107–113．

　　② 龚静，胡平霞．职业院校教师信息化教学能力现状调查——以湖南地区职业院校为例[J]．职业技术教育，2016，37（9）：59–62．

　　③ 陈汝冰．职业学院教师信息化教学能力培养制度探析[J]．中国教育技术装备，2014（8）：35–36．

　　④ 余跃明．职业院校课堂教学模式的初探[J]．科技风，2009（20）：28．

学法的运用、技术与装备运用、课堂教学与管理、学习与专业发展。以上三个阶段与六个方面相交集，就形成了职业院校教师信息化教学能力提升培训的基本框架，[①]也是职业院校课堂教学模式创新的基本依据。

课堂教学创新体系，实际上就是课堂整体创新，包括教与学的氛围营造、教与学的过程创新及评价反馈机制创新。在教学方式改革方面，一方面基于翻转课堂推进教学方法创新，另一方面基于仿真实训，虚实结合，推进实践教学创新，通过理实一体化培养创新性高素质技术技能人才，并通过有效的教师评价和学生考评，衡量教学效果。[②]再者，在课堂教学中依托于现代教育技术对教学资源进行组织包装，依托于网络平台展示教学内容、沟通多方交流、记载过程状态。在教学设计方面，赵玉提出基于TPACK的教学设计策略：涵盖了课堂教学的基本要素，即教学对象、教学目标、教学内容、教学组织形式；基于TPACK的教学实施策略：包括开发有效的教学行为策略和运用有效的课堂管理策略；基于TPACK的教学评价策略：职业教育学生信息化学习的评价需要从单一的评价方式向促进学生全面发展的全面评价方式转变，做到既要关注职业教育学生信息化学习中知识技能的评价，也要关注职业教育学生信息化学习中实践性能力发展和信息化学习中情感培养的评价。[③]

变教师"主体"为"主导"的模式，构建学生信息意识。科学的教学观要求教师应该从"主体"向"主导"模式转变，教师应该主动让学生参与到教学过程中来，可以让学生对自己进行自主评价，自主体验，这样学生就可以自由发挥了，而现在的交互式电子白板为教师和学生、学生和学生、师生和网络提供了更多交流机会，大量图文、音像、视频等提供给学生大量的信息。职教学生虽然起初缺乏收集、分析、处理、利用信息的能力，但是只要改变教师为主体，一人一言堂的模式，在讲解的过程中，不要以老师讲解演示为主，在课堂上改变自己的角色，让自己成为课堂上的导演，学生真正成为课堂上的演员，上课的素材应该结合实际、结合社会热点、结合学生，学

---

① 武马群. 职业院校教师信息化教学能力提升培训框架研究[J]. 广州职业教育论坛，2015，14（3）：1-4.

② 吴金旺，郭福春. 信息技术环境下财经类高职院校课堂教学创新体系探索[J]. 高等工程教育研究，2016（4）：151-154.

③ 赵玉. 职业教育师范生信息化教学能力培养策略与效果研究[J]. 中国电化教育，2014（8）：130-134.

生就可以产生平和心理，从而形成一个无拘无束、和谐融洽的教学环境，为他们创造一个最佳气氛，主动去构建信息意识，快速地筛选和获取信息、加工信息并且创造性地利用信息，当教师的课有时代性、生活性、趣味性，与生活联系密切，不舍本逐末、本末倒置，学生就能适应快速发展的信息化社会，全面提高自己的能力，毕业后也能更好地融入社会。因此，变教师"主体"为"主导"的模式对于培养学生构建信息意识非常重要。

构建"先学"而"后教"的模式，培养学生的探究能力。布鲁姆教育理论的核心就是：学生都能学好。所以，要给予学生充分的信任，努力去培养学生的能力。"先学后教"的模式以他们思考为主，通过积极探索、观察问题、思考问题、阅读、相互讨论等各种途径，总结规律，获取知识，学生听课更有针对性，促进教学目标全面达到。在教学内容特别复杂的时候，教师也可以变换"先学""后教"粘连在一起或者"自学指导、先学、后教"三者粘连在一起反复出现的形式，这种灵活、创新的课堂教学模式能真正适应社会的要求，培养学生的探究能力，让职校学生毕业后更快地融入社会。

第三节　民族地区教师教育技术能力

一、民族地区教育信息化的相关政策标准

2010年，教育部印发的《教育规划纲要》强调要全面提高少数民族和民族地区教育发展水平，公共教育资源向民族地区倾斜，中央和地方政府进一步加大对民族教育的支持力度。

"十二五"规划以来，是我国民族教育投入最多、建设规模最大、办学条件改善最显著的时期，也是民族地区基本公共教育服务均等化加速推进的阶段。《国务院关于印发"十三五"国家信息化规划的通知》提出加快安全可靠移动终端研发和生产应用，推动民族语言语音、视频技术和软件研发，降低少数民族使用移动终端和获取信息服务的语言障碍。2014年8月，教育部出台了《关于实施卓越教师培养计划的意见》（以下简称《意见》）。《意见》明确指出，要针对当前教育的实际需求，重点探索全科教师培养模式，以培养一批热爱教育事业、知识广博、能力全面且能够胜任多学科教育教学需要的卓越教师。由此可见，紧紧抓住信息技术可能给少数民族教育带来革

命性影响的机遇，并将城市优质教育资源这股源头活水引入边远少数民族地区，实现了优质教育资源的共享，并探索民族地区教师信息技术应用能力的培养模式，实现民族地区的教育稳步快速发展。

2015年，国务院印发了《关于加快发展民族教育的决定》，教育部、国家民委联合召开了第六次全国民族教育工作会议，对当前和今后一个时期加快发展民族教育工作做出了全面部署，也是对民族团结教育进行了顶层设计。一是建立民族团结教育常态化机制。二是促进各族学生交往交流交融。三是促进各民族文化交融创新。四是加快推进教育信息化。国家教育资源公共服务平台优先向民族地区学校开放。意见强调，加快推进民族地区教育信息化水平。加强民族地区教育信息基础设施建设，加快推进"宽带网络校校通""优质资源班班通""网络学习空间人人通"，国家教育资源公共服务平台优先向民族地区学校开放。制订民族地区教育资源建设方案、开发、引进、编译双语教学、教师培训和民族文化等数字资源，并推广应用。在大规模在线学习平台上，开发面向民族地区的教育课程。鼓励民族地区与发达地区之间的校际联网交流。以中小学和职业院校教师为重点，加强对教师信息技术应用能力的培训，全国中小学教师信息技术应用能力提升工程向民族地区倾斜。

二、民族地区教师教育技术能力现状

我国少数民族地区地广人稀，且城乡之间存在较大的空间距离与经济文化差异，教育信息化有利于从根本上消除民族地区由于城乡经济发展不平衡而形成的教育水平的差距。教师的信息技术应用能力是教育信息化推进过程中的关键因素所在，民族地区教育的信息化最终要落实到民族地区教师的信息化教学能力上。经过梳理发现，我国少数民族教师信息技术应用能力的实际现状研究主要有民族地区教师信息化能力的认知研究、民族地区教师信息技术应用能力的影响因素研究、双语教育的信息化发展的研究。

民族地区教师信息化能力的认知研究。龚龙飞指出，当前不少教师认为信息技术是"外来物"，被强行"塞入"教学，这使得大多数教师只是一般性的将信息技术加入教学，将信息技术"嵌入"教学的教师更是为数不多。而做到将信息技术与教学的"深度融合"的教师更成为一种理想的期待。同时经过调查得出，民族地区中小学教师使用信息技术进行教学出现的主要问题有技术应用能力不强；技术与课程整合度低；信息化教学设计与评价匮乏。[①]

民族地区教师对信息技术采纳与使用的影响因素研究。万力勇等人使用"技术采纳与使用整合理论"（Unified Theory of Acceptance and Use of Technology，简称"UTAUT"）模型，结合民族地区中小学教师的个体特征和社会特征，选取绩效期望、努力期望、社会影响和便利条件这四个因素作为影响民族地区中小学教师采纳和使用信息技术的自变量，研究民族地区中小学教师信息技术采纳与使用的影响因素。研究表明，绩效期望与努力期望对教师信息技术使用意向均产生显著的正向影响。教师在使用信息技术的过程中，若认识到该技术能给教学和自身专业发展带来益处，就会产生持续使用该技术的意向。便利条件和使用意向对使用行为有正向影响。教师能否方便地获取使用信息技术所需的软硬件条件和技术支持，对其信息技术使用行为具有重要推动作用。便利条件难以保证的现状严重影响了民族地区中小学教师的信息技术使用行为。努力期望对教师信息技术使用意图的影响作用即随着年龄的增加而增强；教师的学历越高，努力期望对使用意图的影响作用减弱。具有较高学历的教师只需要付出较少的努力便可以很好地将信息技术应用到具体教学中，在影响其使用意向的诸多因素中，努力期望对使用意向的影响减弱。[②]

民族地区双语教育信息化的发展。赵慧臣等人指出信息技术使少数民族地区的双语教育发生了巨大的变化，对少数民族双语教育产生了革命性的影响。少数民族双语教学的信息化充分利用图像、视频、动画等多种媒体，让难以言表、晦涩难懂的科学原理定理和文化知识等变得丰富多彩，并与少数民族学生的主观世界相联系，从而降低了由于不同语言表征对少数民族学生造成的认知负荷，提升了少数民族学生对知识内容的理解与应用水平。[③]但是少数民族地区双语教师一直都处于紧缺状态，而能够熟练应用多媒体信息技

① 龚龙飞. 民族学校教师信息化教学能力的认知及提升策略研究[D]. 重庆：西南大学，2016.
② 万力勇，赵呈领. 基于UTAUT模型的民族地区中小学教师信息技术采纳与使用影响因素研究[J]. 现代远距离教育，2016（2）：70-75.
③ 赵慧臣，王玥，赵琳，等. 少数民族双语教育信息化研究现状与展望[J]. 现代教育技术，2015（10）：12-18.

术进行双语教学的教师更属稀缺人才，双语教师的信息化教学能力现状成为研究者较为关注的问题。其中，木尼热·亚力坤对新疆维吾尔自治区喀什地区双语教师的信息化教学设计能力进行了深入的调查，发现其整体上缺乏信息化教学设计方面的知识和媒体的选择使用能力，且部分教师对当前新教学媒体的使用呈现出不积极的态度。[1]杨改学等人研究了藏汉双语教学类学校数字化资源应用的情况，表明教师对数字化资源的应用主观上乐意且积极地在教学中使用数字化教学资源，但中小学教师的教学信息应用能力较低。[2]另外，王妍莉通过调查，发现教师对数字化资源的应用主要通过网络搜索素材，将汉语资源进行翻译整合加工成藏语资源；汉藏双语教学的数字化资源量少质差。[3]

民族地区中小学教师在使用信息技术并将其应用于教学方面表现得并不理想，"数字鸿沟"和"信息鸿沟"等现象依然存在，这也成为制约民族地区基础教育信息化快速发展的新瓶颈。为了促进信息技术在民族地区中小学教学中的应用和推广，以发挥出民族地区基础教育信息化建设的最大效应，需要教师加强对现代教育技术理论、信息技术与课程整合理论、终身学习理论、新教育思想教育理念、新教学方法教学设计理论等的学习，进一步提高教师和管理人员对信息化教学及相关培训的重要性的认识。加强教师之间的合作及资源共享，建设学校资源库。运用"班班通"促进各地资源合作共享。建立一对一帮扶制度，促进不同年龄教师之间的交流。建立一对一帮扶制度，一个中青年教师和一个老教师结对子，在教学过程中一起解决遇到的困难，充分利用各自的优势，互补不足，将专业学习和新技术学习相结。

三、民族地区教师教育技术能力培养方式

当前各民族地区尚无统一的信息技术培养方式，国内学者主要根据调

---

① 木尼热·亚力坤. 少数民族地区双语教师信息化教学设计能力发展现状调查研究[D]. 西安：陕西师范大学，2014.

② 杨改学，王妍莉. "农远工程"环境下西部藏民族双语教学资源应用研究[J]. 电化教育研究，2010（6）：55-59.

③ 王妍莉. "农远工程"环境下民族地区双语教学资源建设与应用策略研究[D]. 兰州：西北师范大学，2010.

查的某地区少数民族教师发展存在的问题，提出对应的解决策略。王济军
通过调查发现相对于沿海经济发达地区和城市地区，边疆少数民族地区的
教师流动性大，教师队伍严重不稳定，教师在教学理念、专业知识、教学
能力和信息素养方面参差不齐。针对这样的现状设计一种基于混合式培训
（B-Training）的教师TPACK专业发展模型，采用面对面培训和基于网络的研
修方式，通过三年的项目实施，从教师的课堂教学效率、信息化教学设计能
力、教研能力、学生测评以及教师科研能力等方面进行了分析，结果显示基
于上述模型：（1）课堂教学效率得以提升；（2）信息化教学设计能力得到
提高；（3）学生学业水平测试结果显著提升；（4）教师科研获奖和升迁；
（5）教研氛围和能力提升。[①]

　　庞彬指出当前少数民族地区部分学校缺乏规范性的教师培训，存在培训
模式单一，理论讲授多，培训教室动手操作机会少，培训内容缺乏针对性等
问题。再结合教师个人因素提出以下四点培养民族地区教师信息技术素养的
策略：（1）更新理念，增强应用教育信息技术的意识。（2）大力改善信息
技术应用环境，加强民族地区优质教学资源的建设，促进信息化基础设施的
综合性建设。（3）规范民族教师的培训标准，建立完整的教育信息技术培
训、考试和认证体系。

　　李士艳等人通过分析甘南州藏区教师信息化教学能力发展的主要问题，
对教师信息化教学能力的提升提出以下建议：根据教师信息素养的实际水平
和民族地区的资源条件，选择适合藏区教师需要的培训方式和培训内容，采
取多种方法和形式，加强对教师的信息化教学能力的培训力度。具体做到：
（1）培训从实际出发。在培训之前，最好能够针对培训对象对培训内容做一
次问卷调查，了解被调查者的需求，能够结合实际进行培训，避免培训与教
育脱节的现象出现，能够在了解教师需求的情况下制订培训计划。（2）制订
系统的培训计划。培训要有一个系统的规划，在教师信息化教学能力的培养
过程中要有整体的观点，教师信息化教学能力的培训工作要有一个长期的计
划，并且要有总目标与阶段性目标，形成对教师信息化教学能力的系统培养
与长期的支持，以最终形成教师专业化发展的可持续性。（3）加强校本培

　　① 王济军、陈磊、李晓庆，等. TPACK视域下边疆少数民族地区教师专业发展研究[J]. 中国电
化教育，2015（5）：118-123.

训，加快骨干教师培养。学校要积极为每一位教师的成长创造条件，针对教师的心理特点，注重激发他们的学习动机，积极为教师的信息化专业发展创造条件。（4）依托当地机构组织培训。依托合作师专建立省级培训中心，甘南电大建立地级培训中心，协同各县教师培训中心和学校共同组成四级少数民族教育技术培训中心，开展更灵活、针对性更强的培训。①

焦道利等人则提出运用新媒体开展民族地区教师信息技术应用能力培训。焦道利认为，双语教师对新媒体的识别能力较强，绝大多数教师能正确区分新旧媒体；双语教师对新媒体的理解能力、判断力较强，但对新媒体信息的质疑能力较弱；双语教师参与新媒体的能力很弱，缺乏主动参与的热情，同时使用新媒体的能力总体也较弱；双语教师对新媒体技术的创造和传播能力很弱，主要是由于不会使用这些新媒体技术。因此提出建议：（1）因地制宜地构建新媒体学习环境；（2）全面开展新媒体素养的县级培训和校本培训；（3）开展基于新媒体平台的城乡校际协作活动；（4）开展基于新媒体平台的教学改革活动；（5）开展基于智能手机等移动媒体的移动学习活动。②

培养和提升民族地区中小学教师的教育信息化应用能力，显然不仅仅是一个技术性的问题，也不是仅仅通过培训就可以完全解决的。新技术与课程资源、教学方法的融合，实际是新的教育文化构建的过程。在这个过程中，教师要熟悉新的技术手段，更重要的是学习"他文化"中的教育观念和手段，通过信息技术的支持优化课堂教学。信息化进来以后，不是把外部的课堂实录简单拼接到自己的课堂上，也不是完全放弃自身的教育方法和手段。少数民族的教学文化十分丰富，对教育信息化的应用、学习一定要注意与民族传统教育文化（特别是蕴藏其间的教育技术）的关系，注重在传统教育技术的基础上进行创造性整合。③

---

① 李士艳，苏全霖. 甘南州藏区教师信息化教学能力发展研究[J]. 中国教育技术装备，2012（12）：18-19.

② 焦道利，马永峰. 西部少数民族地区双语教师新媒体素养现状调查研究——以甘肃省东乡族自治县双语教师为例[J]. 电化教育研究，2014（9）：39-42.

③ 罗江华、王静贤、赵文颖. 如果技术是答案，那么问题是什么——民族地区教育信息化发展"瓶颈"问题调查及分析[J]. 中国民族教育，2016（9）：35-39.

四、民族地区教师教育技术能力培训案例

（一）2016年，甘肃卓尼县教师信息技术应用能力培训

2016年，甘肃卓尼县根据不同学区的教育教学水平和师资情况，以片区为主组织多种模式的教师培训。6月1日，甘肃省甘南藏族自治州卓尼县尼巴小学对全校的32名教师开展教师信息技术应用能力培训。

为让教师们快速掌握多媒体教学设备的操作和应用，尼巴学区专门制订了教师分批次、集中培训计划，从安装好设备起就进入全员培训模式。同时，根据教师"零基础"的现状，尼巴学区改变以往"抬头听、埋头记"的教师培训模式，把培训课堂切割成"培训讲师展示、分组演练和教学实战"三个板块，增强培训针对性，提高培训效率。课堂上，先由培训讲师展示使用操作，教师分组现场讨论，并选派代表上台演示，然后由培训讲师现场打分，再逐个纠正过程中的失误。最后，小组轮流发言，分享学习心得体会。紧接着，由听课教师转换成授课教师，在本班级课堂开展"班班通"教学，其余教师、专家团队和学生一起听课观摩。培训讲师在授课教师教学"实战"中即时纠正，并配合授课教师完成当堂教学。

尼巴小学组织的教师培训，也是卓尼县借助"全面改薄"，加快优质数字教育资源共建共享和信息技术与教育教学深度融合，解决农村贫困地区教育落后现状的一个缩影。现甘肃省委秘书长王嘉毅（曾任教育厅厅长）也表示，省教育厅将进一步加大民族地区政策倾斜力度，特别是在教师培训方面，实现教师培训优先保证、优先安排，着力提高民族地区教师运用"班班通"等信息技术教学设备的能力。①

（二）2017年，云南省"双师教学"促进农村教师专业成长项目培训

背景：云南作为西部边疆少数民族地区，教育质量和水平与先进地区相比落后很多。特别是国家提出西部大开发的伟大战略，给云南的教育提出了新的机遇与新的挑战。在西部大开发战略中，关键是人的培养。云南省教科院领导十分笃定，认为云南教育的发展方向和突破口是大力推广和使用现代信息技术，加快云南教育信息化。在这一大背景下，云南的教育现状与乡村教育创新计划的使命紧紧地联系在一起，云南"双师教学"促进农村教师专业成长培训会也就随之开启。培训现场如图5-1所示。

---

① 张学军，尹晓军. 甘肃卓尼县教师人人会用"班班通" [N]. 中国教育报，2016-06-05（1）.

图 5-1 培训会现场

此次培训以爱学堂资源、平台为载体，打造"双师教学"模式，旨在构建云南省第一教师团队，创新性地实施"双师教学"。培训分三个环节进行。第一个环节是专家解读。在这个环节中，专家领导对相关信息化政策进行解读，对云南省的信息化现状进行指导，并介绍了相关技术应用。第二个环节是教师培训。项目合作方——友成常青基金教育扶贫项目组的项目官员以及各县教研员分别对语文、数学、英语三个学科的老师进行了技术的培训和教法指导。具体培训内容包括网络平台资源使用培训，运用资源进行说课培训，以及展示课的设计培训。教师接受培训之后，推选出若干位进行说课展示，以进行实时指导和培训效果检验。第三个环节是交流讨论。在这个环节中，所有参加培训会的领导和老师交流培训心得、感受以及发现的问题和亟待解决的问题。教师培训经验分享会结束后，合作方与云南省教育科学研究院的领导们进行了云南省开展"双师教学"试验的整体推进方案及工作安排以及实验县交流试验方案的思路研讨会，并对乡村教育创新计划"双师教学"项目的实施操作做了详细的分工，以期通过该项目让优质教育资源惠及云南，促进教育公平，提升教育质量。①

第四节　特殊教育教师教育技术能力

一、特殊教育教师教育技术能力相关标准

《国家中长期教育改革和发展规划纲要》中把促进公平作为国家基本教育政策。特殊教育教师的培养是促进教育公平的重要途径之一，信息技术的

---

① 乡村教育创新计划. 常青动态："教育要发展，教师是关键"——乡创教师培训在云南扎根. 详见友成企业家扶贫基金会官方微信文章。

不断发展不仅为特殊教育教师的培养提供了新的思路，也要求特殊教育教师掌握信息技术能力，利用信息技术进行缺陷补偿和潜能开发，实现特殊教育信息化发展，缩小数字鸿沟，促进教育公平。

2012年9月，教育部等多部门联合发布《关于加强特殊教育教师队伍建设的意见》指出开展特殊教育教师全员培训，推进信息技术与特殊教育教师培训深度融合，为特殊教育教师专门建立网络研修社区，开展特殊教育教师教育技术能力专项培训，促进特殊教育教师专业发展常态化。教师培训机构要建立专兼结合的特殊教育教师培训队伍，加强特殊教育教师教研、科研队伍建设，提高培训的专业性、针对性和实效性。①2015年，教育部印发《特殊教育教师专业标准（试行）》中提出三大维度，即专业理念与师德、专业知识和专业能力。专业能力的描述中指出教师应整合应用现代教育技术与辅助技术，支持学生的学习。②2017年7月，教育部等七部门印发《第二期特殊教育提升计划（2017—2020年）》的通知，此通知提出加强特殊教育教师培养培训，提高专业化水平。加强特殊教育信息化建设和应用，重视教具、学具和康复辅助器具的开发与应用。

经过梳理文献和相关政策得出我国特殊教育信息化发展方向主要包括以下几个方面：制定特殊教育信息化政策、法规和措施，加快特殊教育信息化、规范化进程；推进数字校园建设，普及信息化教学、康复训练环境，保证特殊教育学校的均衡发展；建设国家特殊教育数字教育资源公共服务平台，探索与推进特殊教育数字资源共建共享机制；实施特殊教育学校管理人员、教师的信息技术应用能力培训；加强国际化交流与合作，开展基于信息技术的教学——康复一体化改革与实践探索。③

二、特殊教育教师教育技术能力现状

联合国第48届大会通过的《特殊需要行动纲领》指出："特殊教育要

---

① 教育部等五部门. 教育部 中央编办 国家发展改革委 财政部 人力资源社会保障部关于加强特殊教育教师队伍建设的意见. 中华人民共和国教育部官网.
② 中华人民共和国教育部.教育部关于印发《特殊教育教师专业标准（试行）》的通知. 中华人民共和国教育部官网.
③ 郭炯，钟文婷. 特殊教育信息化环境建设与应用现状调查研究[J]. 电化教育研究，2016（4）：26-35.

辅助技术，要满足特殊人群的需要。"这里的需要包括助听设备等，也包括数字技术等的应用。虽然我国特殊教育起步较晚，但近年来逐渐重视特殊教育信息化，特殊教育信息化是伴随人类社会进入信息时代，信息技术作为有效的辅助手段被运用到特殊教育中。我国特殊教育信息化发展现状具有以下特点：学校信息化环境建设初具规模，但应用不足；信息化康复环境建设与应用水平较低，区域性差异显著；优质且符合特殊需求的信息化教学资源匮乏；特殊教育教师信息化教学能力亟待提高；教师信息技术应用能力培训效果不显著。

信息技术作为感官的延伸，能够支持呈现、模拟、放大教学内容，在一定程度上补偿残障学生的先天不足，培养学生的感知觉、认知能力、生活技能和融入社会的能力。因此特教教师需要具备相应的信息化教学能力，尽可能借助信息技术实现缺陷补偿、潜能开发与康复训练。郭炯认为特殊教育教师信息技术应用能力水平主要表现在对信息化教学环境（如投影仪、实物展台、交互式电子白板等）、教学软件操作（如电子文档编辑软件、多媒体课件制作软件、学科教学软件、交流工具、思维建模工具等）、康复设备的应用及信息化教学设计与实施能力等四个维度。但目前特教教师的信息化教学能力普遍较弱，信息技术应用能力还存在诸多问题。

教学软件的应用未能发挥缺陷补偿的作用，特教教师的教学软件使用情况与普通学校教师并无差别，常用软件应用能力较强（如Word，PPT等），专业化软件应用能力水平过低，且很少使用特殊的、适用于不同缺陷类型学生的软件辅助教学。在常用软件应用中，教师也没有考虑到学生的特殊性。开展特殊教育的信息化教学要考虑学生缺陷类型的不同，由此导致的障碍类型不同以及学生的学习与康复需求不同。

教师信息化康复设备应用能力薄弱。医教结合理念下，"康复将伴随残障者的终身"，有学者对特教教师提出了"双师型"要求，即特教教师既要能够从事教学工作，承担教学任务，还能担任学生的康复师，在教学中融入康复理念与实践。虽然完全治愈的可能性不大，但只要坚持康复训练，就会有一定程度的好转，使学生能力得到提高，生活质量有所改善。这就要求教师了解康复训练的基本知识与方法，熟练应用信息化康复系统与设备，开展残障儿童功能的评估、康复计划的制订与实施，在现代信息技术的帮助下，有效改善残障儿童缺陷。而目前我国特教教师的信息化康复设备应用能力令人担忧，教师信息化康复设备应用能力是教师信息技术应用能力中的薄弱的环节。特殊教育教师若缺乏康复理论的支撑，信息化康复设备应用能力普遍薄弱，残障学生入学后的康复训练就会受到一定的限制，诸如听障和视障学生的语言认知等的发展将受到限制，影响后期的学习和个性化发展。

教师信息化教学设计与实施能力较低。信息化教学设计与实施作为特殊教育信息化的重要组成部分，特殊学生的缺陷补偿、认知发展都离不开信息化教学设计与实施，信息化教学设计与实施能力已成为评价一位特教教师综合素质的标准之一。2015年9月，教育部印发《特殊教育教师专业标准（试行）》，在组织与实施维度明确提出教师要"整合应用现代教育技术及辅助技术，支持学生的学习"。因此，教师应该从观念上重视信息化教学设计与实施，利用现代教育思想和理念指导信息化教学设计与实施，不断提高自身专业发展水平。特殊教师信息化教学设计与实施能力非常薄弱，将从一定程度上影响无障碍环境的创设，因为信息技术能为特殊学生提供无障碍信息获取，为学生创造自主、合作、探究的学习环境，从而转变学生的学习方式。

教师的信息技术应用能力培训效果不显著，2012年，教育部、中编办等部委联合发布的《关于加强特殊教育教师队伍建设的意见》中明确提出，"推进信息技术与特殊教育教师培训深度融合，为特殊教育教师专门建立网络研修社区，开展特殊教育教师教育技术能力专项培训，促进特殊教育教师专业发展常态化。"这为特殊教育教师培训信息化的推进提供了坚实的政策基础。但我国特殊教育教师缺乏相应的信息技术应用能力，相关培训数目不多，质量也不高。

郭炯经过调查显示，教师们有强烈的信息技术应用能力培训需求，如特殊教育多媒体课件的设计与制作、特殊教学设备的使用、学科教学软件的应用等13项培训内容的需求率均达到70%以上，特别是医教结合的背景下，特殊教学设备的使用成为教师们最希望得到的培训。康复与教学整合的方法是近年来学者研究的热点，作为培训也是出于摸索阶段，由于特殊儿童障碍类型复杂、康复课程专业性较强，在市级培训中涉及较少，培训效果也不尽人意。

三、特殊教育教师教育技术能力培养的建议

郭炯围绕特殊教育信息化的发展需求进行了调研，学校管理人员和教师主要提出了以下的需求：（1）鉴于特殊教育教学课程不统一等现状，开发国家级数字化特殊教育课程，学校在此基础上进行二次开发；（2）开发针对不同缺陷学生的各类教学资源、APP等，实现教学资源共享；（3）建立问题库，实现特殊教育常见问题、解决方法及案例等的共享；（4）建立残障学生管理系统（或称为残障库），为每位特殊儿童建立不仅包含基本信息，还包括发展情况（不同阶段的发展评估记录）的学籍档案，使学生进入一所新的学校时能够在已有档案记载情况的基础上，制订恰当的培养计划，而不需要重新测评、观察等；（5）建立特殊教育学校信息化建设与应用评估标准，为后期的发展建设提供依据；（6）为教师提供个性化培训课程，尤其是对数字化校本课程开发、教学资源设计与开发、信息化教学设计等内容进行培训，以及如何建立专家团队等促进专业发展途径、方法的培训。

从教师层面，特殊教育教师要自觉提高对信息技术应用的认识，将运用信息技术与提高教学质量结合起来，将其视为教学模式改革的重要方式，同时要明确，信息技术的使用并不局限于课堂教学活动，应在信息收集、分类、存储等过程中全面运用信息技术方法，将信息技术作为提高教学工作水平和优化自身知识结构能力的重要途径。除此之外，特教教师要转变自身观念和端正学习态度。特教教师应该清楚地认识到自身的个体素质水平直接影响着整个特殊教育的质量和发展水平，每位教师都应该是信息化教学能手，要具备应用信息技术的知识和能力，更要基于此探索传统教学与现代技术取长补短的新途径。

从学校层面，学校要为特殊教育教师信息化能力的培养提供丰富的特殊教育资源。特殊教育资源建设的研究逐渐得到学者的关注。2011年，在国家社会科学基金项目课题"揭示聋人认知规律及其无障碍数字化学习资源建设研究"，就明确指出要加强建立无障碍的数字化学习资源。徐州市特殊教育中心的郑权提出构建特殊教育资源建设的理论基础——"教育技术学范畴体系的动态结构模型"，并支持基于特殊儿童的学习特点与信息无障碍的理念设计资源。但现有特殊教育资源建设还存在以下的问题：（1）资源阻隔；

（2）资源失衡；（3）资源失范。赵慧臣等人[①]从设计、开发、实施、管理与评价五个范畴入手，依据特殊儿童生理缺陷、学习障碍与认知规律的特殊性，侧重于在实践层面提出对策。从设计层面来看：（1）依据信息无障碍理念设计资源；（2）重视移动学习资源的设计。从开发层面来看：（1）多学科合作开发策略；（2）二次优化开发策略。从实施层面来看：（1）基于资源开展信息化教学；（2）基于资源开展多层次育能培训。从管理层面来看：（1）以项目推进信息化基础设施建设；（2）以远程教育服务体系促进资源的深度应用。从评价层面来看：（1）通过标准规范评价资源的无障碍性；（2）通过学习成就测验评价资源的适切性。

为更加有效地提高特殊教育教师信息化能力，高太山[②]提出了四类培养模式。

（1）校本培训模式。教师们按照课题进行组织讨论，同时将学习者的信息技术能力现状加以分析，然后制订出符合实际的教学设计方案，在授课时要求其他教师进行旁听，然后这些老师对讲课老师的教学效果进行开放式评价，最终授课老师根据评价进行自我反思，完善教学计划。同时，学校要按照信息技术特殊教育要求开展新老教师之间的交流活动，让他们的思想进行碰撞，以便于教师更新教学理念与教学方法，全面提高特殊教育教师的信息技术能力，最终促进教学质量的提高与教育的发展。

（2）远程培训模式。特殊教育教师通过各地方电化教育中心与特殊学校建立的互联网平台接受远程培训。在这些平台上，教师们接受培训的同时，也可以共享资源与相互交流。特殊学校在具备了信息技术硬件的前提下，通过采取远程培训方式，可让教师们及时获取先进的特殊教育知识与教学理念，打破了传统的时空、地域等的限制，使得偏远地区特殊教育教师的信息技术能力得到明显提高。

（3）交互交流模式。这种模式下，参加中心学校培训的各学校首先开展互相交流活动，发现教学中的问题，根据教学中的障碍制订共同的研究课题，然后在中心学校的带领下设计出行为方案进行教授实验，此时组织相关的教师进行观摩学习，最后在观摩教师的参考意见下改进教学设计。在课

① 赵慧臣，郑曼. 聋哑学生的可视化教学研究[J]. 现代教育技术，2013，23（8）：44-49.
② 高太山. 构建特殊教育教师信息技术能力的培养模式[J]. 中国校外教育，2011（增刊1）：36.

后，安排参加培训的教师进行总结分析，改进自我教学方法，提高教学效果，让中心学校也起到示范带头作用。

（4）短期培训模式。短期培训模式需要教育机构带头组织，以各地方比较成熟的特殊教育专业学校为依托，再考虑到教师认知能力与信息技术能力有所差异的前提下，将培训开设为基础班、中级班与高级班来分别进行，这样既节约了时间，提高了培训的实际效果，也使得参加的教师的学习能力得到激发。此外，为了激发教师的教学积极性，还可以将教师的培训评价体制纳入职称晋级的考虑因素，并逐步建立完善的人事管理与培训考核配套制度，最终增加特殊教育教师的主动性与积极性，使他们的信息技术能力得到显著提高。

四、特殊教育教师教育技术能力培养的案例

台湾地区为了提升特殊教育教师的辅助技术素养，对教师实行了在职培训以及在师资培养过程中也已经开设辅助技术课程。其开办的相关课程的大学有台湾师范大学、彰化师范大学、高雄师范大学以及中原大学等院校。所开设的课程有特殊教育电脑辅助教学、特殊教育工学、沟通辅具应用、助听器与声音扩大系统以及视障教育工学等。

明尼苏达州立大学的Wallace和Georgina博士运用TPACK框架选择和整合技术与特殊教育知识，并认为运用TPACK整合特殊教育知识是21世纪特殊教育教师应该具备的能力。他们开展"学术和行动战略家"项目，安排新手特殊教育教师教授轻度/中度学习障碍，情绪/行为障碍，发育障碍和自闭症谱系障碍的学生。利用面对面、计算机实验室和在线学习的方式，培训的主题涵盖了与教育有关的各种专题，同时将教育技术的知识和使用作为促进和支持课程的工具。此项目向教师候选人介绍了这些概念和实践，并帮助他们学习基本技能。在整个课程的实践过程中提供了时间并帮助教师如何在教育学中使用新的工具。

该项目主要解决以下三个问题：（1）经过此培训，课程结束后和结束两年后教师对硬件和软件的熟练程度各有什么影响。（2）特殊教育教师如何评价教育技术在教学中的影响。（3）特殊教育教师如何看待教育技术工具与教学效果和技术熟练程度与之间的关系。研究结果表明教师认识到学习教育技

术工具的重要性，并认为将其融入教学中是重要和必要的。教师准备工作具有重要意义，包括教师培训和经验分享以及特殊教育领域具体的技术用途。并能运用TPACK模式促进特殊教育和信息技术的整合。

借鉴优秀的实践案例和理论基础，尝试给中国特殊教育信息化提供以下建议：（1）加强国家特殊教育领域的法律法规建设，促进特殊教育信息化的政策制定和信息无障碍标准的建立；（2）结合通用学习设计（Universal Learning Design）理念，促进信息技术与特殊课程有机整合；（3）加强无障碍学习环境设计与建设，保障学校随班就读工作的顺利实施；（4）加强教育技术学与特殊教育相结合，提高特殊教师信息技术应用能力；（5）鼓励特殊学校教师进行信息技术支持的特殊教育实证研究，以科研提高特殊教育教学效果。[1]

---

① 张亚珍，张宝辉，卜凡帅. 我国特殊教育信息技术应用现状分析（2000—2015年）——基于教育技术学的视角[J]. 现代远距离教育，2016（1）：52-59.

Chapter 3

第三篇
教师教育技术能力
培养及提升实践案例

本篇选取了多个实践案例，包括教师教育技术能力培养和培训中两个重要领域的研究案例，分别是基于Web2.0的高校教师教育技术能力培训模式、移动环境下职前教师信息技术应用能力培养策略构建。本文旨在通过对中小学教师领域和高等教育教师领域研究案例的思路和过程的详细论述，为教师教育技术能力培养和培训的开展提供理论依据和实践指导。

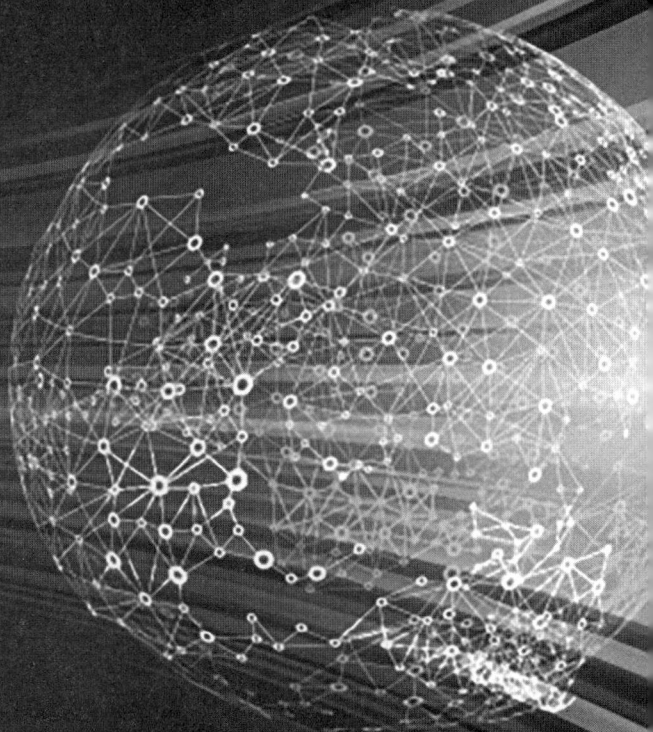

基于 Web2.0 的高校教师教育技术能力评价指标体系设计

第一节　中美教师教育技术能力标准的选取与分析

GB/T 20000.1–2002《标准化工作指南第1部分：标准化和相关活动的通用词汇》中对标准的定义：为了在一定范围内获得最佳秩序，经协商一致制定并由公认机构批准，共同使用的和重复使用的一种规范性文件。标准具有权威性，是可以重复和普遍应用的。因此，本研究要建构基于Web2.0的高校教师教育技术能力评价指标体系，就要以教师教育技术能力标准为依据，从标准中提取教师教育技术能力评价的指标项。

在国际环境中，美国国际教育技术协会（International Society for Technology in Education，简称"ISTE"）制定的国家教师教育技术标准是公认的较为权威的教师教育技术能力标准之一。自1993年第一版的美国国家教师教育技术标准问世至今，共经历了三次改版，分别是1997年的第二版，2000年的第三版和2008年的第四版。[①]美国国家教师教育技术能力标准变迁的主要原因可以归结为网络技术的普及、教学环境（包括在线和混合环境）、学习者（包括远程学习者）、教学呈现形式（包括媒体形式）等。[②]

2004年，教育部根据《中华人民共和国教师法》和《中小学教师继续教育规定》的有关精神，为贯彻落实《2003—2007年教育振兴行动计划》，提高广大中小学教师的教育技术能力和水平，促进教师专业能力的发展，制定了《中小学教师教育技术能力标准（试行）》。《中小学教师教育技术能力标准（试行）》是我国出台的第一个教师专业标准，该标准是由国家教师教育信息化专家委员会研究制定的。该标准面向的对象是中小学教师，我国

---

① 胡根林. 中美教师教育技术标准之比较[J]. 中国电化教育，2006（6）：92-96.
② 陈维维，沈书生. 美国国家教师教育技术标准的演变[J]. 现代教育技术，2009，19（6）：14-18.

一直以来未制定面向高校教师的教育技术能力标准，高校教师与中小学教师的教学对象、教学方式等都有所差异，因此其教育技术能力标准也有所不同。为了推动我国高校教师的教育信息化，提高我国高校教师的教育技术能力，部分地方政府及研究机构展开了相关研究，称其为高校教师教育技术能力指南。2005年，江苏省推出了《江苏省高校教师教育技术能力指南（试行）》；2010年，一直致力于高校教师教育技术培训的全国高校教育技术协作委员会推出了《国家高校教师教育技术能力指南（试用版）》。从时间维度上来划分，可以将《国家高校教师教育技术能力指南（试用版）》看作我国高校教师教育技术能力的最新版本。

因此，为了建构基于Web2.0的高校教师教育技术能力评价指标体系，本研究将美国国家教师教育技术标准（2008）与我国《国家高校教师教育技术能力指南（试用版）》进行对比分析，综合考虑美国国家教师教育技术标准的权威性及我国教师教育技术能力指南的本土特色，来建构本研究的高校教师教育技术能力评价指标体系。

一、中国《国家高校教师教育技术能力指南（试用版）》分析

《国家高校教师教育技术能力指南（试用版）》［*National Educational Technology Guides for Teachers in Higher Education*（*trial version*）（以下简称《NETG·THE》）］主要包括意识与责任、知识与技能、设计与实施、教学评价、科研与发展5个一级指标，共17个二级指标、54个三级指标，如表6-1所示。

表6-1　《国家高校教师教育技术能力指南（试用版）》条目细则

一、意识与责任	
1．能够意识到教育技术对于高校教学的重要性	1-1　能够认识到教育技术的有效应用对于提升高校教学质量、优化高校教学过程的重要意义
	1-2　能够认识到新世纪创新人才的基本特征，并认识到教育技术对培养创新型人才的重要意义
	1-3　能够持续关注新理念、新技术的发展，具有尝试应用新技术促进教学的意识
	1-4　能够认识到教育技术对于丰富高校学习资源、营造良好教学环境、评价教学过程和效果的重要意义

（续表）

2．具有应用教育技术促进自身专业发展的意识	2-1　能够认识到教育技术能力是高校教师专业素质的必要组成部分，对于自身专业发展具有重要意义
	2-2　具有终身学习，不断更新自身教学观念和提高自身教学能力与专业能力的意识
3．能够遵守与技术使用相关的法律法规和社会道德	3-1　能够遵守与技术使用相关的法律、法规，规范自身的言论与行为方式，具有良好的使用技术的道德素养
	3-2　能够向学生传递与技术使用相关的法律、法规，帮助学生树立正确的态度和技术观
	3-3　能够了解技术带来的负面影响，并努力减小技术对教学本身和学生带来的负面影响
二、知识与技能	
4．了解教育技术的基本理论与方法	4-1　了解教育技术的定义、内涵、理论渊源（如系统科学、教育学、心理学、传播理论等）及其在高校教学、科研和管理等方面的重要作用
	4-2　了解教与学的基本理论观点（如行为主义、认知主义、建构主义等），以及最新进展（如情境认知、活动理论、分布式认知理论等）
	4-3　了解教育技术在学科应用中的主要研究方法（如调查研究、行动研究、实验研究、设计性研究、开发性研究等）
	4-4　了解教学过程、教学资源、学生绩效与媒体应用的一般评价模式与方法（如形成性评价、总结性评价、绩效评价、发展性评价等）
5．掌握教学系统设计的一般模式和方法	5-1　了解教学系统设计的基本概念、一般过程和作用
	5-2　掌握国内外几种主要的教学系统设计模式和方法（如以学为中心、以教为中心、主导—主体教学设计等）
	5-3　掌握教学系统设计的基本环节和设计流程（如教学目标分析、学习者特征分析、教学媒体选择、教学效果评价等），并能应用于自身教学

（续表）

6．掌握数字化教学的特点、模式与方法	6-1 了解数字化教学资源的基本类型、多媒体认知特征及其开发工具与方法
	6-2 掌握计算机网络应用于教学的一般特点和方法，并能借助网络工具与平台开展教学（如作业系统、答疑系统、网络互动教学平台等）
	6-3 了解高校中常见的数字化教学环境（如多媒体教室、网络教室等），并能开展相应的教学活动
	6-4 掌握不同环境下（如课堂教学环境、网络环境等）的数字化教学模式与方法（如授导式教学、自主探究式学习、PBL学习、小组协作式学习、E-Learning、混合式学习等）
	6-5 了解国家质量工程中有关课程建设的理念、基本结构、一般特点、建设规范、评价标准及其应用模式
7．掌握基本的信息技术工具和方法	7-1 掌握常见的通用技术（如办公软件、办公自动化系统、即时通信软件等），并能应用于教学
	7-2 掌握教学信息与教学资源的检索、分类、管理的一般方法，能够进行简单教学资源的设计与开发
	7-3 掌握各种常见的校务管理软件与工具（如学生信息管理系统、教务管理系统等），提高教师自身的工作效率
	7-4 掌握与自身学科教学相关的教学媒体、工具软件，利用技术促进学科教学
	7-5 掌握个人知识管理工具，对个人知识进行管理，掌握本专业领域各种知识库的使用

三、设计与实施

8．能够确定合理的教学目标，选择有效的教学内容	8-1 能够结合学生和学科特点，确定明确、有效的教学目标，并清晰地描述
	8-2 能够为学生提供丰富、情景化的教学内容，促进学生将抽象的知识与生活实际相联系
	8-3 能够运用技术工具不断更新、丰富课程内容，保证教学内容的时效性与前沿性

（续表）

9. 能够设计并实施有效的教学活动	9-1 能够结合学生和学科特点，为不同教学条件下的传统面授课堂和网络教学设计并实施有效的教学活动
	9-2 能够利用技术工具为教学活动提供必要的教学辅助和支持，如为学生的自主学习、合作学习、自我知识管理等提供指导和学习支持
	9-3 能够借助技术工具（如网络教学平台、教学监控软件、网络教学过程质量监控系统等）对教学活动过程进行有效的管理和监控，及时发现教学中存在的问题，并进行及时有效的解决
10. 能够为教学提供恰当的媒体、资源和工具，创设有效的学习环境	10-1 能够针对教学内容和教学活动的特点，设计、组织与提供恰当的教学资源，并能够对资源进行有效的管理和应用
	10-2 能够熟练应用网络教学平台和各种技术工具，能够为学生创设利于协作、交流、互动的以学生为中心的学习环境
11. 能够与同行和管理人员等就教学问题进行有效交流	11-1 能够借助网络工具与同行分享教学经验，与教育技术专家讨论教育技术的教学应用问题
	11-2 能够与技术支持人员在教学资源的设计与开发等方面进行交流与沟通
	11-3 能够与教务管理人员就教务、教学管理进行交流与沟通
四、教学评价	
12. 掌握基本的评价理念	12-1 了解本科教学评估的相关知识和理念，包括评估目的、评估内容、评估依据、评估方法等
	12-2 掌握常见的教育评价理论和方法，如经典教育测量理论及方法（教育信息统计，测量试题的信度/效度/区分度/难度设计、评价指标体系的设计等），质性评价的一般模式和方法（档案袋评价、表现性评价等）
	12-3 具备"以人为本"的评价理念，能够认识到各种评价方法的局限性，尊重每个学生的独特性
13. 能够对教学活动过程进行合理的评价、反思与调整	13-1 能够借助技术手段（如网络教学过程监控系统、在线学生问卷调查、在线投票、讨论区）收集数据，对教学活动过程进行评价
	13-2 能够根据教学活动评价结果对教学进行深入分析和反思，并不断调整和优化教学过程

（续表）

14. 能够选择合适的评价方法全面评价学生的学习绩效	14-1 能够根据评价目的选择合适的评价方法和工具，并能够对获取的评价数据进行合理的解释、说明
	14-2 了解并能够熟练使用常见的学生绩效评价技术和评估系统（如电子档案袋、学生发展性评估、过程性评价量表等）
	14-3 能够设计合理的作业、考试、任务、项目性评价等，并能够应用信息化工具（如考试系统、在线作业系统等）组织与实施相关评价
五、科研与创新	
15. 能够关注新技术和方法并应用其改进教学	15-1 能够借助教育技术的手段和方法（如行动研究、设计性研究等），改进自身教学过程
	15-2 能够持续关注新技术的发展，并尝试将其创造性地应用于教学实践
16. 能够借助技术手段开展广泛的学术研究、合作与交流	16-1 能够借助技术手段，了解自己学科专业的最新发展动态与趋势，了解自己学科的学术团体、学术机构、专家、网站等学术信息
	16-2 能够就学科专业领域问题，借助技术手段进行广泛的国内、国际合作与交流
	16-3 了解课题项目申报系统，了解国家相关项目申请网站的使用（如自然科学基金、哲学社会科学基金等）
	16-4 能够使用各种检索工具与系统（如CNKI、SSCI等文献检索系统，各种图书馆的数字化资源检索工具等）进行学术信息检索
17. 能够利用教育技术提高科研项目的管理水平和研究团队的工作效率	17-1 能够利用技术手段构建学习型组织，激发团队的参与度和协作水平
	17-2 能够在科研项目管理中运用项目管理工具（如MS Project）提高管理效率
	17-3 能够借助技术手段对研究数据进行统计分析（如SPSS软件），挖掘隐性知识

《NETG·THE》具有以下特点：

（1）《NETG·THE》体现了教育技术能力培养的层次性，主要表现在：将教师的"意识与责任"作为教育技术能力发展的起点与基础，即教师要意识到教育技术对高校教学、自身发展的重要作用；意识形成之后，便具备了教育技术能力培养的内在动机；在动机的驱使下，学习并掌握教育技术的基本知识与技能；掌握教育技术相关的知识与技能之后，在教师的教学设计、教学实施、教学评价及个人专业发展中应用习得的知识与技能。

（2）"意识与责任""知识与技能""设计与实施""教学评价""科研与发展"之间并不是绝对分离的，该指南更强调高校教师教育技术能力的阶段性及螺旋上升。该指南的5个一级指标的确定体现了一定的层次性及阶段性。该指南中教师教育技术能力发展的阶段性如图6-1所示。该指南参照了余胜泉教授关于"技术进入教育"的信息生态观①，即将技术融入教育的过程分为生态突变期、生态进化期、生态融合期及生态平衡期。梁文鑫等人在其基础上，细化为生态突变期的学习、模仿与尝试使用阶段，生态进化期的困

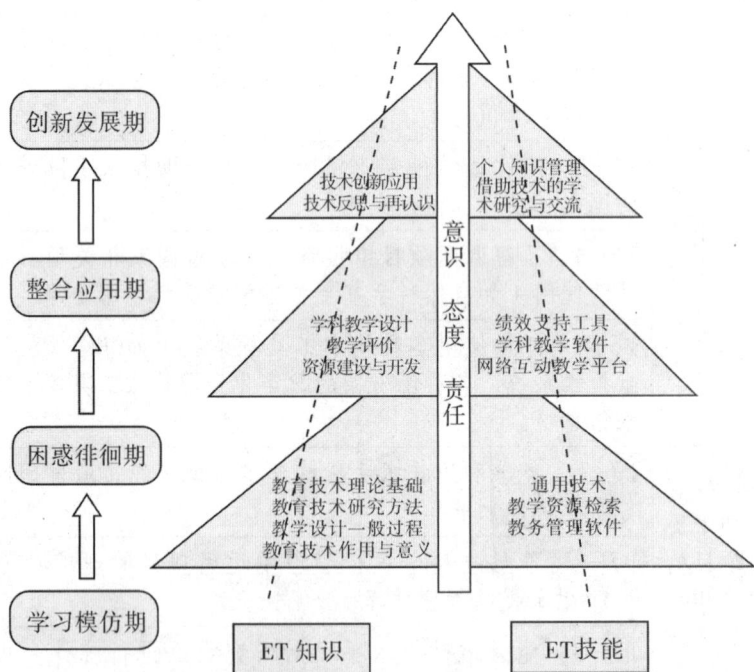

图6-1　高校教师教育技术能力发展阶段模型

---

①　余胜泉. 教育信息化生态观与新技术教育应用的科学发展[J]. 基础教育参考，2006（9）：4-8.

惑、怀疑阶段，生态融合期的确定应用阶段，生态平衡期的创新应用阶段。①该指南也将教师教育技术能力发展分为学习模仿期、困惑徘徊期、整合应用期、创新发展期四个阶段，每个阶段的任务各有不同，但教育技术知识、教育技术能力、意识态度和责任是教师教育技术能力的基本内容，贯穿整个过程中，且不断地螺旋上升。②

（3）该指南具有很强的可操作性。每个三级指标都以"认识""了解""掌握""应用"等目标描述的方式明确教师应该达到的学习目标，具有很强的操作性。如"4-2 了解教与学的基本理论观点（如行为主义、认知主义、建构主义等），以及最新进展（如情境认知、活动理论、分布式认知理论等）"，不但明确描述了教师要掌握一些教与学的基本理论，更是用列举的方式提供了更为详细的指引。

（4）充分考虑到了高校教师"教学与科研并重"的基本特征。由于该指南是针对高校教师教育技术能力而制订的，而高校教师相对中小学教师有其特有的工作、学习特征。因此，该指南在一级指标中提出了"科研"，较明确地体现了其针对高校教师的指向性。

二、美国国家教师教育技术能力标准（NETS-T-2008）分析

美国国家教师教育技术能力标准（以下简称"NETS-T-2008"）是对NETS-T-2000版本的更新与升级。八年时间内，信息技术取得了突飞猛进的发展，改变教师、学生所处的环境、学习方式，更在一定程度上改变了我们的思维方式。正如美国国际教育技术协会执行总裁Don Knezek所言，"今天的教师必须乐意成为学生以及全世界同行的合作学习者，要作为动态学习共同体的一员主动前进而不是被迫前行。数字化时代的教师必须具有将新技术引入教育和提升他人技术技能的远见"。③NETS-T-2008是美国国际教育技术协会于2007年颁布的《面向学生的国家教育技术标准》（*National Educational*

① 梁文鑫，余胜泉，吴一鸣. 面向信息化的教师专业发展阶段描述与促进策略研究[J]. 教师教育研究，2008，20（1）：18-21.

② 马宁，陈庚，刘俊生，等.《国家高校教师教育技术能力指南》的研究[J]. 远程教育杂志，2011（6）：3-9.

③ International Society of Technology in Education（2008b）. National educational technology standards. ISTE网站.

Technology Standards for Students，NETS-S，以下简称"NETS-S-2007"）之后提出的，在标准指标的描述上，由原来的教师自身能力发展转变为促进学生发展，指标项的设置与NETS-S-2007遥相呼应。

NETS-T-2008共包含6个一级指标、23个二级指标，如表6-2所示。NETS-T-2008突出了"创新与变革"的主题，将教师对于学生发展的促进作用和榜样力量以及教师职业的专业性和领导力作为其核心思想，以适应现代教育和数字化技术对教师提出的新挑战与新要求。[①]该标准的特征分析如下：

（1）强调教师的教育技术能力为学生的发展服务的理念。该标准的第二项一级指标"设计、开发数字化时代的学习经验与评估工具"中明确提出，教师要通过设计、开发和评价整合了现有数字化工具和资源的真实学习经验以优化学生的情境性学习，促使NETS-S-2007标准中学生的知识、技能和态度的发展，这是该标准"以学生为中心"的突出表现。其他各项指标也都明确指出，教师要通过提升自己的数字化学习能力、公民意识等，为学生提供榜样和示范作用。

（2）该标准强调教师利用数字化工具和资源开展协作、交流活动的能力。如"能够与学生、同事及其他人在面对面和虚拟学习环境中合作学习""能够运用数字化工具和资源与学生、同事、家长以及社区成员展开协作""能够运用数字化时代的交流和协作工具与其他文化背景的同事和学生进行交流合作"。

（3）该标准中提出"对版权、知识产权和资料来源的尊重""运用信息技术的礼仪和社会交往的责任感"，并为学生树立榜样。这些内容反映了在面对从"读时代"的Web1.0向"写时代"的Web2.0的变迁过程中，任何人都可以发布资源带来的网络道德意识与责任感缺失的问题。学生的学习方式走向Web2.0时代，因此，需要通过提升教师的道德意识及社会责任感来影响学生。

（4）该标准突出了全球意识与全球共同体。如"能够运用数字化时代的交流和协作工具发展自身的文化理解力和全球意识""能够参与区域性和全球化的学习共同体以探究技术的创造性应用"等，这表明该标准充分吸取了Web2.0的全球协作的理念。

---

① 秦炜炜. 面向教师的美国国家教育技术标准新旧版本对比[J]. 开放教育研究，2009，15（3）：105-112.

表 6-2　美国国家教师教育技术能力及技术指标（2008 年版）

一级指标	一级指标项基本描述	二级指标
一、促进学生学习、激发学生的创造力	教师能够运用其学科知识，通过教学、学习和技术增强自身在面对面和虚拟学习环境中促进学生学习、激发学生创意与创新能力的经验	1．能够提升和支持自身的创造性思维与独创能力，并为学生树立典范
		2．能够使学生积极运用数字化工具和资源探究并解决现实世界中的真实问题
		3．能够运用协作工具促进学生反思，从而揭示和澄清学生对概念的理解、思考以及设计、创造的过程
		4．能够与学生、同事及其他人在面对面和虚拟学习环境中合作学习，为学生树立协作知识建构的榜样
二、设计、开发数字化时代的学习经验与评估工具	教师能够设计、开发和评价整合了现有数字化工具和资源的真实学习经验以优化学生的情境性学习，从而使NETS-S-2007标准中学生的知识、技能和态度得到发展	1．能够运用数字化工具和资源设计或调整有关学习经验，以促进学生的学习与创造力发展
		2．能够开发技术化的学习环境，从而使学生能满足他们的好奇心，能够使他们自主设定学习目标、管理学习和评估学习过程，最终成为积极的参与者
		3．能够为学生定制个性化的学习活动，以适应学生多样化的学习风格、学习策略和不同层次的数字化工具与资源的使用水平
		4．能够为学生提供与学习内容和技术标准相一致的多种形成性评价与总结性评价，并能利用评价结果和数据支持教学与学习
三、树立数字化时代学习与工作的典范	教师作为全球化与数字化时代的创新型专业人士应为学生在知识、技能和工作方面树立典范	1．能够熟练使用技术系统，并能将现有知识熟练地迁移到新技术和新情境中去
		2．能够运用数字化工具和资源与学生、同事、家长以及社区成员展开协作，以促进学生的创新与成功
		3．能够使用多种数字化媒体形式与学生、同事、家长就有关信息和思想展开有效地交流与沟通
		4．能够有效运用现有的和新兴的数字化工具查找、分析、评价和使用信息资源，以支持自身的研究和学习

（续表）

一级指标	一级指标项基本描述	二级指标
四、提升数字化时代的公民意识与素养为学生树立典范	在不断发展演变的数字文化中，教师能够理解全球性和区域性的社会问题以及自身的责任，并能在他们的专业实践中表现出合乎法律和伦理道德规范的行为	1．能够提倡和教授安全、合法和符合道德，规范地使用数字化信息技术，包括对版权、知识产权和资料来源的尊重，并为学生树立榜样
		2．能够运用以学习者为中心的策略为学生提供平等使用合适的数字化工具和资源的机会，以满足学生多样化的需要
		3．能够提升自身在数字化时代运用信息技术的礼仪和社会交往的责任感，并为学生树立榜样
		4．能够运用数字化时代的交流和协作工具与其他文化背景的同事和学生进行交流合作，以发展自身的文化理解力和全球意识
五、参与专业发展、提升领导力	教师能够通过对数字化工具和资源的有效运用不断促进自身的专业实践，并在其所在学校和专业共同体中展现出领导能力，为学生树立终身学习的典范	1．能够参与区域性和全球化的学习共同体以探究技术的创造性应用，进而促进学生学习
		2．能够通过对新技术引入教育的远景预测，参与共同决策、社区构建以及提升他人的领导力和技术水平，展现自身的领导力
		3．能够定期评价和反思当前的研究和专业实践，从而有效地使用已有的和新兴的数字化工具和资源支持学生的学习
		4．能够为教师职业和自己所在学校与社区教育事业的效力、活力和不断发展贡献力量

三、《NETG·THE》与NETS-T-2008的对比分析

（一）编制背景与适用对象对比分析

表6-3 《NETG·THE》与NETS-T-2008的编制背景与适用对象对比

	《NETG·THE》	NETS-T-2008
编制背景	1．我国没有高校教师教育技术能力标准，培训的随机性太强 2．高校教师教育技术能力需要提高	1．信息技术飞速发展，学生学习方式发生改变 2．NETS-S-2007的制定
适用对象	高校教师	全体教师

由表6-3可以看出，《NETG·THE》的制定背景是我国高等学校教师教育技术能力不容乐观，而我国一直没有形成高校教师教育技术能力标准，2004年颁布的《中小学教师教育技术标准》只面向中小学教师，不能直接照搬；而且2004年至今，信息技术空前发展，尤其是以强调用户参与性及集体智慧为主旨的Web2.0技术进入教育领域，《中小学教师教育技术标准》本身也需要改版升级。而NETS-T-2008则是在信息技术引起的学生学习方式转变的基础上，学生的教育技术标准改变之后提出的，是为了促进NETS-S-2007中的学生教育技术能力发展而产生，突出了以学生为中心的理念。《NETG·THE》是对高校教师的特征进行分析之后，针对高校教师提出的，而NETS-T-2008是面向全体教师的。

因此，本研究要建构基于Web2.0高校教师教育技术能力指标体系，首先要吸收NETS-T-2008以学生为中心的核心理念，并结合《NETG·THE》的高校教师特征。

（二）指标项的对比分析

将《NETG·THE》与NETS-T-2008的指标项进行对比，《NETG·THE》共有三级指标，NETS-T-2008只有二级指标。因此，首先选取《NETG·THE》的一级、二级指标与NETS-T-2008进行对等分析。根据《NETG·THE》与NETS-T-2008能力维度的相似性和对等关系，本书就《NETG·THE》与NETS-T-2008的对应内容做了排列与对比，以便开展横向分析，如表6-4所示。由于NETG·THE是我国教育技术研究者经过对我国高校教师的广泛调研形成的，因此，本研究以其为原型，通过与NETS-T-2008

的对比，吸收NETS-T-2008中可借鉴之处，尤其是其中与Web2.0的理念吻合的部分，对我国《NETG·THE》中的部分指标做适当调整，初步确定基于Web2.0的高校教师教育技术能力指标项。

表6-4　《NETG·THE》与NETS-T-2008的指标项对比

《NETG·THE》	NETS-T-2008
一、意识与责任	四、提升数字化时代的公民意识与素养为学生树立典范
1.能够意识到教育技术对于高校教学的重要性	1.能够提倡和教授安全、合法和符合道德，规范地使用数字化信息技术，包括对版权、知识产权和资料来源的尊重，并为学生树立榜样
2.具有应用教育技术促进自身专业发展的意识	2.能够运用以学习者为中心的策略为学生提供平等使用合适的数字化工具和资源的机会，以满足学生多样化的需要
3.能够遵守与技术使用相关的法律法规和社会道德	3.能够提升自身在数字化时代运用信息技术的礼仪和社会交往的责任感，并为学生树立榜样
	4.能够运用数字化时代的交流和协作工具与其他文化背景的同事和学生进行交流合作，以发展自身的文化理解力和全球意识
二、知识与技能	一、促进学生学习、激发学生的创造力
4.了解教育技术的基本理论与方法	1.能够提升和支持自身的创造性思维与独创能力，并为学生树立典范
5.掌握教学系统设计的一般模式	2.能够使学生积极运用数字化工具和资源探究并解决现实世界中的真实问题
6.掌握数字化教学的特点、模式与方法	3.能够运用协作工具促进学生反思，从而揭示和澄清学生对概念的理解、思考以及设计、创造的过程
7.掌握基本的信息技术工具和方法	4.能够与学生、同事及其他人在面对面和虚拟学习环境中合作学习，为学生树立协作知识建构的榜样

（续表）

《NETG·THE》	NETS-T-2008
三、设计与实施	二、设计、开发数字化时代的学习经验与评估工具
8．能够确定合理的教学目标，选择有效的教学内容	1．能够运用数字化工具和资源设计或调整有关学习经验，以促进学生的学习与创造力发展
9．能够设计并实施有效的教学活动	2．能够开发技术化的学习环境，从而使学生能满足他们的好奇心，能够使他们自主设定学习目标、管理学习和评估学习过程，最终成为积极的参与者
10．能够为教学提供恰当的媒体、资源和工具，创设有效的学习环境	3．能够为学生定制个性化的学习活动，以适应学生多样化的学习风格、学习策略和不同层次的数字化工具与资源的使用水平
11．能够与同行和管理人员等就教学问题进行有效交流	4．能够为学生提供与学习内容和技术标准相一致的多种形成性评价与总结性评价，并能利用评价结果和数据支持教学与学习
四、教学评价	
12．掌握基本的评价理念	
13．能够对教学活动过程进行合理的评价、反思与调整	三、树立数字化时代学习与工作的典范
14．能够选择合适的评价方法全面评价学生的学习绩效	1．能够熟练使用技术系统，并能将现有知识熟练地迁移到新技术和新情境中去
五、科研与创新	2．能够运用数字化工具和资源与学生、同事、家长以及社区成员展开协作，以促进学生的创新与成功
15．能够关注新技术和方法并应用其改进教学	3．能够使用多种数字化媒体形式与学生、同事、家长就有关信息和思想展开有效地交流与沟通
16．能够借助技术手段开展广泛的学术研究、合作与交流	4．能够有效运用现有的和新兴的数字化工具查找、分析、评价和使用信息资源，以支持自身的研究和学习

（续表）

《NETG·THE》	NETS-T-2008
17. 能够利用教育技术提高科研项目的管理水平和研究团队的工作效率	五、参与专业发展、提升领导力
	1. 能够参与区域性和全球化的学习共同体以探究技术的创造性应用，进而促进学生学习
	2. 能够通过对新技术引入教育的远景预测，参与共同决策、社区构建以及提升他人的领导力和技术水平，展现自身的领导力
	3. 能够定期评价和反思当前的研究和专业实践，从而有效地使用已有的和新兴的数字化工具和资源支持学生的学习
	4. 能够为教师职业和自己所在学校与社区教育事业的效力、活力和不断发展贡献力量

1. 意识与责任

（1）指标项对比分析

《NETG·THE》中的基础部分"意识与责任"中的"意识"，在NETS-T-2008基本没有体现。这是由于美国的教育信息化程度较高，"对于NETS-T-2008而言，我们假设每一位教师已经认识到技术的重要性及其对教/学的变革作用"（eSchool News，2008）。而"意识与责任"中的"责任"部分，在NETS-T-2008中更加强化，强调了知识产权、责任感及全球意识。"运用数字化时代的交流和协作工具促进全球意识"体现了Web2.0的全球化协作的特点。全球的学生、教师都可以借助Wiki、SNS等社会性软件针对共同感兴趣的主题展开全球协作。

（2）对本研究的启示

启示一：NETS-T-2008中并没有提高教师应用信息技术改进教学、开展自我发展的意识部分，这是由美国教育高度信息化所决定的，教师、学生、管理人员已经将信息技术作为日常学习、工作、生活的一部分，从信息生态的角度来看，是已达到了信息技术在教育中应用的生态融合期，其所关注的焦点是如何利用技术促进教师及学生的创新能力。在我国，经过近年来高校教育信息化水平的不断提升，高校教师对教育技术的认识与态度也有所提升。这一点在近年来我国研究人员开展的高校教师教育技术能力调查中有所体现。如柴璐璐等针对江苏省20多所高校教师开展的调查研究中显示，50.7%的教师认为教育技术对教学活动的开展非常重要，46.1%的教师认为比较重要。[①]这说明我国大部分高校教师具备了应用教育技术的意识，但离将其从教师教育技术能力评价指标中消失还有很长的距离。因此，在本研究建构基于Web2.0的高校教师教育技术能力评价指标中"意识"部分仍然需要保留，但可对《NETG·THE》中该维度的三级指标做适当的整合。

启示二：NETS-T-2008中对"提倡和教授安全、合法和符合道德，规范地使用数字化信息技术""提升自身在数字化时代运用信息技术的礼仪和社会交往的责任感"的强调更符合Web2.0环境中的教师教育技术能力。在Web2.0环境中，人人都可以成为教育资源的发布者。[②]Web2.0环境中，学生也可以通过发布教育信息及资源变为教育传播过程中的主体。学生的这种角色转变，使得其在发挥个体主动性的过程中出现传播失范的现象。[③]因此，在本研究建构的基于Web2.0的高校教师教育技术能力评价指标中，要着重强调教师促进学生在利用社会性软件发布信息时的道德意识与责任感。

启示三：基于Web2.0的高校教师教育技术能力评价指标中要突出全球协作的特征，将教师本身的全球协作意识及促进学生的全球化发展纳入指标体系中。

2．知识与技能

（1）指标项对比分析：NETS-T-2008中并没有明确提出教师需要掌握的知识与技能，而是强调教师"运用其学科知识，通过教学、学习和技术增强自身在面对面和虚拟学习环境中促进学生学习、激发学生创意与创新能力的经验"。因此，知识与技能只是教师促进学生学习的因素之一，不能过于强化知识与技能教师教育技术能力结构中的比重。

（2）对本研究的启示：《NETG·THE》列出了教师需要掌握的多种知

① 柴璐璐，丁侠，杨成. 江苏省高校教师教育技术能力现状调查与分析[J]. 江苏广播电视大学学报，2009，20（3）：89-93.

② 邦克. 世界是开放的：网络技术如何变革教育[M]. 焦建利，译. 上海：华东师范大学出版社，2011：34-35.

③ 吴鹏泽. 信息化环境下的教育传播效果优化策略[J]. 电化教育研究，2011（6）：34-37.

识与技能，覆盖了教师教学、工作中可能用到的多种知识与技能。然而，该维度中提及的教育技术基本理论、教学设计模式、信息技术工具等大量的内容，对于高校的学科教师而言会成为教学任务外的额外负担。对于高校学科教师而言，真正重要的是这些教育技术理论、教学设计模式、信息技术工具方法什么时候用，怎么用的问题。如，在对高校教师的教育技术能力进行评价时，教师准确描述某种教育技术基本理论远不如他知道在什么条件下应用该理论重要。因此，本研究进行基于Web2.0的高校教师教育技术能力评价指标建构时，酌情弱化知识与技能部分的指标项，强调教师利用信息技术工具，特别是Web2.0工具解决教学、工作中实际问题的能力。

3. 教学设计、实施与评价

（1）指标项对比分析：《NETG·THE》中的"设计与实施""教学评价"两部分对应于NETS-T-2008中的"设计、开发数字化时代的学习经验与评估工具"。将设计、实施与评价三部分连贯起来，比较符合教学实践的习惯，更具有可操作性。NETS-T-2008更强调学生个性化，如"为学生定制个性化的学习活动，以适应学生多样化的学习风格、学习策略和不同层次的数字化工具与资源的使用水平"，充分体现了人本主义的精神。

（2）对本研究的启示

启示一：由于设计、实施、评价三者的逻辑连贯性，本研究参照NETS-T-2008的做法，将《NETG·THE》中的"设计与实施"与"教学评价"整合为一个一级指标。同时，借鉴NETS-T-2008，在"能够设计并实施有效的教学活动"中突出强调为学生个性化服务的思想，增加教师根据学生学习风格、数字化工具使用水平设计教学活动的能力。这也符合Web2.0时代个性化的核心特征。

启示二：Web2.0环境中，学生的学习过程具有很强的参与性、互动性，教师要"能够开发技术化的学习环境，能够使他们自主设定学习目标、管理学习和评估学习过程，最终成为积极的参与者"。

启示三：具有"可读可写"特性的Web2.0可以用来记录学习者全过程，其中包括学习者自身的创作内容、资源的链接、文档、图片、声音及视频，还有其他人对这些内容的评论。[①]因此，基于Web2.0的教学环境中，教师要

---

① 张伟. Web2.0及其教育应用展望[J]. 中国电化教育，2006（1）：99-101.

具备对Web2.0工具中记录的学生学习过程进行过程性评价的能力，并以过程性评价的反馈促进教学。因此，可以在"能够对教学活动过程进行合理的评价、反思与调整"的三级指标中突出对Web2.0环境中记录的学习过程进行评价。

4．科研与创新

（1）指标项对比分析："科研与创新"部分着重强调高校教师使用数字化资源与技术提升科研能力，这一点在NETS-T-2008中"树立数字化时代学习与工作的典范"维度中有所体现，如"能够有效运用现有的和新兴的数字化工具和资源，以支持自身的研究和学习"。

（2）对本研究的启示：NETG·THE将科研与创新作为高校教师教育技术能力的一个维度，充分体现了高校教师的科研特征。高校教师投入工作，一方面是维持巩固生活、满足社会尊重需要的平台，一方面是追求自我实现的目标，期盼工作能促进自我成长和发展。[①]科研只是高校教师数字化学习与工作的内容之一。因此，本研究将该维度扩充为"科研、创新与自我发展"，将高校教师的科研部分作为其二级指标。

5．参与专业发展、提升领导力

"参与专业发展、提升领导力"是NETS-T-2008中特有的内容，在》《NETG·THE》基本没有体现。强调的是教师提升领导力、为社会服务。这一点，在我国教师教育技术能力培养中暂未涉及。但其中的"能够参与区域性和全球化的学习共同体以探究技术的创造性应用，进而促进学生学习"及"能够定期评价和反思当前的研究和专业实践，从而有效地使用已有的和新兴的数字化工具和资源支持学生的学习"可以纳入我国的《NETG·THE》中，作为教师利用信息技术促进个人发展的指标项。

第二节　基于Web2.0的高校教师教育技术能力培训评价指标体系

一、基于Web2.0的高校教师教育技术能力培训评价指标项的确定

根据上节中的对比分析，本书以我国的《NETG·THE》为原型，结合NETS-T-2008中强调以学生为中心、体现Web2.0理念的特点，建构出基于

---

① 彭帅，聂娟. 论高校教师的群体特征[J]. 吉林广播电视大学学报，2011（2）：118-119.

Web2.0的高校教师教育技术能力评价指标项。经过对部分教育技术专家的访谈，对指标项多次修订之后，如表6-5所示。该指标项共包含4个一级指标，11个二级指标及36个三级指标。

表6-5　基于Web2.0的高校教师教育技术能力培训评价指标项

一级指标	二级指标	三级指标
一、意识与责任	1．具有应用教育技术促进高校教学和自身专业发展的意识	1-1　能够认识到教育技术的有效应用对于提升高校教学质量、优化高校教学过程的重要意义
		1-2　能够认识到教育技术能力是高校教师专业素质的必要组成部分，对于自身专业发展具有重要意义
		1-3　能够持续关注Web2.0等新理念、新技术的发展，具有尝试应用新技术促进教学的意识
		1-4　具有终身学习，利用信息技术不断更新自身教学观念和提高自身教学能力与专业能力的意识
	2．能够遵守与技术使用相关的法律法规和社会道德，并为学生树立典范	2-1　能够提倡和教授安全、合法和符合道德，规范地使用数字化信息技术，包括对版权、知识产权和资料来源的尊重，并为学生树立榜样
		2-2　能够提升自身在数字化时代运用信息技术的礼仪和社会交往的责任感，并为学生树立榜样
		2-3　能够运用数字化时代的交流和协作工具与其他文化背景的同事和学生进行交流合作，以发展自身的文化理解力和全球意识
二、知识与技能	3．了解教育技术的基本理论、掌握基本的信息技术工具	3-1　了解教与学的基本理论观点（如行为主义、认知主义、建构主义等），以及最新进展（如情境认知、活动理论、协作学习、分布式认知理论等）
		3-2　了解教育技术在学科应用中的主要研究方法（如调查研究、行动研究、实验研究、设计性研究、开发性研究等）
		3-3　掌握与自身教学（通用的信息技术、具有学科特点的工具软件）、工作（个人知识管理软件、校务管理软件）相关的信息技术工具
		3-4　掌握教学信息与教学资源的检索、分类、管理的一般方法，掌握利用各种Web2.0工具发布教学资源及与他人协作的方式

（续表）

一级指标	二级指标	三级指标
二、知识与技能	4．掌握数字化教学的特点、模式与方法	4-1 了解数字化教学资源的基本类型、开发工具及方法，能够使用高效中常见的数字化教学环境（如多媒体教室、网络教室等）开展教学
		4-2 掌握计算机网络应用于教学的一般特点和方法，并能借助网络工具与平台开展教学（如作业系统、答疑系统、网络互动教学平台等）
		4-3 掌握多种数字化教学模式与方法（如授导式教学、自主探究式学习、PBL 学习、小组协作式学习、E-Learning、混合式学习等）及其与教学内容、教学目标、教学对象之间的对应关系
		4-4 了解国家质量工程中有关课程建设的理念、基本结构、一般特点、建设规范、评价标准及其应用模式
三、教学设计、实施与评价	5．能够确定合理的教学目标，选择有效的教学内容	5-1 能够结合学生和学科特点，确定明确、有效的教学目标，并清晰地描述
		5-2 能够为学生提供丰富、情境化的教学内容，促进学生将抽象的知识与生活实际相联系
		5-3 能够运用技术工具，为学生提供参与学习目标、学习内容制定的机会，使学生成为积极的参与者
	6．能够设计并实施有效的教学活动	6-1 能够为学生定制个性化的学习活动，以适应学生多样化的学习风格、学习策略和不同层次的数字化工具与资源的使用水平
		6-2 能够利用技术工具为教学活动提供必要的教学辅助和支持，如为学生的自主学习、合作学习、自我知识管理等提供指导和学习支持
		6-3 能够借助技术工具（如网络教学平台、教学监控软件、网络教学过程质量监控系统等）对教学活动过程进行有效的管理和监控，及时发现教学中存在的问题，并进行及时有效的解决
	7．能够为教学提供恰当的媒体、资源和工具，创设有效的学习环境	7-1 能够针对教学内容和教学活动的特点，设计、组织与提供恰当的教学资源，并鼓励学生利用信息技术丰富课程资源
		7-2 能够熟练应用网络教学平台、Web2.0等技术工具，并为学生创设利于协作、交流、互动的以学生为中心的学习环境，提高学生的协作能力和探究能力

（续表）

一级指标	二级指标	三级指标
三、教学设计、实施与评价	8．能够与同行和管理人员等就教学问题进行有效交流	8-1　能够借助网络工具进行教学反思，并与同行分享教学经验，与教育技术专家讨论教育技术的教学应用问题
		8-2　能够与技术支持人员、教学管理人员进行交流与沟通
	9．能够为学生提供与学习内容和技术标准相一致的多种形成性评价与总结性评价，并能利用评价结果和数据支持教学与学习	9-1　能够根据评价目的选择合适的评价方法和工具，并能够对获取的评价数据进行合理的解释、说明
		9-2　能够通过分析技术工具（如Web2.0工具中学习记录功能、电子档案袋）记录的学习过程，对学生进行形成性评价
		9-3　能够通过信息技术工具，促使学生开展自我评价、学生互评，并将其纳入考核结果
		9-4　能够设计合理的作业、考试、任务、项目性评价等，并能够应用信息化工具（如考试系统、在线作业系统等）组织与实施相关评价
		9-5　能够根据教学活动评价结果对教学进行深入分析和反思，并不断调整和优化教学过程
四、科研、创新与自我发展	10．能够关注新技术和方法，并将其应用于个人专业成长	10-1　能够持续关注新技术及新的教育技术方法（如行动研究）等进行教学改革研究，开展教学实践
		10-2　能够参与区域性和全球化的学习共同体以探究技术的创造性应用，进而促进学生学习
		10-3　能够定期评价和反思当前的研究和专业实践，从而有效地使用已有的和新兴的数字化工具和资源支持学生的学习
	11．能够借助技术手段开展学术交流、提升科研管理水平	11-1　能够借助利用教育技术的手段进行学术检索、了解学科的前沿动态
		11-2　能够利用Web2.0等教育技术手段开展全球范围的学术交流、合作
		11-3　能够借助技术手段开展项目管理（如MS Project），对研究数据进行统计分析（如SPSS）

112

二、基于Web2.0的高校教师教育技术能力培训评价指标项权重的分析

为了了解和确定各个指标的重要性与权数，我们采用经验加权方法。向专家发出 "基于Web2.0的高校教师教育技术能力评价指标体系各因素加权意见调查问卷"（见附录一），征求专家对指标权数的意见和看法。发出25份，回收25份，有效率100%。其分析结果如下：

一级指标权重采用公式：

$$Wi = \frac{\sum(a_j \pm n_{ij})}{N\sum a_j}$$，其中i=1，2，3，4，

a_1=4，a_2=3，a_3=2，a_4=1；

n_i分别为各主因素在不同重要程度中的选择人数；

N=4；

$\sum a_j$ =4+3+2+1=10，对四个主因素（一级指标）专家加权意见统计结果如表6-6所示。

表6-6 评价指标体系一级指标加权统计结果

主因素	重要程度				权重 Wi
	第一 4	第二 3	第三 2	第四 1	
意识与责任	11	2	5	7	0.268
知识与技能	2	13	7	3	0.256
教学设计、实施与评价	10	6	8	1	0.3
科研、创新与自我发展	2	4	5	14	0.176

对11项二级指标专家加权意见统计结果如表6-7所示。

表6-7　评价指标体系二级指标加权统计结果

一级指标	二级指标	第一	第二	权重 Wi
		2	1	
一、意识与责任 26.8	1．具有应用教育技术促进高校教学和自身专业发展的意识	16	9	0.55
	2．能够遵守与技术使用相关的法律法规和社会道德，并为学生树立典范	9	16	0.45

一级指标	二级指标	第一	第二	权重 Wi
		2	1	
二、知识与技能 25.6	3．了解教育技术的基本理论、掌握基本的信息技术工具	14	11	0.52
	4．掌握数字化教学的特点、模式与方法	11	14	0.48

一级指标	二级指标	第一	第二	第三	第四	第五	权重 Wi
		5	4	3	2	1	
三、教学设计、实施与评价 30.0	5．能够确定合理的教学目标，选择有效的教学内容	12	4	7	2	0	0.27
	6．能够设计并实施有效的教学活动	6	10	7	2	0	0.25
	7．能够为教学提供恰当的媒体、资源和工具，创设有效的学习环境	5	6	6	6	2	0.22
	8．能够与同行和管理人员等就教学问题进行有效交流	0	0	0	4	21	0.08
	9．能够为学生提供与学习内容和技术标准相一致的多种形成性评价与总结性评价，并能利用评价结果和数据支持教学与学习	2	5	5	11	2	0.18

114

（续表）

一级指标	二级指标	第一	第二	权重 Wi
		2	1	
四、科研、创新与自我发展17.6	10．能够关注新技术和方法，并将其应用于个人专业成长	14	11	0.52
	11．能够借助技术手段开展学术交流、提升科研管理水平	11	14	0.48

对36项三级指标专家加权意见统计结果如表6-8所示。

表6-8　评价指标体系三级指标加权统计结果

一级指标	二级指标	三级指标	第一	第二	第三	第四	第五	权重 Wi
一、意识与责任 26.8	1．具有应用教育技术促进高校教学和自身专业发展的意识	1	15	5	4	1		0.336
		2	5	6	8	6		0.24
		3	1	8	5	11		0.196
		4	4	6	8	7		0.228
	2．能够遵守与技术使用相关的法律法规和社会道德，并为学生树立典范	1	17	4	4			0.42
		2	5	10	10			0.3
		3	3	11	11			0.28
二、知识与技能 25.6	3．了解教育技术的基本理论、掌握基本的信息技术工具	1	15	2	2	6		0.304
		2	4	12	6	3		0.268
		3	5	6	11	3		0.252
		4	1	5	6	13		0.176
	4．掌握数字化教学的特点、模式与方法	1	10	8	6	1		0.308
		2	3	14	6	2		0.272
		3	10	2	12	1		0.284
		4	2	1	1	21		0.136

（续表）

一级指标	二级指标	三级指标	第一	第二	第三	第四	第五	权重 Wi
三、教学设计、实施与评价 30.0	5. 能够确定合理的教学目标，选择有效的教学内容	1	14	6	5			0.393 333
		2	10	10	5			0.366 667
		3	1	9	15			0.24
	6. 能够设计并实施有效的教学活动	1	19	5	1			0.453 333
		2	5	16	4			0.34
		3	1	4	20			0.206 667
	7. 能够为教学提供恰当的媒体、资源和工具，创设有效的学习环境	1	22	3				0.626 667
		2	3	22				0.373 333
	8. 能够与同行和管理人员等就教学问题进行有效交流	1	22	3				0.626 667
		2	3	22				0.373 333
	9. 能够为学生提供与学习内容和技术标准相一致的多种形成性评价与总结性评价，并能利用评价结果和数据支持教学与学习	1	14	4	3	2	2	0.269 333
		2	6	10	1	3	5	0.224
		3	0	4	9	8	4	0.168
		4	2	5	8	6	4	0.186 667
		5	3	2	4	6	10	0.152
四、科研、创新与自我发展 17.6	10. 能够关注新技术和方法，并将其应用于个人专业成长	1	16	4	5			0.406 667
		2	2	14	9			0.286 667
		3	7	7	11			0.306 667
	11. 能够借助技术手段开展学术交流、提升科研管理水平	1	19	4	2			0.446 667
		2	3	15	7			0.306 667
		3	3	6	16			0.246 667

三、基于Web2.0的高校教师教育技术能力培训评价指标体系的建构

根据前期研究得出基于Web2.0的高校教师教育技术能力培训评价指标体系，如表6-9所示。

表6-9 基于Web2.0的高校教师教育技术能力培训评价指标体系

一级指标及权重	二级指标及权重	三级指标及权重	评价等级				
			优秀	良好	一般	及格	不及格
一、意识与责任 26.8	1. 具有应用教育技术促进高校教学和自身专业发展的意识 14.7	1-1 能够认识到教育技术的有效应用对于提升高校教学质量、优化高校教学过程的重要意义 4.9					
		1-2 能够认识到教育技术能力是高校教师专业素质的必要组成部分，对于自身专业发展具有重要意义 3.5					
		1-3 能够持续关注Web2.0等新理念、新技术的发展，具有尝试应用新技术促进教学的意识 2.9					
		1-4 具有终身学习，利用信息技术不断更新自身教学观念和提高自身教学能力与专业能力的意识 3.4					
	2. 能够遵守与技术使用相关的法律法规和社会道德，并为学生树立典范 12.1	2-1 能够提倡和教授安全、合法和符合道德，规范地使用数字化信息技术，包括对版权、知识产权和资料来源的尊重，并为学生树立榜样 5.1					
		2-2 能够提升自身在数字化时代运用信息技术的礼仪和社会交往的责任感，并为学生树立榜样 3.6					
		2-3 能够运用数字化时代的交流和协作工具与其他文化背景的同事和学生进行交流合作，以发展自身的文化理解力和全球意识 3.4					

（续表）

一级指标及权重	二级指标及权重	三级指标及权重	评价等级				
			优秀	良好	一般	及格	不及格
二、知识与技能 25.6	1．了解教育技术的基本理论、掌握基本的信息技术工具13.3	1-1　了解教与学的基本理论观点（如行为主义、认知主义、建构主义等），以及最新进展（如情境认知、活动理论、协作学习、分布式认知理论等）4.0					
		1-2　了解教育技术在学科应用中的主要研究方法（如调查研究、行动研究、实验研究、设计性研究、开发性研究等）3.6					
		1-3　掌握与自身教学（通用的信息技术、具有学科特点的工具软件）、工作（个人知识管理软件、校务管理软件）相关的信息技术工具 3.4					
		1-4　掌握教学信息与教学资源的检索、分类、管理的一般方法，掌握利用各种Web2.0工具发布教学资源及与他人协作的方式 2.3					
	2．掌握数字化教学的特点、模式与方法12.3	2-1　了解数字化教学资源的基本类型、开发工具及方法，能够使用高效中常见的数字化教学环境（如多媒体教室、网络教室等）开展教学 3.8					
		2-2　掌握计算机网络应用于教学的一般特点和方法，并能借助网络工具与平台开展教学（如作业系统、答疑系统、网络互动教学平台等）3.3					
		2-3　掌握多种数字化教学模式与方法（如授导式教学、自主探究式学习、PBL学习、小组协作式学习、E-Learning、混合式学习等）及其与教学内容、教学目标、教学对象之间的对应关系 3.5					
		2-4　了解国家质量工程中有关课程建设的理念、基本结构、一般特点、建设规范、评价标准及其应用模式 1.7					

（续表）

一级指标及权重	二级指标及权重	三级指标及权重	评价等级				
			优秀	良好	一般	及格	不及格
三、教学设计、实施与评价 30.0	1．能够确定合理的教学目标，选择有效的教学内容 8.1	1-1 能够结合学生和学科特点，确定明确、有效的教学目标，并清晰地描述 3.2					
		1-2 能够为学生提供丰富的、情景化的教学内容，促进学生将抽象的知识与生活实际相联系 3.0					
		1-3 能够运用技术工具，为学生提供参与学习目标、学习内容制定的机会，使学生成为积极的参与者 1.9					
	2．能够设计并实施有效的教学活动 7.5	2-1 能够为学生定制个性化的学习活动，以适应学生多样化的学习风格、学习策略和不同层次的数字化工具与资源的使用水平 3.4					
		2-2 能够利用技术工具为教学活动提供必要的教学辅助和支持，如为学生的自主学习、合作学习、自我知识管理等提供指导和学习支持 2.6					
		2-3 能够借助技术工具（如网络教学平台、教学监控软件、网络教学过程质量监控系统等）对教学活动过程进行有效的管理和监控，及时发现教学中存在的问题，并进行及时有效的解决 1.5					
	3．能够为教学提供恰当的媒体、资源和工具，创设有效的学习环境 6.6	3-1 能够针对教学内容和教学活动的特点，设计、组织与提供恰当的教学资源，并鼓励学生利用信息技术丰富课程资源 4.1					
		3-2 能够熟练应用网络教学平台、Web2.0等技术工具，并为学生创设利于协作、交流、互动的以学生为中心的学习环境，提高学生的协作能力和探究能力 2.5					
	4. 能够与同行和管理人员等就教学问题进行有效交流 2.4	4-1 能够借助网络工具进行教学反思，并与同行分享教学经验，与教育技术专家讨论教育技术的教学应用问题 1.5					
		4-2 能够与技术支持人员、教学管理人员进行交流与沟通 0.9					

一级指标及权重	二级指标及权重	三级指标及权重	评价等级				
			优秀	良好	一般	及格	不及格
三、教学设计、实施与评价30.0	5．能够为学生提供与学习内容和技术标准相一致的多种形成性评价与总结性评价，并能利用评价结果和数据支持教学与学习5.4	5-1　能够根据评价目的选择合适的评价方法和工具，并能够对获取的评价数据进行合理的解释、说明 1.5					
		5-2　能够通过分析技术工具（如Web2.0工具中学习记录功能、电子档案袋）记录的学习过程，对学生进行形成性评价 1.2					
		5-3　能够通过信息技术工具，促使学生开展自我评价、学生互评，并将其纳入考核结果 0.9					
		5-4　能够设计合理的作业、考试、任务、项目性评价等，并能够应用信息化工具（如考试系统、在线作业系统等）组织与实施相关评价 1.0					
		5-5　能够根据教学活动评价结果对教学进行深入分析和反思，并不断调整和优化教学过程 0.8					
四、科研、创新与自我发展17.6	1．能够关注新技术和方法，并将其应用于个人专业成长9.2	1-1　能够持续关注新技术及新的教育技术方法（如行动研究）等进行教学改革研究，开展教学实践 3.8					
		1-2　能够参与区域性和全球化的学习共同体以探究技术的创造性应用，进而促进学生学习 2.6					
		1-3　能够定期评价和反思当前的研究和专业实践，从而有效地使用已有的和新兴的数字化工具和资源支持学生的学习 2.8					
	2．能够借助技术手段开展学术交流、提升科研管理水平8.4	2-1　能够借助利用教育技术的手段进行学术检索、了解学科的前沿动态3.8					
		2-2　能够利用Web2.0等教育技术手段开展全球范围的学术交流、合作2.5					
		2-3　能够借助技术手段开展项目管理（如MS Project），对研究数据进行统计分析（如SPSS）2.1					

基于 Web2.0 的高校教师教育技术能力培训模式

技术和学生都在发生改变，成年人也有改变的能力。这意味着教育者也要适应这个全新的数字世界。只有怀着这样的信念，教育者才能够深入地考虑新型的学习模式及学习理论。即使教师拥有大量的信息技术资源，如果他们仍是用旧的教育理念开展教学及学习评价，那教学变革便基本没有发生。①

迈克·富兰在《变革的力量：透视教育改革》中提到，当教师在学校里坐在一起研究学生学习情况的时候，当他们把学生的学业状况和如何教学联系起来的时候，当他们从同事和其他外部优秀经验中获得认识、进一步改进自己教学实践的时候，他们实际上就是处在一个绝对必要的知识创新过程中。②教师学习具有以下特征：③

（1）教师的学习是基于案例的情境学习；（2）教师的学习是基于问题的行动学习；（3）教师的学习是基于群体的合作学习；（4）教师的学习是基于原创的研究学习；（5）教师的学习是基于经验的反思学习。

高校教师是教师群体的重要组成部分，从事着培养高级专门人才的社会活动。因此，高校教师的学习特征也包括基于案例的情境学习、基于问题的行动学习、基于群体的合作学习、基于原创的研究学习及基于经验的反思学习。

根据文献综述部分关于高校教师教育技术能力培训模式的研究，本研究结合教学系统设计理论、绩效理论等，并结合上述高校教师的学习特征，形成基于Web2.0的高校教师教育技术能力培训模式，如图7-1所示。

121

---

① Ian Jukes. Rethinking education in the new digital landscape.

② 富兰. 变革的力量：透视教育改革[M]. 北京：教育科学出版社，2000.

③ 许伟，胡庆芳，沈涛，等. 校本培训创新：青年教师的视角[M]. 北京：教育科学出版社，2009.

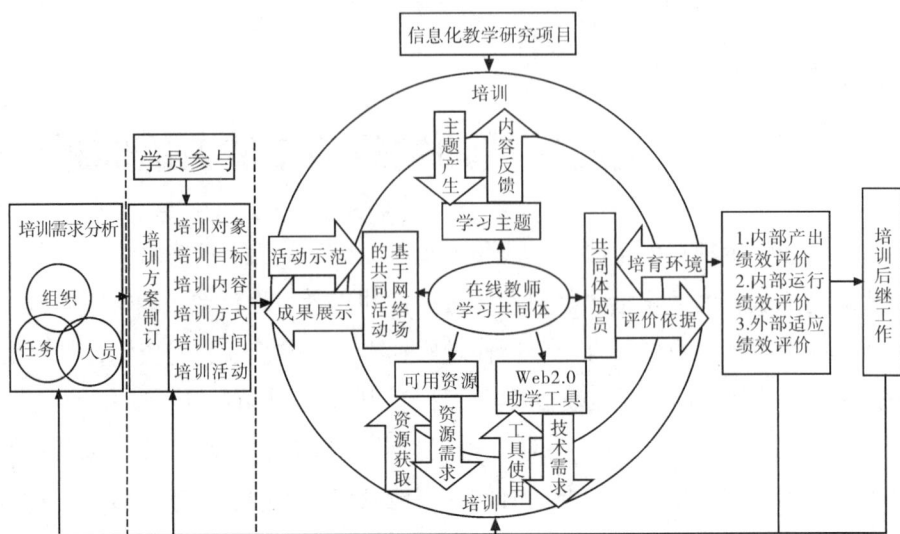

图 7-1　基于 Web2.0 的高校教师教育技术能力培训模式

本文提出的高校教师教育技术培训模式是以校本培训为主，是在学校范围内开展教育技术培训的模式。该模式将基于 Web2.0 的高校教师教育技术能力培训分为五个主要阶段：培训需求分析阶段、培训方案制订阶段、培训实施阶段、培训绩效评价阶段及培训后继工作阶段，是一个持续循环的过程。培训机构通过问卷、访谈等方式了解培训的需求，并制订培训方案，教师按照培训方案对学员进行教育技术能力培训，以面对面培训与在线协作的混合模式为主。在培训过程中，开展培训绩效评价，培训机构根据培训绩效评价的结果，不断地调整、修订培训方案。学员通过教育技术培训考核，并不意味着培训服务的终结。本模式增加了培训后继工作的环节，长期服务于完成培训的学员，对其在教学、工作、科研中遇到的教育技术相关的问题予以指导。

第一节　基于 Web2.0 的高校教师教育技术能力培训需求分析

诺尔斯认为，成人教育要帮助成人自己诊断学习课题和学习要求，学校在行政措施中，教师在教学活动中，均应尽量给予成人学生自主权，让成人学生自行决定，推进其自我学习的能力。①很多人在没有对现状进行完全彻底的调研和分析之前，在没有弄清楚需要解决的问题到底是什么之前，往往习惯于盲目地开始制订培训的方案，既拿着方案找问题，这种做法是违背绩效技术的原则与方法的，往往也是导致培训效果不佳的众多常见原因之一。②因此，针对高校教师的教育技术培训，不能由培训机构仅凭主观判断确定培训的目标、内容、方式等，需要开展面向培训对象的需求分析。

培训需求分析是20世纪60年代Mcgehee和Thyaer等人提出的一种通过系统分析评价确定培训目标、培训内容及其相互关系的方法。到了80年代，Goldsatin使培训需求评价方法得以系统化。他指出，培训需求评价应从三个方面着手，即组织分析、任务分析和人员分析。③分析者从组织、任务和人员等多个层面上进行分析，诊断组织发展中的优势与不足，发现员工实际表现与预期绩效的差距，寻找培训需求的形成原因压力点，从而确定员工是否需要接受培训，哪些员工需要、需要什么内容的培训以及培训方式等，如图7-2所示。④需求评价的结果是以后培训过程的依据。培训需求评价的科学性，直接决定培训内容、培训方法和考核标准的设计的科学客观性。因此，作为分析阶段的培训需求评价是培训中最关键的一个环节，它是其他阶段进行的前

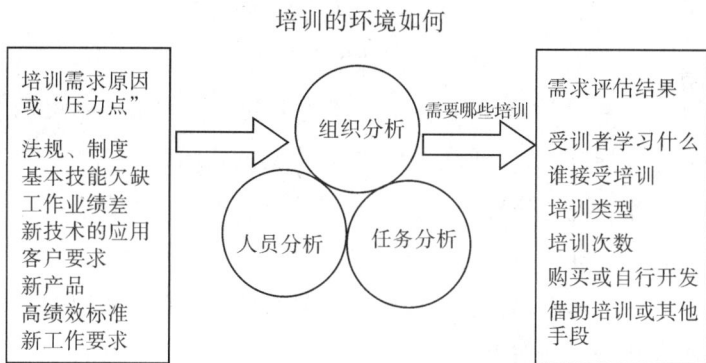

图 7-2　培训需求分析的压力点及产出

---

①　赵红亚. 试论诺尔斯的成人教育思想[J]. 河北师范大学学报（教育科学版），2004，6（2）：38-44.

②　梁林梅，叶涛. 从培训向绩效技术的转变——提高教师培训绩效的新思路[J]. 中国电化教育，2003（12）：27-31.

③　王鹏，时勘. 培训需求评价的研究概况[J]. 心理科学进展，1998，16（4）：36-38.

④　诺伊. 雇员培训与开发（3版）[M]. 徐芳，译. 北京：中国人民大学出版社，2007：73.

提和实施的依据。需求分析工具有访谈、观察、小组工作和问卷调查等。其中，问卷调查可以大规模进行，允许对结果进行量化处理，揭示出的信息更具可比性。

一、高校教师教育技术能力培训的组织分析

组织分析是一个宏观的分析，要从组织目标、组织资源及组织特征等方面进行分析。[①]因此，要开展基于Web2.0的高校教师教育技术能力培训的组织分析就要综合考虑学校的教师信息化目标、教育信息化水平等，分析学校范围内哪些教师需要接受基于Web2.0的教师教育技术能力培训。

组织目标：要确定学校的教师教育技术能力培训的组织目标，要从国家—地区—学校的相关目标进行自上而下的分析。首先要对国家关于高校教师教育技术能力的要求、学校所在地区关于教师教育信息化的规定等上位文件进行分析，再明确学校的教师教育技术能力培养目标。具体可以通过对学校的教育信息化主管校长、学校的教务部门及学院的教学主管院长等进行访谈，了解其对学校教师教育信息化程度的期望。如，希望教师掌握基本的教育理论及信息技术即可，还是希望教师在教学过程中有效整合信息技术，开展教学改革，或者提出更高的要求，希望教师能够利用信息技术提升自我，达到专业化发展的目的并为学生树立数字化学习及工作的典范。

组织资源：要对学校开展Web2.0环境下的教师教育技术培训所需的各种资源情况进行分析。此处所指的资源是广义的资源，包括人力资源、环境资源、教学资源等进行分析。如，要开展基于Web2.0的教师教育技术培训，要明确学校的培训机构是否有具备在Web2.0环境中开展教学培训的人员；学校的培训场所在计算机配备、网速等方面是否能够支持Web2.0环境的培训；学校是否建有针对教师培训的平台及相关的教学资源。通过对这些资源的分析，从而可以确定教师培训的方式、培训的环境等。

组织特征：对学校关于教师的教育信息化情况进行分析，如学校对教师教育技术培训相关的政策支持、学校对教师申报及建设国家级、省级、市级精品课程的支持力度，对教师建设与应用网络课程的重视程度，对教师建设数字化教学资源的相关规定等，从而了解学校的教育信息化的推进程度。培

---

① 张一春. 高校教师ET能力发展模式研究[D]. 南京：南京师范大学，2005：160.

训机构可以根据这些特征分析，确定在教师教育技术培训中采用怎样的培训模式，是传统的短期集中培训，还是以教师体验信息化教学为主的体验式培训，或者是以教师学习共同体为核心的培训方式。对教育信息化工作越重视的学校，比较倾向于在教师培训的模式上进行变革。

关于高校教师教育技术能力培训的组织培训是从宏观上把握学校对于教师培训的定位。由于本文提出的高校教师教育技术能力培训模式是以校本培训为对象的，因此学校的具体情况是制订教师培训方案的先决条件，培训的目标、方式、内容等都与这一先决条件紧密相关。

二、高校教师教育技术能力培训的任务分析

培训的任务分析能够确定职位的各项培训任务，精细定义各项任务的重要性、频次和掌握的困难程度，并揭示出成功地完成该项任务所需要的知识、技能和态度等培训内容。[1]任务分析是在特定工作岗位层次上进行的需求分析，主要根据完成特定工作岗位职责所需要具备的素养来确定培训内容。高校教师教育技术能力培训的任务分析主要对教师现有的教育技术能力水平进行分析，并与组织分析中得出的教师教育技术能力培训目标进行比较，两者之间的差异便是教师教育技术能力培训的任务。而各项任务之间也有重要性、难易等方面的差异。如教师需要掌握基本的信息技术能力，需要具备与信息技术相关的道德意识，遵守相关的法规，需要能够开展信息技术与具体学科的整合等。

任务分析可以采用向教师发放教育技术能力评价问卷、通过对随机抽取的教师信息化教学案例进行内容分析、通过对教师进行访谈等方式获取。其中，发放问卷的方式是最为直接的方式，但由于其依赖的是教师的自我评价，难免存在过于主观的问题。因此，教师教育技术能力培训的任务分析较大程度依赖于进行现状分析的调查问卷的科学性及合理性。要遵循问卷设计的基本原则，如题目要清楚、不含糊，一个题目只能包含一个问题，防止使用导向性问题等。[2]更重要的是，问卷要能够涵盖高校教师教育技术能力的各个方面，如意识与责任、知识与技能、教学设计、实施与评价等。

---

① Goldstain. Job Analysis–A Handbook for Business [M]. Industry and Government. 1989：18–53.

② 维尔斯曼. 教育研究方法导论[M]. 北京：教育科学出版社，2003：212–215.

三、高校教师教育技术能力培训的人员分析

高校教师教育技术能力培训的人员分析即教师分析，是从个体角度分析培训需求，以确定谁应该接受培训以及接受什么内容的培训。教师教育技术能力培训的教师分析主要关注两个问题：教师的特殊需求和教师的培训意愿。关注教师的特殊需求，可以通过教师细化法来进行，即将教师依照所属的专业领域、信息技术能力水平等进行分类，从而发现不同类别教师的教育技术能力培训需求。如，信息技术水平偏低的教师，希望培训内容以信息技术基础主，喜欢分步示范—练习的培训方式。教师的培训意愿主要是为了了解教师是否主动、自愿参与教育技术能力培训。自愿参加培训的教师在参与培训中各类活动的积极性较高，其学习效果相对也较好，而且能够将培训中习得的信息技术与课程整合的知识与技能应用于教学中。

第二节　基于Web2.0的高校教师教育技术能力培训方案制订

制订基于Web2.0高校教师教育技术的培训方案，其实就是教师教育技术培训项目的设计过程。沈书生在《教师教育技术能力培训项目设计研究》中将教育技术培训项目设计中所涉及的因素分为两个方面的过程中，一方面是条件因素，它是事先已经存在的因素，是项目设计的主要依据和服务的对象，一般是不可以随意改变的；另一方面是认知过程因素，是为达成项目效果所需要考虑的因素，这类因素一般是可以改变的，通过对其进行多形式的设计，可以有效促进项目的实践。[①]

一、培训目标

根据本研究提出的基于Web2.0高校教师教育技术能力评价指标体系，可以将培训的总体目标确定为（1）明确教育技术对教学、科研等的重要意义，具备不断学习Web2.0等新技术、新理论的意识和能力，遵守相关道德规范并成为学生的榜样。（2）掌握信息技术的基础知识和操作技能，具有利用信息技术获取、交流、处理和应用教学信息的能力。（3）能够针对学习者特征确

---

① 沈书生. 教师教育技术能力培训项目设计研究——以教学人员教育技术能力初中级培训教材建设为例[D]. 南京：南京师范大学. 2008：61–34.

定教学目标、选择教学内容、设计并实施有效的教学活动；能够综合运用形成性评价和总结性评价，并对教学过程不断调整。（4）能够在教学中创新应用信息技术，并利用信息技术促进个人科研及专业发展。

在总体目标的指引下，可以设置分阶段的培训目标。如可以按照《国家高校教师教育技术能力指南（试用版）》中提出的学习模仿期、困惑徘徊期、整合应用期及创新发展期四个阶段来确定培训目标，但是不能将能力标准中的四个维度机械地分割到四个阶段。因为本研究提出的基于Web2.0高校教师教育技术能力评价指标体系中的四个维度在每个阶段都会有所体现。如意识与责任维度，在每个阶段都有所体现，但从学习模仿期到创新发展期的过程中，教师的责任与意识也得到发展变化；也可以按照美国《国家教师教育技术标准》（2008）中对教师教育技术能力发展阶段的划分方法，即分为起始水平、发展水平、熟练水平和变革水平等四个级别，分别对每个级别的培训目标进行描述，如图7-3所示。

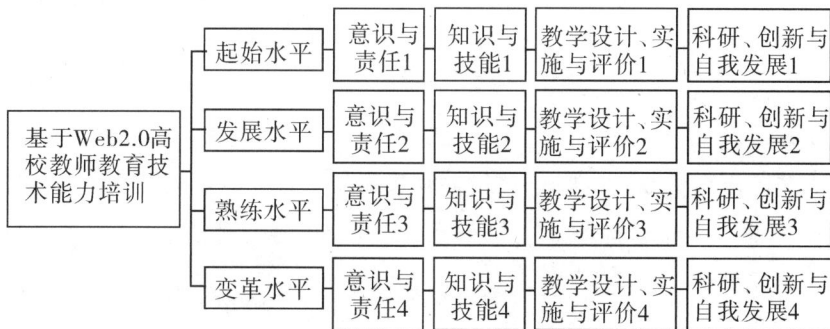

图 7-3　层级化培训目标

二、培训对象

本研究提出的基于Web2.0高校教师教育技术培训模式适用对象为我国高校的专任教师。在具体实施过程中，各学校可以通过对学校教师的教育技术能力水平、组织分析及任务分析等，适当调整实施培训的对象。如，如果经调查分析，发现所在学校50岁以上的教师日常教学、科研中较少接触计算机、网络等信息技术工具，便可将培训的主体对象确定为50岁以下的专任教师。

三、培训内容

根据本研究第六章提出的基于Web2.0高校教师教育技术能力评价指标体

系，基于Web2.0高校教师教育技术培训的内容要涵盖：意识与责任，知识与技能，教学设计、实施与评价，科研、创新与自我发展四个部分。根据这四个部分，将培训内容设置为不同的课程，如表7-1所示。

表7-1　基于 Web2.0 的高校教师教育技术能力培训内容

高校教师教育技术能力主要维度	对应模块	具体课程
意识与责任	信息时代高校教师的意识与责任	融合在所有课程中
知识与技能	教育技术基本理论	教育技术基本理论
	基本的信息技术基础	常用办公软件
		计算机操作系统及计算机网络
	数字化资源的设计与开发	图像编辑软件应用
		音视频编辑软件应用
		动画制作软件应用
		网络课程的设计与开发
教学设计、实施与评价	信息化教学设计	信息化环境中的教学设计
	基于信息技术与先进学习理论的教学活动实施	新型教学模式的实施
		基于Web2.0的教学模式的实施
	教学评价	学习过程及活动的多元评价
科研、创新与自我发展	科研、创新与自我发展	科研、创新与自我发展

　　基于Web2.0的高校教师教育技术培训的内容根据理论深度及技术难度分为两个级别，一级培训包含的内容有教育技术基本理论、常用办公软件、新型教学模式的实施、计算机操作系统及计算机网络、动画制作软件应用、图像和音视频软件应用、网络课程的设计与开发；二级培训包含的内容有信息化环境中的教学设计、新型教学模式的实施、Web2.0环境下的教学模式的实施、学习过程及活动的多元评价、科研、创新与自我发展。

四、培训方式

　　通过从混合学习本质、绩效技术理论等方面分析，本研究认为基于Web2.0的高校教师教育技术培训应以面对面教学与在线协作学习相结合的方式开展。

首先，2009年，美国教育部对1996年到2008年间在高等教育中开展的实证研究数据的元分析结果表明：与单纯的课堂面授教学和单纯的远程在线学习相比，混合学习是最有效的学习方式。[①]因此，从学习理论的角度分析，混合学习是高校教师教育技术培训的有效方式。

根据本研究建构的基于Web2.0的高校教师教育技术能力指标体系以及上文中提到的教师培训的内容，很难通过集中面授完成所有的内容。而高校教师承担着教学、科研的双重压力，可以用于培训的时间并不充裕。因此，可以以集中面授为主体，将学习共同体的创建、教师之间的协作交流等置于Web2.0环境中，一方面促进教师体验培训中所教授的基于信息技术环境的学习方式，另一方面使教师不会因为时间不够，无法真正地投入学习共同体的共同学习与实践中。根据绩效理论，可以基于信息技术的在线协作作为提高教师教育技术培训绩效的非学习型干预手段（环境干预）；另外，混合培训的方式可以在一定程度上有效节约培训成本。

技术支持下的教师学习共同体具有多元化的学习及交流方式。美国著名的俄亥俄网络（Ohio Learning Network，以下简称为"OLN"）便是利用网络技术开展教师学习共同的典型。"OLN"将俄亥俄地区的俄亥俄大学、迈阿密大学等83所大学的资源和服务集中起来，增强各校间的合作，促进教师教学水平。迈阿密大学属于"OLN"的西南区域。迈阿密大学每年都和同在西南区域的其他5~6个学校合作设计、开发和运作一个与技术话题相关的教师学习共同体，并取得良好的效果。[②]因此，本研究提出，将基于网络技术的教师学习共同体纳入高校教师教育技术培训体系中，将其与面对面培训结合起来，形成优势互补，增强培训效果。

高校教师教育技术培训的目的是提高教师信息化环境下教学设计、教学活动开展及教学评价的能力。如果在以提高教师信息化教学水平的培训中，培训者没有对教学模式进行变革，仍是采用传统的集中讲授的方式，又如何要求被培训的学员在教学中采用新型教学模式、使用信息技术。顾小清教授将这种教师培训的方式称之为以技术整合的方法学习技术整合，英特尔未来

① US Department of Education. Evaluation of Evidence-Based Practices in Online Learning-A Meta-Analysis and Review of Online Learning Studies. 百度学术网站.

② 詹泽慧，李晓华. 美国高校教师学习共同体的构建——对话美国迈阿密大学教学促进中心主任米尔顿·克斯教授[J]. 中国电化教育，2009（10）：1-6.

教育项目便是采用了这种方式。如，该项目中的合作型学习部分，参加学习的教师在学习过程中参与许多合作性的活动，而且自己设计的教案也鼓励学生进行合作。因此，为了给受训的学员提供一个基于Web2.0的信息化教学示范，向学员呈现Web2.0环境下的教学过程如何实施及教学效果，给学员形成Web2.0环境下环境教学的直观感受，本研究提出高校教师教育技术培训方式要采用混合教学的方式。

另外，Blog、Wiki等Web2.0工具可以记录教师在学习共同体中交流、协作的过程。学习过程的记录一方面便于教师自己反思，另一方面便于教育技术专家对教师的技术整合过程进行指导。

综上所述，基于Web2.0的高校教师教育技术能力培训应以混合教学的方式将面对面的集中授课与基于Web2.0的在线学习共同体结合起来，形成优势互补，促进教师的教育技术能力成长。

五、培训时间

多项研究表明，目前我国的高校教师面临教学、科研压力较大，大部分教师认为自己工作量较大。高负荷的日常教学、科研与为了实现个人专业发展的培训之间往往因为时间问题而产生矛盾。为了调节日常教学、科研与教育技术培训之间的时间矛盾，可以采用对教学实践中的问题进行专业发展性的行动学习。行动学习可以将实践和培训结合了起来，在实践中发现问题，在培训中获得解决问题的方式，再将培训的学习所得应用于教学实践中。要开展教师的行动学习，培训的时间安排不能够采用集中时间的方式，要将培训分散在教师的教学实践过程中，这样可以为教师提供消化培训内容、实践培训效果的机会。因此，基于Web2.0的高校教师教育技术培训要采用分散时间的方式，将培训穿插于教师的教学、科研实践中。

六、培训活动

培训活动的设计，一方面需要充分考虑教师的日常教学工作场景，另一方面需要能够将教育技术的基本内容融入活动之中。活动的设计其实质就是具体培训实施过程的设计，通过活动的设计，将培训项目的主要目标和设计者的思维意图完整地体现在实践过程中，为培训项目的过程组织提供有效支持。培训活动的设计，为参加培训学习的学员提供了体验学习的过程。参加培训的教师学员，可以从培训活动中获得对项目本身的初步感知，并通过与学习伙伴的协作与交流，并结合自己的系统思考，从而获得对培训内容和目标的整体感知。

　　教师教育技术培训中活动的设计与实施至关重要。以英特尔未来教育项目为例，该项目强调以活动为中心，指导学员通过一系列活动逐步形成信息化教学能力。英特尔未来教育项目的活动设计主要有（1）结对共享。通常每个模块的第一个活动是结对共享，二人一组，交流信息，让对方分享自己的资料和互相评论个人作品；（2）教法研讨。针对信息技术课堂应用中遇到的典型问题，进行头脑风暴，集思广益，推荐一些有用的解决方案；（3）信息获取。根据任务需要从多种信息源获取信息，特别是光盘信息源和网上信息源；（4）电子作品创作与评价。参训教师代表学生创作一些电子作品范例，并选择和设计量规来评估学生作品；（5）教案修订与评价。参训教师每个模块都涉及教案修订活动，随着培训过程的进展，他们对信息技术在教学中的作用的认识也日益加深，因此会对教案进行多次修订，并参照教案评估量规进行自我评价和同伴评价。[①]英特尔未来教育项目中学习活动的设计可以为本研究教师教育技术能力培训混合模式中面对面培训的部分提供参考。

　　著名的在线教师专业发展研究项目eMSS（e-Mentoring for Student Sucess）是一个引导式、促进式对话为主要交互形式，以导师—学员关系为基本关系，基于Sakai技术平台，由有经验的科学教师（导师）、新任科学教师、科学家、项目促进者等构成共同体的专业发展平台。该平台中，共分为一对一空间、教学讨论区、内容讨论区及面向导师的在线研讨活动。[②] "eMSS"中的活动设置可以为本研究教师教育技术能力培训混合模式中在线共同体的部分提供参考。

　　笔者结合Web2.0环境的特征，将Pualsno（1996）提出的技术对学习共同体的支持形式及对应的学习活动[③]进行重构，如表7-2所示。

131

---

　　① 任友群，胡航，顾小清. 教师教育信息化的理论与实践[M]. 上海：华东师范大学出版社，2009：134.

　　② 任友群，胡航，顾小清. 教师教育信息化的理论与实践[M]. 上海：华东师范大学出版社，2009：164-173.

　　③ Jonassen DH，Peck K L，Wilson B G. Learning with Technology：A Constructivist Perspective，Prentice Hall[M]. New York：Merrill/Prentice-Hall，1999.

表 7-2　基于 Web2.0 的学习共同体活动

交互形式	描述	技术支持	学习活动
自主交互	个体学习者获取网络资源	在线数据库和期刊、软件库、其他网络资源	独立的探究、研究活动、协作或浏览
一对一交互	个体学习者与其他个体交互	即时通信系统	学徒和实习、一对一咨询/聊天
一对多交互	个体学习者对整个群体传播信息	包含文本和多媒体的Blog网志及评论、多媒体共享	讲座、研讨会、研究或探究活动成果发布、便捷地获取或传播资源
多对多交互	群体学习者通过不同的讨论或活动参与开放式的交互活动	社会服务网站（SNS）、视频会议系统、Wiki协同作业工具、网文档站订阅（RSS）、虚拟世界	辩论、讨论和支持群体意见、群体协同作业/练习项目、虚拟世界中的活动

要确定基于Web2.0的高校教师教育技术能力培训模式中的培训活动设计，就要综合考虑面对面培训及在线共同体各自的优势所在，根据不同的培训目标、培训内容选择适当的活动。

第三节　基于Web2.0的高校教师教育技术能力培训实施过程

我们必须认识到，技术培训不是一次性工程。一两次的计算机课程远不足以使教师学会在课程教学中整合技术。要使教师达到较高的技术整合水平，起码需要三到五年的时间。要提高教师的信息化教学水平，促进教师在教学、科研中整合信息技术，将信息技术内化为教师能力结构中的重要组成部分，就需要引入长效机制。因此，本研究提出，高校教师的教育技术能力培训要以建构教师学习共同体为核心，在培训信息技术、信息化教学设计等知识与技能的同时，以为教师搭建学习共同体，培养教师参与学习共同体的意识与能力为主要目标之一。

一、教师教育技术培训中的面对面集中授课

面对面集中授课是我国教师教育技术培训的主体模式，即培训机构安排教师面向受训学员进行教育技术相关的系统性面授。根据上文中提到的高

校教师教育技术培训内容，可将其中理论性较强及实践操作的部分，即知识与技能维度的内容列入面对面培训的范畴。一方面，知识与技能维度的培训内容及其他维度中的陈述性知识及操作技能，相对而言是较为良构的，可以采用面对面讲授的方式进行传播。但是，这里所谓的集中面授并不意味着教师的完全讲授，要与其他教学方式结合进行。例如，在进行基本理论部分培训时，教师可以结合一定的现场讨论、头脑风暴的教学活动，提高学员参与教学活动的积极性；在进行教学模式的培训时，可以结合案例教学法，向学员介绍什么是基于问题的学习，什么是探究学习等，给学员以较为直观的感受；在进行信息技术操作的培训时，可以采用任务驱动的方式，以具体的任务引导学员积极开展技术操作练习等。

面对面的集中授课可以在一定程度上解决教育技术能力培养中显性知识的传播，然而，对于教师教育技术能力体系中的最主要的部分——信息化教学设计、实施与评价，却显得力不从心。学员往往只是暂时了解了信息化教学设计、实施及评价的程序，担当要将其整合到日常教学实践中时，却无从下手。这也是近年来的教师教育技术培训无法提升教师信息化教学水平的症结所在。因为，在教师教育技术培训中，我们往往只是将隐性知识的外在表现形式传播给学员，这些外在的表现形式包括信息化教学设计的基本原则、操作流程等，这些表现形式对学员的教学实践基本没有什么帮助。

二、基于Web2.0的教师学习共同体

1. 构建教师学习共同体促进教师专业发展

野中（Nonaka）、竹内（Tadeuchi）将组织中知识创造与传播过程划分为四个阶段：（1）社会化：从隐性知识到隐性知识；（2）外化：从隐性知识到显性知识；（3）组合：从显性知识到显性知识；（4）内化：从显性知识到隐性知识。[①]知识管理理论对教师专业发展的启示是，教师的专业学习，很大程度上是一种隐性知识的学习，隐性知识的学习可以通过在共同体中的创造、共享、转换来实现。另一方面，对实践者共同体来说，共享的实践性知识是通过其成员的活动和经验建设起来的，其中一部分知识可能会经过编码，以外化的显性知识形式出现，但大部分的组织知识，会以一种非正式

---

① 野中郁次郎，竹内广隆. 创造知识的公司[M]. 科学技术部国际合作公司，1999.

的，也就是隐性知识的形式存在于组织机构中。[①]

教师们通过观察其他同事在教学中使用信息技术及产生的效果，将能够改变教师们关于在教学中使用技术的意识。[②]贝克尔（Becker. J）认为同辈指导是最有望成功的教师发展模式。[③]传统的教师学习是教师独立进行的学习，短期培训班、研讨会模式，没有后续的反馈、支持，没有什么有效的激励措施激发教师对自己的实践进行反思，分享自己的成功，或者从成功的同事那里学习。贝克尔提倡的同辈指导，是激发教师持续学习、发展的一种方法。同辈指导与教师学习共同体的主旨思想是一致的，即希望教师在相互交流、协商中得以发展。

2. 利用Web2.0构建教师学习共同体

教师专业发展是教师个体持续不断的学习过程，也是实践性知识发展、积累的过程。教师学习有其个人的、实践的、默会的特点，这些与学习共同体协商、异质、脱域、互嵌的内在特征相吻合。Web2.0提倡开放、共享、协作，其便利的个性化交互技术和个性化空间极大地拓展了个体与社会互动的范围和层次，促进了知识的社会性建构。Web2.0中众多的社会性软件为个人网络学习共同体提供了良好的支持，为个人提供了一条快速有效的知识获取、存储、传播、应用和创新的开放、动态、弹性通道。

因此，教师实践性知识的学习、学习共同体及Web2.0环境，三者之间的取向是一致的，都强调协商、交流的重要性。由此，我们可以得出：要提升教师的教育技术能力，将教师教育技术培训中的理论性知识向实践性知识转化，就需要利用Web2.0的社会性软件为其创设共同体的情境，将学习共同体作为教师实践性知识建构理想平台，促使教师在同辈指导、交流、协作中，实现隐性知识的社会化、外化、组合和内化，并形成新的隐性知识。

3. 基于Web2.0的教师学习共同体模型

世界各国出现了许多基于网络的教师专业发展项目，其中运作较成功的主要有TAPPED IN、Teachers.Net、ILF、TeacherNet、K12教师频道、教育

---

①　顾小清. 面向信息化的教师专业发展[D]. 上海：华东师范大学，2004：109.

②　White N, Ringstaff C, Kelley L. Getting the Most from Technology in Schools. Knowledge Brief.[J]. Academic Achievement, 2002：14.

③　顾小清. 面向信息化的教师专业发展[D]. 上海：华东师范大学，2004：96.

在线、求师得教育实验室、星韵等。[①]有学者通过对成功的学习共同体进行分析，将网络学习共同体的主要因素归结为（1）共同体成员；（2）技术工具；（3）学习主题；（4）可用资源；（5）共同活动。[②]赵健利用Delphi法，经过两轮征询专家意见，从认知性维度、技术性维度及社会性维度三个方面得出网络环境下教师学习共同体的要素为（1）学习与实践；（2）课程设计；（3）评价；（4）任务和目标；（5）管理与协作；（6）外部支持；（7）学术活动；（8）技术支持；（9）资源和工具。[③]

庄秀丽将组成Web 2.0技术的多种社会性软件分为两类：一类是指用户产生数据服务的社会性软件，如网志Blog就是这类社会性软件工具的典型，其他还有如图片Flickr、播客Pod–Casting、视频YouTube、WIKI等，以及基于MashUp组合形成的多种新应用；另一类是指增进用户互联程度和提高用户互联效率的社会性软件技术，如Tag标签、RSS阅读、Widgets等。并基于以上观点，提出个人网络场的概念及网络场交流模型，如图7–4所示。

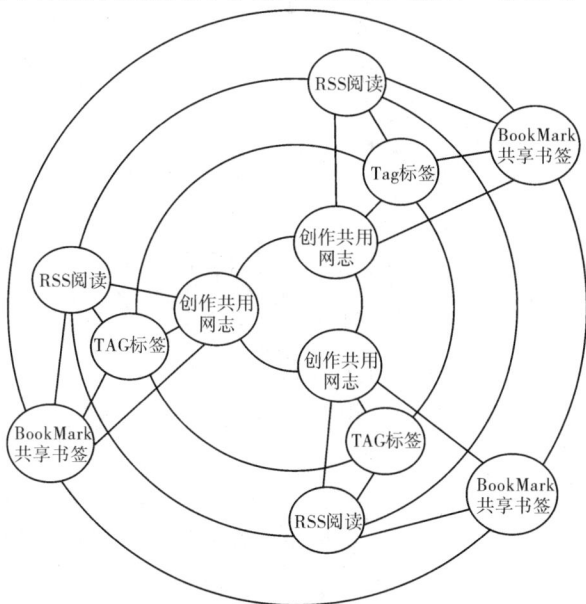

图 7–4　网络场交流简约模型

---

① 武俊学，李向英. 构建网络环境下教师学习共同体——教师专业发展的创新途径[J]. 现代教育技术，2006，16（1）：69–72.

② 胡小勇.促进教师专业发展的网络学习共同体创建研究[J]. 开放教育研究，2009，15（2）：87–91.

③ 赵健.网络环境下城乡互动教师学习共同体构建与运行研究[D]. 兰州：西北师范大学，2011：56–61.

古纳瓦德纳等人提出了协同知识建构四个阶段：第一，共享和比较信息，具体包括交流看法、提出、描述讨论的主题；第二，发现和分析观点之间的不一致或矛盾之处，具体包括识别有争论的问题；第三，提出新的建议、综合、调整、妥协等实现协商和知识建构；第四，成员达成共识，运用新建构的知识。很多研究者认同从认知层面，协同知识建构活动包含共享、论证、协商和创作四个过程阶段。[①]

本研究将上述关于网络学习共同体的基本因素与米尔顿·克斯提出的教师学习共同体30个基本要素结合起来，并借鉴庄秀丽提出的网络场交流模型，形成基于Web2.0的教师学习共同体模型，如图7-5所示。

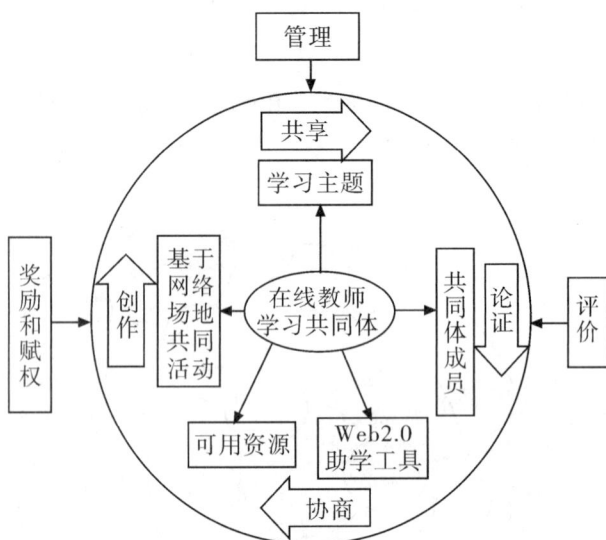

图 7-5　基于 Web2.0 的教师学习共同体模型

（1）教师学习共同体成员：教师学习共同体的各种参与者，共同体主持人、共同体推动者、普通成员。每种角色在共同体中的职责与任务不同。共同体主持人要负责共同体的管理、学习主题的发起等；共同体推动者一般由培训的主讲教师、辅导教师及专家组成，负责对整个共同体的建设与发展过程提供指导。（2）技术工具：教师学习共同体开展学习活动、进行协作交流的各种信息技术工具，包括资源查寻和管理工具、通信交流工具、著作工

① Scardamalia, 张建伟, 孙燕青. 知识建构共同体及其支撑环境[J]. 现代教育技术, 2005, 15（3）: 5-13.

具，以及协作工具、认知工具等，以Blog、Wiki、SNS等Web2.0工具为主。
（3）学习主题：由共同体组织者、主持人提出的主体或教师成员共同关注的学习主题。（4）可用资源：教师共同体成员交流中与学习主题相关的各种数字化资源。（5）基于网络场地共同活动：教师共同体成员利用协作共创网志、Tag标签、RSS阅读等围绕学习主题展开共享、学术性对话、协商等活动。（6）管理：教师学习共同体中主持人、推动者的角色责任、共同体的规章及准则等。（7）奖励和赋权：对学习共同体成员的激励措施等。（8）评价：对教师学习共同体成员的专业发展及其对应的学生的反映。

三、任务驱动的信息化教学研究项目

科研是高校教师最为关注的工作之一。所以，本研究提出将高校教师的科研工作与教师教育技术能力培训结合起来，将信息化教学研究项目作为教育技术能力培养的任务驱动。信息化教学研究是当前高校教改项目选题的热点问题，且相当一部分高校教师通过开展信息化教学研究，取得了较好的科研成果，并提升了教学效果。因此，将信息化教学研究项目作为教师教育技术培训的任务驱动，可以提高教师参与培训的积极性及培训效果。

四、三位一体的教育技术能力培训实施过程

基于上述分析，本研究提出面对面培训、基于Web2.0的教师学习共同体、信息化教学研究项目三位一体的高校教师教育技术能力培训过程，如图7-6所示。面对面培训、基于Web2.0的教师学习共同体在培养过程中交替出现，但并不是相互独立，彼此之间存在着多种联系。

（一）面对面培训与基于Web2.0的教师学习共同体的有效融合

面对面培训及基于Web2.0的教师学习共同体在高校教师教育技术能力培训中都有其对应的内容对象，应该将两者有效融合起来，才能从理论性知识与实践性知识两方面促进教师的发展，切实提高教师的教育技术能力。对于片面强调集中培训的弊端，国内外学者都已经有很多论述，如没有考虑到高校教师学习的特殊性，无法激发教师的学习热情，无法发挥教师的能动性与创造性等；但是，只是一味地强调教师学习共同体如何重要，而忽视面对面培训的基础性作用，也是不可取的。下面，本研究将对高校教师教育技术培训

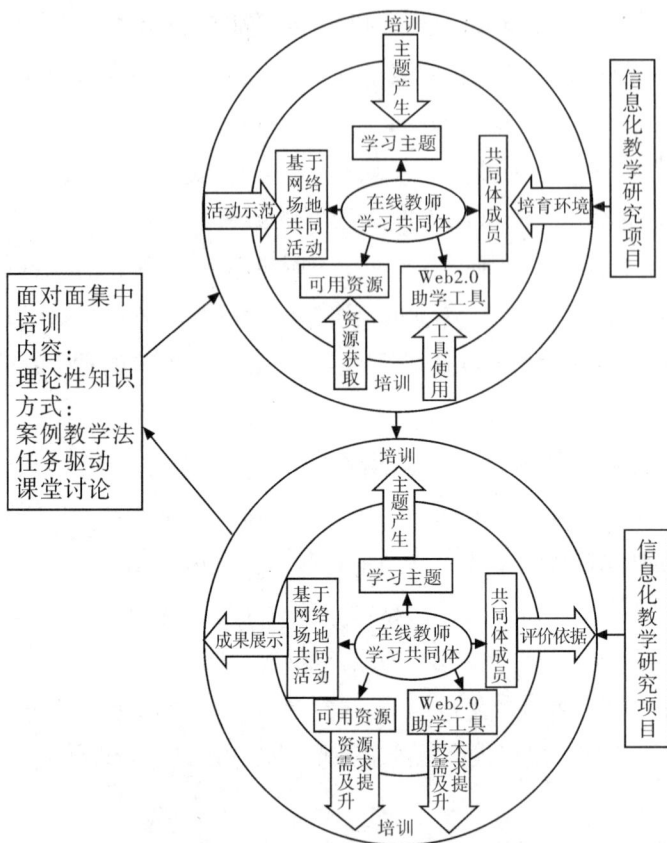

图 7-6　Web2.0环境下高校教师教育技术能力培训过程

中面对面培训与在线教师学习共同体
之间的互补关系进行论证，如图7-7所
示。

　　1. 面对面培训为基于Web2.0的
教师学习共同体提供前期准备

　　（1）通过面对面培训，为基于
Web2.0的教师学习共同体提供培育环境

　　教师学习共同体提倡自组织的组
建方式，即由教师围绕共同关注的话
题自发建立。以这种方式建立的教师
学习共同体往往能够调动成员的学习

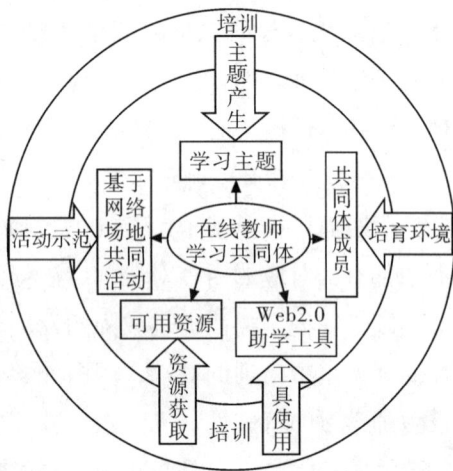

图 7-7　面对面培训为基于 Web2.0 的
教师学习共同体提供前期准备

兴趣及参与活动积极性。然而，学习共同体的构建是一项复杂的系统工程，仅仅依靠教师的自发组织是不足以推进的。尤其是以提升教师教育技术能力为主旨的教师学习共同体的创建，更是需要系统化的组织与策划。因为，目前我国相当一部分的高校教师对于教育技术对其教学、科研及个人发展的重要性认识尚且不足，如果我们还期望其围绕教育信息化的相关问题自发组织学习共同体，结果便可想而知。因此，要建构以教育信息化为主题的教师学习共同体，必须经过一定的策划与培育过程。

因此，可以将培育的任务分配到面对面的集中培训中。一方面，培训教师可以在教学过程中向学员介绍国内外成功的教师学习共同体的案例，分析其组建过程及其对教师专业发展的支持作用，激发学员围绕教育技术能力组建学习共同体的兴趣，提高学员参与到共同体中的自觉性；另一方面，按照集中面授的时间安排，同一培训班的学员具备规律性的面对面交流机会，这为在线教师学习共同体提供了更多的协作、交流的机会与场所，可以更好地促进教师学习共同体形成于发展。Norman Vaughan对一个技术支持的教师学习共同体进行的个案研究表明，面对面的交流可以帮助在线教师学习共同体的成员发展个人关系，加深他们对学习共同体的理解，从而促进他们彼此分享观点及经验。[①]

（2）通过面对面培训，为基于Web2.0的教师学习共同体提供学习主题

学习主题的设计要能使学习者感到问题的意义及挑战性，激发他们参与学习活动的兴趣。以提升高校教师教育技术能力为目的的学习共同体，其主题的确定需要对教育技术能力结构模型有一定的了解才能提出。如果对什么是教育技术能力，什么是信息化教学等不够明确，在教学实践中没有使用过任何信息技术工具，便不能提出适当的主题。在面对面集中培训中，教师向学员讲授了信息化环境的教学理念、信息化的教师观、学生观等，介绍了自主学习、合作学习及探究学习等教学模式，学员便可以在这些内容中选择自己感兴趣的主题组建学习共同体；在教师学习共同体建构初期，培训教师也可以根据教师在教学、科研中应用信息技术的实践中可

---

① Cox M D, Richlin L. Building Faculty Learning Communities: New Directions for Teaching and Learning [A]//Norman Vaughan. Technology in Support of Faculty Learning Communities[C]. Wiley Periodicals, Inc., 2004: 101-109.

能遇到的问题，列出多个学习主题供学员选择。对同一主体感兴趣的学员便组成了学习共同体。

（3）通过面对面培训，提高学员在基于Web2.0的教师学习共同体中获取资源及使用助学工具的能力

要建构在线的教师学习共同体，共同体成员必须具备一定的信息技术基础及资源获取、加工、发布等能力，才能与其他成员进行在线的资源共享、交流协商及学术活动等。如，在线教师学习共同体要对某位成员的教学设计方案进行研讨，需要大家将自己的想法通过协作作业工具呈现出来。如果共同体成员对什么是协作作业工具，协作作业工具如何使用完全没有认识，其对该次活动就处于零参与状态。

因此，通过面对面培训，学员掌握与自身教学（通用的信息技术、具有学科特点的工具软件）、工作（个人知识管理软件、校务管理软件）相关的信息技术工具，掌握教学信息与教学资源的检索、分类、管理的一般方法，掌握利用各种Web2.0工具发布教学资源及与他人协作的方式，能够在资源获取与加工处理、助学工具使用等方面提高其参与在线学习共同体的效果。

（4）通过面对面培训，为共同体提供基于Web2.0的学习活动示范

共同学习活动是教师学习共同体的主要过程性体验，共同学习活动的过程就是共同体成员之间实现知识转换、实践交流的过程。对于各种交流活动、学习活动在Web2.0环境中应该以怎样的方式开展，需要教师在面对面培训中向学员提供示范。这样的示范一方面，可以让学员明确在共同体中开展的各种学术交流活动、协作活动、探究活动、反思活动等实施的基本步骤及注意事项；另一方面，为学员提供Web2.0环境下环境的教学实践的直观感受，为学员在共同体中的协作、交流提供依据。

2. 基于Web2.0的教师学习共同体为面对面培训提供反馈

在本研究提出的基于Web2.0的高校教师教育技术能力培训模式中，在线教师学习共同体与面对面培训采取穿插进行的方式，在两次面对面培训之间的间隔为教师开展在线学习共同体的阶段。在线教师学习共同体与面对面培训之间的相互作用，除上述提到的，将面对面培训作为在线教师学习共同体的前期准备，遴选主题、资源及技术准备外，在线教师学习共同体也为下次

的面对面培训提供一定的反馈，如图7-8所示。

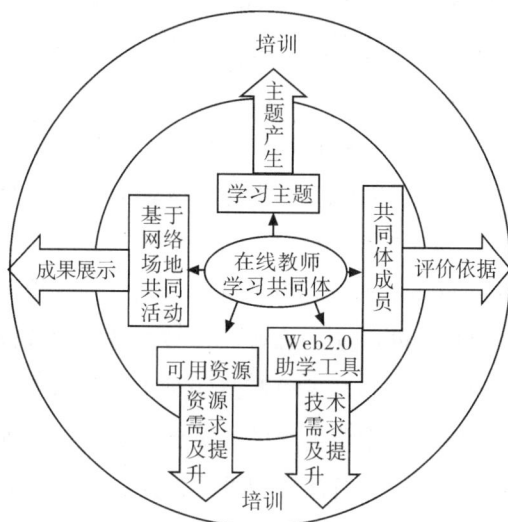

图 7-8 基于 Web2.0 的教师学习共同体对面对面培训的反馈

（1）基于Web2.0的教师学习共同体为面对面培训提供内容反馈

教师作为推动者在参与在线教师共同体的过程中，通过对共同体的发展情况的观察与分析，会对面对面培训提出一些新的内容需求。如，在共同体以基于blog的协作教学设计为主题时，要针对不同学习风格的学生设计学习活动。但是，共同体成员对于学生的学习风格如何确定、学生的学习风格有哪些分类等没有认识的话，那么学习共同体的学习效率就会受到影响。作为教师学习共同体的推动者，教师可以及时提供相关的资源与指导，同时将这一信息记录下来，在下次集中培训中增加该部分内容的讲授。因此，在线教师共同体可以为面对面培训提供培训内容设置的反馈，帮助培训教师结合学员实践中的真实问题修改培训内容的设计。

（2）基于Web2.0的教师学习共同体的学习成果在面对面培训中集中展示

由于每个教师学习共同体所选择的主题不同，将每个共同体阶段性的学习成果在面对面培训中进行展示，第一，可以促使各个学习共同体对探究的成果进行梳理、表达，在梳理的过程中对共同体的学习进行反思与总结；第二，每个学员虽然只参与了一个学习共同体的探究过程，但是可以通过其他共同体成果的展示了解其他主题的内容，从而引发对该主题的深入思考；第三，这样的展示与交流活动，增强不同教师学习共同体之间的联系。加拿大卡尔加里大学的Garrison、Anderson和Archer的探究学习共同体模型（Community of Inquiry，简称为"CoI"）中，提出探究学习共同体包含认知存在，社会存在及教学存在三个方面。不同学习共同体学习成果的集中展示，可以服务于学习共同体的社会存在维度。由于教师学习共同体的成员不是固定不变的，共同体成员随着不同主题的变换而重新组合，这样的交流活动，对于后期的学习共同体的建立提供了良好的社会存在的基础。

（3）将基于Web2.0的教师学习共同体作为培训的评价依据之一

在本研究提出的基于Web2.0的高校教师教育技术培养模式中，在线教师学习共同体是其中的一个核心及重要环节，对于学员是否达到教育技术能力提升的目的的评判，除了对学员提交的相关成果进行评价外，每个学员在在线教师学习共同体中的表现也是评价的重要指标之一。Johnson建立了一个网络学习环境中虚拟学习共同体形成和发展的过程模式，它包括四个要素：制订规范、边缘参与、积极参与、执行和调整。况姗芸提出了构建网络学习共同体应该包括的四个环节：规范制订、边缘性参与、积极互动、调整冲突。[①]如果学员一直处于上述过程模式的边缘性参与阶段，那其在学习共同体部分的评价就不高。

（4）在基于Web2.0的学习共同体中发现资源需求及技术需求，更重要的是形成资源及技术供给

学员在教师学习共同体中进行协作交流、问题探究的过程中，需要借助大量的相关资源，涉及多种信息技术工具的使用。在学习共同体中，知识是分布式的，分布于学习共同体的各个成员以及学习资源和工具之间，学习活动围绕这种分布的知识而组织。共同体成员在共同愿景的引导下，充分利用学习工具，共享学习资源，互动交流，在协作中完成一定的学习任务。尤其是以提高教师教育技术能力为目的的学习共同体，丰富的学习资源及助学工具更是必不可少的。在教师以共同体的形式进行协作过程中，会增加新的资源需求及技术需求，这便需要培训教师调整集中培训中的工具应用及资源查询及管理部分的教学。培训教师可以在集中培训中，对各共同体在资源及助学工具方面存在共性问题加以讲解及示范；另外，由于Web2.0的去中心化特

征，所有学员都可以通过Web2.0工具发布信息及资源，这些资源中的部分精品可以为面对面培训所用。在基于Web2.0的教师学习共同体中，学员们在探究过程中会发现一些对教学有用的工具，也可提供给培训教师在集中培训中向学员介绍。这是共同体成员参与培训的重要体现，也是Web2.0理念的表征。

（二）以信息化教学研究项目支持面对面培训与基于Web2.0的教师学习共同体融合

通过信息化教学研究项目的任务驱动，促使学员积极参与面对面培训及基于Web2.0的教师学习共同体活动，加强学员间的教学协作及交流。这样，学员在不断地培训学习与共同体活动中，就能够提出信息化教学研究项目的选题，掌握教育技术相关的研究设计、研究方法、数据处理及分析方法等。

第四节　基于Web2.0的高校教师教育技术能力培训绩效评价

本研究在绩效理论的指导下，根据教育绩效评价的相关理论，提出基于Web2.0的高校教师教育技术能力培训绩效评价的三个层次，如图7-9所示。

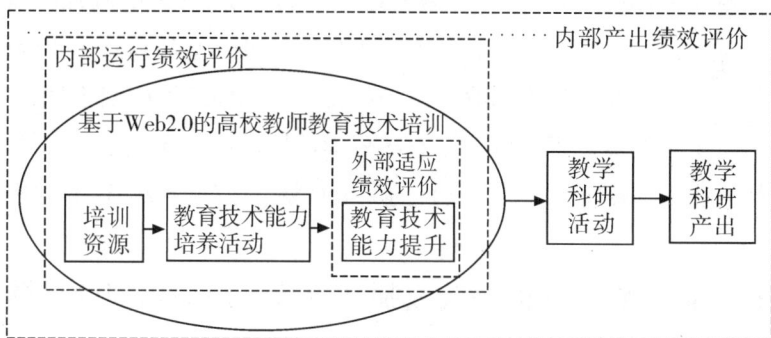

图 7-9　基于 Web2.0 的高校教师教育技术能力培训绩效评价层级

一、基于Web2.0的高校教师教育技术能力培训的内部产出绩效评价

基于Web2.0的高校教师教育技术能力培训的内部产出绩效主要是指高校教师教育技术能力的提升。根据本研究提出的基于Web2.0的高校教师教育技术能力评价指标体系，对教师教育技术能力是否提升、提升的程度进行评

价。主要分三种方式进行：（1）从面向教师的调查问卷，了解教师对自我教育技术能力的感知；（2）从教师提交的学习成果，以教学设计方案为核心，进行评价；（3）从教师在学习共同体中的参与情况来分析。

二、基于Web2.0的高校教师教育技术能力培训的内部运行绩效评价

基于Web2.0的高校教师教育技术能力培训的内部运行绩效主要包括教师教育技术能力培养过程中的资源配置与产出的对比、活动安排等。

1. 基于Web2.0的高校教师教育技术能力培训过程中信息化资源、人力资源、物理资源及财力资源等的配置问题，主要采用的方式是对培训中各种资源配置的分析，了解基于Web2.0的高校教师教育技术能力培训与其他教育技术培训相比，投入与产出比是否存在优势。

2. 基于Web2.0的高校教师教育技术能力培训过程中活动的安排，尤其是基于Web2.0的教师学习共同体活动安排的绩效分析。可以采用的方式：面向受训学员的问卷调查及访谈，了解学员对基于Web2.0的教育技术培训中采取的策略等的评价。

三、基于Web2.0的高校教师教育技术能力培训的外部适应绩效评价

基于Web2.0的高校教师教育技术能力培训的外部适应绩效主要分析教师在培训结束后是否存在行为的改变，是否将在培训中所学应用于日常教学、科研中。可采用个案分析的方式，对部分学员培训后的课堂教学、科学研究工作进行追踪，或者通过向其所教授的学生对象发放问卷及访谈的方式。

第五节　基于Web2.0的高校教师教育技术能力培训的后继工作

一、促进高校教师教育技术能力培训成果的教学应用

为了促进高校教师教育技术能力培训成果的应用，要从以下几个方面提供支持：

Harold D.Stolovitch等提出，在受训者回到工作岗位之后，如果缺乏必要的管理和支持，则培训的绩效会迅速下滑，有时会低于参加培训之前的水平，受训者很快就会退回到培训前的长期以来已经形成和适应的工作行为与习

惯，而它们往往会阻碍培训后绩效的提高。[①]这表明，培训后的持续性支持与服务对于巩固培训的效果、实现受训者的行为改变有重要的推进作用。

学习支持服务是远程教育中较为常用的一个概念，该思想最早是在英国开放大学的远程教学和远程学习实践中发生和发展起来的。David Sewart认为学校和教师应对学生有更多的持续关心，提供更好的学习支持服务和其他各类服务，否则学生会遇到种种困难而影响学习效果和教学质量。[②]同样，受训学员在结束了一个阶段的培训之后，与培训教师也处于时空分离的状态。因此，本研究提出，在基于Web2.0的高校教师教育技术能力培训的后继工作中，为学员提供信息化教学的案例、教学设计方案、研究成果及技术支持，促进其培训成果在实践教学及科研中的应用。

二、加强高校教师培训后的协作与交流

高校教师教育技术能力的提升是一个持续的过程，不应该以培训的结束而停止，学员在培训期间的协作与交流更应该扩展到更广泛的范围。因此，本研究提出，基于Web2.0的高校教师教育技术能力培训的后继工作的重点之一便是不断地促进教师在培训的交流程度，扩展教师间协作的范围，将培训学员的协作交流圈拓展为学校、区域的协作交流圈，提高教师围绕信息化教学进行协作与交流的效率。

三、促进高校教师的信息化教学研究能力提升

在高校教师教育技术能力培训结束后，教师基本掌握了信息化教学的知识与技能、信息化教学设计的能力等。因此，基于Web2.0的高校教师教育技术能力培训后继工作的另外一个重点便是信息化教学研究能力的提升，即开展如何将信息技术与学科教学融合的研究。而高校的学科教师要开展信息化教学研究，就需要教育技术相关的研究设计、研究方法等方面的支持。

---

① 梁林梅，叶涛. 从培训向绩效技术的转变——提高教师培训绩效的新思路[J]. 中国电化教育，2003（12）：27–31.

② Sewart D. Continuity of students in a system of learning at a distanec[R]. Hagen：Femuniversity，1978.

基于 Web2.0 的高校教师教育技术能力培训策略

　　根据文献综述部分，国内外从系统培训的角度提出的教师教育技术培训策略，本研究根据系统培训模型，提出基于Web2.0的高校教师教育技术能力培训策略。基于Web2.0的高校教师教育技术能力培训策略是指教师教育技术培训过程各阶段所应采取的策略，根据本研究关于基于Web2.0的高校教师教育技术能力培训模式，从培训需求分析、培训方案制订、培训的实施过程、培训绩效评价及培训后继工作等方面的进行论述。

第一节　基于Web2.0的高校教师教育技术能力培训需求分析的策略

　　在教师教育中，实施培训需求的主要步骤[①]是（1）了解培训项目设计的基本情况；（2）预分析；（3）提出培训需求分析计划；（4）实施培训需求分析；（5）撰写培训需求分析报告；（6）培训需求的进一步确认；（7）在培训实施中对培训需求的再分析与调整。因此，要科学合理地开展高校教师教育技术培训的需求分析，就要按照培训需求分析的既定过程进行操作，保证培训需求分析的完整性及科学性。因此，本研究按照教师培训需求分析的过程，提出基于Web2.0的高校教师教育技术培训需求分析策略。

一、组成多角色参与的培训需求分析小组

　　开展基于Web2.0的高校教师教育技术培训需求分析，首先要针对培训组成角色丰富的需求分析小组。Web2.0的核心理念是用户的参与性与共享，因此基于Web2.0的高校教师教育技术培训需求分析必须体现预期培训对象的参与性，突出去中心化这一特征。培训需求分析小组的成员要包括（1）学校的教师教育技术培训的主管部门；（2）学校教师教育技术的培训机构；（3）培

---

　　① 赵德成，梁永正. 教师培训需求分析[M]. 北京：北京师范大学出版社，2012：43–54.

训对象，即学校中各学科的教师；（4）学校中各学院的教学主管副院长；（5）培训对象的服务对象，即高校的学生代表。一般而言，需求分析小组以学校的教育技术培训机构为主，因为他们是培训工作的实施者，需求分析将有助于他们采取符合培训对象需求的培训内容及方式等。但这并不意味着，培训需求分析完全由培训机构把握，其他培训需求分析小组成员也要积极参与到培训需求的过程中，从各自的角度提出教师教育技术的培训需求。

二、在培训需求分析小组内部开展预分析

预分析①是指在正式的培训需求分析之前，预先了解培训对象的基本情况、工作中存在的问题、对培训的期望等，使后期的培训需求分析计划更加有针对性。为了提高预分析的效率，本研究提出在培训需求分析小组内部开展预分析。如上所述，培训需求分析小组成员角色丰富，有教育技术培训的主管部门、培训机构、各学科的教师及学生等，培训需求小组涵盖了培训对象及与培训对象相关的各类角色。因此，在培训需求分析小组内部开展预分析，不仅可以保持分析对象的广泛性，更可以省去选择预分析对象的时间，保证预分析的效率。培训需求的预分析，除了可以采用面对面座谈的方式，也可以借助多种信息技术工具，如利用Wiki工具进行集体协作作业，保证培训需求分析小组的成员共同参与。高校教师教育技术培训需求预分析主要包括三个方面的内容：

（一）基于Web2.0的高校教师教育技术培训对象的基本情况

通过在培训需求分析小组内部的座谈或者编辑Wiki页面的方式，了解基于Web2.0的高校教师教育技术培训的对象都有哪些教师，这些教师的年龄结构和学历结构如何，这些教师是否参加过类似的培训，他们对类似培训的看法，这些教师是否具有一些基本的信息技术基础。

（二）基于Web2.0的高校教师教育技术培训对象在信息化教学中存在的问题

要了解基于Web2.0的高校教师教育技术培训的对象在日常的信息化教学、科研、专业发展等过程中存在哪些问题，哪些问题是可以通过自主学习的方式解决的，哪些问题是需要通过集中培训的方式解决的，哪些问题需要

---

① 赵德成，梁永正. 教师培训需求分析[M]. 北京：北京师范大学出版社，2012：43–54.

在教师群体的协作交流中得以解决。

　　(三) 基于Web2.0的高校教师教育技术培训对象对培训的期望

　　基于Web2.0的高校教师教育技术培训对象对教育技术培训的内容、培训方式、时间安排、考核评价等有哪些期望。在培训需求分析小组内，通过预分析了解培训对象的这些期望，从另一个角度而言，是以头脑风暴的方式，获取制订面向培训对象的调查问卷中问题的选项。

三、共同协商制订培训需求分析计划

　　(一) 获取培训需求的问题设计

　　高校教师的教育技术能力培训，是为了响应国家关于教师教育信息化的号召，提高高校教师的信息化教学、科研水平。此类培训项目的需求分析采取"组织分析+任务分析+人员分析"的分析模式。因此，培训需求分析计划中的问题分为以下三类。

　　1. 与组织分析相关的问题

　　培训需求组织分析[①]的范围包括组织目标、组织资源、组织文化与氛围、组织外部环境制约。具体到高校教师教育技术培训需求的组织分析，可以提出的问题包括，学校为什么要组织这样的培训？培训的目的是什么？培训计划在什么场所进行？学校有哪些可以利用的资源？与高校教师教育技术培训相关的外部政策有哪些？

　　2. 与任务分析相关的问题

　　信息化环境中的高校教师应该具备怎样的能力？基于Web2.0的教育技术能力有哪些具体的内容？要达到基于Web2.0的高校教师教育技术能力需要从哪些方面进行培训？

　　3. 与人员分析相关的问题

　　对于在职员工，培训需求的分析的主要技术线路是进行绩效分析（Performance Analysis）。绩效分析[②]的方法首先是进行绩效考评，接着把绩效考评的结果与绩效标准进行比较，得出培训的需求。具体到基于Web2.0的高校教师教育技术培训需求的人员分析，就是要了解高校教师的教育技术能力的现状，并

---

　　① 丁玲玲. 国外培训需求分析技术的演进及其原因分析[D]. 南京：南京财经大学，2008：20.

　　② 马士斌. 培训需求分析的技术线路[J]. 中国培训，1998（7）：16-17.

将现状与基于Web2.0的高校教师教育技术能力标准相对照，得出两者之间的差距。而要了解基于Web2.0的高校教师教育技术能力现状，就需要通过问卷调查、访谈等多种方式进行。访谈的提纲或者调查问卷中的问题要与教师的教育技术能力标准、培训的开展方式等相关。

（1）基于Web2.0的高校教师教育技术能力现状相关的问题。根据本论文提出的基于Web2.0的高校教师教育技术能力评价指标体系，得出评价教师教育技术能力现状的问题。本论文提出的基于Web2.0的高校教师教育技术能力评价指标体系包含四个维度，即意识与责任，知识与技能，教学设计、实施与评价，科研、创新与自我发展。在制订培训需求分析计划中的问题时，可以根据该评价指标体系的三级指标来改编问题，从而了解高校教师的教育技术能力现状。

（2）基于Web2.0的高校教师教育技术培训开展相关的问题。与培训开展相关的问题，主要是从教师对之前参加过的类似培训的评价、对培训内容、培训资源、培训教师、培训活动安排、培训考评等方面的需求，以便在培训方案的制订与培训的实施中充分考虑培训对象的个性化，提升培训的效果。

（二）培训需求分析的数据收集与分析方法

培训需求分析计划不仅要列出需要了解的问题，还要明确了解该问题所选择的数据收集方法。常用的数据收集方法[①]有资料查阅、观察法、问卷法、访谈法、焦点团体法、测验法及作品分析法等。每种数据收集方法都各有所长，培训需求分析者可以综合考虑分析的内容、需求分析的时间、成本及调查对象的规模等要素，选择适当的数据收集方法。

1. 组织分析的待回答问题及数据收集方法

教师教育技术能力培养的组织分析待回答的问题：学校为什么要组织这样的培训？培训的目的是什么？为了达到这样的目的，学校已经采取了哪些措施及方法，效果如何？学校对教育信息化尤其是教师信息化发展的重视程度如何？培训开展的已有资源有哪些？

组织分析的主要数据收集方法：对学校发布的相关文件进行查阅，对学校的人事部门的管理人员及教育技术培训机构的管理人员进行访谈。

---

① 赵德成，梁永正. 教师培训需求分析[M]. 北京：北京师范大学出版社，2012：43-54.

2. 任务分析的待回答问题及数据收集方法

基于Web2.0的教师教育技术能力培养的任务分析，主要是要分析在Web2.0的信息环境中，教师的教育技术能力有哪些具体内容，这些能力的培养需要从哪些方面入手？

任务分析的主要数据收集方法：对教师教育专家、教育技术专家进行访谈，对国内外的高校教师教育技术能力标准进行分析而确定。本论文主要通过对第三章中建构的基于Web2.0的高校教师教育技术能力评价指标体系的分析，并结合对教育技术专家的访谈进行任务分析。

3. 人员分析的待回答问题及数据收集方法

基于Web2.0的教师教育技术能力培养的人员分析，主要是要对教师的教育技术能力现状、对教育技术培训过程的需求进行分析。人员分析的数据收集方法：面向培训对象的问卷调查。

四、实施培训需求分析

（一）利用文献查阅+访谈的方式开展基于Web2.0的高校教师教育技术培训组织需求分析

1. 查阅学校与教师教育信息化相关的文件

对学校与教师教育、教师教育信息化、教育技术能力提升的相关文件、通知等进行查阅与分析，了解学校教师教育信息化方面的具体措施及目标。

2. 与学校教育技术培训管理人员进行访谈

为了避免文献查阅由于文献搜集不完整导致分析有所偏差，在文献查阅之后，还要与学校教育技术培训管理人员进行访谈。通过对管理人员的访谈，明确学校的关于教师教育信息化的组织目标，组织目标对培训规划的设计与执行起决定性作用。因此，培训需求分析小组要通过讨论确定访谈的提纲。访谈的问题主要围绕以下几个问题进行：（1）作为学校教师教育的管理机构，您认为学校是否关注教师的教育信息化？（2）您认为学校在提高教师的信息化教学、科研水平等方面做了哪些努力？（3）您认为学校教师的教育信息化方面的成效如何？（4）您认为教师的教育技术能力培养要达到怎样的目标？（5）您对学校组织的教师教育技术能力培训有哪些期望？

（二）结合基于Web2.0的高校教师教育技术评价指标体系进行培训任务的需求分析

雷蒙德·A·诺伊认为，对任务进行分析的最终结果是对有关工作活动的详细描述，包括雇员执行的任务和完成任务所需的知识、技术和能力的描述。具体到高校教师的教育技术能力培训，任务分析的结果就是对教师利用信息技术进行教学、科研活动的详细描述，以及要完成这些活动需要的知识、技能与能力的描述。[①]而本研究得出的基于Web2.0的高校教师教育技术能力评价指标体系，对高校教师在Web2.0等环境中所应进行的教学、科研活动进行了描述。因此，可以根据该指标体系进行培训任务的需求分析，并对教师完成这些教学、科研活动所应具备的知识与能力进行分析。

（三）综合运用多种方法分析基于Web2.0的高校教师教育技术培训人员需求分析

培训的人员的需求分析分为两个部分，第一部分是培训对象的教育技术能力现状，第二部分是培训对象对教育技术培训开展的期望与建议。对于高校教师的教育技术能力现状采用针对培训对象的问卷调查，与主管教学的副院长的访谈，了解高校教师的信息技术水平、了解其在教学、科研中使用信息技术的程度，明确其将信息技术与课程教学整合的能力等。根据绩效理论，在了解教师的教育技术能力现状之后，将其与高校教师教育技术能力标准对比，分析其中的差距；分析差距产生的内部及外部原因，选择培训等干预措施。关于对教育技术培训开展的期望与建议则采用针对培训对象的问卷调查，了解培训对象对培训内容设置、培训开展方式、培训资源等方面的期望。

五、撰写培训需求分析报告

培训需求分析报告是对培训需求分析结果的总结，也是培训需求分析过程中的关键环节。培训需求报告的结论将对培训方案的制订起到关键的决定性作用。因此，培训需求分析报告的撰写要客观、准确。基于Web2.0的高校教师教育技术培训需求分析报告要做到：（1）对组织分析、任务分析及人员分析的结果进行深入的分析与总结；（2）根据需求分析对培训的目标、培训的内容、培训的方式等有初步的建议。

---

① 诺伊.雇员培训与开发[M].徐芳，译.北京：中国人民大学出版社，2001.

第二节 基于Web2.0的高校教师教育技术能力培训方案制订的策略

开展校本教师培训的实践活动，首先必须有一个校本教师培训的方案，以使校本培训成为一项有计划的学校活动，它是学校整个教育教学活动中的有机组成部分。[①]

一、培训方案要合理采纳培训需求分析的结果

基于Web2.0的高校教师教育技术培训方案制订，要以第一阶段的培训需求分析为依据，同时要综合考虑学校的信息化教学资源、人力资源等现状，以最大限度满足培训需求分析的结果。

二、提升培训方案制订的受训者参与性

为了更加广泛地采纳培训对象对培训方案的参与性，可以将培训方案向学校的教师公布，并征求预参加培训的教师对方案的建议。这样既能体现了Web2.0突出用户参与性的特征，又能在更广的范畴内收集到学校教师对教育技术培训的意见，有利于后期培训的顺利开展。

三、反复修订培训方案

培训方案的制订不是一次性完成，而是在培训过程中不断修订、完善。随着培训的实施，培训教师会发现需求分析阶段未涉及的培训内容、培训资源、技术需求等，因此，需要根据培训过程中收集到的各类反馈对培训方案进行不断的调整与修订，从而促进培训效果的最优化。

第三节 基于Web2.0的高校教师教育技术能力培训实施过程的策略

根据本研究提出的基于Web2.0的高校教师教育技术能力培训模式，高校教师的教育技术能力培养过程是面对面培训与基于Web2.0的教师学习共同体的更替过程。

根据文献综述部分，国内外关于基于Web2.0的高校教师教育技术培训的

---

① 朱益民. 论校本教师培训的方案设计[J]. 教育发展研究，2002（5）：23-26.

教学策略，本研究依据社会建构主义、群体动力学、教学系统设计理论等提出基于Web2.0的高校教师教育技术能力微观培养策略。

一、基于Web2.0的高校教师教育技术培训教师的培训策略

培训教师在基于Web2.0的高校教师教育技术能力培训中的重要地位，通过本研究提出的基于Web2.0的高校教师教育技术能力培训模式便可以看出。在培训需求分析阶段、培训方案制订阶段、培训绩效评价阶段中，培训教师一直都承担核心成员的任务，尤其在培训实施阶段，培训教师更是担任面对面培训的主讲教师及基于Web2.0的教师学习共同体中的推动者角色。由此可见，培训教师的信息化知识与技能、信息化教学水平、基于Web2.0的学习共同体组织与指导能力、基于Web2.0的学习共同体监控与调节能力、对学员教育技术水平的综合评价能力等都将直接或间接地影响教师教育技术能力培养的效果。因此，在实施基于Web2.0的高校教师教育技术能力培训过程前，要在以下几个方面对培训教师进行一定的提升。

1. 向培训教师团体传播基于Web2.0的教育技术培训理念

研究者要向培训教师传播，什么是基于Web2.0的教育技术培训，为什么要在基于Web2.0的开展教师教育技术培训。首先，基于Web2.0的教育技术培训，并不仅仅是利用Web2.0工具进行教育技术培训，更重要的是要体现Web2.0的去中心化、强调用户的参与性、人人都可以成为传播主体的重要特征。

以具体案例教学的方式，使培训教师理解何为基于Web2.0的教学。如，研究者以北京师范大学郑彬彬等人[①]基于Wiki开展教学的案例向培训教师分析如何利用Web2.0进行教学活动。该案例以北京师范大学本科生公共选修课网络社会互联学习技术与工具课程中的Google单元教学为基础。该案例以Wiki作为小组成员间交流的平台及协作作业的平台。通过对该案例中学生分组、分工协作、共同修改学习成果等活动，体现了基于Web2.0的教学的协作与参与理念。

2. 基于Web2.0的教育技术培训的一般教学方式

向培训教师呈现并解释本论文提出的基于Web2.0的教育技术培养模式，

① 郑彬彬，庄秀丽. 基于维基平台的教学活动设计[J]. 中国远程教育，2008（12）：36-40.

尤其是教学实施过程。向培训教师讲述，为什么要提出将面对面培训与基于Web2.0的教师学习共同体结合起来，两者各自适合哪些培训内容的学习。本部分，研究者主要从完全采用面对面培训的方式进行教育技术能力培养存在的问题分析，结合培训教师已有的经验，分析面对面培训无法完成的培训目标。研究者通过向培训教师展示并讲述本论文提出的基于Web2.0的教师教育技术能力培养模式，并鼓励培训教师在培训实践中对该模式进行一定的修正与完善，在不断的行动学习与研究中，创新性地提出具有课程特色的培训模式。如，担任信息化教学设计培训课程的教师，可以根据信息化教学设计的探究性特征，提出基于Web2.0的探究式培训模式；SPSS数据统计及分析培训课程中，数据处理方法的选择及数据分析是最关键的部分，可以采取由学员提出情境化的数据分析目的，培训教师根据目的引出具体的数据处理及分析方法，从而建构基于情境化数据处理任务的培训模式。

3. 使培训教师掌握如何利用Web2.0工具建构教师学习共同体

由于本论文提出的教师教育技术能力培养模式与策略中的一个主要部分就是基于Web2.0的教师学习共同体的建构与发展。因此，研究者在对培训教师进行了基本Web2.0工具使用方面的培训之后，提出在培训教师中建构教师学习共同体，对学习主题的提出、学习共同体中的角色分工、学习共同体的规范制订、学习共同体的实践活动等方面进行实践，促使培训教师在行动中学习如何建构基于Web2.0的教师学习共同体。

4. 指导培训教师开展基于Web2.0的培训课程教学设计

培训教师在本论文选取的个案中所担任的培训课程各不相同。研究者提出，由培训教师首先针对自己所担任的培训课程进行基于Web2.0的环境的教学设计，在教学设计中回答如下问题：（1）该课程如何在面对面培训与基于Web2.0的教师学习共同体之间寻找平衡点；（2）课程培训中如何体现Web2.0的参与、共享、交互等特征；（3）该课程将如何综合评价学员的学习过程及学习成果。由于研究者本人也担任培训教师，所以研究者首先对自己所担任的培训课程进行教学设计，并以此作为示范向其他培训教师推广。在其他培训教师进行基于Web2.0的教学设计过程中，提供充分的学习支持。

5. 提高培训教师建设基于Web2.0的培训的教学资源的能力

丰富的教学资源是开展基于Web2.0的教师教育技术培训的基础保障。

无论是以案例教学、参与式活动为主体的面对面培训，还是利用Web2.0工具建构的教师学习共同体，都需要培训教师围绕学习活动提供必需的资源。因此，需要提高培训教师从资源角度为教师教育技术培训服务的能力。根据培训需求分析报告显示，学员们认为在教师教育技术培训中最需要的资源是信息技术与课程整合的优质案例和Web2.0等新技术的应用指南。因此，培训教师在研究者的指导下收集并发布培训内容与学员的课程教学整合的具体案例；同时要对各自培训中需要用到的Web2.0工具及具体的应用方式进行说明，为学员的学习提供有效的支持。

6. 引导培训教师关注学员的学习过程

传统的教育技术培训的考核是在培训之后进行的，基于Web2.0的教师教育技术能力培养中的评价是融入培养过程中的，使评价与各种培养活动相结合，在活动中进行评价。无论是在面对面培训部分，还是在基于Web2.0的教师学习共同体部分，评价都要伴随着学员的学习活动。如，面对面培训中的课堂讨论、小组成果汇报等，基于Web2.0的协同作业、基于任务的在线讨论、学员间社会网络关系的建设等。

二、基于Web2.0的高校教师教育技术能力培训的面对面培训策略

如前文所述，基于Web2.0的高校教师教育技术能力培训的微观策略主要是关注其教学过程，即面对面培训与基于Web2.0的教师学习共同体两个主要组成部分。面对面培训部分的主要策略如下。

（一）以丰富的信息化教学案例进行理论性知识的培训

柯蒂斯·邦克关于教师在教学中应用混合教学模式的分析中提到，最大的障碍是目前教师培训体系中针对将要实施混合式教学的教师培训做得还不够。[①]只有通过有效的培训让教师们弄清楚混合学习的内涵和实施方法，才有可能让他们运用混合学习进行教学创新。培训的时候不仅要告诉教师们混合学习的理论，更重要的是向他们展示各种混合学习的个案和实例，告诉他们可能会遇到的各种问题和解决方法。教师们对混合学习感到困惑不知道如何着手，原因就在于他们的概念中缺乏具体的例子和前人的经验。由此可见，

---

① 詹泽慧，李晓华. 混合学习：定义、策略、现状与发展趋势——与美国印第安纳大学柯蒂斯·邦克教授的对话[J]. 中国电化教育，2009（12）：1-5.

案例教学法是教师教育中必不可少的教学方式。

1. 根据教学目标选择案例

朱迪思·H·舒尔曼认为，案例法适用于以下内容的教学：（1）理论性的原理或概念；（2）实践的前例；（3）伦理或道德；（4）策略、部署和心智习惯；（5）愿景或可能的设想。[①]不同的教学目标，教师利用教学案例所解决的问题不同，那么所选择的案例或者对同一个案例的分析角度也不同。如，要利用案例使学员达到对研究性学习模式的理解与掌握。教师则可以选取高校教师在教学中应用研究性学习文献资料作为案例，向学员分析研究性学习的过程、具体步骤及实施策略等；如果希望为学员提供研究性学习的实践前例，使其掌握研究性学习实施过程中具体问题的解决办法，可以选择研究性学习的相关视频案例，使学员对研究性学习的实施形成更为直观的印象，指导其具体实践；如果希望为学员提供研究性学习的愿景，则选取强调研究性学习效果的案例，使学员在案例分析中获得组织研究性学习的愿景。

2. 根据学员特征选择案例

根据学员的学习风格、认知特性、教育技术学习的基础、学科特征等，选择不同类别、不同呈现方式的案例。如，对于视觉型学习风格的学员，选择多种视频案例，为其提供直观的感知，对于言语型学习风格的学员，选择以文字为主的教学案例或者通过语言交流的方式，向其描述案例；对于认知水平较低的学员，向其提供密集型的、情境化程度高的教学案例；对于认知水平较高的学员，向其提供抽象程度较高的案例。

3. 案例分组讨论中的教师引导

案例与讨论模式是案例教学中常见的教学组织形式，案例讨论是案例教学的核心环节。由于案例是情境化的，通过对案例的分析与讨论，可以从不同层面对案例进行解读，从个体对案例的解释与建构过渡到小组对案例的共同建构。同一个案例，不同的学习者可以有不同的感悟，分组讨论便是利用集体智慧完成对案例的多元化分析与解读。

教师教育中实施案例教学法的一般过程[②]为案例呈现与引入、案例讨论、

---

① 舒尔曼. 教师教育中的案例教学法[M]. 郅庭瑾，译. 上海：华东师范大学出版社，2007：2-10.

② 周坤亮. 教师教育中的案例教学法[J]. 教育理论与实践，2011（5）：34-36.

概况总结、撰写案例报告等。本研究提出，在教师教育技术能力培养中案例教学的策略主要有以下几点。

（1）列出案例中的疑难问题。要对案例进行讨论，首先要明确案例中存在哪些疑难问题，将案例情境中最核心的问题作为讨论的主题。在案例教学法实施的初期，培训教师要能够提供一些引导性问题，以使学员在讨论案例时有方向可循；随着案例教学法的不断深入，教师可以逐步减少引导性问题，使学员自己在案例中形成问题。如，在关于教师组织课堂教学与在线协作学习的案例中，核心问题是如何将两者有效地结合起来，两者混合的具体措施，以及在线协作学习的组织与调节问题，而案例中教师选用了怎样的信息技术工具则不是案例的核心问题。

（2）讨论案例中的疑难问题。明确了案例中的核心问题之后，培训教师要组织学员进行分组讨论。讨论要围绕对于析出的核心问题，案例中的教师是如何处理的。如，案例中教师组织混合学习时，将什么类型的内容在课堂讲授，将什么样的内容放在在线协作学习中；教师都采取了哪些课堂教学活动和在线协作学习活动，是否还有其他的方式可以选择；教师采取了哪些措施保障在线协作学习的顺利进行，效果如何等。

（3）对案例进行批判性思考。在对案例中的疑难问题进行讨论之后，学员要对案例进行批判性思考，总结案例中的成功之处，并要指出案例中有待改善的部分进行评价，提出个人的解决思路。

4．学员撰写针对案例的反思性日志

案例分析、讨论结束后，学员要对案例进行反思，总结个人的教学实践与案例的差距，并分析该案例对个人教学的启发。学员在撰写案例反思日志的过程，是对案例再次建构的过程，有助于学员更加深入的理解案例，并为自己的实践教学提出改进的策略；另外，其他的学员可以通过浏览案例反思日志，引起一定的共鸣，促进学员之间基于案例的交流。

（二）设计并实施多种参与性活动

参与式教师培训[①]追求人本化的培训目标、重视培训方式教师的示范作用、关注教师在已有经验背景下主动建构、强调问题情境下的高层次学习。教师教育技术培训，以提高受训教师的信息化教学、科研水平为目的，在培

___

① 曾琦. 参与式教师培训的理念与实践价值[J]. 全球教育展望，2005，34（7）：18-20.

训方式上要能够为教师的信息化教学做出示范。因此，在教师教育技术培训中，要设计并实施多种参与性活动，使学员在参与活动的过程中获得能力的提升。参与性教学活动可以分为面对面的活动及基于网络环境的活动，本部分以面对面培训中的参与性活动为主，基于网络环境的参与性活动则将在教师学习共同体部分探讨。

参与式教师教育技术培训[①]要以平等参与、共同合作、尊重多元、形式多样等为主要原则。因此，本论文提出教师教育技术培训中实施参与性活动的策略如下：

1. 与讲座式培训方式有效结合

在高校教师的教育技术培训中，参与式培训活动的实施要以一定的教育技术基础知识及技能为基础。因此，参与式活动不是独立存在的，要与传统的讲座式培训活动结合起来。参与式培训没有固定的模式，但是为了提高培训的效果与效率，我们可以对参与式活动与讲座式培训的组合方式进行探究：（1）教师集中向学员讲授基本的理论及需要使用的信息技术工具的使用；（2）教师向学员描述将要采取的参与式活动的形式、基本规则及要求等。教师教育技术培训中的参与式活动可以包括以小组为单位设计信息化教学设计方案、信息化教学课例进行分析、针对某个信息化教学问题提出解决方案、在小组内模拟一种信息化教学过程等。（3）教师明确参与式活动的任务并组织学员进行分组；（4）学员以小组为单位，开展参与式活动；（5）小组汇报参与式活动的成果；（6）学员对参与式活动反思与评议。

2. 参与式活动小组的异质准则

参与式活动以学习小组的形式开展，因此，参与式活动小组的划分是参与式培训的重要环节。本论文提出，教师教育技术培训的参与式活动小组划分要以异质分组的方式为主，小组的异质性是参与式活动小组的重要资源。可以根据学员的学习风格、认知特性、性别、信息技术水平、所属学科等进行异质分组。在对学员进行异质分组的过程中，培训教师的参与和指导非常重要。如果没有培训教师的参与，学员往往倾向于与自己熟悉的同学科教师组成学习小组，从而导致教师间的交流仍局限于专业内部，抑制了不同学科教师间交流与协作的机会。

---

① 陈向明. 参与式教师培训的实践与反思[J]. 教育研究与实验，2002（1）：66-71.

但是，异质分组的过程往往会需要较多的时间。因此，培训教师可以在参与式活动实施之前，对学员的各种特征进行分析并初步拟定异质分组的结果；但分组的结果并不是不可改变的，培训教师可以根据学员的需求做适当的调整。

3. 参与式活动的过程性评价

参与式活动的学习成果是以小组为单位的，因此，为了保证教学评价的公正性与合理性，要强调对学员在参与式活动中的表现的评价，如表8-1所示。（1）小组的参与式活动学习成果中，要明确注明小组中每位成员所负责的任务及完成情况；（2）将参与式活动小组的内部分工及合作的情况作为评价的依据之一；（3）学员要建立个人的学习档案，对个人在各种参与式活动中的学习情况进行记录；（4）开展参与式活动小组内部的学员互评，以互评的方式促使学员积极参与小组活动，防止个别成员搭便车的现象。

表8-1　参与式活动小组评价表

评价内容	评价主体	评价依据
参与式活动小组成果	教师评价 其他参与式活动小组（组间互评）	参与式活动小组学习成果，如教学设计方案、信息化教学课例评价报告等
参与式活动小组合作过程	教师评价	参与式活动小组分工
		对合作过程的观察
参与式活动小组成员	教师评价 个人自评 小组其他成员（组内互评）	小组成员个人的档案袋记录
		成果展示部分，对成员在小组活动中的任务完成情况的描述
		对参与式活动小组合作过程的观察

（三）不同的阶段，面对面培训的任务与比重不同

根据高校教师教育技术能力发展的阶段性，不同的阶段，面对面培训所承担的具体任务，以及与基于Web2.0的教师学习共同体的比重也有所不同。本研究采用梁文鑫等人将教师教育技术能力发展分为学习、模仿与尝试使用

阶段，困惑怀疑阶段、确定应用阶段和创新应用阶段的观点，[①]并根据每个阶段的主要任务，确定每个阶段中面对面培训的内容及方式。

1. 学习模仿与尝试使用阶段，以面对面培训的理论阐述与案例分析为主

在学习模仿阶段，学员在信息化教学的理念、信息化教学中对教师的特别要求等方面需要加深认识。因此，该阶段应以面对面培训为主，面对面培训的主要任务是向学员开展教育技术基本理论的阐述，并结合一定的情境性案例，使学员对信息化教学的优势有所认识，在意识方面接受信息化教学。

在尝试使用阶段，学员具备了一定的进行信息化教学的需求，但未掌握教学、科研中最基本信息技术工具的使用方法。因此，该阶段还是以面对面培训为主，面对面培训的主要任务是（1）向学员介绍在教学、科研中常用的信息技术工具的使用方法，如信息资源、学术文献查询工具、资源处理与加工工具、教学资源整合工具等。（2）向学员介绍具体的信息技术工具如何在教学、科研中应用，应用过程中有哪些关键问题。其中信息技术工具的操作部分以演示—练习的培训方式为主，信息技术工具的应用策略部分以案例呈现与分析为主。

2. 困惑怀疑阶段，面对面培训结合教师学习共同体的学习支持

在困惑怀疑阶段，经过一段时间的信息技术与课程整合尝试之后，部分学员往往会感到工作量加大，而信息化教学改革的效果仍未呈现出来，投入与产出的暂时性失衡，会导致部分学员放弃采用新型的信息化教学模式，而回归到传统教学模式。因此，在这个阶段，面对面培训的任务是（1）培训教师将学员在信息化教学中遇到的问题进行分析，并提出适当的解决方案；（2）邀请学校中在信息化教学实践方面做得较好的学科教师，与学员座谈，向其介绍个人的实践经历。

在面对面培训的同时，要增加基于Web2.0的教师学习共同体，鼓励教师将信息化教学实践中遇到的具体问题在共同体中呈现。培训教师对学员的具体问题，给予适时的支持。通过这样的教学与技术支持，帮助学员度过困惑期，从而向下个阶段发展。

---

① 梁文鑫，余胜泉，吴一鸣. 面向信息化的教师专业发展阶段描述与促进策略研究[J]. 教师教育研究，2008，20（1）：18-21.

3．确定应用阶段，以基于教师学习共同体的交流为主

度过困惑怀疑期之后，学员确定了进行信息技术与课程整合的方向，能够主动地根据教学需求，采用各种信息技术工具，选择各种信息化的新型教学模式。这个阶段，学员间的交流与讨论非常重要。因此，这个阶段以基于Web2.0的教师学习共同体为主，学员在共同体中围绕教学实践中的具体问题进行交流；但在实践过程中，会产生新的理论与技术的需求，因此，本阶段面对面培训的任务是为学员提供进一步的理论与技术的培训。

4．创新应用阶段，以基于教师学习共同体的合作研究为主

创新应用阶段，学员的关注点从技术转移到教学上，学员开始进行信息化教学方面的研究。这个阶段，学员围绕一定的学习主题，自发地组织教师学习共同体，对信息化环境中的教学改革进行研究，并能够提出一定的信息化教学模式与策略。创新应用阶段，面对面培训的主要任务是向学员介绍部分教育技术的研究方法、操作过程等，促进学员开展信息化教学改革研究。

总之，在高校教师的教育技术能力发展的四个阶段中，面对面培训的主要任务在发生变化，从教育技术理论阐述与案例分析、信息技术工具应用、到教师信息教学问题分析、教育技术研究方法介绍等，伴随着教师教育技术能力的提升与发展，面对面培训逐渐从主体地位过渡到补充地位，教师的教育技术能力最终在教师学习共同体中不断成长。

三、基于Web2.0的高校教师教育技术能力培训的学习共同体发展策略

无论是信息化水平较高的学生，还是信息化水平不高的学生，都需要他们的教师能够创设一个创新的环境，在flat classrooms（无界限的教室）中传播创新的理念。[①]Web2.0环境是最为典型的flat calssrooms。美国的一项调查发现，56%的年轻人使用社会网络站点、My Space及Face book等Web2.0工具。他们在写博客，使用Wiki，用mashups混合和创建多媒体等。1/5的年轻人共享别人的图片和音频。Attwell, G. n.d.认为，在这些web2.0技术成为年轻人主要的交流方式时，如果我们的高校教师还不能与时俱进，那么师生之间的沟通将

---

① Davis, V. The Classroom is flat：Teacherpreneurs and the flat classroom projectKickoff. 2006. Coolcatteacher网站。

产生障碍，教学效果也便可想而知。[①]

因此，要提高高校教师基于Web2.0的教育技术能力，就要为高校教师创设一个应用Web2.0的学习环境，使他们在基于Web2.0的教师学习共同体中共同探究信息化教学的同时，掌握Web2.0工具的应用方式及教学策略，以便在自己的实践教学中选择Web2.0等信息技术工具，设计并实施体现Web2.0理念的信息化教学。这样，一方面符合高校学生的信息技术特征，另一方面可以在开放、共享的环境中激发学生的创新意识与能力。

（一）建构基于Web2.0的教师学习共同体环境

要建构基于Web2.0的高校教师学习共同体，就需要为教师学习共同体提供一个可以交互、共同协商、探究的网络环境。该环境中要整合各种教学中常用的Web2.0工具，如Blog、Wiki、SNS等基本的Web2.0工具，为教师的信息发布、协同作业、交流协商提供信息技术工具支持。目前，国内外都有大量的Blog（Blogbus）、Wiki（Wiki pedia、教育大发现Wiki、站长百科、百度百科等）、SNS（Facebook、人人网、开心网）、社会性书签（del.icio.us）、RSS阅读（Google Reader、抓虾网）等。培训教师要在学员构建教师学习共同体之前，要选择适当的Web2.0工具，并向学员说明如何利用选定的Web2.0工具进行共同学习。因此，Web2.0工具的选用对教师学习共同体至关重要。针对形式多样、功能各异的Web2.0工具，培训教师要明确它们在教师学习共同体建构中应该担任怎样的任务，如何在学习共同体的建设与发展中有效利用这些工具。本论文提出，将各类Web2.0工具在教师学习共同体中的主要应用方向进行分类：

1. 共同体成员以Blog表达个人的信息化教学实践经验

Blog是一种表达个人思想、网络链接、内容，按照时间顺序排列，并且不断更新的出版方式，是较为成熟的个人认知与反思工具。（1）教师学习共同体的成员可以利用Blog记录关于学习主题的学习过程及学习反思，学员在Blog的写作过程便是对学习主题的理解与建构过程；（2）学习共同体成员通过Blog记录个人在信息化教学、科研过程中存在的问题，往往这些问题不是个别化的，而是教师面临的共同问题，因此可以引起共同体内其他成员的评

---

① Attwell, G. (n.d.). Web 2.0 and the changing ways we are using computers for learning: What are the implications for pedagogy and curriculum. 百度学术网站.

论、留言，从而在共同体内形成交流；（3）学习共同体成员通过Blog对本人的信息化教学经验进行描述与总结，是将隐性知识显性化的过程，并通过共同体成员的共同交流，使个人知识社会化，达到共同体的共同建构；（4）教师学习共同体成员在Blog中关于学习过程的记录，将形成该学员的成长档案袋，并作为对学员学习过程进行评价的依据之一。因此，Blog在教师学习共同体中，主要作为共同体成员个人知识与学习过程的记录与表达工具。

2. 共同体成员以Wiki共同完成创作性任务

Wiki指一种超文本系统，它支持面向社群的协作式写作，同时也包括一组支持这种写作的辅助工具。Wiki是一种鼓励共同创作的工具，任何人都可以在Wiki网站上对其内容进行浏览、编辑及修改。因此，Wiki在教师学习共同体中的应用主要体现在：（1）教师将多个学习主题发布在Wiki中，学员以签名的方式确定要加入的学习共同体；（2）在教师学习共同体中，可以利用Wiki完成集体创作，如教师共同体成员共同完成特定教学主题的信息化教学设计方案，共同对培训教师提供的信息化教学案例进行共同分析等；（3）利用Wiki真实记录学习共同体成员对共同任务的贡献，较好地执行学习共同体中的协作学习的分工，避免出现共同体分工流于形式的现象；（4）Wiki每位共同体成员的协同作业过程进行记录，可以作为对成员协作学习意识与能力的评价依据。因此，Wiki在教师学习共同体中主要作为共同体成员协同作业的工具，为共同体的协作学习与交流提供了良好的平台。

3. 共同体成员以电子书签关注信息化教学相关的问题

电子书签不同于收藏夹的地方在于，用户可以利用电子书签赋予每个网站特有的Tag（标签），这些标签成为用户对网站进行管理的分类依据。（1）在教师学习共同体中，成员可以利用电子书签为与信息化教学、科研等相关的网站添加Tag（标签），通过管理信息化教学设计、混合学习、探究学习等与信息化教学相关的标签，来进行个人的知识管理；（2）共同体成员还可以通过点击一个Tag，查看其他用户还收藏了同样标记为这个Tag的其他网站链接。这样，便无限扩展了共同体成员学习资源的广泛性，提高了共同体成员查找与信息化教学主题相关资源的效率与准确性。

4. 共同体成员以RSS订阅共同体其他成员的Blog、SNS及电子书签等

RSS订阅是指用户访问互联网信息的一种行为方式，具体是指使用RSS阅

读器订阅由信息源站点页面所提供的RSS Feed（或称RSS种子），实现对网站信息更新的及时获取与管理。在教师学习共同体中的具体应用：（1）教师学习共同体的成员，通过RSS订阅其他成员的个人Blog，及时了解共同体其他成员的Blog动态，提高彼此交流的时效性；（2）教师学习共同体的成员通过RSS订阅其他成员的电子书签，了解其他成员关注的网站，并对其中自己感兴趣的网站进行关注，在增加对共同体成员的学习兴趣了解的同时，提高个人获取学习资源的效率。

5. 共同体成员以SNS支持学习共同体的社会存在

SNS（社会网络服务）以用户为中心，倡导分享、互动、协作的理念。SNS可以提供一种真实的网络环境，用户以现实的身份和社会关系为基础，并根据一定的兴趣爱好形成新的网络社会关系。SNS在教师学习共同体的建构中的应用主要可以体现在：（1）以共同体为单位构建一个学习圈，共同体成员之间互相添加好友，实现成员间的共同关注；（2）教师学习共同体成员相互添加关注之后，SNS可以直接将其他成员在SNS的内容更新、资源发布等推送到成员的SNS主页，提高共同体内信息共享的时效性；（3）平衡共同体成员的个性化表现与群体协作之间的关系。学习共同体成员可以在个人的SNS页面中发布个人的信息化教学经验与过程，并可以发起投票、调查问卷等学习活动；教师学习共同体基于一定的资源、问题及活动展开学习经验交流、资源共享等，促进共同体的协作。

（二）基于Web2.0的教师学习共同体学习主题的产生

学习主题是教师学习共同体建构的出发点，学习主题是学习共同体中社会文化的一部分，由它产生学习共同体的向心力。[①] 因此，学习主题是基于Web2.0的教师学习共同体的构建基础。学习主题由谁提出？学习主题如何产生？都是构建学习共同体的先决条件。

1. 从面对面培训中产生学习主题

在构建基于Web2.0的教师学习共同体的初期，由于学员对于信息技术与课程整合、信息化教学的了解还比较少，较少开展信息化教学，因此，不能其期望由学员自发地提出学习主题。根据本论文在第四章中提出的基于Web2.0的高校教师教育技术能力培训模式，面对面培训与基于Web2.0的教师

[①] 赵健. 网络环境下城乡互动教师学习共同体构建与运行研究[D]. 兰州：西北师范大学，2011.

学习共同体是交替进行的，即在两次面对面培训之间开展教师学习共同体。因此，本论文提出，在教师学习共同体建构初期，由培训教师根据面对面培训中的学习内容提出教师学习共同体的学习主题。如，在进行了利用教育技术促进高校教学改革相关内容的面对面培训之后，可以将假如，要申报一个信息化教学改革项目，将从哪个角度进行入手，主要研究内容将是什么？作为学习主题；在进行了信息化环境中的协作学习相关内容的面对面培训之后，可以提出将信息化环境中协作学习过程的监控与调节作为学习主题。在教师介绍主流的Web2.0工具及其在教学中的应用之后，可以提出如"对于课程中提到的多种Web2.0工具，选择其中一种或多种，进行信息化教学方案的设计"等学习主题。

2. 从学员的信息化教学实践中产生学习主题

由教师根据面对面培训的内容提出学习主题的方式一般适用于教师教育技术能力培养的初期，随着教师教育技术能力培养的深入与发展，学习主题要由学员自主提出，并根据学员提出的学习主题，自发组成教师学习共同体。学员自发组成的教师学习共同体，更能提高学员参与的积极性，共同体的持续性及效果相对也更好。

随着高校教师教育技术培训的开展，教师的教育技术能力从最初的学习模仿阶段发展到确定应用阶段。在确定应用阶段，学员开始进行信息化的教学实践，将在培训中学习的信息化环境中的多种教学模式、教学活动设计与实施、多元化的教学评价等应用于教学中。在实践应用的过程中，学员会遇到很多问题，如在开展基于信息化环境的协作学习时，学员往往会发现学生参与协作学习的积极性不高、很多协作小组存在个别成员大包大揽，其他成员搭便车的现象；在进行混合学习的过程中，会出现如何进行面对面教学与在线学习的混合，如何对学生在线活动进行客观评价等问题，这些实践中发现的问题，便可以成为学习主题。由于这些问题是学员在实践教学情境中产生的，会引起其余学员的共鸣，因此，可以激发其他学员参与问题解决的积极性，促进学员在共同协商中得到问题的解决方案。

3. 学习主题的整合与调整

由于本论文提及的基于Web2.0的高校教师学习共同体，是以教师的教育技术能力校本培训为基础的，学习共同体的成员一般也以培训班中的学员为主。为了更好地组织教师学习共同体，提高学习共同体的建设效果，在培训学员提出学习主题之后，培训教师要对比较相近的学习主题进行整合与调整，这样可以避免部分教师学习共同体成员过少，不能有效地开展学习共同体活动。根据米尔顿·克斯关于教师学习共同体的观点，成功的教师学习共同体成员以8~12人最佳。因此，培训教师要在学员提出学习主题之后，对学习主题进行适当的微调，以保证教师学习共同体结构的合理性。

（三）在Web2.0环境中发布学习主题

在教师学习共同体构建初期阶段，学习主题是由教师根据面对面培训的内容提出的，教师可在培训之后将多个学习主题发布在论坛或者个人的Blog中，学员通过跟帖或者对Blog进行评论的方式，选择自己感兴趣的学习主题；或者由教师在Wiki中发布多个学习主题，由学员通过对该主题签名的方式确定要加入的学习共同体；如果是由学员提出的学习主题，学员将个人提出的学习主题发布在论坛中，教师对学习主题进行审核、调整之后，再发布在个人的Blog或Wiki页面中。

（四）基于Web2.0的教师学习共同体角色划分

基于Web2.0的教师学习共同体包含三种角色：学习共同体的主持人、学习共同体的推动者及普通成员。每种角色在共同体中的职责不同。

1. 基于Web2.0的教师学习共同体的主持人

学习共同体的主持人负责整个学习共同体的组织创建、组织其他成员共同制定学习共同体的规则、共同体内成员分工、共同体学习活动的发起等。教师学习共同体主持人的产生，在不同时期有不同的产生方式。在教师学习共同体构建的初期，由于学习主题是由培训教师根据面对面培训的学习内容而提出的，所以可以在每个学习主题的成员确定之后，由培训教师根据学员的信息化水平、组织能力等指定或者共同体成员自我推荐的方式产生；在学员可以自主提出学习主题的阶段，教师学习共同体的主持人一般由提出学习主题的成员担任。但是教师学习共同体的主持人不能固定为某个成员，要在不同的学习任务及学习主题中更换不同的主持人，使共同体成员都能具备一定的共同体责任感，并在担任主持人的过程中实现与其他共同体成员的深度沟通，强化共同体的社会存在维度。教师学习共同体的主持人的职责主要体现在以下几个方面。

（1）基于Web2.0的教师学习共同体组织的创建。教师学习共同体的主持人要利用Web2.0工具将该共同体的成员聚集在一起，形成一个群体。可以采用的方式有创建一个共同体的Blog，并订阅共同体成员的个人Blog；组织共同体成员之间利用SNS互相添加关注，以便及时获取其他成员的最近更新。

（2）基于Web2.0的教师学习共同体规则的制订与实施监督。教师学习共同体的规则制订是保障共同体规范、有序地开展学习活动的前提条件，缺乏共同体规则，将会影响教师学习共同体的持续性发展。教师学习共同体规则要包含共同体成员的权力与责任、共同体成员在参与共同体活动时需要遵守的行为规范等。教师学习共同体规则的制订要有共同体主持人牵头组织、共同体成员共同参与，在培训教师的指导下制订；同时，在教师学习共同体建设与发展过程中，主持人主要负责共同体规则实施的监督工作，并依据规则调节共同体成员的行为，促使共同体成员的共同学习活动有序、高效地开展。

（3）基于Web2.0的教师学习共同体内成员的任务分工。以提高教师教育技术能力为目的的教师学习共同体除了要围绕一定的学习主题、信息化教学实践问题进行交互、共享外，要以共同体为单位完成培训教师提出的共同任务。如围绕某个教学内容，完成探究性学习的教学设计方案。教师学习共同体的主持人要根据教学设计方案这一任务，通过对任务的分解，结合共同体成员各自的特征，进行合理分工，如由谁负责相关资源的查询、由谁负责资源的整合与处理、由谁进行学习者特征分析、由谁进行方案的设计、由谁代表共同体汇报成果等。教师学习共同体主持人在进行任务分工时，要明确每位成员的任务内容、任务形式、任务的完成时间，以保证共同体成员之间分工明确。

（4）基于Web2.0的教师学习共同体学习活动的发起与过程调节。教师学习共同体的主持人要负责共同体各类学习活动发起与组织工作。如，在共同体成员完成学习任务的过程中，定期组织在线的任务完成情况汇报活动、统一听取成员在任务完成中存在的问题等，这些活动的发起与组织均要由共同体主持人主要负责，也可由其他的成员向主持人提出建议。

2. 基于Web2.0的教师学习共同体的推动者

教师学习共同体的推动者是共同体的引导者，为共同体的建构与发展提供指导性意见，并在共同体的整个实施过程提供辅助与协调。在高校教师的教育技术能力培养过程中，由教育技术的培训教师担任学习共同体的推动者。推动者的任务主要体现在：（1）在教师学习共同体建构初期，推动者负责培训内容提出学习主题、为教师学习共同体提供基本的Web2.0环境、与主持人及其他共同体成员共同制订共同体的规则；（2）在教师学习共同体共同学习的过程中，推动者负责指导主持人完成共同体的任务分工，与共同体成员一起进行交互、协作，为共同体中的学习活动开展提供相关的学习资源及技术支持；（3）通过对共同体的运行过程进行观察，对教师学习共同体的学习过程进行过程性评价，并根据评价的结果为其提供及时的反馈，便于学习共同体的及时调节。

3. 基于Web2.0的教师学习共同体的普通成员

教师学习共同体的普通成员是共同体的重要组成部分，在教师教育技术能力培养过程中，共同体的普通成员的任务与职责包括（1）根据个人的需求，选择培训教师或其他学员提出的学习主题，加入教师学习共同体；（2）积极参与教师学习共同体规则的制订，并严格遵守相关的行为规范；（3）接受并认真完成教师学习共同体主持人分配的任务；（4）利用Web2.0工具对个人的信息化教学状况进行记录与反思，并提出存在的问题，形成个人的学习档案袋；（5）积极主动地利用Web2.0提供的交流、合作空间，参与共同体的经验交流、资源分享、知识的共同建构，不断获取实践性知识。

（五）基于Web2.0的教师学习共同体的规章制定

钟志贤提出，一个良好的学习共同体要包括四个基本要素：归属感、信任感、互惠感及分享感，其中在关于信任感的解释中提到，指共同体中成员之间可以相互信任、相互影响，有序、有规章制约。[①]由此可见，在教师学习共同体的建构中，规章的制订是提高共同体成员信任感的因素之一。基于Web2.0的教师学习共同体规章要包含以下几个方面的内容：（1）基于Web2.0的教师学习共同体的主要任务。基于Web2.0的教师学习共同体，在培养教师的教育技术能力方面的主要任务是促进校内教师之间的合作与交流，共同解决信息化教学改革中的疑难问题；提高教师利用信息技术开展教学、科研的意识与能力，促进其信息化专业发展；使教师熟悉并掌握基于学习共同体的学习方法，并形成自发建构教师学习共同体的意识。（2）基于Web2.0的教

---

① 钟志贤. 知识建构、学习共同体与互动概念的理解[J]. 电化教育研究，2005（11）：20–29.

师学习共同体中成员的权力。主要指教师可以在共同体中获得关于信息化教学、科研能力的提升；可以向共同体的主持人及推动者提出对于共同体学习活动的建议；可以分享共同体中的学习资源；可以向共同体推动者（一般为培训教师）寻求信息化教学及群体学习的帮助，获得咨询与指导。（3）基于Web2.0的教师学习共同体中成员的责任与义务。主要指教师要遵守利用发布信息的相关法律规定；积极参与共同体中的学习活动；向他人分享个人的学习资源与信息化教学的经验；认真执行共同体中的学习任务。（4）违犯相关规范及行为准则所应承担的结果。规章中，要提出如果共同体成员违犯相关规范及行为准则，将会出现怎样的结果。如，将会影响教师在共同体活动中表现的评价。

（六）基于问题、项目的共同体活动策略

基于Web2.0的教师学习共同体的学习活动可以参照研究者提出的网络交互活动。如Riel提出学习圈模式，即若干个处于不同地方的教学班在一个学期中联合完成某个课程的学习，其过程包括形成学习圈，策划所要进行的课题，交流与此课题有关的活动结果，发表作品，以及对整个过程的评价等。Harris设计了远程协作课题模式[①]，其中涉及16种不同的具体活动形式，大致可归为三类：人际交流、信息搜集和问题解决。本研究根据上述的网络交互活动，并结合高校教师教育技术应用的特征，提出基于信息化教学问题的共同体活动及基于信息化教研项目的共同体活动。

1. 基于信息化教学问题的共同体活动策略

基于Web2.0的教师学习共同体中，共同体成员的学习活动以解决教师在信息化教学中的问题为核心。教师在接受过一段时间的教育技术培训，并进行了信息化教学、科研实践之后，便会提出信息化教学的相关问题。教师学习共同体便以解决这些教学实践中的问题为核心，共同体成员在协作中完成问题的解决。杨洪刚等成员融入共同体的过程分为旁观者、参与者、分享者、建设者及贡献者五个阶段。[②] 根据上述观点，本论文提出基于信息化教学问题的共同体活动策略包括信息化教学问题的分析—相关信息的搜集—信

---

① 张建伟. 试论基于网络的学习共同体[J]. 中国远程教育，2000（增刊2）：52-54.

② 杨洪刚，宁玉文，高东怀，等. 基于SNS的网络学习共同体构建研究[J]. 现代教育技术，2010，20（5）：93-96.

息的分享—协作交流—提出问题解决方案—撰写反思日志，如图8-1所示。

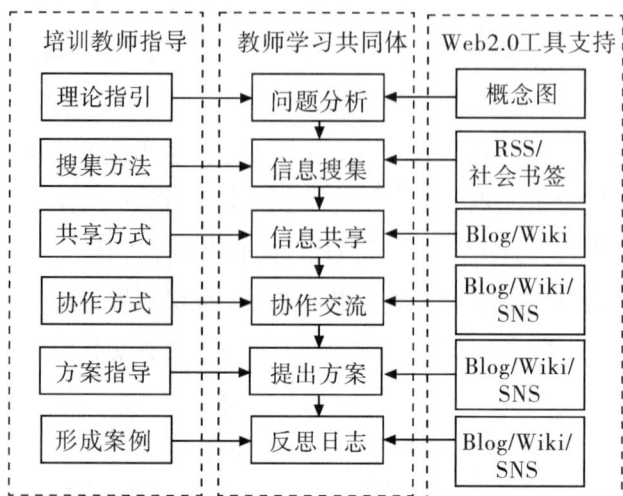

图 8-1   基于信息化教学问题的共同体活动策略

在基于信息化教学问题的共同体活动开展中，培训教师的指导与Web2.0工具的支持是贯穿于整个过程的。

（1）在教师学习共同体进行问题分析时，培训教师要从理论的角度提供指引，引导学员将具体问题与教育技术理论结合起来，在理论中产生解决问题的思路；学员可以借助概念图等工具对问题进行分解，形成一系列子问题，并分析子问题之间的关联关系等。

（2）教师学习共同体进行信息搜集时，培训教师进行信息搜集方法的指导，如除了利用搜索引擎工具进行查询之外，可以在Delicious等社会性书签中追踪（follow）与自己有共同关注的其他人的收藏，以提高信息查询的针对性及准确率，或者通过订阅与问题相关的网站、Blog等，实现信息的定向推送。

（3）教师学习共同体进行信息共享时，培训教师培养其信息共享理念并提供信息共享方式的指导，尤其要关注所共享信息的知识产权问题；学员可以利用Blog、Wiki等工具进行信息的发布与共享。

（4）教师学习共同体进行协作交流时，可利用Blog、SNS的评论与转载功能，Wiki的讨论与共同编辑功能等实现，培训教师对学员的社会网络关系的建构、协作交流有效性等进行监控与指导。

（5）教师学习共同体提出问题解决方案时，培训教师协助学员依据协作交流中达成的共识，提出问题解决方案，并利用Blog、Wiki及SNS等呈现该解决方案。

（6）培训教师指导学习共同体的学员对信息化教学问题的解决过程进行反思，并从开发教学案例的角度指导其撰写反思日志；在这个过程中可利用Blog、Wiki及SNS等进行技术支持。

2. 基于信息化教研项目的教师学习共同体活动策略

基于信息化教研项目的教师学习共同体活动，是在教师的教育技术能力培养的后期阶段主要采用的活动。教师的教育技术能力培养经过初期的学习模仿阶段、尝试使用阶段、困惑怀疑阶段、确定应用阶段之后，进入了创新应用阶段。这个阶段，学员往往会根据自己的教学需求，进行信息化教学改革等方面的研究，并提出新的教与学模式与策略。因此，这个阶段的教师学习共同体可以围绕信息化教学改革研究开展，共同体成员以信息化教研项目的研究与实施为主要任务，开展各类共同体学习活动。

基于信息化教研项目的共同体活动策略包括提出信息化教研项目主题—确定信息化教研项目研究内容与方法—研究项目的任务分工—任务执行情况汇报—形成研究成果—不断修正与完善，如图8-2所示。

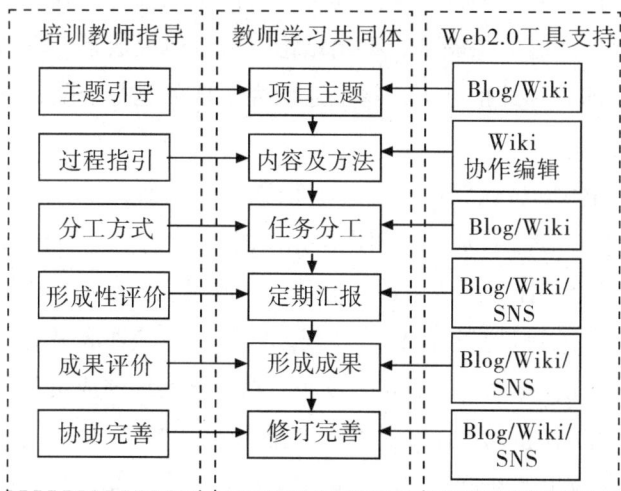

图8-2 基于信息化教研项目的共同体活动策略

在基于信息化教研项目的共同体活动中，培训教师的指导与Web2.0工具的支持主要体现在以下几个方面。

（1）学员在教育技术培训中产生开展信息化教研的需求，在与培训教师的交流中明确信息化教研项目的主题，并在Blog或Wiki中发布，其他学员通过Blog评论或Wiki签名的方式加入该教研项目。如，有学员提出基于协作学习的外语教学模式及效果研究的教研项目，培训教师认为外语教学模式的提法过于宽泛，建议其将研究主题细化到外语教学中的某类课程，听力类课程、阅读类或外语写作类课程等，提高研究的针对性及实践价值。

（2）教师学习共同体围绕教研项目主题，利用Wiki协作编辑的功能对教研项目的研究内容及研究方法进行细化，培训教师协作并指导他们充实研究内容、合理选择研究方法。

（3）教师学习共同体主持人在培训教师的协助下对研究任务进行分割，并将子任务分配给共同体成员。以基于协作学习的外语写作类课程教学模式及效果研究为例，教师学习共同体将该项目的任务分割为通过协作学习相关研究的梳理，形成外语教学中协作学习的必要组成要素；通过对外语写作类课程教学目标的分析，提出将协作学习应用于写作课程的哪些环节，如外语写作范例讨论、写作成果互评；初步提出外语写作类课程教学模式并在共同体内交流、讨论；效果验证方案的提出，对试验课程进行教学活动设计及数据收集方法等；实施效果验证，得出结论，形成研究成果。教师学习共同体的主持人在培训教师的指导下，将上述研究子任务进行分配，发挥每位学员的主动参与性。

（4）共同体成员在领取了研究子任务后开始研究，并要定期在Blog、Wiki中发布研究的阶段性成果，培训根据阶段性成果对其进行形成性评价。

（5）将多个子任务的成果进行汇总，形成研究的总结性成果。总结性成果是信息化教研项目最直接的价值体现，因此，总结性成果的提出与展示至关重要，通过在Blog、Wiki、SNS中发布，接受该共同体成员及其他人的浏览与评价，为研究结论的不断修订与完善提供依据。

（6）研究成果的修订与完善。培训教师从专业的角度对共同体形成的研究成果提出修正建议，提升研究的专业价值。

（七）基于Web2.0的教师学习共同体学习过程的监控

作为教师教育技术能力培养的一个重要组成部分，基于Web2.0的教师学习共同体学习过程的监控、记录与评价至关重要，通过对其过程的监控，为共同体的建构与发展提供反馈，促进共同体的及时调节。对基于Web2.0的教师学习共同体学习过程的监控主要包括以下几个方面。

1. 对教师学习共同体内成员之间的关注、订阅关系的监控

为了促进学员积极参与教师学习共同体的学习活动，培训教师要对学员之间的关注及订阅关系进行监控。教师学习共同体之间的关注、订阅关系是激发学员之间进行交流与沟通的基础条件，如果学员不能及时、方便地获得其他学员的学习内容与资源更新，便不能针对问题及资源开展协作。因此，培训教师要对学习共同体成员间基于网络社会关系进行监控与调节，促进学员从自主学习阶段向边缘性参与阶段发展。共同体成员间的关注与订阅关系监控，主要查看学员是否通过Blog链接、SNS的好友添加、RSS订阅等与其他共同体成员建立了基本的网络关系；对于未进行关注与订阅的学员，作为共同体的推动者的培训教师要及时提醒并协助学员完成。

2. 对教师学习共同体内成员发布资源情况的监控

Gunawardena等将共同知识建构的过程分为五个阶段：（1）学习者相互分享各种信息、观点，针对讨论的主题进行描述；（2）学习者发现和分析在各种思想、概念或者描述中不一致的地方，深化对问题的认识；（3）学习者通过意义协商，进行知识的群体建构；（4）学习者对新建构的观点进行检验和修改；（5）学习者达成一致，应用新建构的知识。[①]因此，在共同体的基本关系确立之后，分享信息与资源是学习共同体建构的首位工作。因此，监控教师学习共同体成员是否能够针对学习主题、共同体任务积极地进行相关资源的搜集与共享，是共同体成员进行共同建构的重要保障。

---

① Gunawardena C N，Lowe C A，Anderson T. Analysis of a global online Analysis of Interaction in Online Environments debate and the development of an interaction analysis model for examining social construction of knowledge in computer conferencing[J]. Journal of Educational Computing Research，1997，7（4）：397–431.

3. 对教师学习共同体内成员评论或引用其他成员情况的监控

教师学习共同体成员在分享资源与观点的过程中，会出现观点不一致的情况，要进行思维的碰撞，需要对他人发表的见解进行评论与引用，并发表个人的不同观点，这是学员深化对问题的认识的过程。如果没有产生丰富的思维碰撞，那么教师学习共同体的成员仍处于边缘性参与的阶段。因此，培训教师要加强对这个阶段的调控，及时提醒没有积极参与讨论的学员。

4. 对教师学习共同体内成员对执行共同任务情况的监控

如上文所述，在高校教师教研技术能力培养过程中，教师学习共同体的学习活动分为基于信息化教学问题与基于信息化教研项目两大类。基于信息化教学问题的活动以共同的知识建构为目的，而基于信息化教研项目的活动以共同任务的完成为目的。因此，对教师学习共同体成员完成共同任务情况的监控，对于共同任务的完成至关重要。培训教师可以根据共同体成员关于任务完成的过程记录对其进行过程性评价，指导共同体成员按照教育技术的相关研究方法，准确、高效地完成任务。

（八）为基于Web2.0的教师学习共同体提供与学习主题相关的资源

培训教师作为教师学习共同体的推动者，要根据学习共同体的主题，提供与主题相关的各类资源，以协助共同体成员进行问题的解决与任务的完成。如，教师学习共同体的学习主题是基于Wiki的探究性学习过程设计，则共同体的推动者要为他们提供探究性学习的相关教学设计方案、与探究性学习设计有关的文献资料、基于Wiki开展教学的案例等。这样，教师学习共同体在进行该主题的学习过程中，便具备一定的理论依据及案例示范，能够通过案例加强对理论的认识，并进行理论的创新应用。

（九）为基于Web2.0的教师学习共同体提供技术支持

由于本研究提出在高校教师教育技术能力培训过程中，建构基于Web2.0的教师学习共同体，而大部分高校教师对Web2.0工具的不够熟悉，即使接受了相关的培训，在实际应用中仍然存在问题。因此，教师学习共同体的推动者要为学习共同体提供Web2.0工具的技术支持，如共同体所选用的Blog、Wiki、SNS等工具的使用指南，并在共同体开展学习活动的过程中，提供及时的技术相关问题的解答。

四、基于Web2.0的高校教师教育技术能力培训的多元评价策略

基于Web2.0的高校教师教育技术能力发展混合了面对面培训与在线的教师学习共同体的学习模式，教学过程相对传统的培训模式也较为复杂。因此，基于Web2.0的高校教师教育技术能力评价不能仅限于培训后的测试及学习成果的评价，要更加强调对学习过程的评价，突出对学员参与教师学习共同体活动情况的评价。因此，本论文提出，通过为学员建立教育技术能力发展档案袋的方式，综合利用形成性评价与总结性评价对学员的教育技术能力发展进行评价。

（一）评价主体多元化

基于Web2.0的教师教育技术能力培养评价主体多元化，是指从培训教师、学员、共同体中的其他成员等多个视角实现教师教育技术能力培养的评价。评价主体的多元化发展，强调多种角色对评价的参与性，这与Web2.0强调参与性的理念也是一致的。

（二）评价项目综合化

基于Web2.0的教师教育技术能力培养评价项目综合化，是指除了对学员提交的作品进行评价外，还要对他们的学习过程进行评价，尤其是学员在Web2.0环境下的教师学习共同体中的表现，能否与其他共同体成员建立网络的社会关系、能否在共同体中分享资源与观点、能否与其他成员进行交流、协作等。

1. 基于Web2.0的教师学习共同体的评价

本研究提出从基于Web2.0的教师学习共同体创建、机制及共同体活动三个方面对基于Web2.0的教师学习共同体学习过程进行评价，如表8-2所示。评价主体包括培训教师及辅导教师，评价结果取多组评价结果的评价值。

表8-2　基于Web2.0的教师学习共同体学习过程评价

评价项目		评价等级				
一级指标及权重	二级指标及权重	优秀 5	良好 4	一般 3	及格 2	不及格 1
基于Web2.0的教师学习共同体创建 20	学员能够利用Web2.0工具选择学习主题，并组成教师学习共同体 4					
	教师学习共同体创建了共同体的Blog、Wiki，作为学习共同体的学习环境 3					
	共同体成员创建了个人的Blog页面、Wiki页面、SNS、RSS阅读器、Delicious社会书签 3					
	共同体成员能够利用SNS、RSS、社会书签等Web2.0工具建立社会网络关系 10					
基于Web2.0的教师学习共同体机制 20	教师学习共同体能够明确主持人、推动者等角色的人选 8					
	教师学习共同体制定了行为规则，并对共同体成员的行为规范进行了明确的规定 12					
基于Web2.0的教师学习共同体活动 60	教师学习共同体能够围绕学习主题组织共同体活动，如基于信息化教学问题的共同体活动、基于信息化教研项目的共同体活动 8					
	教师学习共同体的主持人在共同体的Blog、Wiki中对共同体活动的实施进行了详细的设计，明确了每位成员的具体任务 4					
	教师学习共同体成员能够在个人的Blog、Wiki中发布与共同体活动相关的资源 8					
	教师学习共同体成员能够通过对其他共同体成员的Blog页面进行评论，对其他共同体成员的Wiki页面进行编辑或者参与Wiki讨论实现交流与协作 15					
	教师学习共同体的主持人能够对学习共同体活动的成果进行汇总，并发布在共同体的Blog、Wiki中 10					
	教师学习共同体成员能够通过对共同体的Blog、Wiki中的共同体成果进行评论、编辑等，参与共同体成果的修订与完善 15					

（2）基于Web2.0的高校教师学习共同体学习成果评价

本论文从内容性、逻辑性、技术性、艺术性及协作性五个方面对教师学习共同体的学习成果进行评价[①]，并面向教育技术专家、高校教师发放因素加权调查问卷，得出信息化教学问题解决方案的评价量表，如表8-3所示。

表8-3　信息化教学问题解决方案评价

评价项目		评价等级				
一级指标及权重	二级指标及权重	优秀	良好	一般	及格	不及格
		5	4	3	2	1
内容性 40	问题解决方案有明确的教育技术理论依据，提出问题的解决思路 10					
	问题解决方案中的观点科学、合理 12					
	问题解决方案提出了具体的实施策略建议，具有较强的可行性 10					
	问题解决方案参考资源丰富，且能清晰地注明引用资源的出处 8					
逻辑性 20	问题解决思路清晰，有很强的逻辑性 12					
	各子问题之间的逻辑关系表述明确 8					
技术性 10	问题解决方案发布在网络中，方便其他学员浏览 4					
	问题解决方案的所有页面都能正常运行 6					
艺术性 10	整体效果好，色彩协调，搭配合适 10					
协作性 20	问题解决方案中明确体现每位共同体成员所承担的工作及共同体对每位成员的评价 12					
	能够提供共同体成员间交流、协作的记录 8					

---

① 吴鹏泽. 基于导生制的主题教学设计与应用[J]. 教育研究，2011（12）：103-106.

　　培训教师及多位辅导教师利用表8-3对教师学习共同体得出的信息化教学问题解决方案进行评价，并以多位教师的评价结果的平均值作为该共同体的成果评价结果。

　　本研究从内容性、方法性、过程性、结论性及协作性几个方面对教师学习共同体形成的信息化教研项目研究方案进行评价，并面向教育技术专家、高校教师发放因素加权调查问卷，得出教信息化教研项目研究方案评价量表，如表8-4所示。

表8-4　信息化教研项目研究方案评价

评价项目		评价等级				
一级指标及权重	二级指标及权重	优秀 5	良好 4	一般 3	及格 2	不及格 1
内容性 15	研究内容具有重要的现实意义，为高校教师的信息化教学提供实践依据 8					
	能够结合教育技术相关理论确定研究内容，且研究内容充实 7					
方法性 20	能够选择适当的教育技术研究方法，开展信息化教研 6					
	能够规范应用所选用的教育技术研究方法 10					
	能够将定性分析与定量分析结合应用 4					
过程性 25	研究阶段划分清晰，能明确每个阶段的主要任务 10					
	研究方案的设计和实施等方面均符合教研项目的规范性要求 15					
结论性 20	为研究结论设计了验证环节，以保证结论可信、合理 12					
	研究结论具有普适性，能够在一定范围内实施推广 8					
协作性 20	研究成果中明确体现每位共同体成员所承担的任务及共同体对每位成员的评价 12					
	能够提供共同体成员间交流、协作的记录 8					

培训教师及多位辅导教师利用表8-4对教师学习共同体得出的信息化教研项目的研究成果进行评价，并以多位教师的评价结果的平均值作为该共同体的成果评价结果。

2．对学员的多元评价

（1）学员的学习过程评价

①学员参与课堂活动的评价

学员将个人参与课堂活动的方式记录下来，形成学员个人的电子学档。培训教师向学员明确表示，学员的电子学档将作为其参与课堂活动评价的主要依据。如，培训教师在课堂中组织了分组的信息化教学案例讨论活动，则学员要在个人的电子学档中记录：第一，同组成员的组成情况；第二，本人针对教学案例发表的观点；第三，同组其他成员的主要观点；第四，本人对同组其他成员观点的简评。

②学员参与基于Web2.0的教师学习共同体过程的评价

学员参与基于Web2.0的教师学习共同体的过程主要包括：第一，通过Web2.0工具选择学习主题加入教师学习共同体的次数；第二，通过Web2.0工具与共同体中其他成员建立社会网络关系；第三，学员参与教师学习共同体学习主题任务分析的过程；第四，学员完成共同体学习任务的情况，以阶段性汇报的成果为依据；第五，学员参与学习共同体讨论的情况，以发表观点及对他人观点进行回应为主；第六，学员参与共同体学习成果共同编辑的情况。

（2）以信息化教学设计方案为主的学员学习成果评价

①信息化教学设计方案评价

在广州大学教师教育技术培训中的信息化教学设计课程结束后，每位学员都要提交一份教学设计方案，学员在自己所教授的课程中选择学习内容，进行信息化教学设计。面向教育技术从业人员、教育技术专家及高校教师发放信息化教学设计方案评价指标体系各因素加权意见调查问卷（附录五），并最终形成教学设计方案评价量表，如表8-5所示。组织多位教育技术专业人员对学员提交的教学设计方案进行评价。

表8-5　信息化教学设计方案评价

评价项目		评价等级				
一级指标及权重	二级指标及权重	优秀 5	良好 4	一般 3	及格 2	不及格 1
信息化教学目标设计 10	根据学生及课程的特点，确定课程的教学目标，利用行为目标的方式描述教学目标 4					
	信息化教学目标体现学生个性化、协作交流等 6					
信息化教学环境及资源设计 20	信息化教学基本软硬件环境的设计，如网络教室、常用办公软件等 6					
	对信息化教学相关的认知工具进行设计，如概念图、Blog、Wiki等社会化认知工具 8					
	根据教学目标、教学活动对信息化教学相关的教学资源进行设计 6					
信息化教学过程设计 40	对信息化教学过程中需要完成任务按阶段划分，并明确每个阶段的目标 10					
	对信息化教学过程中具体的教学活动设计，如活动的参与者、活动的开展形式等 20					
	信息化教学过程的支架设计，明确在以学生为中心的学习过程中，教师从哪些方面提供指导与帮助 10					
信息化教学评价设计 30	体现评价主体多元化，即不止包括教师评价，还包括学生自我评价与学生互评 10					
	体现形成性评价与总结性评价的结合，强调对学生学习过程的监控与调节 12					
	评价手段多样化，除课程考试的评价手段外，采纳评价量表、电子学档等方式 8					

②其他学习成果的评价

除教学设计方案之外，对教育技术培训中学员完成的其他学习成果进行评价，如Photoshop学习成果、视频处理学习成果及SPSS数据处理学习成果等。

180

（3）学员对学习共同体贡献的评价

以教师学习共同体过程及成果的评价为基础，根据每位学员对学习共同体的贡献，确定学员对学习共同体贡献的评价。学员对学习共同体贡献=学习共同体评价结果×学员贡献率，学员贡献率依据学习共同体内学员间互评结果确定。如，教师学习共同体A组的评价结果为80，学习共同体A组中的×学员在互评中的评价结果为85，则×学员在共同体学习成果部分的评价结果为 $80 \times 0.85 = 68$。

（三）评价手段多样化

基于Web2.0的教师教育技术能力培养评价手段多样化，是指针对不同的学习内容、学习目标采取不同的评价手段，如基本的信息技术知识与技能可以采用测评的手段，学员的学习过程及能力发展采用档案袋的方式，学员培训前后的态度及能力的自我评价采用量规的方式。

总之，基于Web2.0的高校教师教育技术能力培训的教学评价要从评价主体、评价项目及评价手段等多方面实现多样化，提高评价的全面性及准确性。

第四节 基于Web2.0的高校教师教育技术能力培训绩效评价的策略

根据本研究提出的基于Web2.0的高校教师教育技术能力培训模式，高校教师的教育技术能力培养绩效评价主要包含内部产出绩效评价、内部运行绩效评价及外部适应绩效评价三个层次。主要包含高校教师教育技术能力的提升、基于Web2.0的高校教师教育技术能力培训过程中资源配置的投入产出情况、基于Web2.0的高校教师教育技术能力培训过程中策略实施效果、教师在培训后的教学、科研行为及效果的变化。

一、应用高校教师教育技术能力评价指标体系进行教育技术能力评价

对于基于Web2.0的高校教师教育技术能力培训的内部产出绩效评价，即教师教育技术能力提升情况的评价，要依据本论文高校教师教育技术能力评价指标体系进行。针对评价指标体系中不同的内容，选取的评价方式也各不相同。因此，本论文将该指标体系中的一级指标及二级指标与评价方式对应

起来，如表8-6所示，以此来评价教师的教育技术能力提升程度。

表 8-6　基于 Web2.0 的高校教师教育技术能力评价指标与评价方式

一级指标	二级指标	评价者	评价方法
意识与责任	1．具有应用教育技术促进高校教学和自身专业发展的意识	学员自我评价	问卷调查法
	2．能够遵守与技术使用相关的法律法规和社会道德，并为学生树立典范	学员自我评价	问卷调查法
知识与技能	3．了解教育技术的基本理论、掌握基本的信息技术工具	教师评价　学员自我评价	测试法　问卷调查法
	4．掌握数字化教学的特点、模式与方法	教师评价　学员自我评价	访谈法　问卷调查法
教学设计、实施与评价	5．能够确定合理的教学目标，选择有效的教学内容	学员自我评价　教师评价	问卷调查法　教学设计方案的内容分析
	6．能够设计并实施有效的教学活动	学员自我评价　教师评价	问卷调查法　教学设计方案的内容分析
	7．能够为教学提供恰当的媒体、资源和工具，创设有效的学习环境	学员自我评价　教师评价	问卷调查法　教学设计方案的内容分析
	8．能够与同行和管理人员等就教学问题进行有效交流	学员自我评价　教师评价	问卷调查法　教学设计方案的内容分析
	9．能够为学生提供与学习内容和技术标准相一致的多种形成性评价与总结性评价，并能利用评价结果和数据支持教学与学习	学员自我评价　教师评价	问卷调查法　教学设计方案的内容分析
科研、创新与自我发展	10．能够关注新技术和方法，并将其应用于个人专业成长	学员自我评价	问卷调查法
	11．能够借助技术手段开展学术交流、提升科研管理水平	学员自我评价	问卷调查法

二、应用基于Web2.0的高校教师教育技术能力培训内部运行绩效评价

基于Web2.0的高校教师教育技术能力培训过程中资源配置的投入产出情况分析，首先要建构基于Web2.0的高校教师教育技术能力培训内部绩效评价指标体系。本论文使用德尔菲法，向教育技术领域的相关专家征询基于Web2.0的高校教师教育技术能力培训内部绩效评价指标的投入与产出的指标项，并得出最终的资源投入指标项及产出指标项，如表8-7所示。根据表8-7，利用管理学中的数据包络分析法对教师教育技术培训的内部绩效进行评价。

表 8-7 基于Web2.0的高校教师教育技术能力培训内部绩效评价指标体系

一级指标	二级指标	三级指标
基于Web2.0的高校教师教育技术能力培训系统的资源投入	人力资源投入	培训教师人数
		培训辅导教师人数
	物力资源投入	硬件环境
		培训经费投入
	信息资源投入	网络课程
		资源库
		教学课件
基于Web2.0的高校教师教育技术能力培训系统的产出	教师教育技术能力显著提升	意识与责任显著提升人数
		知识与技能显著提升人数
		教学设计、实施与评价显著提升人数
		科研、创新与自我发展显著提升人数

三、应用基于Web2.0的高校教师教育技术能力培训外部适应绩效评价

通过对学员参加培训之后，在课堂教学及科研等方面使用信息技术的情况进行追踪。主要的评价方式采用对学员的个别访谈及对学员所面向的学生进行问卷调查，了解学员在培训后使用信息技术开展教学的情况进行分析。

第五节　基于Web2.0的高校教师教育技术能力培训后继工作的策略

一、制定后继工作相关政策

为了维持并发展学员教育技术能力培养的成果，学校的教育技术培训机构要制定相关的后继工作政策，将培训后的服务规范化，为学员培训后的学习成果转化提供持续的学习支持。后继工作的相关政策要明确教育技术培训机构的职责、提供学习支持服务的方式、提供学习支持服务的人员等。由于教育技术培训机构的工作人员有较多日常工作，因此后继工作以基于网络的交流、协助为主，后继工作的内容主要有以下几个方面。

1. 相关的技术支持

通过在教育技术培训网站中向学员提供与各类信息技术工具使用相关的文档、常见问题解答、操作演示视频等，为学员日常教学、科研中关于信息技术应用的问题进行支持。

2. 信息化教学相关资源

通过在教育技术培训网站或培训教师的个人Blog、SNS页面中发布与信息化教学相关的教学案例、教学设计方案、相关的研究文献等，为学员的信息化教学提供理论参考及实践指导。

3. 提高培训教师进行后继工作的积极性

为学员的教育技术能力提升提供后继工作，对于教育技术培训机构的教师而言，在一定程度上增加了工作任务。因此，为了提高教育技术培训机构教师提供后继工作的积极性，教育技术培训机构可以采取一定的激励措施，如统计教师工作量等。

二、继续参与教师的学习共同体

由于本研究提出的基于Web2.0的高校教师教育技术能力培训过程中，强调基于Web2.0的教师学习共同体的建设与发展。因此，为了鼓励学员在培训后继续学习共同体的学习方式，本研究提出将培训教师参与学习共同体作为后继工作的一个主要措施。这样，一方面有利于学员在培训后继续学习共同体的创建与发展，提高学员在交流、协作中学习的意识与能力；另一方面，培训教师的持续参与，通过对教师学习共同体的持续关注与指导，为教师学习共同体的成熟与规范起到推动作用。

三、基于信息化教学改革项目合作的后继工作

为了促进学员培训后的教育技术能力的不断提升与发展，基于信息化的教学改革项目的申请与研究过程中，可采用学科教师与教育技术培训机构教师合作的方式。教育技术培训机构的教师可在学科教师的信息化教学改革中提供一定的理念指引与技术支持。如，学科教师要进行基于集体协作作业的英语教学改革，教育技术培训机构的教师可以在协作学习的方式、如何设计协作学习活动、协作学习评价等方面为学科教师提供支持，在该项目的研究过程中，学科教师对协作学习的特点、模式等都有所了解，提高了组织基于网络环境的协作学习的能力。

四、组织信息化教学竞赛

为了促进教师教育技术能力培养成果的转化，促进教师在教学实践中应用信息技术、进行信息技术与课程教学的整合，由学校的教务部门牵头，与教育技术部门合作组织周期性的信息化教学竞赛。信息化教学竞赛在促进教师将教育技术培训的学习应用于实践教学的同时，也可以激发未参与培训的教师提升教育技术能力的内部动机。

基于Web2.0的高校教师教育技术能力培训个案研究

为了验证本研究提出的基于Web2.0的高校教师教育技术能力培训模式及策略的有效性，本研究采取个案研究的方法，在广州大学实施教育技术能力培训模式及策略，并检验模式及策略实施的效果。

第一节　基于Web2.0的高校教师教育技术能力培训个案研究概述

186

一、试验目的

根据前期提出的基于Web2.0的高校教师教育技术能力培训模式及策略，在广州大学教师教育技术培训实践中，验证模式及策略的有效性；根据对广州大学进行的个案分析，对前期提出的基于Web2.0的高校教师教育技术能力培训模式及策略进行一定的修正与完善，提高本研究提出的模式及策略的实用价值及可推广性。

二、试验对象

本研究选取广州大学的教师教育技术能力培训项目为个案，将本研究提出的基于Web2.0的教师教育技术能力培训模式及策略应用于广州大学的教师教育中。本研究以广州大学基于Web2.0的教师教育技术能力培训中的二级培训为本个案研究的样本。因此，试验对象是参加广州大学第十期教师教育技术培训的35位教师。

三、试验变量

试验以基于Web2.0的高校教师教育技术能力培训模式及策略为试验变量，以学员对培训的满意度、高校教师基于Web2.0的教育技术能力提升程度、教师教育技术培训的内部运行绩效、外部绩效等策略应用效果为反应变量。

四、试验假设

基于Web2.0的高校教师教育技术能力培训模式及策略，可以提升学员对培训的满意度，提升高校教师基于Web2.0的教育技术能力，提升高校教师的协作学习等能力，提升高校教师教育技术培训的内部运行绩效和外部适应绩效。

第二节　基于Web2.0的高校教师教育技术能力培训个案研究试验与效果

一、基于Web2.0的高校教师教育技术能力培训个案研究试验过程

根据第七章构建的基于Web2.0的教师教育技术能力培训模式及第八章提出的基于Web2.0的教师教育技术能力培训策略，进行广州大学教师教育技术培训设计与实施。通过对广州大学教师教育技术培训进行培训需求分析（附录三），形成广州大学教师教育技术能力培训方案（附录四）、培训实施及培训的后继工作等。培训实施阶段主要以面对面培训与基于Web2.0的教师学习共同体交替进行的方式开展，即在每两次面对面培训的间隔，以基于Web2.0的教师学习共同体来促进学员的教育技术能力提升。

二、基于Web2.0的高校教师教育技术能力培训满意度调查

（一）问卷调查的目的

本问卷调查旨在了解参加广州大学教师教育技术培训的学员对培训的满意度及培训在培训内容、培训方式等方面采取策略的认同情况。

（二）调查样本的选取

本次调查研究以参加广州大学第十期教师教育技术培训的35位教师为调查样本。

（三）调查结果的数据分析

1. 学员对基于Web2.0的教师教育技术培训的总体评价

表 9-1　学员对基于 Web2.0 的教师教育技术培训的总体评价结果

项目	对培训的评价	非常不同意 -2	不同意 -1	一般同意 0	同意 1	非常同意 2	得分率 Fi
对培训的总体评价	我对本次教师教育技术培训很满意	0	0	2	7	26	0.84
	我很愿意向其他同事推荐该培训	0	0	3	9	23	0.79

从学员对基于 Web2.0 的教师教育技术培训总体评价来看，由于得分率 Fi 的平均得分值是正数且大于 0.5，说明学员对培训的整体效果认同度较高，并愿意向其他同事推荐参加培训。

2. 学员对基于 Web2.0 的教师教育技术培训内容的评价

表 9-2　学员对基于 Web2.0 的教师教育技术培训内容的评价结果

项目	对培训的评价	非常不同意 -2	不同意 -1	一般同意 0	同意 1	非常同意 2	得分率 Fi
培训内容	培训内容非常丰富	0	0	3	4	28	0.86
	培训内容符合高校教师信息化教学、科研的需求	0	0	2	9	24	0.81
	培训内容能够做到理论与实践结合	0	0	4	10	21	0.74
	培训内容设置能够综合考虑教师的个性化需求	0	0	2	8	25	0.83
	培训提供的资源可以满足我的学习需求	0	1	4	7	23	0.74

学员对培训内容的评价的数据统计可以看出，得分率 Fi 的平均值是正数且大于 0.5，说明绝大多数学员认为培训的内容非常丰富，培训内容符合个人的教学、科研需求，培训内容能做到理论与实践相结合，能考虑学员的个性化需求，能提供满足学习需求的资源。

188

3. 学员对基于Web2.0的教师教育技术培训教师的评价

表9-3　学员对基于Web2.0的教师教育技术培训主讲教师的评价结果

项目	对培训的评价	非常不同意 -2	不同意 -1	一般同意 0	同意 1	非常同意 2	得分率 Fi
培训主讲教师	培训主讲教师具有较高的教育技术专业能力	0	0	6	7	22	0.73
	培训主讲教师能对学员的学习过程进行指导与调节	0	0	3	9	23	0.79
	培训主讲教师提供了信息化教学的良好示范	0	0	4	10	21	0.74

在培训主讲教师的评价方面，得分率Fi的平均值是正数且大于0.5，说明学员对培训主讲教师的专业能力、对学员的学习指导、信息化教学示范等方面持认同态度。

4. 学员对基于Web2.0的教师教育技术培训方式的评价

表9-4　学员对基于Web2.0的教师教育技术培训方式的评价结果

项目	对培训的评价	非常不同意 -2	不同意 -1	一般同意 0	同意 1	非常同意 2	得分率 Fi
培训方式	培训采用了教师讲授、案例教学及学习共同体等多种教学方式，我很满意这样的培训方式	0	0	3	8	24	0.80
	多种方式的混合教学模式明显优于单一模式	0	0	5	8	22	0.74
	我希望在今后的教学中参考本次培训的混合教学方式	0	0	2	7	26	0.84
	培训中的案例教学法符合教育技术理论的教学特征，效果明显优于单纯的讲授	0	1	5	8	21	0.70
	培训中的基于Web2.0的教师学习共同体选用得当，能够激发教师的学习动机，促进教师间的协作交流	0	0	6	8	21	0.71
	培训后，我仍希望能够以教师学习共同体的方式与其他教师进行交流	0	1	4	9	21	0.71

在培训方式方面，得分率Fi的平均值是正数且大于0.5，说明学员认同教育技术培训采用的教师讲授、案例教学及学习共同体相结合的混合教学方式，认为混合方式的培训效果明显优于单一模式，对案例教学法、教师学习共同体的实施持满意态度，且希望在今后的教学中采用培训的方式。

5．学员对基于Web2.0的教师教育技术培训考核的评价

表9-5　学员对基于Web2.0的教师教育技术培训考核的评价结果

项目	对培训的评价	非常不同意 -2	不同意 -1	一般同意 0	同意 1	非常同意 2	得分率 Fi
培训考核	培训同时对学习过程及学习结果评价，能够做到评价的全面性	0	0	5	7	23	0.76
	培训评价对象选择合理，既对学员个人评价，又对学习共同体评价	0	0	4	8	23	0.77
	培训制订多个评价量表，保证培训评价的公正性	0	0	3	10	22	0.77

对于培训的考核，得分率Fi的平均值是正数且大于0.5，说明学员对于教育技术培训采取的形成性评价与总结性评价相结合的方式，评价主体多元化、评价手段多样化等持肯定态度，认为教育技术培训考核能做到全面、合理、公正。

6．学员对Web2.0环境下教师教育技术培训后继工作的评价

表9-6　学员对基于Web2.0的教师教育技术培训后继工作的评价结果

项目	对培训的评价	非常不同意 -2	不同意 -1	一般同意 0	同意 1	非常同意 2	得分率 Fi
培训后继工作	培训的后继工作为教师培训效果巩固提供了保障	0	0	5	8	22	0.74
	培训的后继工作方式多样，内容丰富	0	0	6	8	21	0.71

对于培训提供的后继工作，得分率Fi的平均值是正数且大于0.5，说明学员对培训机构提供的后继工作比较认同，认为培训的后继工作形式多样、内容丰富，且为培训效果的巩固提供了保障。

（四）学员对培训满意度调查小结

通过上述问卷调查数据分析，可以得出如下结论：学员对基于Web2.0的教师教育技术培训持肯定态度，对培训的内容设置、培训的主讲教师、培训的教师讲授+案例教学+教师学习共同体的混合教学方式、培训考核及培训的后继工作等都很满意。

三、基于Web2.0的高校教师教育技术能力提升效果研究

（一）基于Web2.0的高校教师教育技术能力提升的学员自我评价

本研究根据第六章中提出的基于Web2.0的高校教师教育技术能力评价指标体系，形成教师教育技术能力调查表，如表9-7所示。学员利用教师教育技术能力调查表进行自我评价，评价结果如下：

1. 培训后学员意识与责任的自我评价

表9-7 培训后学员的教育技术能力自我评价——意识与责任

项目	相关描述	非常不同意 -2	不同意 -1	一般同意 0	同意 1	非常同意 2	得分率 Fi
意识与责任	教育技术有助于优化我的教学过程、提高教学质量	0	0	2	10	23	0.80
	教育技术能力是高校教师专业素质的必要组成部分	0	1	2	14	18	0.70
	我时常关注新的信息技术发展，并愿意在教学中使用这些技术	1	3	5	11	15	0.51
	我能够规范地使用数字化信息技术，包括对版权、知识产权和资料来源的尊重	2	3	5	8	17	0.50
	我在利用信息技术工具发布资源时有较强的社会责任感，并规范学生的网络学习行为	0	3	7	12	13	0.50

数据统计结果显示，Fi>0.5，这说明培训后，大部分教师的教育技术意识与责任比较高，主要表现在能够认识到教育技术对高校教学的重要性，意识到教育技术是高校教师专业素质的必要部分，有关新技术的意识，尊重版权，具有较强的资源发布责任感等。

表9-8　培训前与培训后学员意识与责任成对样本检验

	成对差分					t	df	Sig.（双侧）
	均值	标准差	均值的标准误	差分的95%置信区间				
				下限	上限			
培训前—培训后	-0.41200	0.26433	0.11821	-0.74021	-0.08379	-3.485	4	0.025

如表9-8所示，双侧t检验的Sig.值为0.025＜0.05，则表明培训前与培训后学员的教育技术能力中的意识与责任部分差异显著，即培训提高了高校教师的教育技术意识与责任。

2. 培训后学员知识与技能的自我评价

表9-9　培训后学员的教育技术能力自我评价——知识与技能

项目	相关描述	非常不同意 -2	不同意 -1	一般同意 0	同意 1	非常同意 2	得分率 Fi
知识与技能	我了解行为主义、认知主义、建构主义等的基本理论，了解什么是情境认知、活动理论、协作学习、分布式认知理论	0	0	3	10	22	0.77
	我了解利用教育技术开展教学研究的方法，如调查研究、行动研究、实验研究、设计性研究、开发性研究等	0	1	1	17	16	0.69
	我掌握了信息化教学工作的基本工具的使用，如Office、学科教学特有的工具、Web2.0工具、数字化校园平台等	0	1	5	11	18	0.66
	我掌握了教学资源的检索、分类、管理的方法，掌握利用Blog、Wiki等Web2.0工具发布教学资源及与他人协作的方式	0	0	5	11	19	0.70
	了解数字化教学资源的基本类型、开发工具及方法，如Flash、Photoshop、Premier等	0	0	4	11	20	0.73
	我了解如何利用计算机网络开展教学，如利用网络课程、精品课程进行教学	0	1	4	12	18	0.67
	我知道授导式教学、自主探究式学习、PBL学习、小组协作式学习、E-Learning、混合式学习等学习模式如何操作，及其与教学内容、教学目标、教学对象之间的对应关系	0	1	7	11	16	0.60
	我了解国家质量工程中有关课程建设的理念、基本结构、一般特点、建设规范、评价标准及其应用模式	1	1	5	13	15	0.57

数据统计结果显示，Fi>0.5，这说明培训后，大部分教师的教育技术知识与技能水平较高，主要表现在教育技术基本理论、Web2.0等信息技术工具的使用、掌握数字化教学的特点、模式与方法等方面。

表9-10 培训前与培训后学员知识与技能成对样本检验

	成对差分					t	df	Sig.（双侧）
	均值	标准差	均值的标准误	差分的95%置信区间				
				下限	上限			
培训前—培训后	-0.48375	0.33487	0.11840	-0.76371	-0.20379	-4.086	7	0.005

如表9-10所示，双侧t检验的Sig.值为0.005＜0.05，则表明培训前与培训后学员的教育技术能力中的知识与技能部分差异显著，即培训明显提高了高校教师的教育技术知识与技能。

3. 培训后学员教学设计、实施与评价的自我评价

表9-11 培训后学员的教育技术能力自我评价——教学设计、实施与评价

项目	相关描述	非常不同意 -2	不同意 -1	一般同意 0	同意 1	非常同意 2	得分率 Fi
教学设计、实施与评价	我能够结合学生和学科特点，确定教学目标	0	0	2	9	24	0.81
	我能够将教学内容与学生的生活情境结合起来	0	0	3	11	21	0.76
	我经常为学生提供参与学习目标、学习内容制订的机会	1	1	7	12	14	0.35
	我能够根据学生多样化的学习风格、信息技术水平等为学生订制个性化的学习活动	1	2	7	11	14	0.50
	能够利用信息技术为教学活动提供必要的教学辅助和支持	0	1	5	12	17	0.64
	我能够借助技术工具（如网络教学平台等）对教学活动过程进行有效的管理和监控，及时发现教学中存在的问题，并进行及时有效的解决	1	2	6	12	14	0.51

（续表）

项目	相关描述	非常不同意 -2	不同意 -1	一般同意 0	同意 1	非常同意 2	得分率 Fi
教学设计、实施与评价	我能够为学生设计、组织与提供恰当的教学资源，并鼓励学生参与课程资源的制作	0	1	6	9	19	0.66
	我可以应用网络教学平台、Web2.0等技术工具，并为学生创设利于协作、交流、互动的学习环境，提高学生的协作能力和探究能力	0	1	3	12	19	0.70
	我能够借助网络工具进行教学反思，并与同行分享教学经验，与教育技术专家讨论教育技术的教学应用问题	0	1	5	13	16	0.63
	我能够与技术支持人员、教学管理人员进行交流与沟通	0	0	7	12	16	0.63
	我能够根据评价目的选择合适的评价方法和工具，并对获取的数据进行合理的解释、说明	0	1	7	13	14	0.57
	我经常通过分析技术工具（如Web2.0工具中学习记录功能、电子档案袋）记录的学习过程，对学生进行形成性评价	1	2	4	11	17	0.59
	我能够在教学中开展学生自我评价、学生互评，并将其纳入考核结果	0	1	7	12	15	0.59
	我能够设计合理的作业、考试、任务、项目性评价等，并能够应用信息化工具（如课程中心的作业、测验管理）组织与实施相关评价	0	0	4	12	19	0.71
	我能够根据教学活动评价结果，不断调整和优化教学过程	0	1	8	15	11	0.51

　　数据统计结果显示，Fi>0.5，这说明培训后，大部分教师教育技术能力中的教学设计、实施与评价水平都较高，主要表现在能够确定合理的教学目标、选择有效的教学内容、能够设计并实施有效的教学活动、能够为教学提供恰当的媒体、资源和工具以及创设有效的学习环境、能够与同行和管理人

194

员等就教学问题进行有效交流、能够为学生提供与学习内容和技术标准相一致的多种形成性评价与总结性评价并且能够利用评价结果和数据支持教学与学习等方面。

表9-12 培训前与培训后学员教学设计、实施与评价成对样本检验

	成对差分					t	df	Sig.（双侧）
	均值	标准差	均值的标准误	差分的95%置信区间				
				下限	上限			
培训前—培训后	−0.55800	0.29297	0.07564	−0.72024	−0.39576	−7.377	14	0.000

如表9-12所示，双侧t检验的Sig.值为0＜0.05，则表明培训前与培训后学员的教育技术能力中的教学设计、实施与评价部分差异显著，即培训明显提高了高校教师的教学设计、实施与评价能力。

4. 培训后学员科研、创新与自我发展的自我评价

表9-13 培训后学员的教育技术能力自我评价——科研、创新与自我发展

项目	相关描述	非常不同意 −2	不同意 −1	一般同意 0	同意 1	非常同意 2	得分率 Fi
科研、创新与自我发展	我能够持续关注新技术及新的教育技术方法（如行动研究），并进行信息化的教学改革研究	0	0	7	11	17	0.64
	我经常参与区域性和全球化的学习共同体以探究技术的创造性应用，进而促进学生学习	0	1	5	12	17	0.64
	我能够定期评价和反思当前的研究和专业实践，从而更有效地开展信息化教学	0	1	5	13	16	0.63
	我能够借助利用信息技术的手段进行学术检索、了解学科的前沿动态	0	0	3	12	20	0.74
	能够利用Web2.0等教育技术手段开展全球范围的学术交流、合作	1	2	6	12	14	0.51
	能够借助技术手段开展项目管理，对研究数据进行统计分析（如SPSS）	0	0	5	12	18	0.69

数据统计结果显示，Fi>0.5，这说明培训后，大部分教师关于教育技术的科研、创新与自我发展水平较高，主要表现在能够关注新技术和方法，并将其应用于个人专业成长，能够借助技术手段开展学术交流、提升科研管理水平。

表9-14　培训前与培训后学员科研、创新与自我发展成对样本检验

	成对差分					t	df	Sig.（双侧）
	均值	标准差	均值的标准误	差分的 95% 置信区间				
				下限	上限			
培训前—培训后	-0.92667	0.07339	0.02996	-1.00369	-0.84964	-30.927	5	0.000

如表9-14所示，双侧t检验的Sig.值为0＜0.05，则表明培训前与培训后学员的教育技术能力中的科研、创新与自我发展部分差异显著，即培训明显提高了高校教师的科研、创新与自我发展能力。

（二）基于Web2.0的高校教师教育技术能力提升的培训教师评价

1. 培训教师对基于Web2.0的教师学习共同体评价

（1）培训教师对基于Web2.0的教师学习共同体学习过程评价

本次培训中，组织了两轮基于Web2.0的教师学习共同体，共组成了12组教师学习共同体。培训教师依据表8-2对每组教师学习共同体的学习过程进行观察与评价，评价结果如表9-15所示。

表9-15　培训教师对基于 Web2.0 的教师学习共同体学习过程评价结果

评价项目		评价等级					
一级指标及权重	二级指标及权重	优秀 5	良好 4	一般 3	及格 2	不及格 1	得分率 Fi
基于Web2.0的教师学习共同体创建 20	学员能够利用Web2.0工具选择学习主题，并组成教师学习共同体 4	1	11	0	0	0	0.82
	教师学习共同体创建了共同体的Blog、Wiki，作为学习共同体的学习环境 3	5	7	0	0	0	0.88
	共同体成员创建了个人的Blog页面、Wiki页面、SNS、RSS阅读器、Delicious社会书签 3	2	6	4	0	0	0.77
	共同体成员能够利用SNS、RSS、社会书签等Web2.0工具建立社会网络关系 10	0	7	5	0	0	0.72

（续表）

评价项目		评价等级					
一级指标及权重	二级指标及权重	优秀 5	良好 4	一般 3	及格 2	不及格 1	得分率 Fi
基于Web2.0的教师学习共同体机制 20	教师学习共同体能够明确主持人、推动者等角色的人选 8	4	5	3	0	0	0.82
	教师学习共同体制订了行为规则，并对共同体成员的行为规范进行了明确的规定 12	0	10	1	1	0	0.75
基于Web2.0的教师学习共同体活动 60	教师学习共同体能够围绕学习主题组织共同体活动，如基于信息化教学问题的共同体活动、基于信息化教研项目的共同体活动 8	3	8	1	0	0	0.83
	教师学习共同体的主持人在共同体的Blog、Wiki中对共同体活动的实施进行了详细的设计，明确了每位成员的具体任务 14	2	7	2	1	0	0.77
	教师学习共同体成员能够在个人的Blog、Wiki中发布与共同体活动相关的资源 8	2	8	1	0	0	0.75
	教师学习共同体成员能够通过对其他共同体成员的Blog页面进行评论，对其他共同体成员的Wiki页面进行编辑或者参与Wiki讨论实现交流与协作 15	2	5	2	0	0	0.60
	教师学习共同体的主持人能够对学习共同体活动的成果进行汇总，并发布在共同体的Blog、Wiki中 10	1	8	3	0	0	0.77
	教师学习共同体成员能够通过对共同体的Blog、Wiki中的共同体成果进行评论、编辑等，参与共同体成果的修订与完善 14	0	7	5	0	0	0.72

根据表9-15所示，Fi>0.5，这说明在教师教育技术培训中，基于Web2.0的教师学习共同体的建构是较为成功的，学员掌握了如何利用基于Web2.0的教师学习共同体来提升教育技术能力。

（2）基于Web2.0的教师学习共同体学习成果评价

基于Web2.0的教师学习共同体形成的学习成果进行评价，评价结果如下：

表9-16 信息化教学问题解决方案评价结果

评价项目		评价等级					
一级指标及权重	二级指标及权重	优秀 5	良好 4	一般 3	及格 2	不及格 1	得分率 Fi
内容性 40	问题解决方案有明确的教育技术理论依据，提出问题的解决思路 10	2	4	0	0	0	0.87
	问题解决方案中的观点科学、合理 12	1	5	0	0	0	0.83
	问题解决方案提出了具体的实施策略建议，具有较强的可行性 10	1	4	1	0	0	0.80
	问题解决方案参考资源丰富，且能清晰地注明引用资源的出处 8	1	5	0	0	0	0.83
逻辑性 20	问题解决思路清晰，有很强的逻辑性 12	0	6	0	0	0	0.80
	各子问题之间的逻辑关系表述明确 8	0	2	4	0	0	0.67
技术性 10	问题解决方案发布在网络中，方便其他学员浏览 4	0	3	3	0	0	0.70
	问题解决方案的所有页面都能正常运行 6	0	5	1	0	0	0.77
艺术性 10	整体效果好，色彩协调，搭配合适 10	1	2	3	0	0	0.73

（续表）

评价项目		评价等级					
一级指标及权重	二级指标及权重	优秀 5	良好 4	一般 3	及格 2	不及格 1	得分率 Fi
协作性 20	问题解决方案中明确体现每位共同体成员所承担的工作及共同体对每位成员的评价 12	0	4	2	0	0	0.73
	能够提供共同体成员间交流、协作的记录 8	0	6	0	0	0	0.80

由表9-16的数据统计结果，可以得出：第一轮教师学习共同体中，6组教师学习共同体形成的信息化教学问题解决方案在内容性、逻辑性、技术性、艺术性及协作性等方面的得分率均高于0.5，这表明教师学习共同体能够较好地在协作交流中进行信息化教学问题的解决。

表9-17 信息化教研项目研究方案评价结果

评价项目		评价等级					
一级指标及权重	二级指标及权重	优秀 5	良好 4	一般 3	及格 2	不及格 1	得分率 Fi
内容性 15	研究内容具有重要的现实意义，为高校教师的信息化教学提供实践依据 8	1	5	0	0	0	0.83
	能够结合教育技术相关理论确定研究内容，且研究内容充实 7	0	6	0	0	0	0.80
方法性 20	能够选择适当的教育技术研究方法，开展信息化教研 6	0	5	1	0	0	0.77
	能够规范应用所选用的教育技术研究方法 10	0	2	4	0	0	0.67
	能够将定性分析与定量分析结合应用 4	0	4	2	0	0	0.73

（续表）

评价项目		评价等级					
一级指标及权重	二级指标及权重	优秀 5	良好 4	一般 3	及格 2	不及格 1	得分率 Fi
过程性 25	研究阶段划分清晰，能明确每个阶段的主要任务 10	0	2	4	0	0	0.67
	研究方案的设计和实施等方面均符合教研项目的规范性要求 15	0	2	4	0	0	0.67
结论性 20	为研究结论设计了验证环节，以保证结论可信、合理 12	0	3	3	0	0	0.70
	研究结论具有普适性，能够在一定范围内实施推广 8	0	4	2	0	0	0.73
协作性 20	研究成果中明确体现每位共同体成员所承担的任务及共同体对每位成员的评价 12	0	5	1	0	0	0.77
	能够提供共同体成员间交流、协作的记录 8	1	3	2	0	0	0.77

由表9-17的数据统计结果，可以得出：第二轮教师学习共同体中，6组教师学习共同体形成的信息化教研项目研究方案在内容性、方法性、过程性、结论性及协作性等方面的得分率均大于0.5，这表明教师学习共同体能够较好地在协作交流中进行信息化教研项目方案的设计，从而为信息化教研项目的实施打好基础。

2. 培训教师对学员个人的评价

（1）培训教师对学员学习过程的评价

培训教师对学员关于案例讨论的记录文档进行分析，分析结果显示：有32位学员（91.4%）积极参与课堂中的信息化教学案例讨论活动，并对参与课堂中案例讨论的情况进行反思，对同组中其他成员的观点进行总结与分析。

（2）培训教师对学员个人学习成果的评价

①培训教师对学员的信息化教学设计方案评价

表9-18 信息化教学设计方案评价结果

评价项目		评价等级					
一级指标及权重	二级指标及权重	优秀 5	良好 4	一般 3	及格 2	不及格 1	得分率 Fi
信息化教学目标设计 10	根据学生及课程的特点,确定课程的教学目标,利用行为目标的方式描述教学目标 4	15	16	4	0	0	0.86
	信息化教学目标体现学生个性化、协作交流等 6	14	17	3	1	0	0.85
信息化教学环境及资源设计 20	信息化教学基本软硬件环境的设计,如网络教室、常用办公软件等 6	13	18	4	0	0	0.85
	对信息化教学相关的认知工具进行设计,如概念图、Blog、Wiki等社会化认知工具 8	11	21	2	1	0	0.84
	根据教学目标、教学活动对信息化教学相关的教学资源进行设计 6	9	24	2	0	0	0.84
信息化教学过程设计 40	对信息化教学过程中需要完成的任务按阶段划分,并明确每个阶段的目标 10	12	20	3	0	0	0.85
	对信息化教学过程中具体的教学活动设计,如活动的参与者、活动的开展形式等 20	14	16	5	0	0	0.85
	信息化教学过程的支架设计,明确在以学生为中心的学习过程中,教师从哪些方面提供指导与帮助 10	12	20	2	1	0	0.85
信息化教学评价设计 30	体现评价主体多元化,即不止包括教师评价,还包括学生自我评价与学生互评 10	9	19	5	2	0	0.80
	体现形成性评价与总结性评价的结合,强调对学生学习过程的监控与调节 12	9	22	4	0	0	0.83
	评价手段多样化,除课程考试的评价手段外,采纳评价量表、电子学档等方式 8	7	19	5	4	0	0.77

由表9-18的数据分析结果显示，学员的信息化教学设计方案的各指标项的得分率均大于0.5。这表明，大部分学员可以较好地掌握信息化教学设计的能力，主要表现在能够较好地进行信息化教学目标设计、信息化教学环境与资源设计、信息化教学过程设计以及信息化教学评价设计。

此外，培训中其余学习成果的达标率均高于86%，这说明学员掌握了教育技术培训中的知识与技能。

（三）基于Web2.0的高校教师教育技术能力提升效果小结

通过学员自我评价、培训教师评对学习过程及学习成果三个方面相互补充，对基于Web2.0的高校教师教育技术能力提升效果分析形成了三角互证。由此可以得出：通过实施基于Web2.0的高校教师教育技术能力培训，学员的教育技术能力在意识与责任、知识与技能、教学设计及其实施与评价、科研创新与自我发展四个方面均得到明显提升，即学员的教育技术能力得到显著提高；学员以教师学习共同体的方式进行教育技术能力提升中，教师学习共同体的过程及结果评价都偏高，说明学员能够掌握了利用学习共同体提升教育技术能力的方式，且取得较好的成果；学员能够较好地参与课堂活动，并提高了信息化教学设计能力、教学资源的加工与处理技能、信息化科研数据的处理能力等。

四、基于Web2.0的高校教师教育技术能力培训策略应用效果研究

为了了解个案研究中教师教育技术能力培养模式及策略的应用效果，本研究对广州大学教师教育技术培训中的策略应用效果进行了调查分析。本调查对象为参加广州大学第十期教育技术培训的35位教师，共发放问卷35份，回收有效问卷35份，有效回收率为100%。

（一）问卷调查的目的

本次问卷调查旨在了解学员对本次教育技术培训中采取的培训需求分析策略、学习方案制订策略、培训实施策略、培训评价策略及培训后继工作策略的应用效果。

（二）教师教育技术培训策略问卷的制订

本次调查采用的调查问卷根据个案中采取的培训策略制订，针对培训需求分析策略、培训方案制订策略、案例教学、参与性活动策略、基于Web2.0的教

师学习共同体的策略、培训评价的策略等多个角度制订问卷，如附录七。

（三）调查样本的选取

本次调查研究以参加广州大学第十期教师教育技术培训的35位教师为调查样本。

（四）调查结果的数据分析

1. 协作学习的意识与能力提升

表9-19　学员协作学习的意识与能力的提升

策略应用效果	题目	非常不同意 -2	不同意 -1	一般同意 0	同意 1	非常同意 2	得分率 Fi
协作学习的意识与能力提升	7. 提高了面对面交流的能力	0	0	3	12	20	0.74
	9. 提高了利用信息技术协作学习的意识	0	0	2	10	23	0.80
	10. 提高了利用信息技术构建学习共同体的能力	0	0	4	9	22	0.76
	11. 提高了分解协作学习任务的能力	0	0	6	9	20	0.70
	12. 提高了数字化学习的能力	0	0	4	11	20	0.73
	13. 提高了利用信息技术完成协作任务的能力	0	0	4	7	24	0.79
	14. 提高了共同体成员利用信息技术协作、交流的能力	0	0	2	8	25	0.83
	15. 提高了利用信息技术表达、呈现协作学习成果的能力	0	0	5	9	21	0.73

在表9-19中，数据统计结果Fi>0.5，这说明基于Web2.0的教育技术培训策略提高了大部分学员的协作学习的意识与能力，具体体现在提高了学员面对面交流的能力、利用信息技术协作学习的意识、建构学习共同体的能力、利用信息技术协作和交流的能力等。

2. 利用案例进行信息能力提升的意识与能力

表9-20　学员利用案例进行信息能力提升的意识与能力

策略应用效果	题目	非常不同意 -2	不同意 -1	一般同意 0	同意 1	非常同意 2	得分率 Fi
利用案例进行信息化能力提升意识与能力	6．提高了分析信息化教学案例的能力	0	0	5	9	21	0.73
	20．提高了利用案例等信息化资源开展自主学习的能力	0	1	4	10	20	0.70

在表9-20中，数据统计结果Fi>0.5，这说明培训提高了学员分析信息化教学案例的能力，提高了学员利用教学案例等资源展开自主学习的能力。

3．学习者参与教学过程意识与能力的提升

表9-21　学习者参与教学过程的意识与能力的提升

策略应用效果	题目	非常不同意 -2	不同意 -1	一般同意 0	同意 1	非常同意 2	得分率 Fi
提高学习者参与教学过程的意识与能力	3．提高了了解学习者需求的意识	0	0	5	8	22	0.74
	4．提高了参与教师专业成长的能力	0	1	6	12	16	0.61
	5．提高了学习者参与学习过程的意识	0	1	4	9	21	0.71
	19．提高了学习者参与学习评价的意识	0	0	6	7	22	0.73

在表9-21中，数据统计结果Fi>0.5，这说明培训提高了学习者参与教学过程的意识与能力，这不止意味着学员参与培训过程能力的提升，也包括学员在教学中学生参与性的意识的提高。

4．创新应用信息技术意识与能力提升

表 9-22　学员创新应用信息技术意识与能力的提升

策略应用效果	题目	非常不同意 -2	不同意 -1	一般同意 0	同意 1	非常同意 2	得分率 Fi
信息技术的创新应用意识与能力	8．提高了记录及反思学习过程的能力	0	0	5	9	21	0.73
	16．提高了创新应用信息技术改善教学的能力	0	0	4	13	18	0.70
	21．提高了持续关注信息技术发展及教学应用的能力	0	1	6	7	21	0.69
	22．提高了学习成果转化的能力	0	0	5	10	20	0.71

在表 9-22 中，数据统计结果 Fi>0.5，这说明大部分学员创新应用信息技术的意识与能力得以提升，主要表现在记录并反思学习过程的能力、创新应用信息技术改善教学的能力、持续关注信息技术教学应用的能力、学习成果向实践转化的能力等。

5．自我评价能力的提升

表 9-23　学员自我评价能力的提升

策略应用效果	题目	非常不同意 -2	不同意 -1	一般同意 0	同意 1	非常同意 2	得分率 Fi
自我评价的能力	1．提高了对自我教育技术能力评价的能力	0	0	2	7	26	0.84
	2．提高了表达个人学习需求的能力	0	0	3	9	23	0.79
	17．提高了对学习过程自我评价的能力	0	0	2	8	25	0.83
	18．提高了与他人互相评价的能力	0	0	3	9	23	0.79

在表9-23中，数据统计结果Fi>0.5，这说明大部分学员提升了自我评价的能力，主要表现在对自我教育技术能力的评价能力、根据自我评价表达个人需求的能力、对学习过程自我评价的能力等。

（五）基于Web2.0的教师教育技术培训能力策略应用效果小结

根据上述数据分析结果，可以得出如下结论：本研究在个案中采取的基于Web2.0的教育技术培训策略提升了学员协作学习的意识与能力、利用案例进行信息化能力提升的意识与能力、参与教学过程的意识与能力、创新应用信息技术的意识与能力以及进行自我评价的能力。

五、基于Web2.0的高校教师教育技术能力培训的内部运行绩效研究

根据第六章中关于教师教育技术能力培养内部绩效评价策略中的论述，本论文将采用数据包络分析法（DEA）对本次基于Web2.0的教育技术培训与广州大学之前开展的两次教育技术培训进行绩效对比分析。

（一）高校教师教育技术能力培训输入指标分析

1. 高校教师教育技术能力培训输入指标统计

本研究根据表8-7提出的教师教育技术培训绩效评价体系，对基于Web2.0的高校教师教育技术培训与前期的两次高校教师教育技术培训的输入指标进行统计、分析，如表9-24所示。

表9-24　高校教师教育技术能力培训输入指标原始数据

培训	培训教师人数/人	培训辅导教师人数/人	硬件环境/个	培训经费投入/元	网络课程/次	资源库/个	教学课件数/件
基于Web2.0的教育技术培训	6	3	35	2000	5	0	6
教育技术培训一	7	5	60	3000	6	1	7
教育技术培训二	6	4	40	2500	6	1	6

2. 高校教师教育技术能力培训输入指标主成分分析

表9-25 高校教师教育技术能力培训输入指标总体方差解释情况

成分	初始特征值			提取平方和载入			旋转平方和载入		
	合计/%	方差的/%	累积/%	合计/%	方差的/%	累积/%	合计/%	方差的/%	累积/%
1	5.860	83.720	83.720	5.860	83.720	83.720	3.605	51.502	51.502
2	1.140	16.280	100.000	1.140	16.280	100.000	3.395	48.498	100.000
3	3.525E-16	5.036E-15	100.000						
4	1.264E-16	1.806E-15	100.000						
5	1.609E-17	2.299E-16	100.000						
6	-5.729E-18	-8.185E-17	100.000						
7	-4.740E-16	-6.772E-15	100.000						

提取方法：主成分分析。

表9-26 高校教师教育技术能力培训输入主成分得分系数矩阵

	成分	
	1	2
培训教师人数	0.398	-0.199
培训辅导教师人数	-0.010	0.251
硬件环境	0.301	-0.079
培训经费投入	0.107	0.135
网络课程	-0.212	0.432
资源库	-0.212	0.432
教学课件	0.398	-0.199

提取方法：主成分分析法。
旋转法：具有Kaiser标准化的正交旋转法。
构成得分。

由表9-25、表9-26可以看出，本研究从高校教师教育技术能力培训的输入指标中抽取两个主成分。

表9-27　样本输入主成分分值及标准化分值

培训	F1 分值	F2 分值	F1 标准化分值	F2 标准化分值
基于Web2.0的教育技术培训	−0.294 47	−1.116 52	0.27	0
教育技术培训一	1.114 17	0.303 25	1	0.74
教育技术培训二	−0.819 70	0.813 28	0	1

　　由于主成分是一个综合指标，其值可能会出现负数，而在应用DEA方法时要求指标值非负，故对得到的主成分综合指标用级差变换法进行标准化，结果如表9-27所示。

　　（二）高校教师教育技术能力培训输出指标分析

　　1. 高校教师教育技术能力培训输出指标统计

　　本研究提出的教师教育技术培训绩效评价体系，对基于Web2.0的高校教师教育技术能力培训与前期的两次高校教师教育技术能力培训的输出指标进行统计、分析，如表9-28所示。

表9-28　高校教师教育技术能力培训输出指标原始数据

培训	意识与责任显著提升人数比例 /%	知识与技能显著提升人数比例 /%	教学设计、实施与评价显著提升人数比例 /%	科研、创新与自我发展显著提升人数比例 /%
基于Web2.0的教育技术培训	0.8	0.86	0.91	0.83
教育技术培训一	0.75	0.67	0.7	0.68
教育技术培训二	0.7	0.65	0.64	0.68

　　2. 高校教师教育技术能力培训输出指标主成分分析

表9-29 高校教师教育技术能力培训输出指标总体方差解释情况

成分	初始特征值			提取平方和载入		
	合计 /%	方差的 /%	累积 /%	合计 /%	方差的 /%	累积 /%
1	3.846	96.160	96.160	3.846	96.160	96.160
2	0.154	3.840	100.000			
3	1.933E-16	4.831E-15	100.000			
4	2.523E-17	6.307E-16	100.000			

提取方法：主成分分析。

由表9-29可以看出，高校教师教育技术能力培训输出指标主成分分析，抽取出一个主成分。样本的输出主成分分值及标准化分值如表9-30所示。

表9-30 样本输出主成分分值及标准化分值

培训	H1 分值	H1 标准化分值
基于Web2.0的教育技术培训	1.131 22	1
教育技术培训一	-0.364 99	0.21
教育技术培训二	-0.766 23	0

（三）高校教师教育技术能力培训的内部绩效评价

利用Max DEA5.2对教师教育技术培训输入主成分的标准化分值及输出主成分的标准化分值进行数据包络分析后，得出结果如表9-31所示。

表9-31 教师教育技术培训输入输出数据包络分析

DMU	Score	Dual Price (input1)	RHS Lower Bound (input1)	RHS Upper Bound (input1)	Dual Price (input2)	RHS Lower Bound (input2)	RHS Upper Bound (input2)	Dual 0Price (output1)	RHS Lower Bound (output1)	RHS Upper Bound (output1)
A	1	-3.703704	0	1E+30	0	-1E+30	1E+30	1	-1	0
B	0.0567	-1	-0.9433	0.0567	0	-0.041958	1E+30	0.27	-0.21	3.493 704
C	0	0	-1E+30	1E+30	-1	-1	1E+30	0	-1E+30	1E+30

可以看出，A组（基于Web2.0的教师教育技术培训）的内部运行绩效值

为1，且高于前期的两次教育技术培训。

（四）基于Web2.0的高校教师教育技术能力培训内部运行绩效分析小结

通过对教师教育技术培训的输入指标及输出指标进行主成分分析，并对主成分分析后的输入、输出主成分标准化分值进行数据包络分析（DEA）。根据DEA分析的结果，可以得出：基于Web2.0的高校教师教育技术培训的内部运行绩效相对高于之前的教师教育技术培训，即基于Web2.0的高校教师教育技术能力培训策略提高了培训系统的内部运行绩效，带来更高的投入/产出比。

六、基于Web2.0的高校教师教育技术能力培训的外部适应绩效研究

为了验证广州大学组织的基于Web2.0的教师教育技术能力培训的外部适应绩效，本研究选取参加培训的三位学员进行个案追踪，主要采取的方式是对这三位学员所教授的学生进行访谈，访谈的内容以教师的信息化教学能力的提升为主。

（一）访谈目的

本次访谈旨在了解，学员参加教师教育技术培训后，在教学中的信息化教学行为的改变。

（二）访谈对象

访谈对象选择参加广州大学第十期教师教育技术培训的三位教师所教授的九位学生，选择每位教师教授的三位学生。

（三）访谈内容分析

访谈的内容包括（1）教师在教学中采用多种教学模式的情况；（2）教师为学生提供参与教学过程机会的情况；（3）教师关于学生协作学习活动的组织情况；（4）教师对学生进行多元评价的情况。

1. 教师在教学中采用多种教学模式

接受访谈的九位学生均提到教师在教学中不再局限于教师讲授的教学模式，而是混合应用多种教学方式。

老师现在在课堂中，经常会在他的网络课程中提供一些相关的案例，让我们围绕案例分组进行讨论。在我们讨论的过程中，老师会在课室中巡走，并不时加入一些小组的讨论。我们都觉得这样的教学方式比以前满堂灌的方

式效果要好很多。

老师在讲解完相关的基础性知识后，经常会组织我们以小组的方式完成设计任务。这样的方式不会让人觉得乏味，而且能增加同学之间的沟通。

2. 教师为学生提供参与教学过程机会的情况

接受访谈的学生提到，教师能够为学生提供参与整个学习过程的机会，如学习内容的设置、学习的组织形式等。

老师创建了自己的Blog，并把下堂课的主要学习内容、学习活动的安排发布在他的Blog中，让大家对这些内容发表个人的意见，如果有更好的学习活动建议也可以通过评论的方式向老师提出。

3. 教师关于学生协作学习活动的组织情况

教师能够根据具体的学习内容，组织一定的小组协作学习，对小组学习的人员构成、任务分配、学习过程等进行持续的指导。

老师在组织小组学习时，往往把不同性别、不同学习基础的同学编成一个小组，并要求我们根据小组的学习任务进行分工。在学习过程中遇到问题，老师能够及时地给予解答。

老师会在上课前把分组的情况公布出来，要求我们利用网络通信工具进行一定的交流。在小组学习过程中，老师要求我们把自己负责的学习任务的完成情况进行记录，并将完成任务过程中存在问题与其他小组成员讨论。

4. 教师对学生进行多元评价的情况

教师能够同时对学生的学习过程及学习成果进行评价，并在评价中采取学生自我评价、互相评价的方式，保证教学评价的多元性、公正性及合理性。

老师以前都是用期末考试和平时考勤的方式进行评价，现在老师会对我们平时在学习活动中的表现尤其是利用Blog、Wiki等开展的学习活动进行记录，并将这些表现计入课程评价。

除了老师对我们的评价之外，老师还要求我们进行自我评价，并在小组学习中进行成员之间的相互评价，由于有组内相互评价的要求，小组成员都能积极参与小组学习任务。

（四）基于Web2.0的教师教育技术培训外部适应绩效访谈小结

根据以上对访谈结果的内容分析，可以得出：学员在结束了个案组织的基于Web2.0的教育技术培训后在信息化教学方面得到较为明显的改善，基于Web2.0的教师教育技术培训呈现出较高的外部适应绩效。主要体现在：在教学中能够采用教师讲授、案例教学、协作学习等多种学习模式；开始关注学生对教学的参与性，让学生参与教学内容、教学活动的设计；能够较好地组织小组协作学习，且加强对学生协作学习的指导；能够开展全方位的教学评价，做到评价主体多元化、形成性评价与总结性评价相结合。

第十章 ▶▶▶

移动环境下职前教师信息技术应用能力培养策略构建

第一节　移动环境下职前教师信息技术应用能力培养策略构建依据

一、相关政策导向

《教育部关于大力推进教师教育课程改革的意见》中指出，要创新教师培养模式，加强以信息技术为基础的现代教育技术开发和应用，将现代教育技术渗透、运用到教学中。《教育部关于实施全国中小学教师信息技术应用能力提升工程的意见》中指出，要推行符合信息技术特点的培养新模式，推行移动学习，为教师使用手机、平板电脑等移动终端进行便捷有效学习提供有力支持。"两标准一指南"等相关配套政策密集出台。

分析可知，相关的政策为移动环境下职前教师信息技术应用能力培养策略构建指明了方向：培养理念方面，要在传统培养模式的基础上有所创新，旨在解决传统培养模式下存在的问题；培养方式方面，要推行符合信息技术特点的移动培养新模式；培养内容的制订方面，要根据职前教师信息技术应用能力培养的实践目标制订培养内容。

二、相关研究支持

经国内外文献分析可知目前职前教师信息技术应用能力培养内容和培养方式普遍存在的问题，相关专家也提出移动环境下职前教师信息技术应用能力培养的策略。改善培养模式方面，例如崔萌等人针对目前信息技术能力培养中存在的问题，提出移动环境下的信息技术能力培养模式[①]；孙旭涛分析了目前职前教师信息技术应用能力培养普遍存在的问题，进而提出移动环境下职前教师信息技术应用能力培养的策略等。[②]课程内容重构方面，例如杨彦栋

---

① 崔萌，胡晓玲，王希哲. 移动环境下中小学教师信息技术应用能力培训模式探索[J]. 教育信息技术，2015（10）：39–42.

② 孙旭涛. 移动学习环境下高校师范生信息化教学能力培养研究[J]. 菏泽学院学报，2014，36（2）：111–114.

等人提出基于能力标准的"现代教育技术"公共课教学内容重构的建议：课程内容应与基础教育信息化建设相适应、教学内容要具有实用性和前沿性、教学内容应注重理论与实践并重等。[①]教学内容的选取和资源建设方面，多以"现代教育技术"课程为例，遵照目前的教学目标和教学内容，设计开发微课程、微课或微视频等适合在移动环境下开展学习的资源，以此来探索移动学习资源支持下的职前教师信息技术应用能力培养策略。

分析可知，移动环境下职前教师信息技术应用能力培养策略研究具有重要意义，在策略的构建过程中应注意内容、情境、反思、实践、基于技术的师生教学共同体、自主学习服务支持、协作学习服务支持等方面的设计。

移动学习设计要素及影响因素方面，相关研究通过不同的研究方法和技术模型提出了移动学习设计要素。相关研究以智能手机、平板电脑等移动设备或者微信、微博等常见的可用于移动设备的APP作为研究切入点，探讨基于设备条件和软件功能的职前教师信息技术应用能力培养活动设计要素及策略，也有相关的研究者选择自主开发适用于其研究的设备软件。

分析可知，职前教师在采用移动技术进行学习时，需要注意学习任务的要求，只有当移动学习技术、学习任务以及职前教师正确学习之间达到合适匹配时，移动学习才能取得较高的效果。移动学习环境、移动学习资源如果能更好地适应职前教师的学习任务，那么职前教师将更多地采纳移动学习行为，从而取得较好的学习效果。移动学习环境与资源不仅在功能上要满足职前教师学习要求，而且要简单易用，成本低，职前教师才会感觉有用，而且愿意使用。移动学习在职前教师培养中的应用具有重要意义，但也有不利的一项因素及注意事项，所以在移动环境下职前教师信息技术应用能力培养策略的构建过程中应注意避免不利的一项因素，尽可能发挥其积极的作用。

三、理论基础支撑

本研究选取了移动学习理论、建构主义理论、联通主义理论、成人学习理论、教学设计理论、教师教育理论为主要理论基础，为策略的构建提供理论指导。移动学习是本策略中最重要的学习方法，其强调对学习者的学习服务支持。移动学习理论中的移动环境下自主学习活动设计、移动环境下协作学习活动设计、移动学习资源开发与设计、移动环境中的评价设计等内容为

[①] 杨彦栋，郭玉刚. 基于《标准》的《现代教育技术》公共课教学内容重构探索[J]. 中国教育信息化，2015（4）：68-70.

移动环境下职前教师信息技术应用能力培养策略的构建提供了理论指导。移动学习的碎片化直接影响学习者系统知识的构建。联通主义理论为本研究中如何保障职前教师在碎片化的知识中构建系统的知识网络体系提供了重要的理论指导。建构主义学习理论强调学习活动以学生为中心和情境，建构主义学习理论为本研究提供了关于职前教师信息技术应用能力培养学习活动设计的启示，包括自主学习活动过程、协作学习活动过程，以及如何在移动环境下设计职前教师信息技术应用能力培养情境。教学设计理论为职前教师培养活动设计实施的重要指导理论。教学设计理论为移动环境下职前教师信息技术应用能力培养策略验证提供了教学设计方法的指导，包括前端分析、教学目标和教学内容分析、教学过程设计、设计评价等。

四、策略的构建过程

（一）第一版移动环境下职前教师信息技术应用能力培养策略（V1.0）

根据前期研究提出了第一版移动环境下职前教师信息技术应用能力培养策略，如图10-1所示。

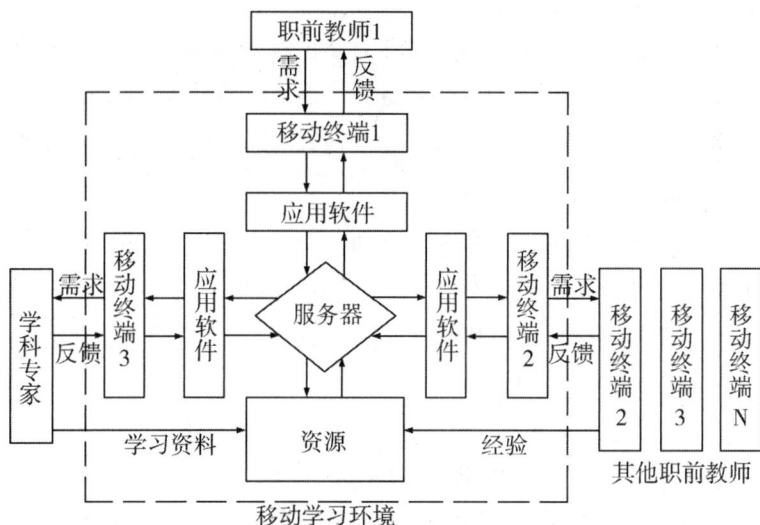

图 10-1 第一版移动环境下职前教师信息技术应用能力培养策略

本版策略的主体主要包括学科专家、职前教师、移动学习环境。其中，学科专家具有丰富的学科教学经验，负责对职前教师进行知识教学，移动学习环境指为职前教师的学习提供个中学习条件的教学环境，主要包括移动学习网络接入技术、移动学习服务器、移动学习软件系统、移动学习资源和移动学习终端设备。本策略主要体现移动学习环境下的互动性，主要包括四个方面的互动：职前教师与移动学习资源的互动，职前教师与学科专家的在线或非在线交流互动，职前教师之间的交流互动，职前教师之间的经验分享。

第一，职前教师与移动学习资源的互动。职前教师有了学习需求之后，可以随时使用移动学习终端上的移动学习软件，在移动学习网络接入技术的支持下，访问存放在移动学习服务器上的移动学习资源；移动学习资源为职前教师提供所需知识，满足职前教师的自主学习需求。

第二，职前教师与学科专家的在线或非在线互动。职前教师有了学习需求之后，现有的移动学习资源不能满足职前教师的学习需求，需要学科专家来为职前教师提供学习支持，满足职前教师的学习需求。此时，职前教师可以随时使用移动终端上的移动学习软件，在移动学习网络接入技术的支持下，与学科专家进行实时的互动，职前教师提出问题，学科专家在线解答，满足职前教师的学习需求。

职前教师也可以与学科专家进行非在线的互动。职前教师可以随时使用移动终端，使用移动学习软件，在移动学习网络接入技术的支持下，将学习问题提交到移动服务器，并通过移动学习软件将职前教师的问题传达给学科专家，学科专家对问题进行非在线的解答，通过移动学习软件将解答结果提交移动学习服务器，移动学习服务器通过移动学习设备将解答结果传送给职前教师，满足职前教师的学习需求。

第三，职前教师之间的交流交流互动：职前教师在遇到问题的时候，也可以通过小组学习的方式，通过随时使用移动终端和移动学习软件，在移动学习网络接入技术的支持下，与其他职前教师交流，以小组学习和合作学习的方式解决学习中存在的问题。

第四，职前教师之间的经验分享。职前教师在学习过程中有了好的经验体会，可以随时使用移动终端，使用移动学习软件，在移动学习网络接入技术的支持下，将经验体会提交到移动学习服务器，移动学习服务器将教学经验加入移动学习资源中，提供给职前教师，满足职前教师的学习需求。

（二）第二版移动环境下职前教师信息技术应用能力培养策略（V2.0）

在与相关专家学者就第一版职前教师信息技术应用能力培养策略讨论之后发现，第一版策略体现了基于移动设备的移动学习过程，但忽略了职前教师信息技术应用能力培养的相关内容策略重于描述移动学习具体过程，要素和观点提炼不够，职前教师培养部分描述过少，并且整体描述不符合策略的描述方式。所以，在此基础上对策略进行进一步的修正，得到第二版移动环境下职前教师信息技术应用能力培养策略，如图10-2所示。

第二版移动环境下职前教师信息技术应用能力培养策略共分四个部分，分别是前端分析、培养方案制订、培养课程开发、培养活动实施。

1．前端分析。（1）职前教师信息技术能力现状分析：编制职前教师信息技术应用能力现状调查问卷，获得并分析职前教师的学习起点水平，为确定培养内容提供参考。（2）职前教师信息技术能力培养需求分析：编制职前教师信息技术应用能力培养内容需求调查问卷，获得学习需求，为确定培养内容提供参考。（3）职前教师学习特征分析：分析职前教师的学习规律，以便根据职前教师的特点开展培养。

图 10-2　第二版移动环境下职前教师信息技术应用能力培养策略

2．确定培养方案。（1）确定培养目标；（2）确定培养内容；（3）设计培养活动。

3．开发培养课程。（1）培养平台搭建；（2）培养资源设计。

4．培养实施。（1）培养前的准备工作：人员准备、设备准备等；（2）培养活动的开展：职前教师随时随地都可以进行自主学习、协作学习，也可以通过培养平台与他人沟通交流，分享经验，在参加培养的过程中完成形成性评价；（3）培养总结性评价；（4）培养后续工作，及时修改与完善。

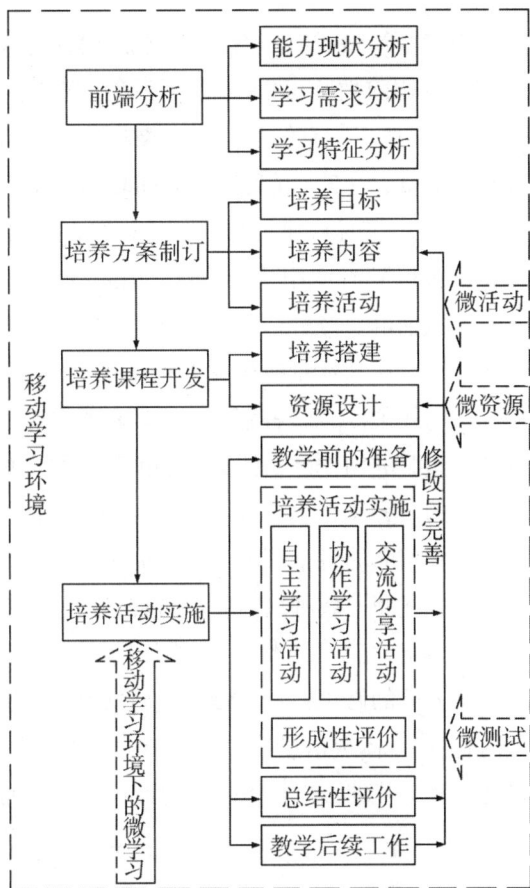

　　第二版策略的特点有，（1）便捷性。大部分的环节都是以移动学习的方式实现，职前教师可以随时随地随机选择培养内容，参与交流，参加评价；（2）微型性。所有的学习资源微型化，评价微型化，使职前教师可以进行微型学习活动；（3）互动性。职前教师与培养资源的互动、职前教师与学科专家的互动、职前教师之间的互动；第四，经验分享。职前教师有了好的教学经验，可以随时使用移动终端，在移动学习网络接入技术的支持下，通过朋友圈、微信群、微社区等方式将教学经验分享给他人。

　　（三）第三版移动环境下职前教师信息技术应用能力培养策略

　　在与相关专家学者就第二版职前教师信息技术应用能力培养策略讨论之后发现，策略的构建已经注意到职前教师培养的各个环节，不再单纯思考移动环境方面的内容，较第一版已有较大进度，但策略的构建重点考虑了移动环境下职前教师培养的各个环节，但忽略了信息技术应用能力培养相关内容；策略体系重于描述职前教师培养整体过程，过于宏观，细节描述不够。所以，结合专家学者给出的建议，本研究在第二版策略的基础上，提出第三版策略，做了以下四个方面的修正：1. 体现职前教师培养相关内容；2. 体现移动学习设计相关内容；3. 体现信息技术应用能力培养相关内容；4. 高度提炼策略体系，并以此策略为基础，进行策略应用设计。策略的构建依据和过程如图10-3所示。

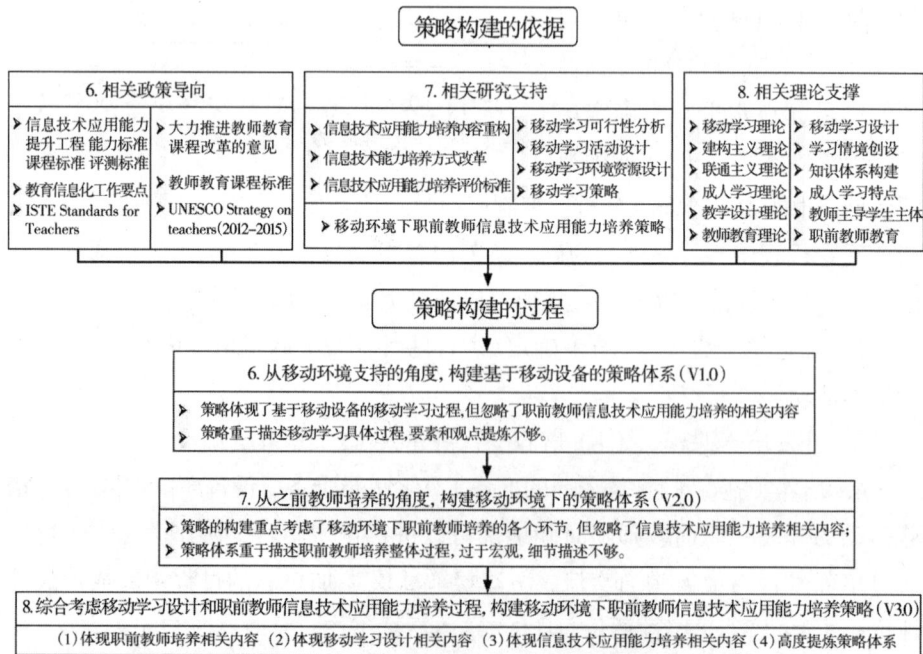

图 10-3　策略的构建依据和过程

第二节　移动环境下职前教师信息技术应用能力培养策略内容

本研究在文献调研、国内外研究现状分析、相关理论指导下提出了移动环境下职前教师信息技术应用能力培养策略，如图10-4所示。

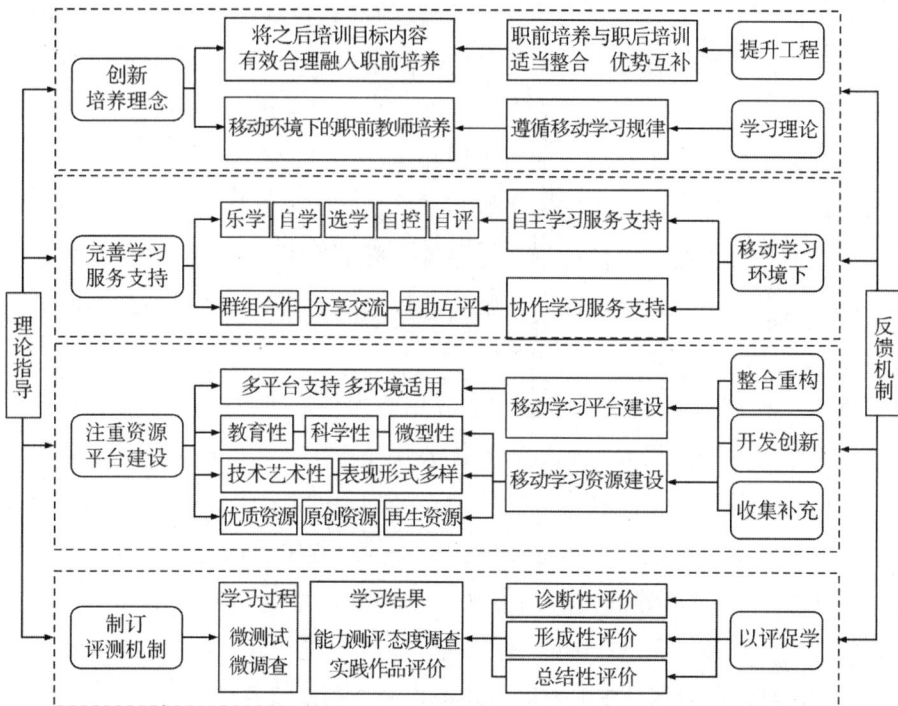

图 10-4　第三版移动环境下职前教师信息技术应用能力培养策略

一、创新职前教师信息技术应用能力培养理念

（一）职前培养与职后培养优势互补，变亡羊补牢为未雨绸缪

职前教师长期处于实践工作环境中，其专业发展遵循着实践范式[①]，接受实践性知识的培养。信息技术应用能力是信息社会教师必备的实践能力，由于信息技术发展迅速，职前教师必须紧跟信息时代的步伐，及时提高自身的信息技术应用能力，以适应社会的发展。所以，国家出台了一系列职前教师信息技术应用能力培养政策，旨在全面提高职前教师的信息技术应用能力水平。

由于受学校教育的影响，职前教师信息技术应用能力的培养依托于现代

---

① 李利. 职前教师实践性知识发展研究[D]. 苏州：苏州大学，2012.

教育技术课程或者教育技术课程的实施。教学模式局限于课堂教学、课程内容过分强调理论知识且更新过慢等诸多诟病，导致职前教师信息技术应用能力的培养效果不佳。教师无法获得入职后工作所需的信息技术实践性知识与锻炼，导致在执教第一年由于无法面对复杂的信息技术教学工作。

解决此问题的途径之一便是将职后教师信息技术能力培养的目标内容及时融入职前教师信息技术应用能力培养活动当中，变"亡羊补牢"为"未雨绸缪"。提升工程的配套政策"两标准一指南"的出台，为信息技术应用能力的提升工作进行了科学详细的规划和建议，以它们为指导对职前教师进行信息技术应用能力的培养能够从源头上对教师的信息技术能力进行系统培养，使职前教师在成长阶段就学习和锻炼未来工作需要的实践知识与技能。如果做好这种未雨绸缪型的职前教师信息技术能力培养工作，对教师的信息技术能力提高将起到事半功倍的效果。①

所以，在创新职前教师信息技术应用能力培养理念方面，本研究提出的第一条策略为职前培养与职后培养优势互补，变"亡羊补牢"为"未雨绸缪"。即将职前教师信息技术应用能力提升相关的能力标准、课程标准及评测标准引入职前教师信息技术应用能力的培养过程中，借鉴和吸收职前教师信息技术应用能力培养的内容与方法，增强职前培养与职后培养的衔接力度，两者优势互补，促进教师的专业发展。

（二）引入移动环境下职前教师培养理念，创新培养模式

《教育部关于大力推进教师教育课程改革的意见》中明确指出，要深化教师教育改革，创新教师培养模式。《教育部关于实施全国中小学教师信息技术应用能力提升工程的意见》文件指出要推行符合信息技术特点的职前教师培养新模式，推行移动学习，为教师使用手机、平板电脑等移动终端进行便捷有效学习提供有力支持，全面提升职前教师的信息技术应用能力。从移动学习自身的角度看，其自身所具有的即时性、泛在性等优势，为移动学习在职前教师培养中的应用提供了内部条件。同时，物质基础基本具备、职前教师乐于接受、个性化学习需求日益增多等众多外部环境为移动学习带来了外部条件。因此，针对职前教师信息技术应用能力培养的特点和需求，设计

① 刘艳丽. 职前教师教育技术能力培养活动生态模型的构建[J]. 中国信息技术教育，2015（Suppl 1）：172–175.

与之相关的移动学习资源与活动，具有现实意义。

二、完善移动环境下职前教师信息技术应用能力培养服务支持

学习活动是移动学习的重要组成部分，是真正促进移动学习发生的重要因素。自主学习活动和协作学习活动能够激发学习者能动性，能够帮助学习者参与、反思、表达、交流、探索。移动环境下职前教师信息技术应用能力培养是技术支持下的学习活动，在移动环境下，职前教师主要进行的是自主学习活动和协作学习活动，所以移动环境下职前教师信息技术应用能力培养应重视移动环境下的自主学习服务支持和协作学习服务支持。

（一）自主学习服务支持

自主学习是以学生作为学习的主体。在学习过程中，学习者有强烈的内在动机，积极、主动参与整个学习过程的学习活动，可以根据学习目标自我制订学习计划，自我选择和调整，对学习过程进行自我调节和监控。赵宏等人认为自主学习成功的关键是保证元认知监控，学习者必须做到对学习的计划、控制、调节和评价，才能称之为自主学习，并提出成人学习者自主学习能力构成，[①]如图10-5所示。李春英等人提出引领学习过程的自主学习服务框架，指出自主学习服务支持包括优化的学习资源、科学选择与组织的学习内容，交互活动设计和学习效果的及时反馈等几个方面，[②]如图10-6所示。

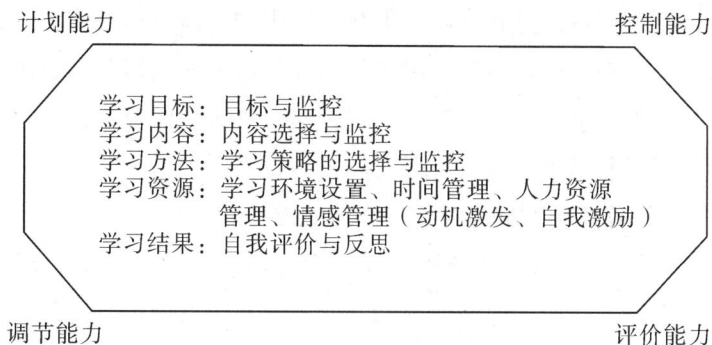

计划能力　　　　　　　　　　　　　　　　控制能力

学习目标：目标与监控
学习内容：内容选择与监控
学习方法：学习策略的选择与监控
学习资源：学习环境设置、时间管理、人力资源
　　　　　管理、情感管理（动机激发、自我激励）
学习结果：自我评价与反思

调节能力　　　　　　　　　　　　　　　　评价能力

图 10-5　成人学习者自主学习能力构成

① 赵宏，陈丽，郑勤华，等. 成人远程学习者自主学习能力培养的教学模式探究[J]. 中国电化教育，2014（6）：37-41，48.

② 李春英，白晓晶，张琳琳，等. 引领网上学习过程的支持服务实践研究与探索[J]. 中国远程教育，2014（7）：51-55.

有支持的自主学习情境

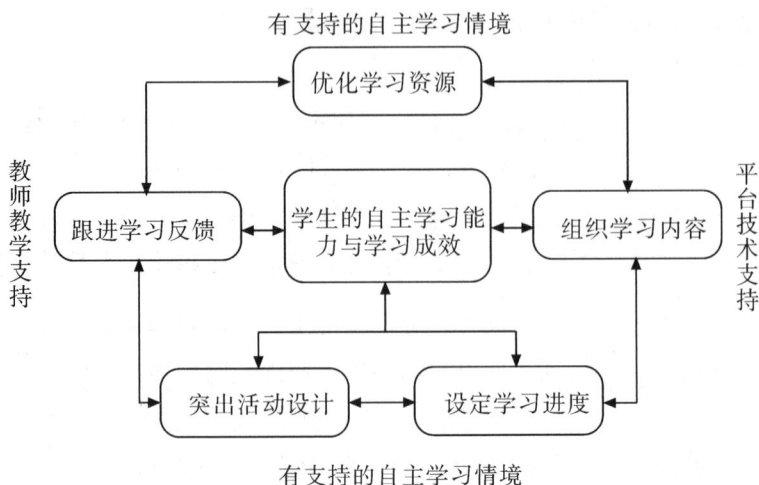

图10-6　自主学习服务支持框架

因此，本研究提出移动环境下职前教师信息技术应用能力培养活动中的自主学习服务支持应保障学习者对贯穿学习过程的学习目标、学习内容、学习方法、学习资源和学习结果进行计划、控制、调节和评价，将其概括为自主学习服务支持应保障职前教师自学、选学、乐学、自控、自评五个要点。

（二）协作学习服务支持

协作学习活动是通过小组或团队的形式组织学生进行互相促进学习的一种活动。①协作学习可以充分调动学生积极性、参与性。学习者将其在学习过程中学习材料、学习信息和学习心得与小组中的其他成员交流共享，共同学习。保障学习者有效进行协作学习包括引导学习者根据需要形成协作小组、保障在学习过程中进行沟通交流分享各种学习资源、保障协作小组能够有效解决问题并且共同完成一定的任务等，形成相互影响、相互促进的人际关系，最终成为协作学习共同体，促进个体的成长。

因此，本研究提出移动环境下职前教师信息技术应用能力培养活动中的协作学习服务支持应保障职前教师在学习过程中有效进行协作学习，包括引导学习者根据需要形成协作小组、保障写作小组之间进行有效的交流与协作、保障协作小组有效解决问题等，将其概括为保障群组合作、交流分享、互助互评。

_____

① 马婧. 国外协作学习理论的演进与前沿热点——基于科学知识图谱的研究[J]. 开放教育研究，2013，19（6）：95-101.

三、注重职前教师信息技术能力培养资源平台建设

（一）资源平台建设的原则和方法

教学媒体的选择应遵循以下原则：目标控制原则、内容符合原则、对象适用原则。[①]目标控制原则是指应根据教学目标选取适用的教学资源和平台。不同的教学目标决定不同的媒体类型和媒体内容的选择。内容符合原则是指教学媒体的选用和设计应符合教学内容。对象适用原则是指在教学媒体的选择与设计时要充分考虑学习者的认知特征。

移动学习的开展依赖于APP等移动平台，APP可以通过开发软件自行开发，也可以借助现有的APP平台开展学习活动。资源建设的一般流程为开发、评审、使用。[②]资源建设遵循三层开发机制，如图10-7。第一，组织教育专家和专业技术人员根据培养内容的要求联合开发原创性资源；第二，通过购买或合作共享整合现有的优质资源，实现资源的互补共享；第三，将学习过程中来自学习者的生成性资源，尤其是一线教学的案例资源，筛选重组，形成可当作补充性资源课程供学习者学习，从而形成良性循环。

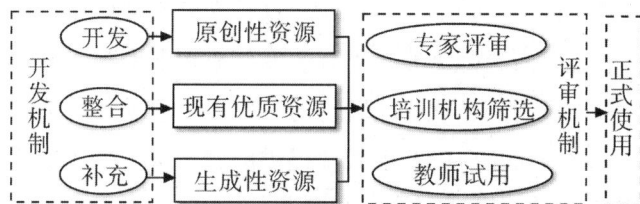

图 10-7 资源建设机制

移动环境下职前教师信息技术应用能力培养活动中的媒体选择也应遵循以上三大基本原则，要考虑资源平台的适用性和成本，为了保障职前教师的学习不受资源平台的限制，资源平台的选择和建设要尽量做到多平台支持、多环境适用。

（二）资源的表现形式及评价标准

移动环境下职前教师信息技术应用能力培养应多提供教学改革相关的研究论文、多提供可观摩分析的课例、多提供政策解读文件、多提供教学设

---

① 何克抗，郑永柏，谢幼如. 教学系统设计[M]. 北京：北京师范大学出版社，2002：122.
② 崔萌，胡晓玲，王希哲. 移动环境下中小学教师信息技术应用能力培训模式探索[J]. 教育信息技术，2015（10）：39-42.

计案例等专业资源。例如，职前教师已掌握一定的教育教学知识，但缺少真实的实践经验，需要通过看论文、看课例来补充自己的不足，所以，移动学习设计过程中应多提供实践案例课例等，以此增加职前教师的实践经验；又如，职前教师不太了解相关教育政策，需要通过阅读教育政策的解读文件来提高职业敏感度，所以，在移动学习资源中，应注意提供信息技术应用能力相关政策及解读方面的学习资源。移动学习具有碎片化学习的特征，应重点关注适合碎片式学习的微型课程资源开发，同时，其学习时间一般较短，所以该微型资源尽量针对那些不需要深度思考的学习内容而开发，增强其趣味性。

李利基于情境学习提出真实性学习的概念，指出情境学习或者真实性学习并不等同于在实践中学习，是指学习者在与实际工作高度模拟的情境中进行学习，并以信息技术职前教师案例教学应用实例（文本类案例：数据库系统——谁是嫌疑人；视频类案例：不可能的任务——Windows综合练习）为依据强调案例教学在职前教师实践性知识和能力的发展过程中的重要作用。[①]信息技术相关知识具有很强的实践性，属于较为典型的实践性知识，仅凭知识技能的掌握不能保证职前教师真正理解信息技术的实践应用。在没有进入实践课堂的条件下，职前教师需要获得真实案例或者课例等资源内容支持，以便最大限度地将知识内容转化为实践能力。所以，移动环境下职前教师信息技术应用能力的培养活动应为职前教师提供内容丰富、形式多样、真实模拟的案例资源支持，以便提高自主学习的效果。

针对普遍意义上的教学材料，何克抗等人提出了五个评价维度，即分别从教学材料的教育性、科学性、技术性、艺术性、经济性五个方面进行综合评价。[②]移动环境下职前教师信息技术应用能力培养的教学资源也必须遵循教学材料的一般原则，符合其评价标准。另外，必须符合移动学习资源的评价标准，如微型性。

四、制定移动环境下职前教师信息技术应用能力能力培养测评机制

评测指南指出要以以评促学、以评促用为基本原则，依据职前教师信息技术应用能力标准，科学确定测评内容，开发测评工具，利用信息技术手

① 李利. 职前教师实践性知识发展研究[D]. 苏州：苏州大学，2012.
② 何克抗，郑永柏，谢幼如. 教学系统设计[M]. 北京：北京师范大学出版社，2012：142.

段，建立测评系统，确保测评结果客观有效。[①]教学设计理论中，根据评价的功能不同，将教学评价分为诊断性评价、形成性评价和总结性评价。[②]本研究中，移动环境下职前教师信息技术应用能力能力培养测评机制主要包括两个部分：学习过程中的评测和学习效果的评测。

（一）学习过程

形成性评价是在某项教学活动中，为了使活动效果更好而不断进行的评价。由于移动学习微型性的特点，形成性评价在移动环境下职前教师信息技术应用能力能力培养过程中更易实现，教师根据教学内容设置形成性评价环节，表现形式可以为问卷调查、微测试、投票、个别询问等，媒介可以选择具有测验调查功能的平台本身，也可选择测验调查功能的其他软件平台的测试链接，如问卷星、微信投票等。形成性评价旨在了解职前教师学习需求、掌握情况、学习进度，以便教师随时跟进监督职前教师的学习情况，及时调整教学计划，做到以评促学。

（二）学习效果

移动环境下职前教师信息技术应用能力能力培养效果的调查从能力测评、态度调查两个方面入手。能力测评属于客观评价，主要包括两个方面，概念知识主要通过测试考察职前教师的学习情况，应用技能主要通过职前教师的提交的作品判断是否已经具备所需技能。学习作品可以是心得体会、学习报告、不同类型的课件、教学设计甚至课堂实录等。学习作品的评价包括教师评价和学生互评，通过学生之间的评价达到取长补短的效果。态度调查属于主观评价，从评价的主体看属于自我评价，通过问卷调查的形式了解学生对自身学习情况的判断和评价。

---

① 教育信息化推进办公室. 教育管理信息化建设与应用指南. 中国教育信息化网站.

② 何克抗，郑永柏，谢幼如. 教学系统设计[M]. 北京：北京师范大学出版社，2012：142.

移动环境下职前教师信息技术应用能力培养策略理论评价

第一节 理论性评价的必要性和评价的方法

一、理论性评价的必要性

移动环境下职前教师信息技术应用能力培养策略理论性评价是指在理论层面对策略的有效性进行定性分析及定量评价。通过运用评价研究法，构建科学合理的评价指标体系，对现有策略进行评价分析，保障其理论可行，并根据分析结果进行对策略进行针对性的修正。

移动环境下职前教师信息技术应用能力培养策略理论性评价的有效性体现在以下两个方面：第一，实践指导的需要。策略在实践应用之前应有一定的测评机制，保证其在理论可行，只有在理论上保证策略的有效可行，才能将其作为实践应用的指导策略；第二，策略构建和修正的需要。策略的理论性评价在一定程度上指导了策略的构建和修正。

二、理论性评价的方法

本研究运用评价研究法对策略进行理论性评价，设计评价指标体系并运用指标体系对策略进行评价，具体评价过程如下：第一，建立移动环境下职前教师信息技术应用能力培养策略评价指标体系；第二，运用评价指标体系对构建的策略进行评价；第三，运用模糊综合评判法对收集的数据进行分析，修正策略。

第二节　移动环境下职前教师信息技术应用能力培养策略评价指标体系

一、评价指标体系设计原则

真实、全面客观地反映移动环境下职前教师信息技术应用能力培养策略有效性的评价指标体系，需要遵循科学、合理的评价指标体系编制原则，合理的指标制定原则可以反映策略的优劣，本研究将针对以下原则制订指标：第一，科学性原则。移动环境下职前教师信息技术应用能力培养策略要具有一定科学性，注重理论与实际相结合；第二，与目标一致性原则。移动环境下职前教师信息技术应用能力培养策略是依据在移动环境下提高职前教师信息技术应用能力这一总体目标进行的，对策略的评价也应与此目标相一致；第三，系统优化原则。评价指标体系内部的各评价指标项构成了一个优化的系统，评价指标项的数量不能太多，也不能太少，应达到简单而全面，采用系统方法，组成树状结构的指标体系，使评价指标体系形成一个优化的系统；第四，移动环境下职前教师信息技术应用能力培养策略的评价指标体系是可以进行通用比较的，即可以进行横向比较和纵向比较；第五，实用性原则。评价指标体系是切实可行的，并且也是易于操作的。

二、评价指标体系的设计思路

本研究设计评价指标体系的过程参考了评价指标体系的一般过程，通过访谈、问卷调查和数据分析的方法建构了移动环境下职前教师信息技术应用能力培养策略评价指标体系，具体设计过程为，第一，通过文献调研、访谈以及资料分析确定评价维度；第二，通过因素分析，初步确定评价指标项；第三，通过相关专家学者的意见调查确定各指标项权重分配；第四，构建移动环境下职前教师信息技术应用能力培养策略评价指标体系。

三、确立评价指标体系的指标项

本研究中评价指标体系指标项的确定从四个方面确定：教学策略和学习策略的一般规律、职前教师培养特点、信息技术应用能力培养特征、移动学习设计要素，如图11-1所示。

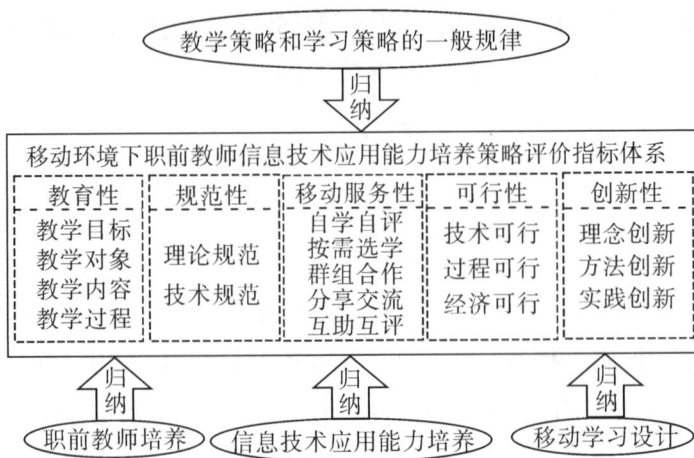

图 11-1　评价指标体系指标项设计思路

教学策略和学习策略方面，郭成认为有效的教学策略的基本特征包括针对性、可操作性、系统综合性、教学策略的灵活性、对教师的启发性和层次性。[①]和学新认为教学策略的基本特征包括指向性、操作性、整体综合性、调控性、灵活性和层次性。[②]张良田认为教学策略具有如下特征：动态性特征、组合性特征和功效性特征。[③]李龙认为学习策略主要有以下五个特点：计划性、主动性、有效性、过程性和程序性。[④]汇总如表11-1所示。

表 11-1　教学策略和学习策略特征相关观点梳理

学者	主要观点
郭成（2006）	针对性、可操作性、系统综合性、教学策略的灵活性、对教师的启发性和层次性
和学新（2000）	指向性、操作性、整体综合性、调控性、灵活性和层次性
张良田（1999）	动态性特征、组合性特征和功效性特征
李龙（2010）	计划性、主动性、有效性、过程性和程序性

通过对上述教学策略和学习策略一般特征的总结归纳，职前教师培养特

---

① 郭成. 课堂教学设计[M]. 北京：人民教育出版社，2006：215-217.
② 和学新. 教学策略的概念、结构及其运用[J]. 教育研究，2000（12）：54-58.
③ 张良田. 教学手段论[M]. 长沙：湖南教育出版社，1999：21-23.
④ 李龙. 教学设计[M]. 北京：高等教育出版社，2010：286.

点、信息技术应用能力培养特征、移动学习设计要素等内容，初步拟定移动环境下职前教师信息技术应用能力培养策略评价指标体系五项一级指标为指向性、规范性、移动服务性、可行性、创新性。通过问卷调查和访谈征求职前教师信息技术应用能力培养相关专业人员对一级指标项的建议，将指向性改为教育性，重新确定一级指标：教育性、规范性、移动服务性、可行性、创新性。

根据对一级指标的分析可知，教育性指策略的构建是以培养职前教师信息技术应用能力这一教学目标为出发点而构建的，策略中涉及的内容和方法必须遵循职前教师信息技术应用能力培养这一教学活动原则；规范性指策略中提到的观点、措施符合职前教师信息技术应用能力培养相关的理论规范和实践规范；移动服务性指策略的构建应考虑移动学习对职前教师信息技术应用能力培养活动中自主学习和协作学习活动的支持；可行性指策略在技术、过程和经济方面有效可行；创新性指策略的构建在现有研究的基础上有所创新。根据内容分析方法确定了二级指标，包括教学目标、教学对象、教学内容、教学过程、理论规范、实践规范、自学自评、按需选学、群组合作、分享交流、互助互评、技术可行、过程可行、经济可行、理念创新、方法创新、实践创新共17项。如表11-2所示。

表11-2 5项一级指标和17项二级指标

一级指标	教育性	规范性	移动服务性	可行性	创新性
二级指标	教学目标 教学对象 教学内容 教学过程	理论规范 实践规范	自学自评 按需选学 群组合作 分享交流 互助互评	技术可行 过程可行 经济可行	理念创新 方法创新 实践创新

确定了二级指标后，为了使评价指标项的设计更加具有规范性，笔者同华南师范大学教育信息技术学院研究生征询意见，并对各二级指标项进行评价指标描述，经过总结，得到了各评价指标项的评价标准的描述，如表11-3所示。

表 11-3　移动环境下职前教师信息技术应用能力培养策略评价指标
体系的二级评价指标项

二级指标	评价标准
V11：教学目标	教学目标明确，策略的选择或建构旨在培养职前教师信息技术应用能力
V12：教学对象	教学对象定位准确清晰，策略的选择或构建符合职前教师的学习风格、年龄特征、心理认知规律及学习需求
V13：教学内容	策略的选择或建构有利于合理呈现教学内容，突出职前教师信息技术能力培养的重点、难点
V14：教学过程	策略选择或构建，能够激发职前教师对信息技术相关内容的学习兴趣，调动其学习积极性
V21：理论规范	策略的选择或构建符合移动环境下职前教师信息技术应用能力培养的基本理论和原则
V22：实践规范	策略的应用符合移动环境下职前教师信息技术应用能力培养的基本技术规范和时间要求
V31：自学自评	策略的选择和构建支持职前教师在移动环境下的自学自评活动
V32：按需选学	策略的选择和构建支持职前教师在移动环境下按照自身需要选择学习内容
V33：群组合作	策略的选择和构建支持职前教师在信息技术应用能力培养过程中构建学习共同体，进行群组合作活动
V34：分享交流	策略的选择和构建支持职前教师在信息技术应用能力培养过程中分享交流学习经历和体会
V35：互助互评	策略的选择和构建支持职前教师在信息技术应用能力培养过程互助互评，提高学习效果
V41：技术可行	策略中选择的技术方案在当前技术条件下可以实现
V42：过程可行	策略中设计的学习活动过程在当前的环境中可以开展
V43：经济可行	策略在现有经济条件下可以有效实施
V51：理念创新	策略的选择和构建拜托既定培养思维模式，基于新的教学理念，进而指导移动环境下职前教师信息技术应用能力培养的过程
V52：方法创新	策略中提炼和总结了新的适用于移动环境下职前教师信息技术应用能力培养的可行性方法与途径
V53：实践创新	策略中包含在创新理念和方法指导下的职前教师信息技术应用能力培养实践活动

四、评价指标体系的指标加权

对评价指标体系各指标项加权，笔者采用统计加权方法[①]。统计加权是设计一项重要程度意见表，让部分有关人员对各项指标的重要程度进行投票，把投票结果按统计公式进行计算，确定权数。向华南师范大学教育信息技术学院职前教师培养相关的教师和专家发放了"移动环境下职前教师信息技术应用能力培养评价指标体系各因素加权意见征询表"，以确定各指标项权重。问卷共发放31份，回收31份，有效问卷31份，有效率100%。

一级指标权重的确定，根据计算权重公式：

$$Wi=，\sum a_j=5+4+3+2+1=15$$

对评价指标体系的五项主因素即一级指标进行加权统计，结果如表11-4所示。

表11-4 主因素加权意见征询

重要程度 主因素	第一 5	第二 4	第三 3	第四 2	第五 1	权重 Wi
V1：教育性	14	6	5	3	3	0.25
V2：规范性	4	10	9	6	2	0.22
V3：移动服务性	3	7	6	8	7	0.19
V4：可行性	7	7	7	6	4	0.22
V5：创新性	3	2	1	6	19	0.12

根据计算权重公式：

$$Wi=，\sum a_j=4+3+2+1=10$$

对一级指标教育性的四项子因素即二级指标进行加权，统计结果如表11-5所示。

[①] 李克东. 教育技术学研究方法[M]. 北京：北京师范大学出版社，2003：204.

表11-5　教育性子因素加权意见征询

一级指标	二级指标	第一位 4	第二位 3	第三位 2	第四位 1	权重 Wi
教育性	教学目标	9	10	8	4	0.28
	教学对象	6	11	9	5	0.26
	教学内容	6	9	10	6	0.25
	教学过程	6	5	4	16	0.21

根据计算权重公式：

$$\text{Wi}=,\ \sum a_j = 2+1 = 3$$

对一级指标规范性的两项子因素即二级指标进行加权统计，结果如表11-6所示。

表11-6　规范性子因素加权意见征询

一级指标	二级指标	第一位 2	第二位 1	权重 Wi
规范性	理论规范	16	13	0.50
	实践规范	13	16	0.50

根据计算权重公式：

$$\text{Wi}=,\ \sum a_j = 4+3+2+1 = 15$$

对一级指标移动服务性的五项子因素即二级指标进行加权统计，结果如表11-7所示。

表11-7　移动服务性子因素加权意见征询

一级指标	二级指标	第一位 5	第二位 4	第三位 3	第四位 2	第五位 1	权重 Wi
移动服务性	自学自评	6	6	8	6	5	0.20
	按需选学	9	9	7	3	3	0.24
	群组合作	5	7	12	5	2	0.22
	分享交流	4	6	8	10	3	0.20
	互助互评	4	3	3	3	18	0.14

根据计算权重公式：

$$Wi=, \sum a_j = 3+2+1=6$$

对一级指标可行性的三项子因素即二级指标进行加权统计，结果如表11-8所示。

表11-8 可行性子因素加权意见征询

一级指标	二级指标	第一位 3	第二位 2	第三位 1	权重 Wi
可行性	技术可行	14	12	5	0.38
	过程可行	9	14	8	0.34
	经济可行	5	9	17	0.28

根据计算权重公式：

$$Wi=, \sum a_j = 3+2+1=6$$

对一级指标创新性的三项子因素即二级指标进行加权统计，结果如表11-9所示。

表11-9 创新性子因素加权意见征询

一级指标	二级指标	第一位 3	第二位 2	第三位 1	权重 Wi
创新性	理念创新	9	12	10	0.33
	方法创新	8	17	6	0.34
	实践创新	13	5	13	0.32

五、建立评价指标体系

根据以上统计结果，得到了移动环境下职前教师信息技术应用能力培养策略评价指标体系，如表11-10所示。

表11—10　移动环境下职前教师信息技术应用能力培养策略评价指标体系

一级指标	二级指标	指标描述	指标权重	评价等级			
				优	良	中	差
教育性 25	教学目标	教学目标明确，策略的选择或建构旨在培养职前教师信息技术应用能力	7				
	教学对象	教学对象定位准确清晰，策略的选择或构建符合职前教师的学习风格、年龄特征、心理认知规律及学习需求	7				
	教学内容	策略的选择或建构有利于合理呈现教学内容，突出职前教师信息技术能力培养的重点、难点	6				
	教学过程	策略选择或构建，能够激发职前教师对信息技术相关内容的学习兴趣，调动其学习积极性	5				
规范性 22	理论规范	策略的选择或构建符合移动环境下职前教师信息技术应用能力培养的基本理论和原则	11				
	实践规范	策略的应用符合移动环境下职前教师信息技术应用能力培养的基本技术规范和时间要求	11				
移动服务性 19	自学自评	策略的选择和构建支持职前教师在移动环境下的自学自评活动	4				
	按需选学	策略的选择和构建支持职前教师在移动环境下按照自身需要选择学习内容	5				
	群组合作	策略的选择和构建支持职前教师在信息技术应用能力培养过程中构建学习共同体，进行群组合作活动	4				
	分享交流	策略的选择和构建支持职前教师在信息技术应用能力培养过程中分享交流学习经历和体会	4				
	互助互评	策略的选择和构建支持职前教师在信息技术应用能力培养过程互助互评，提高学习效果	3				

一级指标	二级指标	指标描述	指标权重	评价等级			
				优	良	中	差
可行性 22	技术可行	策略中选择的技术方案在当前技术条件下可以实现	8				
	过程可行	策略中设计的学习活动过程在当前的环境中可以开展	7				
	经济可行	策略在现有经济条件下可以有效实施	6				
创新性 12	理念创新	策略的选择和构建拜托既定培养思维模式，基于新的教学理念，进而指导移动环境下职前教师信息技术应用能力培养的过程	4				
	方法创新	策略中提炼和总结了新的适用于移动环境下职前教师信息技术应用能力培养的可行性方法与途径	4				
	实践创新	策略中包含在创新理念和方法指导下的职前教师信息技术应用能力培养实践活动	4				
备注	优秀：85~100分；良好：75~84分；中等：60~74分；较差：59分以下						

第三节 移动环境下职前教师信息技术应用能力培养策略模糊综合评判

为调查相关专家学者对移动环境下职前教师信息技术应用能力培养策略的评价，根据建构评价指标体系设计了移动环境下职前教师信息技术应用能力培养策略评价调查问卷，并向相关专家学者发放问卷进行调查。

本次相关专家学者发放问卷30份，回收30份，有效问卷30份，问卷回收率100%，有效率100%。

一、总体评估

根据得分率公式$F_i = \dfrac{\sum (a_i \times n_i)}{a_H \times N}$，$a_i$为各等级的分值，$n_i$为各等级所响应的人数，$a_H$为最高等级分值，$N$为所有人数的总和，计算得到得分率$F_i$值及得分值$W_i$。评价指标的投票结果如表11-11所示。

表11-11 相关专家学者对策略各项评价指标的投票结果统计

一级指标	二级指标	单项指标权重	评价等级				Fi	得分Wi
			优（4）	良（3）	中（2）	差（1）		
教育性 25	教学目标	7	14（0.46）	8（0.26）	6（0.22）	2（0.06）	0.87	6.09
	教学对象	7	4（0.13）	19（0.63）	7（0.24）	0（0.00）	0.77	5.39
	教学内容	6	4（0.13）	16（0.53）	10（0.34）	0（0.00）	0.81	4.86
	教学过程	5	11（0.37）	11（0.36）	7（0.23）	1（0.04）	0.88	4.40
规范性 22	理论规范	11	13（0.43）	12（0.40）	4（0.13）	1（0.04）	0.85	9.35
	实践规范	11	14（0.47）	11（0.36）	4（0.13）	1（0.04）	0.83	9.13
移动服务性 20	自学自评	4	6（0.20）	18（0.60）	5（0.16）	1（0.04）	0.81	3.24
	按需选学	5	11（0.37）	12（0.40）	7（0.23）	0（0.00）	0.81	4.05
	群组合作	4	8（0.27）	16（0.53）	6（0.20）	0（0.00）	0.83	3.32
	分享交流	4	9（0.30）	12（0.40）	9（0.30）	0（0.00）	0.81	3.24
	互助互评	3	8（0.27）	13（0.43）	8（0.27）	1（0.03）	0.89	2.67
可行性 21	技术可行	8	5（0.17）	18（0.60）	6（0.20）	1（0.03）	0.81	6.48
	过程可行	7	8（0.27）	16（0.53）	6（0.20）	0（0.00）	0.84	5.88
	经济可行	6	12（0.40）	10（0.34）	7（0.23）	1（0.03）	0.87	5.22
创新性 12	理念创新	4	4（0.13）	19（0.63）	6（0.20）	1（0.04）	0.77	3.08
	方法创新	4	6（0.20）	19（0.63）	5（0.17）	0（0.00）	0.77	3.08
	实践创新	4	7（0.23）	10（0.34）	12（0.40）	1（0.03）	0.87	3.48
总分								82.96

在百分制的等级划分中，59分以下为差，60~79分为中，80~89分为良，90~100分为优。根据这一等级标准，移动环境下职前教师信息技术应用能力培养策略的得分进入良好（82.96）。

二、各子因素和总体质量模糊综合评判

(一)确定评价指标集

根据对问卷的统计结果,本研究采用二级模糊综合评判数学模型对移动环境下职前教师信息技术应用能力培养策略进行有效性的评判。

第一级因素集为V={教育性,规范性,移动服务性,可行性,创新性}={V1,V2 V3,V4,V5}

第二级因素集合为

V1={教学目标,教学对象,教学内容,教学过程}={V11,V12,V13,V14}

V2={理论规范,实践规范}={V21,V22}

V3={自学自评,按需选学,群组合作,分享交流,互助互评}={V31,V32,V33,V34,V35}

V4={技术可行,过程可行,经济可行}={V41,V42,V43}

V5={理念创新,方法创新,实践创新}={V51,V52,V53}

(二)各子因素模糊综合评判

1. 教育性(V1)模糊集为

R11=(0.46,0.26,0.22,0.06)

R12=(0.13,0.63,0.24,0.00)

R13=(0.13,0.53,0.34,0.00)

R14=(0.37,0.36,0.23,0.04)

计算得出教育性(V1)单因素评判矩阵为

$$R1=\begin{bmatrix} 0.46, & 0.26, & 0.22, & 0.06 \\ 0.13, & 0.63, & 0.24, & 0.00 \\ 0.13, & 0.53, & 0.34, & 0.00 \\ 0.37, & 0.36, & 0.23, & 0.04 \end{bmatrix}$$

教育性中各个子因素的权重为向量A1=(0.07,0.07,0.06,0.05)

进行归一处理:0.07+0.07+0.06+0.05=0.25,经过归一化(0.07/0.25,0.07/0.25,0.06/0.25,0.05/0.25),得到向量W1=(0.28,0.28,0.24,0.20)。

进行模糊变换:

$$B1=W1\bigcirc R1=(0.28,0.28,0.24,0.20)\bigcirc\begin{bmatrix} 0.46, & 0.26, & 0.22, & 0.06 \\ 0.13, & 0.63, & 0.24, & 0.00 \\ 0.13, & 0.53, & 0.34, & 0.00 \\ 0.37, & 0.36, & 0.23, & 0.04 \end{bmatrix}$$

$$= （0.28，0.28，0.24，0.06）$$

再进行归一化处理：0.28+0.28+0.24+0.06=0.86，经过归一化（0.28/0.86，0.28/0.86，0.24/0.86，0.06/0.86），得到向量B1=（0.32，0.32，0.30，0.07）。

根据最大隶属法，相关专家对该策略教育性的评定为优（0.32）。在教育性的各子因素中，V11因素（教学目标），对优的隶属度均为0.46，为最大值，说明策略的选择或建构旨在培养职前教师信息技术应用能力，实现教学目标，从而保证了策略的教育性。

2. 规范性（V2）模糊集为

R21=（0.43，0.40，0.13，0.04）

R22=（0.47，0.36，0.13，0.04）

计算得出规范性（V2）单因素评判矩阵为R2=$\begin{bmatrix} 0.43, & 0.40, & 0.13, & 0.04 \\ 0.47, & 0.36, & 0.13, & 0.04 \end{bmatrix}$

规范性中各个子因素的权重为向量A2=（0.11，0.11）

进行归一处理：0.11+0.11=0.22，经过归一化（0.11/0.22，0.11/0.22），得到向量W2=（0.50，0.50）。

之后进行模糊变换：

$$B2=W2 \bigcirc R2 = （0.50，0.50） \bigcirc \begin{bmatrix} 0.43, & 0.40, & 0.13, & 0.04 \\ 0.47, & 0.36, & 0.13, & 0.04 \end{bmatrix}$$

$$= （0.47，0.40，0.13，0.04）$$

再进行归一化处理：0.47+0.40+0.13+0.04=1.04，经过归一化（0.47/1.04，0.40/1.04，0.13/1.04，0.04/1.04），得到向量B2=（0.45，0.38，0.13，0.04）。

根据最大隶属法，相关专家对该策略规范性的评定为优（0.45）。在规范性的各子因素中，V22因素（实践规范），对优的隶属度是0.47，为最大值，说明策略的应用应该符合移动环境下职前教师信息技术应用能力培养的基本技术规范和时间要求。

3. 移动服务性（V3）模糊集为

R31=（0.20，0.60，0.16，0.04）

R32=（0.37，0.40，0.23，0.00）

R33=（0.27，0.53，0.20，0.00）

R34=（0.30，0.40，0.30，0.00）

R35=（0.27，0.43，0.27，0.03）

计算得出移动服务性（V3）单因素评判矩阵为R3=$\begin{bmatrix} 0.20, & 0.60, & 0.16, & 0.04 \\ 0.37, & 0.40, & 0.23, & 0.00 \\ 0.27, & 0.53, & 0.20, & 0.00 \\ 0.30, & 0.40, & 0.30, & 0.00 \\ 0.27, & 0.43, & 0.27, & 0.03 \end{bmatrix}$

移动服务性中各个子因素的权重为向量A3=（0.20，0.37，0.27，0.30，0.27）

进行归一处理：0.20+0.37+0.27+0.30+0.27=1.41，经过归一化（0.20/1.41，0.37/1.41，0.27/1.41，0.30/1.41，0.27/1.41），得到向量W3=（0.14，0.26，0.19，0.21，0.19）。

之后进行模糊变换：

B3=W3○R3=（0.14，0.26，0.19，0.21，0.19）○$\begin{bmatrix} 0.20, & 0.60, & 0.16, & 0.04 \\ 0.37, & 0.40, & 0.23, & 0.00 \\ 0.27, & 0.53, & 0.20, & 0.00 \\ 0.30, & 0.40, & 0.30, & 0.00 \\ 0.27, & 0.43, & 0.27, & 0.03 \end{bmatrix}$

=（0.26，0.26，0.23，0.04）

再进行归一化处理：0.26+0.26+0.23+0.04=0.79，经过归一化（0.26/0.79，0.26/0.79，0.23/0.79，0.04/0.79），得到向量B3=（0.33，0.33，0.29，0.05）。

根据最大隶属法，相关专家对该策略的移动服务性评定为良（0.33）。在移动服务性的各子因素中，V32因素（按需选学），对优的隶属度是0.37，为最大值，说明策略的选择和构建要支持职前教师在移动环境下按照自身需要选择学习内容。

4. 可行性（V4）模糊集为

R41=（0.17，0.60，0.20，0.03）

R42=（0.27，0.53，0.20，0.00）

R43=（0.40，0.34，0.23，0.03）

计算得出可行性（V4）单因素评判矩阵为R4=$\begin{bmatrix} 0.17, & 0.60, & 0.20, & 0.03 \\ 0.27, & 0.53, & 0.20, & 0.00 \\ 0.40, & 0.34, & 0.23, & 0.03 \end{bmatrix}$

可行性中各个子因素的权重为向量A4=（0.08，0.07，0.06）

进行归一处理：0.08+0.07+0.06=0.21，经过归一化（0.08/0.21，0.07/0.21，0.06/0.21），得到向量W4=（0.38，0.33，0.27）。

之后进行模糊变换：

B4=W4◯R4=（0.38，0.33，0.27）◯$\begin{bmatrix} 0.17, & 0.60, & 0.20, & 0.03 \\ 0.27, & 0.53, & 0.20, & 0.00 \\ 0.40, & 0.34, & 0.23, & 0.03 \end{bmatrix}$

=（0.27，0.38，0.23，0.03）

再进行归一化处理：0.27+0.38+0.23+0.03=0.91，经过归一化（0.27/0.91，0.38/0.91，0.23/0.91，0.03/0.91），得到向量B4=（0.29，0.42，0.25，0.04）。

根据最大隶属法，相关专家对该策略的可行性评定为良（0.42）。在可行性的各子因素中，V43因素（经济可行），对优的隶属度均为0.40，为最大值。说明策略要在现有经济条件下可以有效实施。

5. 创新性（V5）模糊集为

R51=（0.13，0.63，0.20，0.04）

R52=（0.20，0.63，0.17，0.00）

R53=（0.23，0.34，0.40，0.03）

计算得出创新性（V5）单因素评判矩阵为R5=$\begin{bmatrix} 0.13, & 0.63, & 0.20, & 0.04 \\ 0.20, & 0.63, & 0.17, & 0.00 \\ 0.23, & 0.34, & 0.40, & 0.03 \end{bmatrix}$

创新性中各个子因素的权重为向量A5=（0.04，0.04，0.04）

进行归一处理：0.04+0.04+0.04=0.12，经过归一化（0.04/0.12，0.04/0.12，0.04/0.12），得到向量W5=（0.33，0.33，0.33）。

之后进行模糊变换：

$$B5=W5○R5=（0.33，0.33，0.33）○\begin{bmatrix} 0.13，0.63，0.20，0.04 \\ 0.20，0.63，0.17，0.00 \\ 0.23，0.34，0.40，0.03 \end{bmatrix}$$

$$=（0.23，0.33，0.32，0.04）$$

再进行归一化处理：0.23+0.33+0.32+0.04=0.92，经过归一化（0.23/0.92，0.33/0.92，0.32/0.92，0.04/0.92），得到向量B5=（0.25，0.36，0.33，0.06）。

根据最大隶属法，相关专家对该策略的创新性评定为良（0.36）。在创新性的各子因素中，V53因素（实践创新），对优的隶属度均为0.23，为最大值。说明策略中要包含在创新理念和方法指导下的职前教师信息技术应用能力培养实践活动。

根据由以上计算结果可以得出各级主因素模糊综合评判结果，如表11-12所示。

表11-12　主因素模糊综合评判结果

一级指标	评估等级隶属度			
	优	良	中	差
V1教育性	0.32	0.32	0.30	0.07
V2规范性	0.45	0.38	0.13	0.04
V3移动服务性	0.33	0.33	0.29	0.05
V4可行性	0.29	0.42	0.25	0.04
V5创新性	0.25	0.36	0.33	0.06

根据最大隶属原则，得出本研究主因素最大隶属度，如表11-13所示。

表11-13　主因素最大隶属度

一级指标	评估等级隶属度
V1教育性	优（0.32）
V2规范性	优（0.45）
V3移动服务性	良（0.33）
V4可行性	良（0.42）
V5创新性	良（0.36）

（三）策略总体质量模糊综合评判

以各因素集V1、V2、V3、V4、V5为元素，得出上述移动环境下职前教师信息技术应用能力培养策略各子因素模糊综合评判结果后，根据这些结果进行二级模糊综合评判，从而得出移动环境下职前教师信息技术应用能力培养策略总体质量的模糊综合评判结果。用B1、B2、B3、B4、B5构成其单因素评判矩阵

$$B=\begin{bmatrix} 0.32, & 0.31, & 0.30, & 0.07 \\ 0.45, & 0.38, & 0.13, & 0.04 \\ 0.33, & 0.33, & 0.29, & 0.05 \\ 0.29, & 0.42, & 0.25, & 0.04 \\ 0.25, & 0.36, & 0.33, & 0.06 \end{bmatrix}$$

而其权重向量W=（0.25，0.22，0.19，0.22，0.12）

$$则R=（0.25,0.22,0.19,0.22,0.12）\bigcirc \begin{bmatrix} 0.32, & 0.31, & 0.30, & 0.07 \\ 0.45, & 0.38, & 0.13, & 0.04 \\ 0.33, & 0.33, & 0.29, & 0.05 \\ 0.29, & 0.42, & 0.25, & 0.04 \\ 0.25, & 0.36, & 0.33, & 0.06 \end{bmatrix}$$

=（0.25，0.25，0.24，0.07）

再进行归一化处理：0.25+0.25+0.24+0.07=0.82，经过归一化（0.25/0.82，0.25/0.82，0.24/0.82，0.04/0.82），得到向量B=（0.31，0.31，0.30，0.08）。

由此，根据最大隶属法，确定该策略的综合评定为优（0.31）的级别，其中，中的隶属度为0.30。

移动环境下职前教师信息技术应用能力培养策略个案研究

第一节　移动环境下职前教师信息技术应用能力培养教学设计

本研究遵循教学设计一般规律，以移动环境下职前教师信息技术应用能力培养策略为指导，设计移动环境下职前教师信息技术应用能力培养教学设计。

一、策略对教学设计的指导

移动环境下职前教师信息技术应用能力培养策略对教学设计的指导主要表现在教学目标分析、学习者特征分析、教学内容分析、学习活动设计、教学环境与资源的准备和教学评价五个方面。

教学目标分析方面，移动环境下职前教师信息技术应用能力培养策略中指出要将职前培养和职后培养相结合，借鉴职前教师信息技术应用能力培养的能力标准，分析和确定职前教师信息技术应用能力培养的具体目标。学习者特征分析主要指对职前教师的分析，包括职前教师的移动学习需求、职前教师的认知特征、职前教师的移动学习习惯等内容。

教学内容分析方面，移动环境下职前教师信息技术应用能力培养策略中指出要选取贴合中职前教学实践的教学内容，职前教师信息技术应用能力培养课程标准正是从职前教学实际出发制订的，有系统的教学主题和教学要点，对本次教学内容的分析有重要指导作用。

学习活动设计方面，移动环境下职前教师信息技术应用能力培养策略提出要为职前教师提供移动环境下的自主学习服务支持和协作学习服务支持，所以学习活动设计应涵盖自主学习活动和协作学习活动两大类。

教学环境与资源的准备方面，移动环境下职前教师信息技术应用能力培养策略给出了环境和资源的选择与设计原则及方法，根据资源和平台的选择及设计基本原则设计教学环境和资源。

教学评价方面，移动环境下职前教师信息技术应用能力培养策略给出了评价机制的系统构成，主要包括形成性评价和总结性评价两个方面，所以在教学设计中要体现这两个方面的评价过程。

移动环境下职前教师信息技术应用能力培养策略对移动环境下职前教师信息技术应用能力培养教学设计的指导作用如图12-1所示。

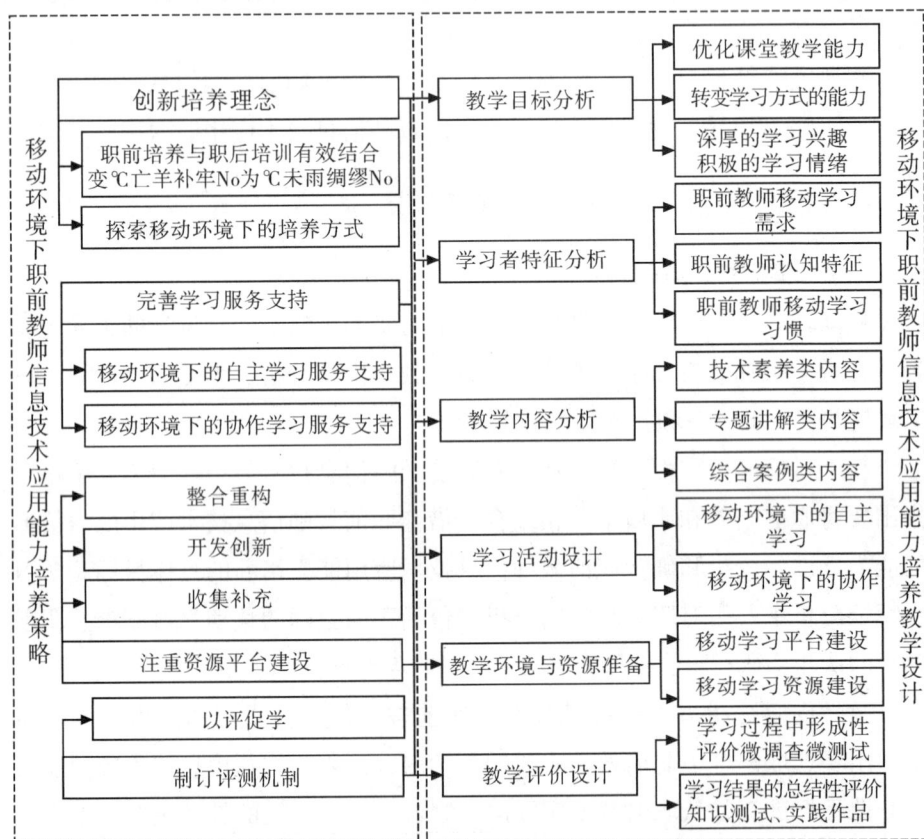

图 12-1　移动环境下职前教师信息技术应用能力培养策略对教学设计的指导

整体的教学设计流程图如图12-2所示。

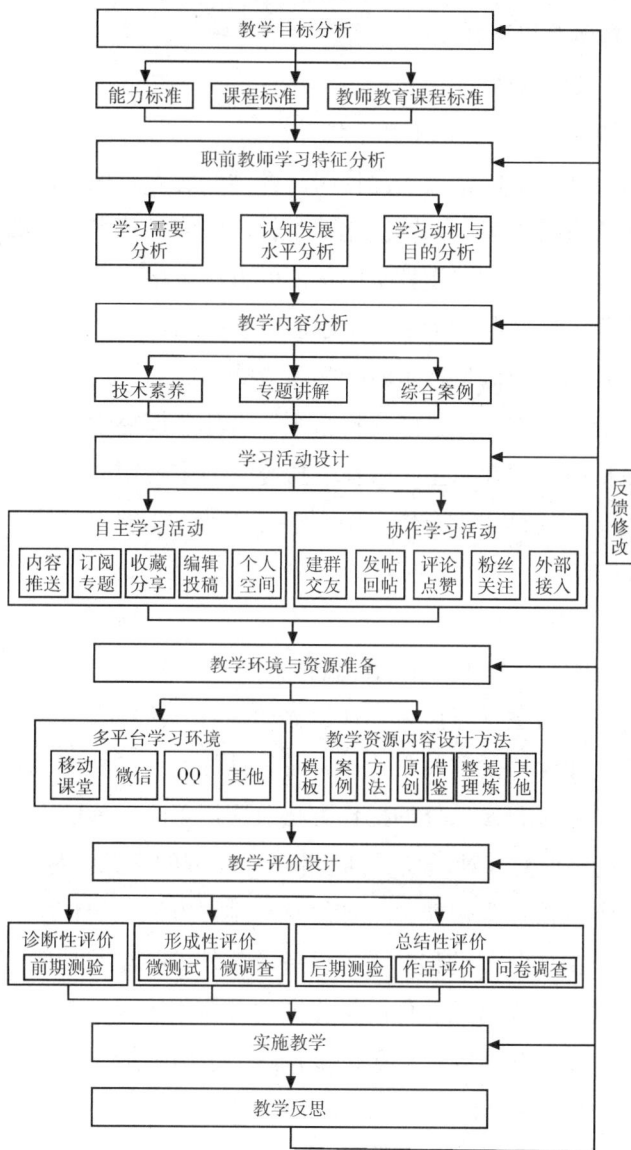

图 12-2　移动环境下职前教师信息技术应用能力培养教学设计流程

二、教学目标

新课程对学生的全面发展作了全新的定位，每一门课程都提出要对以下三个目标进行了有机整合：知识与技能、过程与方法、情感态度价值观。这三个目标既各有内涵，又有机地统一在新课程目标中，反映了新课程目标的

多元性、综合性与均衡性。移动环境下职前教师信息技术应用能力培养教学
设计的教学目标分为以下几点。

（一）操作技能领域

在操作技能领域主要有以下几个培养目标：

提高职前教师应用信息技术优化课堂教学的能力。理解信息技术在优化
课堂教学方面的重要作用，了解优化课堂教学的信息技术工具的类型、功能
及特点，掌握信息技术在课堂教学中运用的方法策略，能够合理设计技术支
持下的课堂教学活动，能够应对技术支持下的课堂教学中的常见问题。

提高职前教师应用信息技术转变学习方式的能力。理解信息技术在转变
学习方式方面的重要作用，了解支持自主、合作、探究学习方式的信息技术
及资源，掌握信息技术在自主、合作、探究学习中运用的方法策略，能够合
理设计技术支持下的自主、合作、探究学习活动，能够应对技术支持下的自
主、合作、探究学习活动中常见问题。

（二）认知领域

在认知领域主要有以下几个培养目标：

移动环境下的自主学习能力。理解移动学习方法在自主学习中的重要作
用了解适用于自主学习的移动学习设备及软件的类型与功能，掌握适用于自
主学习的移动学习设备及软件的操作方法及应用策略，能够在移动环境下开
展自主学习，能够应对移动环境下自主学习中出现的常见问题。

移动环境下的协作学习能力。理解移动学习方法在协作学习中的重要作
用，了解适用于协作学习的移动学习设备及软件的类型与功能，掌握适用于
协作学习的移动学习设备及软件的操作方法及应用策略，能够在移动环境下
开展协作学习，能够应对移动环境下协作学习中出现的常见问题。

（三）情感态度与价值观层面

在情感态度与价值观层面主要有以下几个培养目标：

增强职前教师主动学习和运用信息技术的意识。意识到信息技术应用能
力的重要性，增强主动学习信息技术的意识，主动运用信息技术优化课堂教
学的意识，主动运用信息技术转变学习方式的意识。

能够使职前教师保持积极的学习情绪。在移动环境下信息技术应用能力
培养的学习过程中具有积极的学习态度，对移动环境下信息技术应用能力培

养的学习活动具有浓厚的学习兴趣，在移动环境下信息技术应用能力培养的学习过程中具有愉悦的学习体验。

三、职前教师学习特征分析

师范生的身份和学习特点与非师范生不同，有其特殊性。他们既是学生又是准教师——教师专业化的第一阶段即准备阶段。既要学习做人师的学问，又要学习做经师的学问。人师就是教学生怎样做人——践行着德育；经师就是教学生怎样学习——践行着智育。我们的教学要人师和经师两者合一，每个教科学知识的人，既是一个模范人物，同时也是一个有学问的人。[①]

同时，职前教师是我国大学生中的一个特殊群体，他们将肩负着培养我国新一代成长的重任，在我国未来教育事业发展及教育水平的提高中起着重要作用。职前教师由于发展目标明确，其在学习中具有以下特点：首先是重视学习，但对大学学习意义认识较功利；其次是想有更多的知识，但追求的是应用型知识；再次是对学习环境与条件期望高，但学习并不很主动、深入；最后是想获得好的学习结果，但不知怎么学，也不知学了些什么。[②]

职前教师作为成人学习者，具有与一般成人学习者共同的学习特征。他们的学习目的是以问题为中心的，寻求教育方案解决某问题，以达成其目标；学习技巧是自我导向的，传统上不依靠他人给予方向，通常对新信息报以怀疑的态度，接受它之前喜欢先试一试，较为批评性的、主观的；学习要求上寻找相关或直接可以应用至他们要的教育，即及时的与适合他们生活的，如果学习是及时的与适合的，他们会为自己的学习负责。[③]

四、教学内容分析

杨彦栋等人通过图书馆和网络书店共收集到32本名为《现代教育技术》（教程或理论与应用）的公共课教材，通过分析这些教材的内容，发现高校"现代教育技术"课程教学内容分布主要集中在教育技术概述、教育技术基础理论、教学媒体的应用、多媒体课件制作与素材获取、教学系统设计、教学环境与资源、

---

① 苗深花. 论师范生"为教而学"学习观的构建[J]. 教育研究，2012（5）：90-101.
② 毛晋平. 世纪末话高师生学习特点及对策[J]. 高等师范教育研究，1999（5）：34-38.
③ 何克抗，林君芬，张文兰. 教学系统设计[M]. 北京：高等教育出版社，2006.

教学评价、远程教育与网络教育、信息技术与课程整合、信息检索和利用、教育技术实践训练、信息素养和信息道德等，[①]如图12-3所示，并指出"现代教育技术"公共课存在教学内容基本是教育技术学专业主干课课程的浓缩、课程主要内容存在陈旧现象，不能及时体现现代教育技术的发展动态等问题。

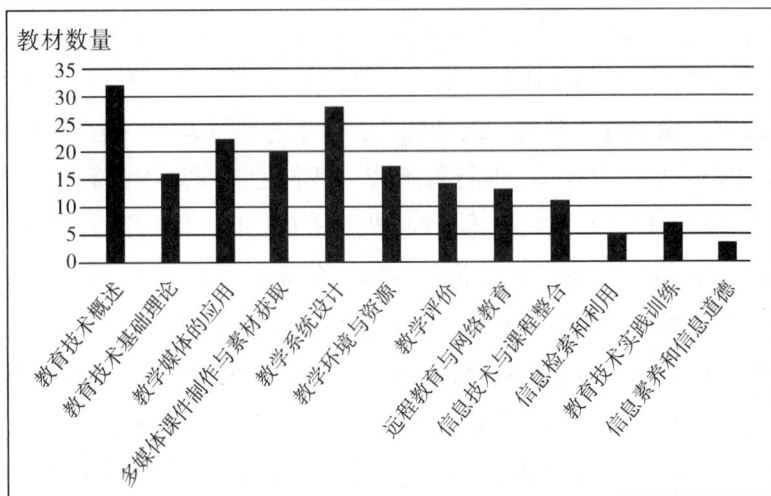

图 12-3　高校"现代教育技术"课程教学内容分布

能力标准中对教师的信息技术应用能力进行了新的梳理和界定，如图12-4所示，也给出了相应的课程标准归纳如图12-5所示。

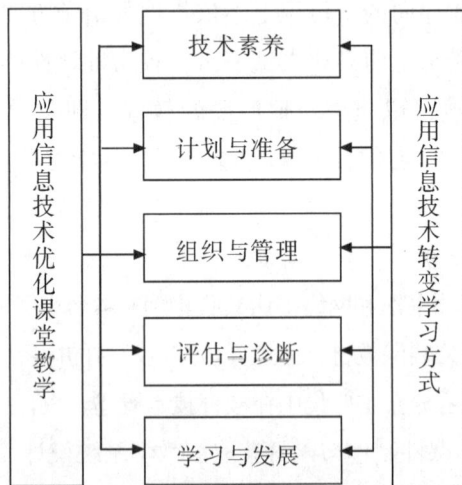

图 12-4　能力标准中教师信息技术应用能力框架

---

①　杨彦栋，郭玉刚. 基于《标准》的《现代教育技术》公共课教学内容重构探索[J]. 中国教育信息化，2015（8）：68-70.

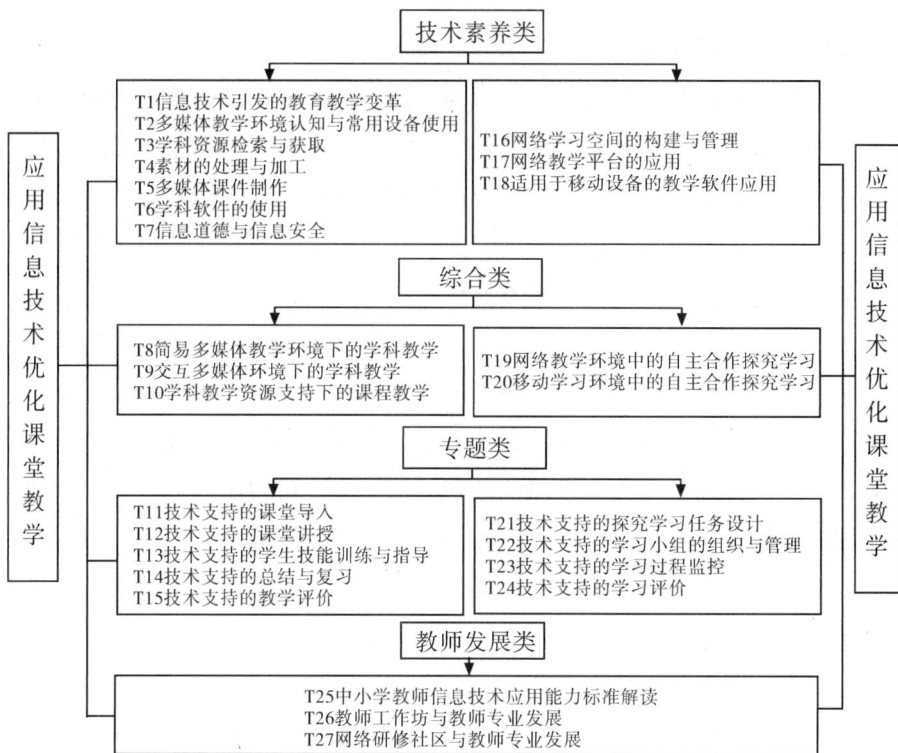

图 12—5 课程标准中对内容的要求

结合职前教师教育技术能力培养课程内容要求和课程标准的内容要求，本研究选取适合在移动环境下培养的教学内容，设计了移动环境下职前教师信息技术应用能力培养内容体系，如图12-6所示。

技能提升主题主要提供与职前教师信息技术应用技能相关的知识与内容，主要包括多媒体教学环境认知、常用设备使用、学科资源检

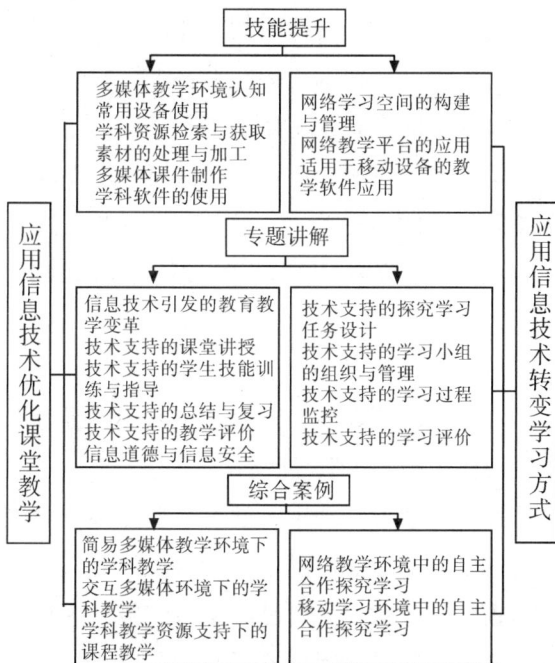

图 12—6 移动环境下职前教师信息技术应用能力培养内容体系

索与获取、素材的处理与加工、多媒体课件制作、学科软件的使用、网络学习空间的构建与管理、网络教学平台的应用、适用于移动设备的教学软件应用等方面的内容。多媒体教学环境认知主要讲解多媒体教学环境的构成要素及其教学功能；常用设备的使用主要讲解多媒体教学环境中常用设备的使用方法及一般问题及解决方法，例如多媒体计算机的基本操作、电子白板基本功能的操作与使用、投影机的基本操作、实物展台的使用、触控电视的操作与使用、常见数码设备的基本操作等。学科资源检索与获取主要讲解获取数字教育资源的主要途径和方法，包括利用教育资源类网站获取资源的方法、利用搜索引擎检索、筛选资源的方法、资源下载、存储与管理方法、优秀教育资源网站的介绍与使用。素材的处理与加工主要讲解图像、音频、视频等常用的多媒体素材的处理方法；多媒体课件制作主要指演示文稿、微课程等常用的多媒体课件的制作方法；学科软件的使用主要讲解学科软件的功能及应用，例如几何画板的使用，化学仿真实验工具的使用等；网络学习空间的构建与管理；网络教学平台的应用；适用于移动设备的教学软件应用。

专题讲解主题主要包括信息技术引发的教育教学变革、技术支持的课堂导入、技术支持的课堂讲授、技术支持的学生技能训练与指导、技术支持的总结与复习、技术支持的教学评价、信息道德与信息安全、技术支持的探究学习任务设计、技术支持的学习小组的组织与管理、技术支持的学习过程监控和技术支持的学习评价等内容。

综合案例主题主要包括提供简易多媒体教学环境下的学科教学、交互多媒体环境下的学科教学、学科教学资源支持下的课程教学、网络教学环境中的自主合作探究学习、移动学习环境中的自主合作探究学习等案例及分析。

五、学习活动设计

移动环境下职前教师信息技术应用能力培养活动主要分为两个方面：自主学习活动和协作学习活动。

在自主学习活动中，学习系统提供丰富的学习内容，职前教师能够根据自己的学习需求随时随地进行自主学习，获取丰富的学习内容，订阅需要的学习模块，收藏分享自己的学习经验，遇到问题时，也可以通过软件平台与教师进行提问进而得到答疑，也可以建立个人空间，记录自己自主学习的过程。自主学习服务支持如图12-7所示。

在协作学习活动中，职前教师可以通过软件平台完成协作学习活动。可以按照需要建立学习兴趣小组，协作完成学习任务，也可以通过软件平台交流分享自己的学习经验。协作学习服务支持如图12-8所示。

图 12-7 自主学习服务支持　　图 12-8 协作学习服务支持

六、教学环境与资源的准备

本研究选择APP模块化开发工具开发适用于本研究的软件平台，命名为移动课堂。移动课堂APP总共包括六大模块八大功能。六大模块为技能提升、专题讲解、综合案例、群聊、社区和投稿，八大功能为各类内容发布、群聊功能、社区功能、投稿功能、收藏功能、订阅功能、个人空间和软件设置。

各类内容发布功能提供各类内容的发布，包括文稿、视频、图集，本研究按照研究需要遵从内容体系创建发布内容，职前教师可以对发布内容进行评论、收藏和分享。

群聊功能提供自由建组和进组、添加和删除好友（好友关注）、各类信息（如文字、图片、语音）的发布、群组管理（消息置顶、消息免打扰、聊天记录等）等功能。

社区功能提供发帖、回帖、评论、点赞、分享和删帖等功能，目前设置有通知公告、前沿动态、经验交流和功能建议四个固定板块，职前教师可以根据自己的需要增加或者删除板块。

投稿功能主要完成信息反馈，职前教师可以通过此功能将信息反馈到软件后台。收藏功能主要用于职前教师的收藏管理。订阅功能为职前教师提供按需订阅所需内容的功能。个人空间功能为职前教师提供一个创建个人用户空间的平台。软件设置主要是软件自身的一些个性化设置。

移动课堂APP功能模块介绍如图12-9所示。

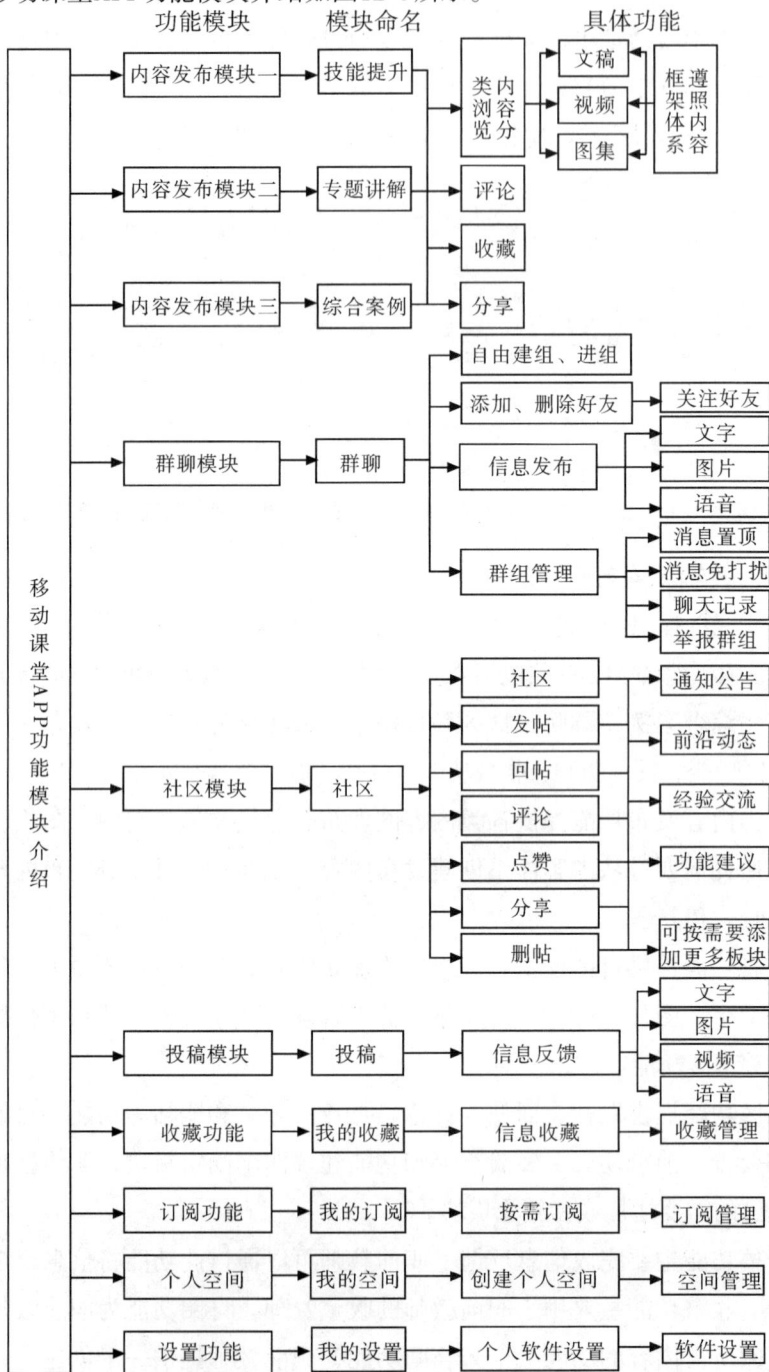

图 12-9　移动课堂 APP 功能模块介绍

移动课堂，其功能主要有内容推送，订阅专题，收藏分享，编辑投稿，创建个人空间、建群交友，发帖回帖，评论点赞，粉丝关注，第三方接入、软件接入等。其界面如图12-10所示。

内容发布共三个模块技能提升、专题讲解、综合案例。

技能提升的教学内容主要包括常用信息技术设备的操作，通用软件和学科软件的使用方法，使用网络教学平台，进行数字教育资源的获取、加工和制作等内容。本研究根据具体内容和职前教师的学习需求，将技术素养类的教学内容分为PPT、WORD、EXCEL、常用设备、软件平台、资源检索、

图12-10 移动课堂APP首页

文件管理、法律法规、其他技能共九个模块。PPT、WORD、EXCEL三个模块主要讲解这三种常用软件的操作技巧及其在教学中的应用方法；常用设备、软件平台这两个模块主要讲解信息技术教师需要掌握的常用设备和学科软件的操作方法和技巧；资源检索模块主要讲解信息技术教师需要掌握的利用教育资源类网站获取资源的方法、利用搜索引擎检索筛选资源的方法、资源下载、存储与管理方法、优秀教育资源网站的介绍与使用等内容；文件管理主要讲解信息技术教师必备的文件管理方面的技巧；法律法规模块主要讲解与信息技术使用和信息安全相关的法律常识、文件规定等。其他技能主要讲解除了上面模块以外的信息技术操作技巧。专题讲解教学内容主要包括知识资讯、政策文件、课堂教学、创新教学共四个模块。知识资讯模块主要发布与职前教师信息技术密切相关的最新新闻资讯；政策文件主要收集与职前教师信息技术相关的政策文件；课堂教学模块主要以课堂导入、课堂互动、课堂教授、技能训练、总结复习、教学评价等教学环节为专题讲解课堂教学相关的技能；创新教学模块主要以学习任务设计、学习小组组织与管理、学习过程监控、学习评价为主题讲解创新教学模式方面的内容。综合案例教学内容主要提供不同教学方法下完整的优秀教学案例，包括课堂教学、在线学习、移动

学习、其他案例等。内容发布的三个模块的内容体系大致可表示为图12-11。

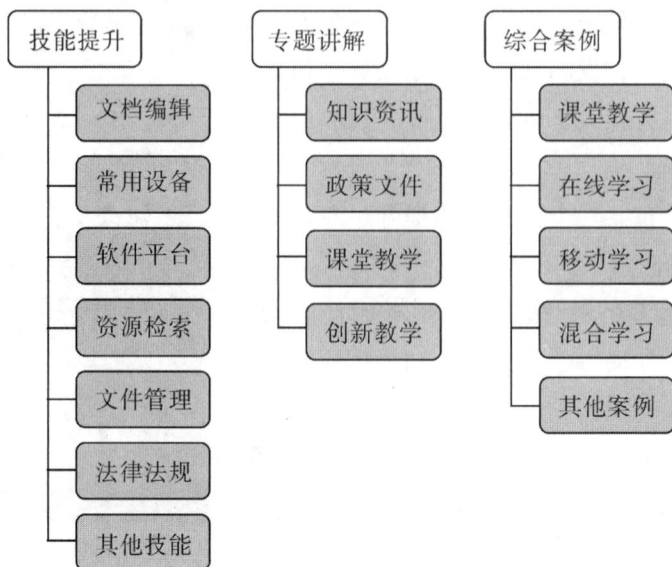

图 12-11　内容发布的三个模块的内容体系

　　本研究学习资源的准备方法包括吸收优质资源、开发原创性资源以及生成性资源。资源类型丰富多样，包括文本、微视频、动画等。同时，还根据培养活动的需要建立了微信订阅号、新浪微博号、学习网站等多样化学习平台，用以有效支持职前教师的移动学习。

七、教学评价设计

　　本研究采取多种评价方式进行对移动环境下职前教师信息技术应用能力培养效果进行评价，以评促学。首先，在学习活动开始之前发放前测试卷（见附录十一），判断职前教师信息技术应用能力整体水平。其次，发放信息技术应用能力学习需求调查表调查职前教师的整体学习需求。

　　在培养的过程中，根据学习内容设计学习需求微调查和学习效果微测试，以动态地了解当前职前教师信息技术应用能力的学习情况和学习需求，以便及时调整培养计划。

　　在培养计划结束之后，发放信息技术应用能力后测试卷，测试职前教师的学习质量，评价职前教师所提交的作品作业；运用教师评价和学生互评的方式评价其信息技术应用的掌握情况，发放态度调查表（见附录十），了解职前教师对本次学习活动的感受和评价。

八、教学反思与修正

按照教学设计准备并实施教学，通过教学评价及教师反思，修正和改进教学设计的环节。

第二节　移动环境下职前教师信息技术应用能力培养实验设计

一、实验目的

根据移动环境下职前教师信息技术应用能力培养策略，设计教学设计并在职前教师中进行培养实践，通过数据分析，验证策略的有效性，并对提出的策略进行修正和完善，提高策略的理论价值及实用性。具体可分为以下几个目的：

检验移动环境下职前教师信息技术应用能力培养策略是否可以：

（1）提高职前教师应用信息技术优化课堂教学的能力；

（2）提高职前教师应用信息技术转变学习方式的能力；

（3）提高职前教师移动环境下的自主学习能力；

（4）提高职前教师移动环境下的协作学习能力；

（5）增强职前教师主动学习和运用信息技术的意识；

（6）使职前教师保持积极的学习情绪。

二、实验假设

本实验假设将移动环境下职前教师信息技术应用能力培养策略应用于职前教师信息技术应用能力培养中可以：

（1）提高职前教师应用信息技术优化课堂教学的能力；

（2）提高职前教师应用信息技术转变学习方式的能力；

（3）提高职前教师移动环境下的自主学习能力；

（4）提高职前教师移动环境下的协作学习能力；

（5）增强职前教师主动学习和运用信息技术的意识；

（6）激发职前教师的学习兴趣。

三、实验变量

本实验以移动环境下职前教师信息技术应用能力培养策略为自变量，以移动环境下职前教师信息技术应用能力培养策略的应用效果为因变量。

四、实验对象

本实验选取36名不同学科的职前教师作为样本，将本研究提出的移动环境下职前教师信息技术应用能力培养策略，以及依据此培养策略设计的移动环境下，职前教师信息技术应用能力培养教学设计应用于职前教师信息技术应用能力培养的课程教学活动。

第三节　移动环境下职前教师信息技术应用能力培养实验过程

本研究采用准实验研究的方法，在无须随机安排被试的情况下展开前后测对比实验。

根据移动环境下职前教师信息技术应用能力培养策略设计移动环境下职前教师信息技术应用能力培养教学设计，并做好教学准备工作。

在实施实验之前，通过发放移动环境下职前教师信息技术应用能力测评前测试卷（见附录十一），对职前教师进行测验，以了解他们信息技术应用能力初始水平。

教学活动结束后，发放移动环境下职前教师信息技术应用能力测评后测试卷（见附录十二），再进行一次与初始阶段难易程度相同的测试，了解职前教师的学习效果。

对职前教师提交的作品进行评价，以了解职前教师的学习效果。

向职前教师发放移动环境下，职前教师信息技术应用能力培养效果调查问卷（见附录十），了解职前教师的学习情况。

数据收集完成后，对收回的数据进行统计，根据数据再对移动环境下职前教师信息技术应用能力培养策略进行完善。

第四节　移动环境下职前教师信息技术应用能力培养实验结果分析

一、职前教师学习质量验证

为验证移动环境下职前教师信息技术应用能力培养策略的运用效果，本研究采用单组前测后测对比实验的方法测量实验对象的学习质量，让36名职前教师以闭卷答题的形式在实验前进行前测，了解实验对象的初始水平，学习结束再进行后测。实验所得数据用IBM SPSS 17.0数据分析软件进行数据分析，以检验测试是否具有显著差异。

表12-1　职前教师实验前后测成绩

编号	前测	后测	编号	前测	后测
1	76	91	19	88	98
2	73	89	20	83	83
3	50	79	21	72	85
4	74	95	22	64	86
5	71	92	23	67	84
6	63	83	24	78	87
7	54	87	25	66	86
8	82	96	26	69	85
9	64	79	27	57	83
10	69	85	28	69	88
11	88	85	29	61	83
12	61	88	30	80	86
13	76	91	31	70	82
14	78	85	32	62	86
15	63	86	33	69	79
16	65	84	34	78	88
17	71	83	35	43	71
18	68	86	36	66	83

表 12-2　前后测成绩 SPSS 数据分析报告——成对样本统计量

	均值	N	标准差	均值的标准误
前测—后测	69.1111	36	9.785 64	1.630 94
	85.7500	36	5.033 46	0.838 91

表 12-3　前后测成绩 SPSS 数据分析报告——成对样本相关系数

	N	相关系数	Sig.
前测—后测	36	0.620	0.000

表 12-4　前后测成绩 SPSS 数据分析报告——成对样本检验

	成对差分					t	df	Sig.（双侧）
	均值	标准差	均值的标准误	差分的 95% 置信区间				
				下限	上限			
前测—后测	−16.638 89	7.750 22	1.291 70	−19.261 19	−1.016 59	−12.881	35	0.000

　　从上表的分析结果显示，36名职前教师信息技术应用能力的初始水平即成绩平均分为69.1，学习完成后平均分为85.7，前后测成绩的评价分差值为−16.6，显著性概率p=0<0.05，则认为前后测之间存在显著差异，实验结果表明，移动环境下职前教师信息技术应用能力培养策略的运用提高了职前教师的学习质量。

二、职前教师学习效果验证

　　为调查实验对象对移动环境下职前教师信息技术应用能力培养策略教学效果的态度，本研究编制了移动环境下职前教师信息技术应用能力培养调查效果问卷并向实验对象发放。笔者共发出移动环境下职前教师信息技术应用能力培养效果调查问卷36份，收回问卷36份，有效问卷36份，回收率为100%，有效率均为100%。对问卷的分析如下：

1. 应用信息技术优化课堂教学的能力

表12-5 职前教师对应用信息技术优化课堂教学的能力方面的评价

	问题	很好5	较好4	中等3	较差2	很差1	Fi
应用信息技术优化课堂教学的能力	理解信息技术在优化课堂教学方面的重要作用	14	13	8	1	0	0.74
	了解优化课堂教学的信息技术工具的类型、功能及特点	9	21	6	0	0	0.73
	掌握信息技术在课堂教学中运用的方法策略	9	9	17	1	0	0.71
	能够合理设计信息技术支持下的课堂教学活动	7	12	11	4	2	0.71
	能够应对信息技术支持下的课堂教学中的常见问题	7	13	12	3	1	0.70

得分率Fi的平均值为0.72>0.5，各项的得分率也大于0.5，表明移动环境下，职前教师信息技术应用能力培养策略的应用能够提高职前教师应用信息技术优化课堂教学的能力。

在理解信息技术在优化课堂教学方面的重要作用方面，Fi为0.74>0.5，表明理解信息技术在优化课堂教学方面的重要作用在提高职前教师学习效率上确实有一定作用，但是部分人认为信息技术在优化课堂教学方面用处不大。

在了解优化课堂教学的信息技术工具的类型、功能及特点方面，有部分职前教师认为，移动环境下职前教师信息技术应用能力培养策略的应用能帮助他们了解可以用于课堂教学的信息技术工具的类型、功能及特点，但也有人认为不太符合，Fi为0.73>0.5，证明移动环境下职前教师信息技术应用能力培养策略的应用也不能保证职前教师能够学习到所有优化课堂教学的信息技术工具的类型、功能及特点相关的知识。

在掌握信息技术在课堂教学中运用的方法策略方面，Fi为0.71>0.5，有部分职前教师比较同意移动环境下，职前教师信息技术应用能力培养策略的应用能够帮助职前教师掌握信息技术在课堂教学中运用的方法策略，但其中有人认为较差。

在能够合理设计信息技术支持下的课堂教学活动方面，Fi为0.71>0.5，有部分职前教师比较同意通过移动环境下，职前教师信息技术应用能力培养策略的应用能够帮助自己合理设计信息技术支持下的课堂教学活动，但其中有人认为较差。

在能够应对信息技术支持下的课堂教学中的常见问题方面，Fi为 0.70>0.5，有部分职前教师比较同意移动环境下，职前教师信息技术应用能力培养策略的应用能够帮助自己应对信息技术支持下的课堂教学实践过程中产生的常见问题，但其中有人认为较差。

2. 应用信息技术改变学习方式的能力

表 12-6　职前教师对应用信息技术改变学习方式的能力方面的评价

	问　题	很好 5	较好 4	中等 3	较差 2	很差 1	Fi
应用信息技术改变学习方式的能力	理解信息技术在转变学习方式方面的重要作用	7	13	16	0	0	0.75
	了解支持自主、合作、探究学习方式的信息技术及资源	5	23	7	0	1	0.70
	掌握信息技术在自主、合作、探究学习中运用的方法策略	12	14	6	4	0	0.71
	能够合理设计信息技术支持下的自主、合作、探究学习活动	13	10	11	1	1	0.74
	能够应对信息技术支持下的自主、合作、探究学习活动中常见问题	7	17	9	1	2	0.72

得分率Fi的平均值为0.72>0.5，各项的得分率也大于0.5，表明移动环境下职前教师信息技术应用能力培养策略的应用能够提高职前教师应用信息技术改变学习方式的能力。

在理解信息技术在转变学习方式方面的重要作用方面，有大部分职前教师认为移动环境下，职前教师信息技术应用能力培养策略的应用加深了自己对信息技术在转变学习方式方面的理解，但有的人不太符合，Fi为0.75>0.5，表明移动环境下职前教师信息技术应用能力培养策略还需在促进职前教师理解信息技术转变学习方式方面进行进一步的改进。

在了解支持自主、合作、探究学习方式的信息技术及资源方面，有大部分职前教师表明，移动环境下职前教师信息技术应用能力培养策略的应用可

以帮助职前教师了解支持自主、合作、探究学习方式的信息技术及资源，Fi
为0.70>0.5，但是也有部分人不太赞同，证明移动环境下职前教师信息技术应
用能力培养策略也不能保证职前教师能够了解到所有支持自主、合作、探究
学习方式的信息技术及资源。

在掌握信息技术在自主、合作、探究学习中运用的方法策略方面，Fi为
0.71>0.5，有大部分职前教师比较同意移动环境下，职前教师信息技术应用能
力培养策略的运用能够帮助职前教师掌握信息技术在自主、合作、探究学习
中运用的方法策略，但也有人认为较差。

在能够合理设计信息技术支持下的自主、合作、探究学习活动方面，Fi
为0.74>0.5，有大部分职前教师比较同意移动环境下，职前教师信息技术应用
能力培养策略的运用能够帮助自己学习应对技术支持下的自主、合作、探究
学习活动中常见问题的方法，也有人认为较差。

在能够应对信息技术支持下的自主、合作、探究学习活动中常见问题方
面，Fi为0.72>0.5，有大部分职前教师比较同意移动环境下，职前教师信息
技术应用能力培养策略的运用能够帮助自己学习应对技术支持下的自主、合
作、探究学习活动中常见问题的方法，但也有个别人认为较差。

3. 移动环境下的自主学习能力

表12-7 职前教师对移动环境下的自主学习能力的评价

问 题		很好5	较好4	中等3	较差2	很差1	Fi
移动环境下的自主学习能力	理解移动学习方法在自主学习中的重要作用	7	17	12	0	0	0.74
	了解适用于自主学习的移动学习设备及软件的类型与功能	4	18	11	1	2	0.78
	掌握适用于自主学习的移动学习设备及软件的操作方法及应用策略	7	15	11	3	0	0.85
	能够在移动环境下开展自主学习	8	17	8	2	1	0.77
	能够应对移动环境下自主学习中出现的常见问题	12	13	9	1	1	0.84

得分率Fi的平均值为0.80>0.5，各项的得分率也大于0.5，表明移动环境下
职前教师信息技术应用能力培养策略的运用能够提高职前教师对移动环境下

的自主学习能力。

在理解移动学习方法在自主学习中的重要作用方面，Fi为0.74>0.5，有大部分职前教师比较同意移动环境下，职前教师信息技术应用能力培养策略的运用能够帮助其理解移动学习方法在自主学习中的重要作用。

在了解适用于自主学习的移动学习设备及软件的类型与功能方面，Fi为0.78>0.5，有大部分职前教师比较同意移动环境下，职前教师信息技术应用能力培养策略的运用帮助其了解适用于自主学习的移动学习设备及软件的类型与功能方面的知识。

在掌握适用于自主学习的移动学习设备及软件的操作方法及应用策略方面，Fi为0.85>0.5，有大部分职前教师比较同意移动环境下，职前教师信息技术应用能力培养策略的运用帮助其掌握适用于自主学习的移动学习设备及软件的操作方法及应用策略方面的知识。

在能够在移动环境下开展自主学习方面，Fi为0.77>0.5，有大部分职前教师比较同意交移动环境下，职前教师信息技术应用能力培养策略的运用能够帮助其在移动环境下开展自主学习，但其中有人认为较差。

在能够应对移动环境下自主学习中出现的常见问题方面，Fi为0.84>0.5，有大部分职前教师比较同意移动环境下，职前教师信息技术应用能力培养策略的运用能够帮助其应对移动环境下自主学习中出现的常见问题，但也有人认为较差或很差。

4. 移动环境下的协作学习能力

表12-8　职前教师对移动环境下的协作学习能力的评价

	问 题	很好 5	较好 4	中等 3	较差 2	很差 1	Fi
移动环境下的协作学习能力	理解移动学习方法在协作学习中的重要作用	9	17	10	0	0	0.73
	了解适用于协作学习的移动学习设备及软件的类型与功能	8	17	11	1	0	0.74
	掌握适用于协作学习的移动学习设备及软件的操作方法及应用策略	10	14	11	4	1	0.71
	能够在移动环境下开展协作学习	7	12	11	3	3	0.70
	能够应对移动环境下协作学习中出现的常见问题	9	12	12	1	2	0.71

得分率Fi的平均值为0.72>0.5，各项的得分率也大于0.5，表明移动环境下职前教师信息技术应用能力培养策略的运用能够提高移动环境下的协作学习能力。

在理解移动学习方法在协作学习中的重要作用方面，Fi为0.73>0.5，有大部分职前教师比较同意移动环境下，职前教师信息技术应用能力培养策略的运用帮助其掌握理解移动学习方法在协作学习中的重要作用方面的知识，但其中有人认为较差。

在了解适用于协作学习的移动学习设备及软件的类型与功能方面，Fi为0.74>0.5，有大部分职前教师比较同意移动环境下，职前教师信息技术应用能力培养策略的运用帮助其了解适用于协作学习的移动学习设备及软件的类型与功能方面的知识。

在掌握适用于协作学习的移动学习设备及软件的操作方法及应用策略方面，Fi为0.71>0.5，有大部分职前教师比较同意移动环境下，职前教师信息技术应用能力培养策略的运用帮助其掌握适用于协作学习的移动学习设备及软件的操作方法及应用策略。

在能够在移动环境下开展协作学习方面，Fi为0.70>0.5，有大部分职前教师比较同意移动环境下，职前教师信息技术应用能力培养策略的运用帮助其在移动环境下开展协作学习。

在能够应对移动环境下协作学习中出现的常见问题方面，Fi为0.71>0.5，有大部分职前教师比较同意移动环境下，职前教师信息技术应用能力培养策略的运用帮助其应对移动环境下协作学习中出现的常见问题。

5. 主动学习和运用信息技术的意识

表 12-9　职前教师对主动学习和运用信息技术意识的评价

问　题		非常符合 +2	比较符合 +1	一般 0	不太符合 -1	很不符合 -2	Fi
主动学习和运用信息技术的意识	意识到信息技术应用能力的重要性	13	10	9	6	1	0.34
	增强主动学习信息技术的意识	13	17	6	0	0	0.48
	主动运用信息技术优化课堂教学的意识	13	16	5	1	1	0.43
	主动运用信息技术转变学习方式的意识	12	15	5	2	1	0.41

得分率Fi的平均值为0.42>0，各项的得分率也大于0，表明大多数职前教师在学习过程中都增强了主动学习和运用信息技术的意识。

在意识到信息技术应用能力的重要性方面，有大部分职前教师认为移动环境下，职前教师信息技术应用能力培养策略的运用能够帮助其意识到信息技术应用能力的重要性，Fi为0.34>0，表示移动环境下职前教师信息技术应用能力培养策略的运用能够帮助其意识到信息技术应用能力的重要性。

在增强主动学习信息技术的意识方面，有大部分职前教师认为移动环境下，职前教师信息技术应用能力培养策略的运用能够帮助其增强主动学习信息技术的意识，Fi为0.48>0，表示移动环境下职前教师信息技术应用能力培养策略的运用能够帮助其增强主动学习信息技术的意识。

在主动运用信息技术优化课堂教学的意识方面，有大部分职前教师认为移动环境下，职前教师信息技术应用能力培养策略的运用能够帮助其增强主动运用信息技术优化课堂教学的意识，Fi为0.43>0，表示移动环境下职前教师信息技术应用能力培养策略的运用能够帮助其增强主动运用信息技术优化课堂教学的意识。

在主动运用信息技术转变学习方式的意识方面，有大部分职前教师认为移动环境下，职前教师信息技术应用能力培养策略的运用能够帮助其增强主动运用信息技术转变学习方式的意识，Fi为0.41>0，表示移动环境下职前教师信息技术应用能力培养策略的运用能够帮助其增强主动运用信息技术转变学习方式的意识。

6. 积极的学习情绪

表 12-10　职前教师对积极的学习情绪的评价

问题		非常符合 +2	比较符合 +1	一般 0	不太符合 -1	很不符合 -2	Fi
积极的学习情绪	在移动环境下信息技术应用能力培养的学习过程中具有积极的学习态度	7	15	10	2	2	0.35
	对移动环境下信息技术应用能力培养的学习活动具有浓厚的学习兴趣	12	18	5	0	1	0.41
	在移动环境下信息技术应用能力培养的学习过程中具有愉悦的学习体验	10	20	4	1	1	0.36

得分率Fi的平均值为0.37>0，各项的得分率也大于0，表明大多数职前教师在学习过程中都能够保持积极的学习情绪。

在移动环境下信息技术应用能力培养的学习过程中具有积极的学习态度方面，有大部分职前教师认为自己能够在移动环境下信息技术应用能力培养的学习过程中具有积极的学习态度，Fi为0.35>0，表示移动环境下职前教师信息技术应用能力培养策略的运用能够使职前教师在学习过程中具有积极的学习态度。

对移动环境下信息技术应用能力培养的学习活动具有浓厚的学习兴趣方面，有大部分职前教师认为自己能够对移动环境下信息技术应用能力培养的学习活动具有浓厚的兴趣，Fi为0.41>0，表示移动环境下职前教师信息技术应用能力培养策略的运用能够使职前教师对学习活动充满浓厚的兴趣。

在移动环境下信息技术应用能力培养的学习过程中具有愉悦的学习体验方面，有大部分职前教师认为自己在移动环境下信息技术应用能力培养的学习过程中具有愉悦的学习体验，Fi为0.36>0，表示移动环境下职前教师信息技术应用能力培养策略的运用能够使职前教师具有愉悦的学习体验。

第五节　移动环境下职前教师信息技术应用能力培养策略的完善

根据准实验研究的数据分析结果可知，本研究构建的第三版职前教师信息技术应用能力培养策略可行有效，基本达到预期效果。在整个实践应用的过程中，职前教师的知识迁移是之前没有考虑到的问题，所以将第三版策略最终调整完善，增加迁移的部分，确定最终的策略体系，如图12-12所示。

266

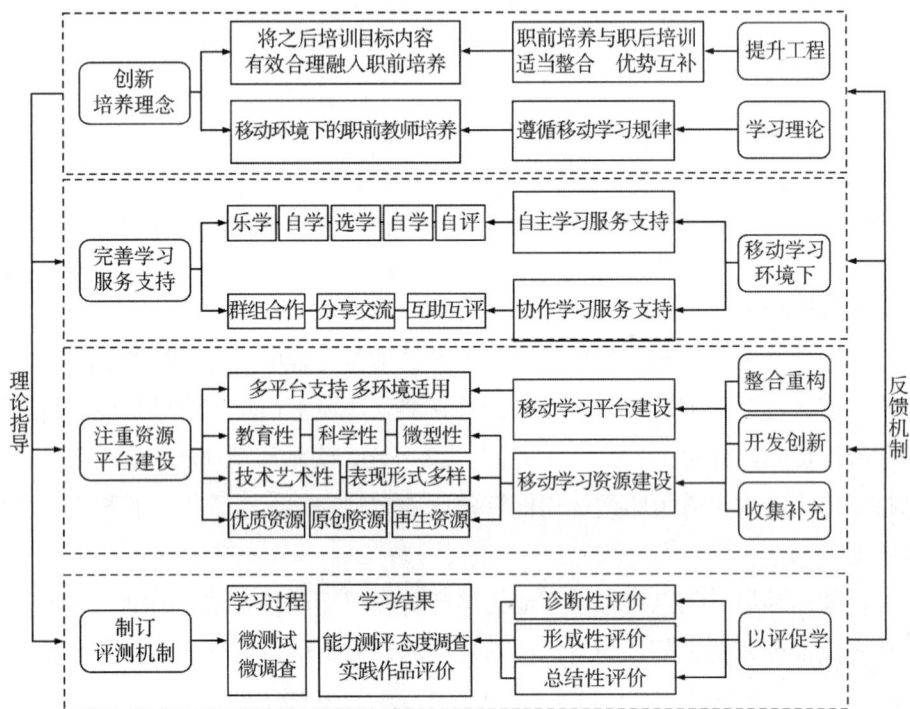

图 12-12　移动环境下职前教师信息技术应用能力培养策略

Chapter 4

第四篇

教师教育技术能力研究前瞻

　　本篇主要探讨教师教育技术能力的发展方向，选取了教师数据素养和教师创客教育实践能力两个方向进行详细探讨。教师的数据素养是教师专业能力中较为复杂的一项技能，既包括使用数据的知识，也包括使用数据进行教学的技能，还包括专业教学知识以及有目的地使用数据的意识。它是教师适应社会新发展的专业能力，也是全面了解学生学习水平和认知能力的有效工具。创客型师资是指服务于教育，能够利用资源将创意转换为作品并将其转换为课程的教师。创客师资的状况在很大程度上影响着人才的培养，要培养出具有创造能力的创客，创客型师资必不可少。

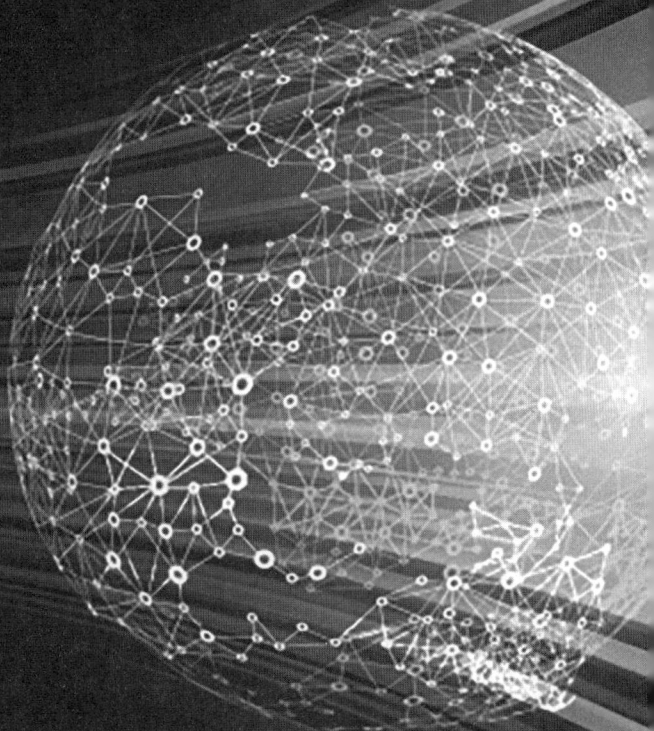

第十三章

教师数据素养

"大数据"概念最早由维克托·迈尔·舍恩伯格和肯尼斯·库克耶在编写《大数据时代》中提出，指不用随机分析法（抽样调查）的捷径，而是对所有数据进行分析处理。现阶段大数据吸引了越来越多的关注，它是海量的信息资产，我们通过"加工"大量的基础数据实现数据的"增值"。[①]随着大数据的应用越来越广泛，应用的行业也越来越多，从大数据中挖掘真正有价值的信息，是各行各业的领域面临的巨大挑战与机遇。

人类已进入大数据时代。"这是一场革命，海量的数据使得各个领域开始了量化进程，无论教育部门、商业部门还是政府，大部分领域都将卷入这种进程"。[②]当然，教育界也不例外。教师作为教育数字化的执行者和关键主体，面对教育数字化的新挑战，不但需要具备扎实的专业知识和较强的信息化能力，良好的数据素养也必不可少。[③]教学中的大数据可以反映学生的兴趣、知识掌握程度和学生学习轨迹，能够有效地帮助教师进行教学决策，改进教学实践，不断改善和提升教学能力。

与其他国家相比，美国在发展教师数据素养方面具备了国家政策、基础设施以及文化氛围等基础性条件。[④]在数据文化使用中，美国学校强调领导力是基础，领导者的数据使用是帮助教师改善学习成效并与教师进行有效互动的关键，包括设立具有时间和资源支持的组织机构，进行持续的数据对话和反馈，支持教师基于数据的教学实践等。为了确保教师及时获得需要的教育数据，美国教育部还要求各州将纵向数据库纳入《美国竞争法》框架下，

① 舍恩伯格，库克耶. 大数据时代生活、工作与思维的大变革[M]. 盛杨燕，周涛，译. 杭州：浙江人民出版社，2013：9-10.
② 张进良，何高大. 学习分析：助推大数据时代高校教师在线专业发展[J]. 远程教育杂志，2014（1）：56-62.
③ 王萍. 大数据背景下高校教师数据素养培养途径探究[J]. 新西部（理论版），2016（23）：142-143.
④ 王正青，张力文. 大数据时代美国发展教师数据素养的基础与路径[J]. 比较教育研究，2018，40（2）：68-75.

鼓励各州申请国家财政稳定基金（SFSF），用于建立州纵向数据库。例如，2010年，联邦教育部下属教育领导和技术中心（CELT）启动的"教师学生数据链接项目"（TSDL），将各州和各学区联系在一起，共同处理教育数据系统中最关键的组成部分——"教师与学生成果之间的数据链接"。然而，即使是在美国，当前的职前教师数据素养培养还有很大的提升空间，尤其在合作、分析、解释以及在教学中使用标准化测试数据等方面。除此之外，海量的数据通过多种渠道在教育领域不断产生与运用，教师还要具备数据方面的伦理道德，维护数据安全和保护学生数据隐私。因此，提升教师的数据素养教育就成为解决以上问题的关键之一。

第一节　教师数据素养的定义

数据素养是信息素养的一种扩展。[1]信息素养侧重于信息的可找到与可利用，而数据素养则侧重于数据的生产、保存与管理等技术性更强的方面。[2]曼迪纳契认为教师的数据素养是将数据应用到教育实践中的能力，运用学科知识、教学事件和教师所具备的教学专业知识与教学数据相结合，影响和改善学生的学习。[3]WestED指出，教师数据素养指通过收集、分析和解释多种类型的数据，如评估数据、基本信息、行为数据等，将其转化为可用于指导教学实践的教学知识的能力。[4]美国的数据质量运动（Data Quality Campaign，简称"DQC"）是一个使用高质量教育数据帮助学生取得优异成绩的组织。它将教师数据素养定义为"教师根据其专业角色和责任，持续、有效、符合伦理地获取、解释、运用来自州、学区、课堂和其他来源的多种数据，并对这些数据的使用与各方进行沟通交流、改善学生成就的能力[5]。教师的数据素养还应包括能够将教学内容知识与教学活动相结合的能力、利用数据来影响课

---

① 黄如花，李白杨. 数据素养教育：大数据时代信息素养教育的拓展[J]. 图书情报知识，2016（1）：21-29.

② Zubiaga A，Namee B M. Knowing What You Don't Know：Choosing the Right Chart to Show Data Distributions to Non-Expert Users[C]// Data Literacy Workshop. 2015.

③ Mandimach E B，Honey M. Data-driven school improvement：Linking data and learning. Technology，Education Connection（TEC）series[M]. New York：Teachers college Press，2008.

④ WestED. Using data in efforts to transform teaching and learning. Data For Declsions网站.

⑤ Data Quality Campaign.Teacher Data Literacy：It's About Time. Data Quality Campaign网站.

堂教学实践以促进学生学习的能力。具备教师素养的教师要将数据作为日常教学的一部分，使用数据来改进和个性化教学，帮助教学决策，同时要有保护学生隐私的意识。

第二节　数据素养教育的内容

明确数据素养教育的内容是开展教师数据素养的前提，不同研究者对教师数据素养的内容也有不同的理解。国内的研究者阮士桂等人认为教师数据素养包括两种能力：（1）数据处理的基本能力：数据获取、数据分析、数据解读、数据交流；（2）数据的教学应用能力：应用数据发现教学问题、应用数据进行教学决策、应用数据监控教学发展。[①]金艳红则将教师数据素养分为数据意识、数据的获取能力、分析解读数据的能力、运用数据进行教学决策的能力及数据伦理道德五个方面。[②]国外的观点有，曼迪纳契认为应该包括对数据进行识别、收集、组织、分析、总结和归类，同时还包括做出假设、提出问题、解释数据、教学决策、计划、实施和调整教学行动的能力。[③]美国数据质量运动提出了由二十多个专业组织共同认可的教师数据素养十项技能：（1）从可访问的数据源中获取和收据数据；（2）整合和分析不同类型的数据；（3）知道并使用考试数据外的其他数据；（4）使用不同类型的数据；（5）参与到数据驱动和循环探究的教学中；（6）运用数据调整数据策略；（7）使用个体数据，开展个性化评估；（8）提高学生理解数据的能力；（9）与合作者交流数据信息；（10）明确并使用相关数据指导教学实践。

第三节　教师数据素养教育国内外概况

在政府层面，联邦教育早在2001年就开始关注教师数据素养，颁布了《不让一个孩子掉队》法案，要求教师使用严谨的研究结果来指导教学实

---

① 阮士桂，郑燕林. 教师数据素养的构成、功用与发展策略[J]. 现代远距离教育，2016（1）：60-65.

② 金艳红. 大数据背景下教师数据素养提升路径探析[J]. 文教资料，2016（15）：136-137.

③ Mandimach E B, Rriedman J M, Gummer E. How can schools of eductaion help to build educators capacity to use data? A systemic view of the issue[J]. Teachers college record，2015（4）：4.

践，使用多种数据支持教学，以提高美国教育质量，增进教育公平，使每一个孩子都具备基本的阅读能力与数学能力。[①]到2014年就已发展成共有19个州的教育工作者资格认证与项目审批中均明确对教师数据素养提出了要求。[②]相比政府，机构和基金组织发展教师数据素养教师则更具体。2003年，国际社会科学信息服务与技术协会就开始关注数据素养教育的相关内容，Noble等撰文指出，需要建立一种全世界共享的数据服务机制。此外，例如美国国家科学基金（National Science Foundation，简称"NSF"）支持的Qin Jian等人的科学数据管理实践项目、美国教育部教育科学研究中心（IES）、数据质量运动（DQC），WestED的数据决策战略项目以及数据智慧项目（The Data Wise Project）等。

相对于国外大量的教师数据素养研究与实践，国内也在积极地进行教师数据素养教育的研究与实践工作，早在2003年，北京教育科学研究院基础教育教学研究中心就构建了"北京市义务教育教学质量监控与评价系统"，利用义务教育教学质量测试获得的数据分析课堂教学存在的问题，力求改变过去仅凭主观经验指导学校学科教学工作的局限性，提高教学指导的科学性。部分机构组织也积极地推动了教师数据素养的发展，如中国科学院文献情报中心开设的"地学科学数据管理"课程和面向图书馆员的"科研数据管理与服务实践"培训等。国内部分研究基金也开始关注数据素养相关研究并资助了一批教师数据素养的相关研究项目，如教育部人文社会科学研究一般项目"西部地区普通高中新课程实施中的质量监测体系研究"、教育部人文社会科学研究青年基金项目"数据素养对科学数据管理的影响及对策研究"等。总体来说，我国的教师教育素养的研究和实践还存在不足，我们应借鉴国外发展教师数据素养的经验，完善现有的教育数据系统，加强对教师的数据素养培训。

---

① 王正青，张力文. 大数据时代美国发展教师数据素养的基础与路径[J]. 比较教育研究，2018，40（2）：68–75.

② Paving the Path to Success. Data for Action 2014.[J]. Data Quality Campaign，2014.

第四节　教师数据素养培养案例分析

下面我们将以两个案例详细介绍数据素养教育开展的形式和内容。第一个案例对80名不同中学职前英语教师进行了数年的调查研究，从课堂数据收集的广度和分析深度来提升教师数据素养；第二个案例是一个较大区域内的综合培训项目，参与人数众多，影响很大。

（一）案例1：英语语言艺术课程职前教师数据素养项目

在加州大学戴维斯分校教育学院顾问委员会的资助下，三名前K-12教师展开了2004年至2009年共6年的研究和实践。[1]教师的具体实施过程是跟踪写作发展需要的数据，包括学生的笔记，地图，大纲，草稿，修订和反思。评估文学分析包括理解测验和散文，讨论数据与学生对文本的理解和解释，语言熟练程度以及论证的信息，并且仔细分析需要重复审查工具和流程支持的数据以收集信息。诸如散文、讨论和演示文稿等不容易打分的数据。收集的教师数据包括课堂活动、PowerPoint幻灯片，以及关于幻灯片详细说明、班级、学校和社区等背景、探究学习的综合性、现场备忘录、能反映职前教师教学过程的问卷以及小组会议的录音讨论等。通过构建了一个大型数据库，包括人口统计数据，主题和研究问题，以及有关问题和研究领域的编码数据，用于查询的教学策略，使用的评估模式以及收集和分析的数据。专注于两个数据素养领域的调查：数据收集的广度和数据分析的深度。

该项目是一个长期的培训项目，通过数据反馈发现教学问题，有助于教师帮助学生的成长或解决学生持续存在的问题，增强教师技能和处置能力，为学生制订个性化的教学方案。

（二）案例2：俄勒冈数据项目

俄勒冈数据项目（The Oregon DATA Project，简称"ODP"）在IES为期四年的资助下，开展了教师数据素养教育项目，旨在培养教师获取、分析和运用数据的能力，指导教学实践，满足学生的个性化学习需求，最终

① Bennett L H. Fostering Data Literacy Through Preservice Teacher Inquiry in English Language Arts[J]. Teacher Educator，2013，48（1）：8-28.

提升学习绩效。[①]该项目一共包括五个阶段，字段输入、在职培训、嵌入式职业开发、职前培训和评估。自2007年开始，数据质量工作组每两年举行会议为该项目提供指导，该州19个教育服务区北划分为6个地理区域，就项目的五个阶段为每个地区开展相应的培训，对五千多名教师完成了数据素养能力培训。

项目的培训包括针对校长和教师的数据技能培训和针对数据录入人员的技术培训，也包括对即将从教的本科生或研究生进行的职前培训。培训的重点是获取、组织和分析数据，以指导教学。该项目以俄勒冈州教育部过去15年进行大量投资的数据系统为基础，对教师进行了全面的数据素养培训，并且以中小学的科学、数学以及阅读课程为试验田。

学生层面的结果表明，在3~8年级的学生中，参与数据项目的学生与未参与的学生在阅读能力和数学水平方面有显著差异。图13-1是两类学校学生在阅读能力上的对比，图13-2是两类学校学生在数学水平上，前者的优势明显。

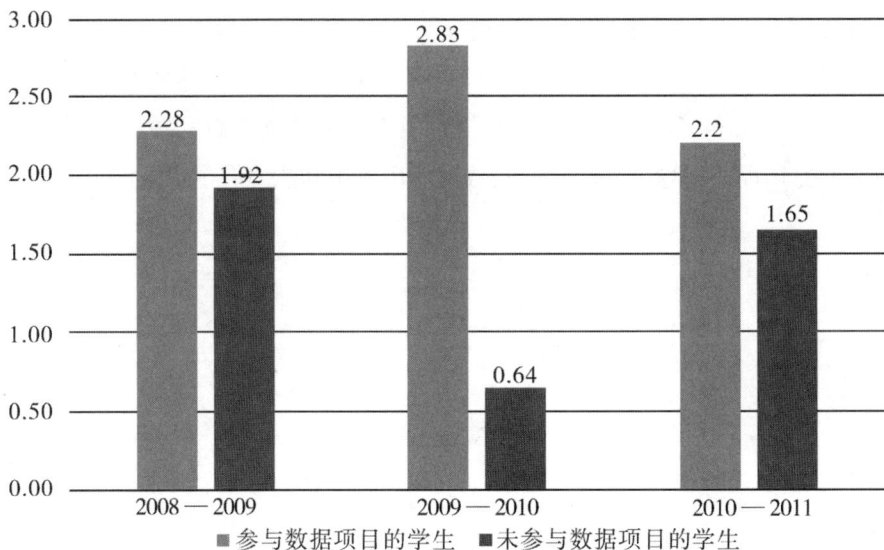

图 13-1 实验校和非实验校的学生阅读水平差异

---

① Garrison, Monson. The Oregon DATA Project: Building A Culture of Data Literacy. EDUCAUSE 网站.

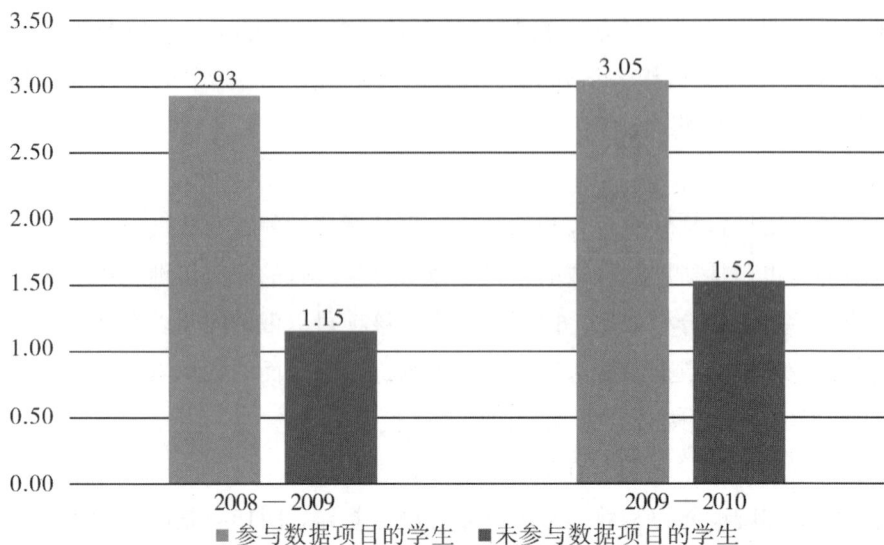

图 13-2　实验校和非实验校的学生数学水平差异

　　俄勒冈州的数据项目是一个规模庞大、参与者众多的培训项目。在俄勒冈州教育部的支持下，建立了一个全州的数据网络，将各地的教师们相互联系，分享想法和资源，更是为教师提供了庞大的数据资料和数据使用的支撑，在专业培训的指导下，教师们的数据使用意识和能力有了很大的提升。

第十四章 ▶▶▶
创客教师实践能力培养

    创客起源于美国麻省理工学院（MIT）比特与原子研究中心（Center for Bits and Atoms[①]）在2001年发起的Fab Lab[②]（Fabrication Laboratory）创新项目。Fab Lab的最初灵感来源于Neil A. Gershenfeld教授[③]于1998年在MIT开设的一门课程"How to Make（Almost）Anything[④]"，如图14-1所示。

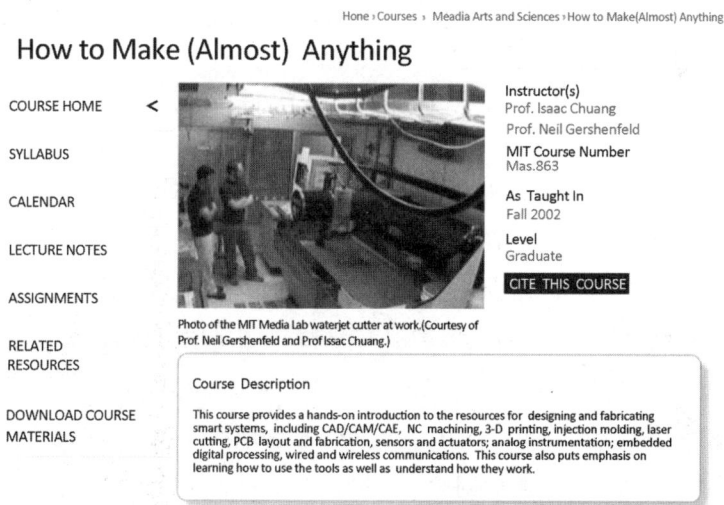

图 14-1 "How to Make （Almost）Anything" 课程

    "创客"英语单词为"Maker"，原意是指"制造者"。现在，"创客"用于指代不以盈利为目标，利用新兴科技努力把各种创意转变为现实的人。[⑤]近年来，创客运动席卷全球，目前已走过1.0的"启蒙"和2.0的"创业"阶

---

① Wikipedia. Center for Bits and Atoms. 维基百科英文网站.

② Wikipedia. Fab Lab. 维基百科英文网站.

③ Wikipedia. Neil Gershenfeld. 维基百科英文网站.

④ MIT Open Course Ware. How to Make （Almost）Anything. MIT Open Course Ware网站.

⑤ 祝智庭，孙妍妍. 创客教育：信息技术使能的创新教育实践场[J]. 中国电化教育，2015（1）：14-21.

段，正在进入3.0的"全民创客"的时代。①创客运动的开展潜移默化地影响着社会、经济、文化等多个领域，教育领域也概莫能外。

图 14-2　学生正在进行创客活动

第一节　我国创客教育的发展

　　我国的创客活动起步相对较晚，但发展比较迅速。2010年，国内创客空间的大本营"新车间"在上海正式落户，其创始人李大维被誉为"中国创客文化教父②"。以此为始，创客运动在国内迅速发展起来。经过两三年的努力，创客活动影响逐步扩大。2013年11月，中国发明协会牵头主办了首届"中华创客高校创业大赛③"。2014年6月，由教育部国际司主办第一届中美青年创客大赛启动④。2015年1月，李克强总理在深圳考察柴火创客空间时说："创客充分展示了大众创业、万众创新的活力。"2015年3月，"创客"第一次被写入政府工作报告，2015年9月，教育部《关于"十三五"期间全面深入推进教育信息化工作指导意见（征）》提出了"有效利用信息技术推进'众创空间'建设，探索STEAM教育、创客教育等新教育模式"。2016年4月，"首届中国国际创客教育高峰论坛暨中国创客教育联盟成立大会"在北京成功举办⑤。

---

　　①　祝智庭，雒亮. 从创客运动到创客教育：培植众创文化[J]. 电化教育研究，2015（7）：5-13.

　　②　深圳晚报.李大维让国际创客看到"深圳力量". 深圳晚报官网.

　　③　佚名. 中国梦引领青春梦——第一届中华创客大赛完美落幕[J]. 信息技术与信息化，2014（4）：321.

　　④　创业邦.共筑梦想，中美青年创客大赛今日启动. 创业邦网站.

　　⑤　腾讯教育. 首届中国国际创客教育高峰论坛在京成功举办. 腾讯教育网站.

"中国创客教育联盟"为国内首个创客教育联盟，旨在促进行业自律，整合社会资源，培育创客教育生态圈，分享创客经验，丰富教育供给侧，培养创新人才，积极为广大创客营造良好环境，为创客培养提供强有力支持，使越来越多的教育界创客登上创新创业的舞台，共同推进创客教育有序发展。中国创客教育联盟的成立，是不断升温的"创客教育"发展中的一个里程碑，为未来创客教育在中国的发展给予了方向，更为"创客"与"教育"的结合提供了"后勤保障"[①]。

清华大学学生"创客空间"（如图14-3所示）成立于2013年9月，以"动手创造、思想碰撞、跨界协作、创业实践"为社团宗旨，是清华学生进行智能硬件创业的平台，为同学们搭建创意分享空间，建立跨界协作桥梁，提高动手创造能力，鼓励同学们发扬创新实践精神，积极创造，勇于创业。"创客空间"实验室目前有副教授2人，博士1人，顾问4人，研究员13人。

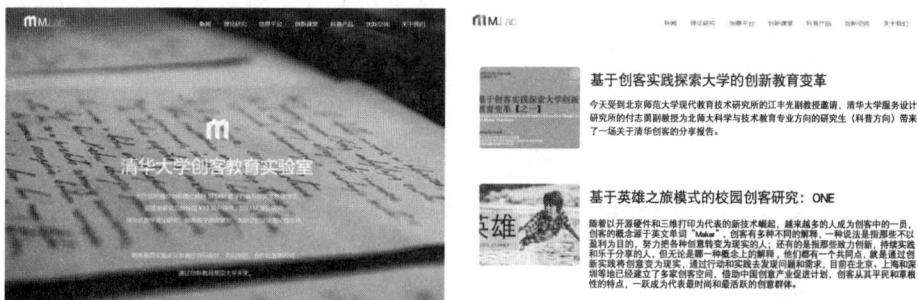

图14-3　清华大学学生"创客空间"

早期中小学中创客教育实践，多为卓越教师的自发探索，如国内浙江温州中学、北京景山中学的实践等。浙江省温州中学早在2008年就由一名高三学生创建了"创客空间"。随着由14个省区市35所中小学组成的"中国青少年创客教育M35联盟"于2015年5月18日在温州市实验中学宣告成立[②]，国内的基础教育中创客教育实践，也由此从优秀教师的自主探索，进入有组织的全面探索阶段。

"中国青少年创客教育M35联盟"由《中国教育报》等机构发起，温州

①　新浪博客：信息化教学创新的博客.国际创客教育十大关键事件之四：中国创客教育联盟的成立.新浪教育博客.

②　黄金鲁克，黄蔚.中国青少年创客教育联盟成立.中国教育新闻网网站.

中学、温州实验中学、北京广渠门中学、深圳市第二高级中学、天津市第十四中学等35所学校组成的中国青少年创客教育联盟宣布成立。该联盟由教育机构、新闻媒体、创客组织以及其他企事业单位在平等自愿的基础上组建，是具有公益性、学术性、开放性的全国性合作组织，致力于服务创客教育，推广创客文化。该联盟通过构建创客教育资源共建共享机制，打造具有较高活跃程度和可持续发展能力的创客教育平台，推动中国创客教育事业的创新发展。

第二节　创客型师资培养

一、创客型师资的重要性

创客型师资是指服务于教育，能够利用资源将创意转换为作品并将其转换为课程的教师。他们对教育教学有深入的认识，了解教学规律，知道当前教育的不足，同时具备创新能力和实践能力，能够将自己的创意带入课堂，把课程扎根到实践当中，打破传统课堂以讲授为主的模式，给学生以启迪，并引导他们进行创新实践，最终成为创客型人才。创客型教师是一名超级创客，热爱创造，热爱学生，喜欢和学生并肩作战，共同寻找创意灵感，创作新颖作品。创新型人才是创新兴国的重要力量，体现着国家的核心竞争力。创客型师资的引进和培养是实现创客培养的前提和根本，也是创新人才的重要保障。

二、创客型教师的特征

创客型教师承担着培育学生创新能力的使命，他们应该具备更高的素养以适应当今社会的需求。作为创客型的师资，他们应该具有以下特征：

（1）对创新有执着的追求。创客型教师不满足于现有的知识，有强烈的求知欲和大胆的探索精神，不断地追求着创新。创客型教师首先具有创新意识，即能根据社会和个体生活发展的需要，引起创造前所未有的事物或观念的动机，并在创造活动中表现出创新的意向、愿望和设想；其次，他们还具有问题意识，在工作学习中，不断地提出为什么，并且力求找出答案。问题意识是人们进行创造的出发点和内在动力。

（2）具有敏锐的洞察力。洞察力不是读书能直接获得的，更多的是在创新和实践中得来。创客型教师通过教学与科研相结合，在浓厚的研究气氛中造就了敏锐的洞察力。首先，他们注意观察，不满足现状，能够及时发现工作学习中值得注意的现象；其次，他们会进行严密地推理分析。对于观察到的现象，他们不是一看而过，不局限于现象本身，而是全面考察与之相关的整个系统的各个部分，综合贯通，利用科学的思维方法深入思考其本质，最终发现问题的根源。

（3）具有博专结合的知识结构。任何创新都离不开知识基础，都要有深厚的理论知识作为支撑。创客型教师更应该具有多元合理的知识结构，既具有精深的专业知识和广博的科学知识，还能随时获悉最新的知识信息，把握学科前沿领域方向，做到专业性、学术性、前沿性相结合，使自己的业务知识与时代同步。首先，高校教师的创造一般集中于本学科，因而需要扎实地掌握本学科领域的基础知识和技能；其次，学科交叉融合是当今科学技术发展的趋势，一件作品的创造往往需要综合运用多学科的知识技能。创客型教师必须涉猎其他学科的知识内容，掌握不同学科领域知识获取的方法，从各种知识碰撞中发现问题，利用多学科知识进行创新实践。

（4）具有科学的创新实践能力。创客的一大特点是将创意变为现实，作为创客型师资，高校教师不仅要有好的创意，还要能够将创意实现，创造出来，这就要求他们具备较高的实践能力。动手实践，是把构思变为现实必不可少的途径。创客型教师要爱动手，有超强的动手能力，在做中学，通过实践应用再次对知识进行巩固提升。

（5）具有创新型教学能力。作为一名教师，首先要具有较高的教育教学能力，利用教育规律合理的安排教学，善于发现发挥学生的创造能力；其次，要具有与时俱进的教育理念，授人以鱼，不如授人以渔，以学生为主体，发挥好引导促进作用，为学生将来的创新发展打下基础；再次，作为创客型教师，要善于开拓创新，能够将自己的创造融入课堂，成为学生的示范者，以自身的创新激情影响学生，言传身教，带动学生创新能力的发展。

第三节　创客型师资培养现状

开展创客教育需将多学科知识的汇聚与融合，对教师的综合素质、跨学科的能力和动手实践能力要求较高，所以创客教师必须具备跨界与融合的特质。目前，随着创客教育的不断深入，创客型师资培养现状有所改善，但仍存在不足，不能满足当今社会发展及学生创新能力培养的需求。

基础教育中，创客教师培养存在的主要问题有以下几个方面。

（1）缺乏系统的技术培训和理论学习。创客教育所需要的新技术，如机器人、3D打印等学科内容，教师根本没有学习过，马上要掌握这么多新学科知识，让很多教师感觉无力应对，无法指导学生开展创客教育。

（2）缺乏政策和资金支持，缺乏激励措施。创客教师需要投入大量的精力自学专业知识和指导学生制作创客作品，但学校领导不重视，不但没有配套的奖励激励机制，在绩效考核、职称评定等方面得不到认可，影响了创客教师的开创性研究和全国投身于创客教育的热情。

（3）大部分教师教务繁重，无额外精力开展创客教育。大部分教师的教学任务和其他事务都非常繁重，而从事创客教育时间精力投入大、回报少，再加上一些教师自身知识面不够，也不愿花更多精力去学习那么多新的东西，以上原因导致目前基础教育中创客教师严重匮乏。

高校创客型师资发展的主要问题有以下几个方面。

（1）高校教师知识结构较为单一，思路较为狭隘。创客型师资要求教师具备多个方面的知识，能将不同的知识融会贯通，产生出好的创意并将其实现。而在高等院校，人才培养基础知识较窄，教师专业划分较细，专业教师大多精通本专业知识，但其他领域涉猎较少，理工科教师缺乏人文社会的知识，文科教师缺乏自然科学的知识，这就使高校教师创新的视角较为狭隘，缺乏实践能力，影响其成为一名创客。当今社会科学不断发展更新，高校教师必须具备教育创新能力、理论联系实际的能力，成为掌握多学科知识的博而专的综合性师资，才能适应社会需求，培养出具备创造精神的人才。

（2）师资队伍建设重学历，轻工程实践经验和能力。高校师资队伍的建设主要包括两个方面：一是引进人才，二是现有教师的深造。现在高校在引进人才方面，以追求高学历为导向，博士甚至更高学历的人才优先考虑，而较少考虑所引进的人才在工程实践方面是否有经验。现有教师的深造也以学历教育为主，很多现任教师为达到学校的要求，在职或脱产进行研究生的学历教育，很少到企业或公司等进行实践学习，在实践能力方面较差。

（3）科研课题理论研究较多，结合实践较少。科研课题是高校教师创新的一个重要方面。通过课题研究，高校教师将自己的新观点表达出来，在一定程度上可以发挥自己的创新精神。虽然高校承担着一定的科研任务，教师也积极地进行科研，但是更多的教师做课题是为了职称的评审，看中的是课题在评审时加分的多少，而不是课题的实际应用价值。这一导向就致使教师申请课题有几个原则：一是课题求新，紧跟时代步伐，出现一个新的名词就紧紧跟随，而不考虑自身的研究方向和实际意义；二是课题求易，以职称评审为导向，教师争取在最短的时间内完成课题，因而会尽可能减少实践检验环节，使课题停留在理论研究阶段。由此就出现了高校研究课题偏向理论，而实践较少，高校教师实践能力较差。

（4）高校教育较为封闭，和地方产业联系较少。高等教育要促进社会经济的发展，而社会经济的发展要以产业为支撑。高等教育是产业发展的智力基础，产业发展为高等教育提供技术帮助，高校的教育要和产业发展相互促进。但是，目前高等教育较为封闭，很少和当地的企业等联系，在技术发展上较为落后，在实践能力上表现较差。高校教师很少能够深入企业锻炼，仅通过其他渠道了解相关知识和信息，很难真正做到"认识—实践—再认识"，他们的创新思维受到限制，实践能力较差，在很大程度上影响其成为创客型师资。

（5）高校硬件设施不足，影响教师潜能的发挥。高等院校尤其是地方院校受经费不足的影响，办学条件相对简陋，硬件设施不足，难以发挥教师的潜能。高校教师的个人发展和价值实现是高校教育良好发展的重要因素，其中高校教师的创意活动实现与否又影响着高校教师的工作满意度。而进行创造活动需要借助一定的办学条件，当学校支持实践活动的力度不够，难以满足工作需要时，就间接地使一些实践活动被抹杀，而课本理论知识的研究，很难真正联系到实际，就会阻碍教师自身水平的发挥和发展，进而影响他们教学的创新和研究的发展。

第四节　创客型师资培养途径

一、中小学创客型师资培养途径

（一）开展系统培训，打造专业型和兼职型的两大类创客教育师资队伍

提供教师培训可以帮助教师掌握创客教育的核心，了解创客教育的框架

和实施方式，这将鼓励更多的教师把创客教育应用到教学当中去。教师培训可以和创客中心试点结合起来，创客中心试点在为学生们提供创客空间的同时，也可以为教师们提供培训。[①]这样既最大化地利用了中心资源，也为广大教师提供了一个教学相长的环境。通过各种专题培训和创客教学研讨活动，帮助教师了解掌握创客教育的本质、理念、教育模式和具体操作方法，培养专业型和兼职型的两大类创客教育师资队伍。

（二）培养重点对象，将优秀的信息技术教师转化成创客型教师

当前，我国中小学都配备有信息技术教育师资，考虑其技术知识背景，以及现代化的教学离不开信息技术的运用等因素，在创客教育还未普及发展，师资严重短缺的情况下，可将他们作为培养对象，使其成为学校开展创客教育的主力军，待创客教育发展到一定阶段后再组建专门的创客教育师资队伍。

（三）整合人才资源，深化创客教育师资的多种培养途径

整合社会资源，加强校内、校际以及与社会的合作，共同培养创客教育师资，促进创客教育的发展。[②]鼓励企业、科研院所、高等院校的各类人才利用业余时间参与创客活动，做创客导师；聘请专业领域的校外专家成为创客导师，充实壮大创客教育的师资队伍。广泛吸纳各类专家组成跨界的导师团队，组建高水平的创客专家资源库。打造创客教育联盟，聚集有志于从事跨学科创新人才培养的教师和知名企业技术专家组成创客导师团。将各类创新人才纳入创客导师队伍，从校内外聘请创客教育导师，邀请一些在企业中有一定成就的创客做学校的兼职教师。一些在相关专业如计算机、工业设计、工程制造、艺术设计等方面有经验的学生家长，也可以作为创客教育的师资力量。[③]

基础教育创客型师资建设策略如图14-4所示。

---

①　祝智庭，孙妍妍. 创客教育：信息技术使能的创新教育实践场[J]. 中国电化教育，2015（1）：14-21.

②　殷朝晖，王鑫. 美国K-12阶段STEM教育对我国中小学创客教育的启示[J]. 中国电化教育，2017（2）：42-46，81.

③　赵志浩. "创客"教育及其实践对策[J]. 渭南师范学院学报，2016，31（20）：53-57.

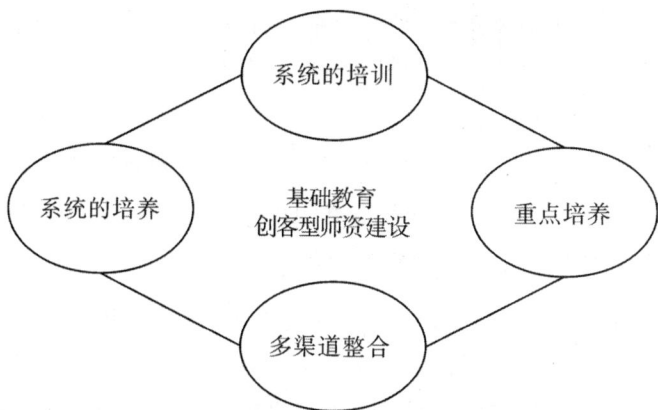

图 14—4 基础教育创客型师资建设策略

二、高校创客型师资培养途径

（一）不同专业教师多途径合作，拓宽视野激发创意

具有创意是创客型师资所必备的基本特征。不同专业的教师各有所长，交流过程中他们优势互补，互相启发，可以形成不同的创意。另外，创意的实现也需借助多方面的知识，这就需要高校教师全面发展。目前高校教师存在着知识较为单一的现象，这明显不利于其转变为创客型师资，高校应当为教师的转型提供支持与帮助，寻找多种途径促进他们的转变。

（1）开展综合素质大讲堂活动，并使之常态化。每周寻找适合的时间，由各个专业的优秀教师向全校教师介绍本专业的知识及其在不同领域的应用，启发其他专业教师的灵感，帮助他们产生创意。

（2）搭建学科综合研究平台，强化创新型教师研究与创新素质。[①]例如，学校可举办教学创新大赛，鼓励教师展示他们在教学中的创新发展，激励其他教师；可以由学术委员会组织各学术带头人提出一些跨领域的研究课题，号召不同专业教师参与，优势互补，推动他们之间的交流合作。

（3）利用新媒体让教师与国内外、校内外的各学科名师进行"面对面"的接触和体验。加强国内外交流合作，拓展高校教师多学科综合视野，进一步增强教师的综合素养，为其创新能力的提升夯实基础。

（4）开展头脑风暴讨论会，使教师们思想相互碰撞，激发创意。学校定

---

① 虞立红，王一川. 北京师范大学近年培养创新型教师的新举措[J]. 中国大学教学，2007（8）：66—68.

期组织某一主题的头脑风暴讨论会，不同专业教师均可参加，他们各自提出自己的想法，他人当时不做任何评价，目的在于给予别人启发，这样可以帮助教师产生创意，向创客型师资转变。[①]

（二）学校建设"教师创客空间"，提升教师的创造能力

高校教师要成为创客型师资，自己应该成为一名创客，具备较强的实践能力，有把创意变为现实的经验。教师创客空间是一种全新的开放式实验室平台，不同专业的教师聚集在一起，通过交流分享，确立一个点子，然后把设想的东西做成实物。教师在创客空间中交流思想，形成创意并付诸实践，为成为创客型师资积累经验。高校可以建设独立的教师创客空间，为教师转型提供条件。为节约成本也可成立多校共享的创客中心作为试点。[②]

（1）高校创建创客空间，为教师创造提供条件。创客空间为教师创造提供了场所和工具设备等，教师可以借助创客空间把自己的创意变为现实。在这一空间内，各科教师还可共享开源硬件，开源硬件并不仅仅是硬件设计方法的开放，而更多的是体现了一种创新理念的开放，这种理念坚信从分享中所获多于自身付出。[③]

（2）在创客空间内，更重要的资源是"教师创客"。"教师创客"各有所长，可以互相帮助，互相影响，创造能力可以得到提升；高校教师还可以以分享的精神加入创客教师的协作环境当中，加入一些创客教育的QQ群或者网站，参与一些课程建设项目和研究课题。[④]

（3）展示教师创客空间的产品。作品的展示可以更好地激励其他教师的创造欲望，督促他们向创客型师资转变。

（三）构建与企业合作的平台，发展教师的实践能力

创客型师资除了具备独特的创意外，还要能够将创意付诸实践，这就需要教师有较高的实践能力。但当前高校教师的理论水平较高，在实践操作上还有所欠缺。高校可以构建与企业合作的平台来发展教师的实践能力，让双

① 王怀宇，李景丽，闫鹏展. 高校创客型师资培养策略初探[J]. 中国电化教育，2016（3）：126-130.

② 祝智庭，孙妍妍. 创客教育：信息技术使能的创新教育实践场[J]. 中国电化教育，2015（1）：14-21.

③ 雒亮，祝智庭. 开源硬件：撬动创客教育实践的杠杆[J]. 中国电化教育，2015（4）：7-14.

④ 吴俊杰. 让教育滋养创客　让创客丰富教育——我的创客教育之路[J]. 中小学信息技术教育，2014（4）：10-12.

方互动起来、流动起来，让教师能到企业挂职，企业骨干能到高校讲课。[①]

（1）高校可采用双师制进行教学。即企业人员作为主讲教师，高校教师可以作为助教向企业人员学习，从技术和实践方面得到企业人员的指导，进而提升自己的实践操作能力。

（2）可以招聘一些既具有丰富企业工作经验，又具有出色专业技术能力的技术专家、管理专家来学校工作。他们本身就是本行业或专业技术领域的专家，可以迅速带动专业的发展，使高校教师实践水平得到显著提升。

（3）教师可以到相关企业进修，深入生产一线，理论联系实际。学校可以每个学期从不同专业分别派遣1~2名教师到相关企业学习进修，在此过程中，高校教师深入生产一线，直接操作仪器设备，和企业员工互通有无，可以大大加强实践能力。

（4）鼓励横向课题立项，加强产学研合作。横向课题是产学研合作的一种重要形式，主要是指和企业合作帮助企业解决生产难题的课题。通过立项横向课题，可以促进高校教师的科研和企业生产实践相结合，相互促进，企业为高校教师的研究提供实践条件，教师通过科研帮助企业解决难题。高校教师通过横向课题将研究真正应用于生产实践，可以在很大程度上促进他们向创客型师资转变。高校还可依托产学研合作项目，开发问题导向的课程体系，[②]课程教学内容更加贴近实际，可引导教师更深入地提升自身实践能力。

（四）构建适应创客型师资的管理和评价制度，营造创新的氛围

高校存在着对教师管理过多的一些现象，在评价制度上也存在着一些弊端，例如教师教学业绩的考核、评估指标，大多仅有量的规定，而无质的要求，这在很大程度上抑制了教师的创造性，因而应该改革高校的管理和评价制度，营造创新的氛围。

（1）应该给教师一定的自主权，让教师能跟根据需要自主调整教学内容和方法，使教学焕发活力。例如，教师在讲述物联网的应用时，可以带领学生到物联网应用较多的企业、场所等实地参观，帮助学生把所学知识和实际

285

---

① 汪卫星. 高校服务地方产业发展能力的提升思路与策略——以北海市高校为例[J]. 广西教育，2013（23）：18–19.

② 王培荣，陈彦许. 保定市高校与产业对接的策略研究[J]. 产业与科技论坛，2012，11（22）：25–26.

应用联系起来，教师也可从中得到启发。

（2）为鼓励创客型师资的发展，高校可以采用教师轮换休假促创新的制度。例如，教师工作三年或更长时间后，可以有半年的休假进行科研创新。这样教师可以暂时从繁重的教学任务中解放出来，为他们进行创新实践提供更多的时间。通过教师的创新发展可以为将来的教学提供更加新鲜、前沿的知识，带动学生的创新，有利于教学的有效开展。

（3）在教师的评价上，要多方面考虑。教师的评价不仅包括教学、科研，还要综合考虑教师以及他带领学生创造出的作品等，激发教师向创客转变的积极性。

（五）鼓励教师向双师型转变，形成教师学术共同体

双师型教师一般指同时具备教师资格和职业资格，从事职业教育工作的教师。双师型教师是教育教学能力和工作经验兼备的复合型人才，具有较强的创造能力。高校可以采取以下措施：（1）从行业企业引进优秀人才，吸引既具有丰富企业工作经验，又具有出色专业技术能力的技术专家、管理专家来学校工作；（2）鼓励本校教师取得职业资格证书，和相关企业建立合作机制，为教师提供到企业实习的机会，并对教师参加职业资格考试提供资金支持。

教师学术共同体的建立有利于创客型师资的发展。（1）教师学术共同体范围要广，不要仅仅限定于某一专业，可以是跨领域的，这样多领域多角度的学术活动更利于激发教师的创新能力。（2）教师学术共同体组建要灵活，一名教师可以参加多个学术共同体，只要对学术共同体的研究方向感兴趣，教师即可申请加入。这样可以保证学术共同体的蓬勃发展，同时促进了教师的个人发展，提升了他们的创造能力。

第五节　创客型师资建设案例

一、广州"智创空间"创客教师培养实践

智创空间团队根据不同情况开设了丰富多彩的教师继续教育课程，三年来分别以面授课程、网络课程、专题培训和专家讲座的形式培训教师5800多人次，如自2014年面向广东和贵州两省教师开设了信息技术教师职务培训网

络课程"机器人教学策略"6期，面向广州市教师开设了教师继续教育面授课程"智能机器人制作与程序设计"创客教育培训课题4期，面向广州市教师开设了专题培训课程"Scratch与机器人融合"创客教育培训课程3期，面向全国各地教师开设专题讲座课程20多场。

多年来，"智创空间"分别以面授课程、网络课程、专题培训的形式培训教师，根据不同情况开设了丰富多彩的教师继续教育课程，为学校培训了一批骨干创客教师，充实了创客教育队伍，为部分学校解决了缺少创客教师的难题。

图14-5 基于"创客空间"的创客教师培训

二、佛山市教育创客培养计划项目

2017年11月，由佛山市教育局主办、佛山科学技术学院人文与教育学院承办了为期三个多月的"2017佛山市教育创客培养计划项目"[1]，对来自佛山市中小学、中职学校和幼儿园创客创新师资合共155人进行了系统专业培训，培训现场如图14-6所示。作为佛山市教育事业发展"十三五"规划的重大行动计划之一，本次教育创客培养计划项目将佛山各区的创新创客教育师资汇聚一起，搭建多种交流通道与分享平台，从而在营造推进佛山市创新创客教育良好氛围的同时，也造就了一支开拓进取、创新实践的师资队伍。

---

[1] 佛山市教育局.2017年佛山市教育创客培养计划项目圆满完成.佛山市教育局官网.

图 14-6 "2017佛山市教育创客培养计划项目"培训现场

本次培训体现如下特色有以下几个部分。

（1）领导高度重视。市教育局党组成员、副局长徐旭雁出席了项目培训开幕式并做讲话，强调学员们要将创新创客教育理念融入日常课程中，引领学校的跨学科教学实践改革。佛山科学技术学院院长郝志峰出席开幕式并做STEM教育主题的专题报告。

（2）顶层设计引领。在创客教育的思想理念、技术方法及实施途径等多个方面进行专业引领，聘请了国内"大咖级"的专家为学员们授课，如教育部教育装备研究与发展中心理科装备处处长、北师大教育技术学博士刘强研究员、清华大学深圳研究院副院长夏广志教授、清华大学《现代教育技术》杂志副主编宋述强博士、佛山科学技术学院人文与教育学院院长蒋家付教授，世界创客教育联盟秘书长、中国科学院沈俊研究员等。

（3）培训内容丰富实用。内容涉及创新创客教育理论研究与案例实践、VR与创客教育融合、Scratch编程、知识重构与创客实践、创意潜能开发、产品二次迭代、3D打印技术等，学员们耳目一新，兴趣浓厚。

（4）承办工作认真。本次培训由佛科院人文与教育学院蒋家付院长联同市教育局电教站共同部署课程规划，教育技术系书记李新晖负责培训日常工作，唐春生和李捷静老师担任正、副班主任，并组织多位助教协助开展培训工作。

（5）培训形式多样。既有国内顶级的专家学者的理论分享与知识普及，也有创客工具与创造技能的应用实践，跨界融合，精彩纷呈，如参观考察广东工业设计城（创意设计、产品设计等）、禅城区少年创客工场（创客活动、创客工具、创客空间等）。

（6）培训取得了初步的成效。受训教师们将学习到的创客教育的理念渗透到自己的学科教学中，组织学生进行科学实践，与现有的教育体系融为一体，在教学过程中实现跨学科的综合运用及多学科之间的有机融合，为推进创新创客教育打下坚实的基础，其中部分学员指导学生参加2017年佛山市中小学生（含中职）创客大赛、顺德区首届教育创客节等各项活动，均取得了优异的成绩。

三、教师能力提升类MOOC"如何做创客教育"

"互联网+"时代背景下，在线开放课程凭借其在线开放、灵活自主等优势，自诞生之初就备受教育界的青睐。经过几年的迅速发展，在线开放课程现已成为教师和学生广为接受的新型在线教学模式。为使MOOC课程更好地为教师的能力提升和专业发展服务，2015年"爱课程"网启动了"教师能力提升类MOOC课程建设项目"[①]。"如何做创客教育"[②]课程以培养创客教育理念为核心，以前沿创客教育资源为动力，以开展创客教育的方法和模式为两翼，辅之以大量经典的、启发性强的案例为各位新手创客教师的成长之路保驾护航。

图14-7　教师能力提升类MOOC"如何做创客教育"课程首页

本课程的主要特色有以下几个方面。

（1）课程提供了丰富的技术类课程实践经验。本课程提供了创客教育和机器人教育等技术类课程设计和实施的多种方案。

（2）提供多样的基于真实情境的教学案例。本课程团队深入一线中小学

---

① 爱课程. 教师教学能力提升类MOOC项目. 爱课程网站.
② 爱课程. 如何做创客教育. 爱课程网站.

课堂，可提供优质的创客课程案例。

（3）多元化的评价方式。本课程的评价方式多元，运用创客教育课堂中适宜的评价方式，对授课对象进行评价。教师亲身体验评价全过程，以更好地在自己的课堂中实施评价。

（4）系统化的创客课程体系。本课程中包含完整的创客课程体系，从创客课程目标的确定到创客课程的评价，为创客教师提供了全面的帮助。

四、2016年第二届全国创客教育高峰论坛

为进一步发挥创客教育在创新人才培养中的重要作用，实现"创客教育与课堂教学改革"的融合，2016年11月，由全国教师创客联盟主办的"2016年第二届全国创客教育高峰论坛"在宁波举行，200余位全国各地校长、专家、创客齐聚宁波，共同交流分享创新教育与创客教育的经验与成果。

图 14-8　全国优秀创客教师颁奖仪式

本次会议以"创客教育与课堂教学改革"为主题，旨在总结创客教育以往的得失与经验，探讨创客教育与课堂教育改革相结合的有效解决方案。多位创客教育专家教师做主题报告，实时分享创客教育的实践案例。会议期间还举行了全国优秀创客教师颁奖仪式，全国有200余名优秀创客老师获得1星至5星优秀评级，其中获得5星评级的教师还被邀请在会上向全国老师展示了他们的先进的创客创新教育的理念与成果。

主要参考文献

中华人民共和国教育部等官方发布文件

［1］中华人民共和国教育部．教育部关于印发《教育信息化十年发展规划（2011—2020年）》的通知[EB/OL]. [2012-03-13]. http://www.moe.gov.cn/srcsite/A16/s3342/201203/t20120313_133322.html.

［2］中华人民共和国教育部．教育部关于实施全国中小学教师信息技术应用能力提升工程的意见[EB/OL]. [2013-10-28]. http://www.moe.gov.cn/srcsite/A10/s7034/201310/t20131028_159042.html.

［3］教育部办公厅．教育部办公厅关于印发《中小学教师信息技术应用能力标准（试行）》的通知[EB/OL]. [2014-05-28]. http://www.moe.gov.cn/srcsite/A10/s6991/201405/t20140528_170123.html.

［4］教育部办公厅．教育部办公厅关于印发《中小学教师信息技术应用能力培训课程标准（试行）》的通知[EB/OL]. [2014-05-19]. http://www.moe.gov.cn/srcsite/A10/s7034/201405/t20140519_170126.html.

［5］教育部教师工作司．关于印发《中小学教师信息技术应用能力测评指南》的通知[EB/OL]. [2014-07-07]. http://xxpt.ahedu.gov.cn/2014/sjwj_0707/31.html.

［6］中华人民共和国教育部．教育部关于印发《教育信息化"十三五"规划》的通知[EB/OL]. [2016-06-07]. http://www.moe.edu.cn/srcsite/A16/s3342/201606/t20160622_269367.html.

［7］教育部办公厅．教育部办公厅关于印发《2018年教育信息化和网络安全工作要点》的通知[EB/OL]. [2018-02-12]. http://www.moe.edu.cn/srcsite/A16/s3342/201803/t20180313_329823.html.

［8］教育部等五部门．教育部等五部门关于印发《教师教育振兴行动计划（2018—2022年）》的通知[EB/OL]. [2018-03-22]. http://www.moe.gov.cn/

srcsite/A10/s7034/201803/t20180323_331063.html.

[9] 中华人民共和国教育部. 教育部关于印发《中小学教师教育技术能力标准（试行）》的通知[EB/OL]. [2004-12-15]. http://www.moe.gov.cn/srcsite/A10/s6991/200412/t20041215_145623.html.

[10] 教育部师范教育司. 关于印发《中小学教学人员（中级）教育技术能力培训大纲》的通知[EB/OL]. [2006-06-12]. http://www.moe.gov.cn/srcsite/A10/s7058/200606/t20060612_81749.html.

[11] 教育部师范教育司. 关于印发《中小学教学人员（初级）教育技术能力培训大纲》的通知[EB/OL]. [2005-07-14]. http://www.moe.gov.cn/s78/A10/moe_918/tnull_11501.html.

[12] 教育部等三部门. 教育部国家发展改革委财政部关于深化教师教育改革的意见[EB/OL]. [2012-11-08]. http://www,nie,giv,cb/srcsute/A10/s7011/201211/t20121108_145544.html.

[13] 教育信息化推进办公室. 教育信息化专刊，2013（3）[EB/OL]. [2013-05-20]. http://www.moe.gov.cn/s78/A16/s5886/s6381/201305/t20130520_152102.html.

[14] 教育部办公厅. 教育部办公厅关于征求对《关于"十三五"期间全面深入推进教育信息化工作的指导意见（征求意见稿）》意见的通知[EB/OL]. [2015-09-01]. http://www.moe.edu.cn/srcsite/A16/s3342/201509/t20150907_206045.html.

[15] 中华人民共和国教育部. 教育部关于大力推进教师教育课程改革的意见[EB/OL]. [2011-10-08]. http://www.moe.gov.cn/srcsite/A10/s6991/201110/t20111008_145604.html.

[16] 中华人民共和国教育部. 教育部关于加强高等学校在线开放课程建设应用与管理的意见[EB/OL]. [2015-04-13]. http://www.moe.gov.cn/srcsite/A08/s7056/201504/t20150416_189454.html.

[17] 教育部等五部门.教育部　中央编办　国家发展改革委　财政部人力资源社会保障部关于加强特殊教育教师队伍建设的意见[EB/OL]. [2012-11-08]. http://www.moe.gov.cn/srcsite/A10/s3735/201211/t20121108_145542.html.

[18] 中华人民共和国教育部. 教育部关于印发《特殊教育教师专业标

准（试行）》的通知[EB/OL]. [2015-08-26]. http://www.moe.gov.cn/srcsite/A10/s6991/201509/t20150901_204894. html.

［19］教育信息化推进办公室. 关于印发《教育管理信息化建设与应用指南》的通知[EB/OL]. [2014-11-06]. http://www.moe.gov.cn/s78/A16/s5886/s5892/201411/t20141106_177983.html.

有关研究著作

［1］Day C. Developing teachers：The challenges of lifelong learning[M]. Bristol：Routledge，1999.

［2］赵呈领，万力勇. 教育信息化发展与师范生教育技术能力培养[M]. 北京：科学出版社，2013.

［3］刘珍芳. 幼儿园教师信息素养培养研究[M]. 杭州：浙江大学出版社，2011.

［4］邦克.世界是开放的：网络技术如何变革教育[M]. 焦建利，译. 上海：华东师范大学出版社，2011：34-35.

［5］富兰. 变革的力量：透视教育改革[M]. 北京：教育科学出版社，2000.

［6］许伟，胡庆芳，沈涛，等. 校本培训创新：青年教师的视角[M]. 北京：教育科学出版社，2009.

［7］诺伊. 雇员培训与开发（3版）[M]. 徐芳，译. 北京：中国人民大学出版社，2007：73.

［8］Goldstain. Job Analysis-A Handbook for Business [M]. Industry and Government. 1989：18-53.

［9］维尔斯曼. 教育研究方法导论[M]. 北京：教育科学出版社，2003：212-215.

［10］任友群，胡航，顾小清. 教师教育信息化的理论与实践[M]. 上海：华东师范大学出版社. 2009：134，164-173.

［11］Jonassen D H，Peck K L，Wilson B G. Learning with Technology：A Constructivist Perspective，Prentice Hall[M]. New York：Merrill/Prentice-Hall，

293

1999.

［12］野中郁次郎，竹内广隆. 创造知识的公司[M]. 科学技术部国际合作公司，1999.

［13］赵德成，梁永正. 教师培训需求分析[M]. 北京：北京师范大学出版社，2012：43-54.

［14］诺伊. 雇员培训与开发[M]. 徐芳，译. 北京：中国人民大学出版社，2001.

［15］舒尔曼. 教师教育中的案例教学法[M]. 郅庭瑾，译. 上海：华东师范大学出版社，2007：2-10.

［16］何克抗，郑永柏，谢幼如. 教学系统设计[M]. 北京：北京师范大学出版社，2002：122.

［17］何克抗，郑永柏，谢幼如. 教学系统设计[M]. 北京：北京师范大学出版社，2012：142.

［18］郭成. 课堂教学设计[M]. 北京：人民教育出版社，2006：215-217.

［19］张良田. 教学手段论[M]. 长沙：湖南教育出版社，1999：21-23.

［20］李龙. 教学设计[M]. 北京：高等教育出版社，2010：286.

［21］李克东. 教育技术学研究方法[M]. 北京：北京师范大学出版社，2003：204.

［22］何克抗，林君芬，张文兰. 教学系统设计[M]. 北京：高等教育出版社，2006.

［23］舍恩伯格，库克耶. 大数据时代生活、工作与思维的大变革[M]. 盛杨燕，周涛，译. 杭州：浙江人民出版社，2013：9-10.

［24］Mandimach E B，Honey M. Data-driven school improvement：Linking data and learning. Technology，Education Connection（TEC）series[M]. New York：Teachers college Press，2008.

相关期刊杂志

［1］赵建华，蒋银健，姚鹏阁，等. 为未来做准备的学习：重塑技术在教育中的角色——美国国家教育技术规划（NETP2016）解读[J]. 现代远程教育研究，2016（2）：3-17.

［2］Hargreaves A．Development and Desire：A Postmodern Perspective[J]．Activism，1994：51.

［3］Fallis A G．Unesco Ict Competency Framework for Teachers[J]．Unesco，2013.

［4］吴芸，刘向敏，沈书生．新版美国国家教师教育技术标准解读及启示[J]．中国电化教育，2008（11）：5-10.

［5］袁磊，侯晓丹．美国《AECT标准（2012版）》与我国《中小学教师信息技术应用能力标准（试行）》的比较研究[J]．中国电化教育，2015（5）：20-24.

［6］王炜，祝智庭．解析英国《ICT应用于学科教学的教师能力标准》[J]．电化教育研究，2004（12）：77-80.

［7］胡淼．21世纪法国中小学教师专业能力标准探析[J]．比较教育研究，2011，33（8）：40-44，59.

［8］李艳辉．俄罗斯第三代教师教育国家标准的内容与特点[J]．比较教育研究，2014，36（8）：25-30，50.

［9］祝智庭，闫寒冰．《中小学教师信息技术应用能力标准（试行）》解读[J]．电化教育研究，2015，36（9）：5-10.

［10］康玥媛，吴立宝，王光明．中小学教师信息技术应用能力因子模型构建研究[J]．中国电化教育，2016（5）：126-131.

［11］赵磊磊，赵可云，侯丽雪，等．技术接受模型视角下教师TPACK能力发展研究[J]．教育理论与实践，2015，35（11）：25-27.

［12］蓝卫红．教师实践性知识视角下的远程培训主题研修专业引领[J]．中国电化教育，2012（9）：71-75.

［13］陈伟玲．教师ICT能力培养创新应用策略的设计与实现——以教育部—微软（中国）"携手助学"项目为个案[J]．电化教育研究，2011（6）：105-109.

［14］朱书慧．2002—2012年我国"教育技术能力"研究回顾[J]．继续教育研究，2013（8）：4-7.

［15］钟晓燕，瞿堃．职前教师教育技术能力培养模式的探索与研究[J]．电化教育研究，2010（10）：112-115.

295

［16］刘艳丽．基于体验学习圈的职前教师教育技术能力培养策略探析[J]．中国电化教育，2014（10）：118-122.

［17］孙旭涛．移动学习环境下高校师范生信息化教学能力培养研究[J]．菏泽学院学报，2014，36（2）：111-114.

［18］崔萌，曹晓玲，王祥金．中小学教师信息技术应用能力培训现状分析及对策研究[J]．中小学信息技术教育，2015（10）：29-32.

［19］徐红梅．基于微型课程开发的师范生信息技术与课程整合能力培养模式探析[J]．教育教学论坛，2015（5）：248-249.

［20］陈维维，杨欢．职前教师教育中教育技术能力体系及其建构[J]．南京晓庄学院学报，2011（3）：116-121.

［21］冉新义．福建省职前教师教育技术能力现状与培养策略[J]．闽南师范大学学报（哲学社会科学版），2014（1）：144-149.

［22］陈永光．职前教师信息化教学能力培养策略研究[J]．中国成人教育，2014（15）：105-107.

［23］杨彦栋，郭玉刚．基于《标准》的《现代教育技术》公共课教学内容重构探索[J]．中国教育信息化，2015（8）：68-70.

［24］朱永海，李晓东，孙方，等．《中小学教师教育技术能力标准》融入《现代教育技术》课程体系的设计研究[J]．淮南师范学院学报，2013，15（2）：105-109.

［25］孙婕，吴晓红．以培养化学师范生提问技能为主线的微课程设计研究[J]．中国信息技术教育，2014（23）：103-105.

［26］梁洁，张静，许春阳．面向职前教师信息化教学设计能力培训的微课程设计模式研究[J]．教育信息技术，2014（4）：45-47.

［27］胡兆欣．微课理念下的师范生教师职业技能训练[J]．桂林师范高等专科学校学报，2015（4）：114-116.

［28］马金钟，董德森，赵国宏，等．《现代教育技术》课程的微课开发与应用[J]．软件导刊（教育技术），2014（10）：12-13.

［29］叶笑蕾，汤静，王明，等．师范毕业生职前培训中的微课教学研究[J]．中学生物学，2014，30（7）：30-32.

［30］邵明杰．情景化任务驱动的微视频应用策略研究——以现代教育

技术公共实验课为例[J]. 中国教育技术装备，2013（24）：43-45.

［31］唐加军，舒波，雷代勇，等. 高等师范院校职前教师教育技术能力的培养模式与实施策略探究[J]. 中国电化教育，2013（4）：82-87.

［32］丁卫泽，吴延慧. 高校教师教育技术能力现状分析[J]. 电化教育研究，2010（9）：64-69.

［33］方明建，郑旭煦，沈季，等. 高校教师教育技术能力培训现状与对策研究——以重庆地区高校为例[J]. 人力资源管理，2011（8）：60-63.

［34］徐华勇. 高校教师教育技术能力培养模式探究[J]. 中国成人教育，2016（11）：149-151.

［35］谢志昆，谢娅萍，杨得耀，等. 高校教师教育技术能力培训研究回顾[J]. 中国教育信息化，2015（18）：59-62.

［36］马宁，陈庚，刘俊生，等. 《国家高校教师教育技术能力指南》的研究[J]. 远程教育杂志，2011（6）：3-9.

［37］顾小清. 面向信息化的教师专业发展：国际标准解读与比较[J]. 全球教育展望，2007，36（10）：76-81.

［38］张一春，杜华，王琴，等. 高校教师教育技术能力标准的模型建构之研究[J]. 中国电化教育，2004，20（5）：26-30.

［39］梁文鑫，余胜泉，吴一鸣. 面向信息化的教师专业发展阶段描述与促进策略研究[J]. 教师教育研究，2008，20（1）：18-21.

［40］周红春. 信息化环境下高校教师教育技术能力培养[J]. 现代教育技术，2010，20（6）：139-143.

［41］谢舒潇，林秀曼，刘冠. 高校教师教育技术体验式培训的设计与实践[J]. 电化教育研究，2013（3）：95-100，106.

［42］崔芳芳. 基于翻转课堂的高校教师教育技术培训模式研究[J]. 软件导刊（教育技术），2016，15（4）：38-40.

［43］梁存良，邓敏杰. 基于TPACK的高校教师现代教育技术培训设计研究[J]. 现代教育技术，2015，25（4）：45-51.

［44］张哲，陈晓慧，王以宁. 基于TPACK模型的教师信息化教学能力评价研究[J]. 现代远距离教育，2017（6）：66-73.

［45］杜芳芳. 高校教师教育技术能力培训的学习环境设计[J]. 软件导

刊·教育技术，2009（6）：44-46.

［46］王燕，苗玉辉. 高校教师专业发展与网络教育资源库建设[J]. 南阳师范学院学报，2008（9）：87-90.

［47］焦金金，郑超，吴学会，等. 基于云桌面的高校教师教育技术能力提升策略研究[J]. 中国教育信息化，2014（20）：67-69.

［48］张炳林，王程程. 国外学前教育信息化发展与启示[J]. 电化教育研究，2014（10）：29-35.

［49］朱书慧，汪基德. 我国学前教育信息化建设与应用研究现状[J]. 电化教育研究，2013（10）：40-46.

［50］罗月念. 信息技术视阈下教育部《幼儿园教师专业标准（试行）》内涵解读[J]. 软件导刊（教育技术），2012（7）：28-30.

［51］陆青雯. 面向学前教育的主题微课程开发研究[J]. 中国电化教育，2016（11）：134-137.

［52］程五一，杨明欢. 基于中国传统文化的幼儿教育资源开发与应用研究[J]. 中国电化教育，2012（8）：97-101.

［53］王济军，王赫男，曾毅. 平板电脑在幼儿数学教育中的应用研究[J]. 中国电化教育，2012（12）：107-110，118.

［54］许莹. 数字环境下的阅读教育新模式——学前儿童电子书应用带来的启示[J]. 中国电化教育，2014（10）：29-35.

［55］康帆. 增强现实技术支持的幼儿教育环境研究——基于武汉市某幼儿园的调查与实验[J]. 电化教育研究，2015（7）：61-65.

［56］张雪萍. 幼儿园教师信息素养初探[J]. 现代教育，2012（Suppl 2）：60-61.

［57］陈宗胜. 淮安市中等职业学校教育信息化建设现状与对策[J]. 中国电化教育，2012（7）：54-57.

［58］任剑岚. 职业教育与信息技术的深度融合[J]. 教育与职业，2015（2）：43-44.

［59］李霞林. 浅析如何提高职业院校教师教育信息化能力[J]. 武汉大学学报（理学版），2012（增刊1）：107-110.

［60］范如涌，项晓乐. 职业教育信息化的概念、内涵及其发展模式分

析[J]. 职业技术教育，2003，24（10）：57-60.

［61］赵呈领，陈智慧，邢楠，等. 职业院校教师信息化教学能力现状调查分析与模型建构的启示[J]. 工业和信息化教育，2015（8）：8-14.

［62］侯小菊. 职业院校教师信息化教学能力的建构势在必行[J]. 江苏教育（职业教育），2013（2）：1.

［63］梁云真，蒋玲，赵呈领，等. 职业院校教师信息化教学能力现状及发展策略研究——以W市5所职业院校为样本[J]. 电化教育研究，2016（4）：107-113.

［64］龚静，胡平霞. 职业院校教师信息化教学能力现状调查——以湖南地区职业院校为例[J]. 职业技术教育，2016，37（9）：59-62.

［65］陈汝冰. 职业学院教师信息化教学能力培养制度探析[J]. 中国教育技术装备，2014（8）：35-36.

［66］佘跃明. 职业院校课堂教学模式的初探[J]. 科技风，2009（20）：28.

［67］武马群. 职业院校教师信息化教学能力提升培训框架研究[J]. 广州职业教育论坛，2015，14（3）：1-4.

［68］吴金旺，郭福春. 信息技术环境下财经类高职院校课堂教学创新体系探索[J]. 高等工程教育研究，2016（4）：151-154.

［69］赵玉. 职业教育师范生信息化教学能力培养策略与效果研究[J]. 中国电化教育，2014（8）：130-134.

［70］万力勇，赵呈领. 基于UTAUT模型的民族地区中小学教师信息技术采纳与使用影响因素研究[J]. 现代远距离教育，2016（2）：70-75.

［71］赵慧臣，王玥，赵琳，等. 少数民族双语教育信息化研究现状与展望[J]. 现代教育技术，2015（10）：12-18.

［72］杨改学，王妍莉. "农远工程"环境下西部藏民族双语教学资源应用研究[J]. 电化教育研究，2010（6）：55-59.

［73］王济军，陈磊，李晓庆，等. TPACK视域下边疆少数民族地区教师专业发展研究[J]. 中国电化教育，2015（5）：118-123.

［74］李士艳，苏全霖. 甘南州藏区教师信息化教学能力发展研究[J]. 中国教育技术装备，2012（12）：18-19.

［75］焦道利，马永峰．西部少数民族地区双语教师新媒体素养现状调查研究——以甘肃省东乡族自治县双语教师为例[J]．电化教育研究，2014（9）：39-42．

［76］罗江华，王静贤，赵文颖．如果技术是答案，那么问题是什么——民族地区教育信息化发展"瓶颈"问题调查及分析[J]．中国民族教育，2016（9）：35-39．

［77］郭炯，钟文婷．特殊教育信息化环境建设与应用现状调查研究[J]．电化教育研究，2016（4）：26-35．

［78］赵慧臣，郑曼．聋哑学生的可视化教学研究[J]．现代教育技术，2013，23（8）：44-49．

［79］高太山．构建特殊教育教师信息技术能力的培养模式[J]．中国校外教育，2011（S1）：36．

［80］张亚珍，张宝辉，卜凡帅．我国特殊教育信息技术应用现状分析（2000—2015年）——基于教育技术学的视角[J]．现代远距离教育，2016（1）：52-59．

［81］胡根林．中美教师教育技术标准之比较[J]．中国电化教育，2006（6）：92-96．

［82］陈维维，沈书生．美国国家教师教育技术标准的演变[J]．现代教育技术，2009，19（6）：14-18．

［83］余胜泉．教育信息化生态观与新技术教育应用的科学发展[J]．基础教育参考，2006（9）：4-8．

［84］梁文鑫，余胜泉，吴一鸣．面向信息化的教师专业发展阶段描述与促进策略研究[J]．教师教育研究，2008，20（1）：18-21．

［85］秦炜炜．面向教师的美国国家教育技术标准新旧版本对比[J]．开放教育研究，2009，15（3）：105-112．

［86］柴璐璐，丁侠，杨成．江苏省高校教师教育技术能力现状调查与分析[J]．江苏广播电视大学学报，2009，20（3）：89-93．

［87］吴鹏泽．信息化环境下的教育传播效果优化策略[J]．电化教育研究，2011（6）：34-37．

［88］张伟．Web2.0及其教育应用展望[J]．中国电化教育，2006（1）：

99–101.

［89］彭帅，聂娟. 论高校教师的群体特征[J]. 吉林广播电视大学学报，2011（2）：118–119.

［90］赵红亚. 试论诺尔斯的成人教育思想[J]. 河北师范大学学报（教育科学版），2004，6（2）：38–44.

［91］梁林梅，叶涛. 从培训向绩效技术的转变——提高教师培训绩效的新思路[J]. 中国电化教育，2003（12）：27–31.

［92］王鹏，时勘. 培训需求评价的研究概况[J]. 心理科学进展，1998，16（4）：36–38.

［93］詹泽慧，李晓华. 美国高校教师学习共同体的构建—对话美国迈阿密大学教学促进中心主任米尔顿·克斯教授[J]. 中国电化教育，2009（10）：1–6.

［94］White N，Ringstaff C，Kelley L. Getting the Most from Technology in Schools. Knowledge Brief [J]. Academic Achievement，2002：14.

［95］武俊学，李向英. 构建网络环境下教师学习共同体——教师专业发展的创新途径[J]. 现代教育技术，2006，16（1）：69–72.

［96］胡小勇. 促进教师专业发展的网络学习共同体创建研究[J]. 开放教育研究，2009，15（2）：87–91.

［97］Scardamalia，张建伟，孙燕青. 知识建构共同体及其支撑环境[J]. 现代教育技术，2005，15（3）：5–13.

［98］况姗芸. 网络学习共同体的构建[J]. 开放教育研究，2005，11（4）：35–37.

［99］马士斌. 培训需求分析的技术线路[J]. 中国培训，1998（7）：16–17.

［100］朱益民. 论校本教师培训的方案设计[J]. 教育发展研究，2002（5）：23–26.

［101］郑彬彬，庄秀丽. 基于维基平台的教学活动设计[J]. 中国远程教育，2008（12）：36–40.

［102］詹泽慧，李晓华. 混合学习：定义、策略、现状与发展趋势——与美国印第安纳大学柯蒂斯·邦克教授的对话[J]. 中国电化教育，2009

（12）：1-5.

［103］周坤亮．教师教育中的案例教学法[J]．教育理论与实践，2011（5）：34-36.

［104］曾琦．参与式教师培训的理念与实践价值[J]．全球教育展望，2005，34（7）：18-20.

［105］陈向明．参与式教师培训的实践与反思[J]．教育研究与实验，2002（1）：66-71.

［106］钟志贤．知识建构、学习共同体与互动概念的理解[J]．电化教育研究，2005（11）：20-29.

［107］张建伟．试论基于网络的学习共同体[J]．中国远程教育，2000（增刊）：52-54.

［108］杨洪刚，宁玉文，高东怀，等．基于SNS的网络学习共同体构建研究[J]．现代教育技术，2010，20（5）：93-96.

［109］Gunawardena C N，Lowe C A，Anderson T．Analysis of a global online Analysis of Interaction in Online Environments debate and the development of an interaction analysis model for examining social construction of knowledge in computer conferencing[J]．Journal of Educational Computing Research，1997，17（4）：261-269.

［110］吴鹏泽．基于导生制的主题教学设计与应用[J]．教育研究，2011（12）：103-106.

［111］崔萌，胡晓玲，王希哲．移动环境下中小学教师信息技术应用能力培训模式探索[J]．教育信息技术，2015（10）：39-42.

［112］刘艳丽．职前教师教育技术能力培养活动生态模型的构建[J]．中国信息技术教育，2015（Suppl 1）：172-175.

［113］赵宏，陈丽，郑勤华，张善实．成人远程学习者自主学习能力培养的教学模式探究[J]．中国电化教育，2014（6）：37-41，48.

［114］李春英，白晓晶，张琳琳，等．引领网上学习过程的支持服务实践研究与探索[J]．中国远程教育，2014（7）：51-55.

［115］马婧．国外协作学习理论的演进与前沿热点——基于科学知识图谱的研究[J]．开放教育研究，2013，19（6）：95-101.

［116］和学新. 教学策略的概念、结构及其运用[J]. 教育研究，2000（12）：54-58.

［117］苗深花. 论师范生"为教而学"学习观的构建[J]. 教育研究，2012（5）：90-101.

［118］毛晋平. 世纪末话高师生学习特点及对策[J]. 高等师范教育研究，1999（5）：34-38.

［119］张进良，何高大. 学习分析：助推大数据时代高校教师在线专业发展[J]. 远程教育杂志，2014（1）：12-15.

［120］王萍. 大数据背景下高校教师数据素养培养途径探究[J]. 新西部（理论版），2016（23）：142-143.

［121］王正青，张力文. 大数据时代美国发展教师数据素养的基础与路径[J]. 比较教育研究，2018，40（2）：68-75.

［122］黄如花，李白杨. 数据素养教育：大数据时代信息素养教育的拓展[J]. 图书情报知识，2016（1）：21-29.

［123］阮士桂，郑燕林. 教师数据素养的构成、功用与发展策略[J]. 现代远距离教育，2016（1）：60-65.

［124］金艳红. 大数据背景下教师数据素养提升路径探析[J]. 文教资料，2016（15）：136-137.

［125］Mandimach E B，Friedman J M，Gummer E. How can schools of education help to build educators capacity to use data? A systemic view of the issue[J]. Teachers college record，2015（4）：4.

［126］Paving the Path to Success. Data for Action 2014[J]. Data Quality Campaign，2014.

［127］Bennett L H. Fostering Data Literacy Through Preservice Teacher Inquiry in English Language Arts[J]. Teacher Educator，2013，48（1）：8-28.

［128］祝智庭，孙妍妍. 创客教育：信息技术使能的创新教育实践场[J]. 中国电化教育，2015（1）：14-21.

［129］祝智庭，雒亮. 从创客运动到创客教育：培植众创文化[J]. 电化教育研究，2015（7）：5-13.

［130］中国梦引领青春梦——第一届中华创客大赛完美落幕[J]. 信息技

术与信息化，2014（4）：321.

［131］殷朝晖，王鑫. 美国K-12阶段STEM教育对我国中小学创客教育的启示[J]. 中国电化教育，2017（2）：42-46，81.

［132］赵志浩. "创客"教育及其实践对策[J]. 渭南师范学院学报，2016，30（20）：53-57.

［133］虞立红，王一川. 北京师范大学近年培养创新型教师的新举措[J]. 中国大学教学，2007（8）：66-68.

［134］王怀宇，李景丽，闫鹏展. 高校创客型师资培养策略初探[J]. 中国电化教育，2016（3）：126-130.

［135］雒亮，祝智庭. 开源硬件：撬动创客教育实践的杠杆[J]. 中国电化教育，2015（4）：7-14.

［136］吴俊杰. 让教育滋养创客，让创客丰富教育——我的创客教育之路[J]. 中小学信息技术教育，2014（4）：10-12.

［137］汪卫星. 高校服务地方产业发展能力的提升思路与策略——以北海市高校为例[J]. 广西教育，2013（23）：18-19.

［138］王培荣，陈彦许. 保定市高校与产业对接的策略研究[J]. 产业与科技论坛，2012，11（22）：25-26.

［139］Means B, Toyama Y, Murphy R, Bakia M, Jones K. Evaluation of Evidence-Based Practices in Online Learning: A Meta-Analysis and Review of Online Learning Studies[J]. Us Department of Education，2009，115（3）：93.

网络资料

［1］英特尔 Quark开发者俱乐部. 英特尔教育在中国大事记：记述大事，回望成就，激励未来[EB/OL]. [2014-06-20]. http://www.iquark.com.cn/news/article/a/42.

［2］UNESCO. UNESCO Strategy on teachers（2012—2015）[DB/OL]. [2016-03-11]. http://unesdoc.unesco.org/images/0021/002177/217775E.pdf.

［3］乐高. 教育部—乐高"创新人才培养计划"教师培训平台[EB/OL]. http://legoedu.gdei.edu.cn/cms/index.

［4］全国中小学教师网络研修平台. "教育部中国移动中小学教师信

息技术能力国家级培训"[EB/OL]. http://www.teta.com.cn/education/login/login.do?flag=1.

［5］友成企业家扶贫基金会. 常青动态"教育要发展，教师是关键"——乡创教师培训在云南扎根[EB/OL]. [2017-03-23]. https://mp.weixin.qq.com/s/hnNicQ_7RWQOtSgQpVqsPQ.

［6］Fessler, R. Teachers' Professional Life Cycles[DB/OL]. http://ihjournal.com/teachers-professional-life-cycles.

［7］International Society of Technology in Education（2008b）. National educational technology standards[EB/OL]. http://www.iste.org/AM/Template.cfm?Section=NETS.

［8］Ian Jukes. Rethinking education in the new digital landscape[EB/OL]. [2008-07-15]. http://web.mac.com/iajukes/thecommittedsardine/Articles.html.

［9］Davis, V. The Classroom is flat: Teacherpreneurs and the flat classroom project Kickoff[EB/OL]. [2006-11-28]. http://www.coolcatteacher.com/the-classroom-is-flat-teacherpreneurs-and-the-flat-classroom-project-kickoff/.

［10］Attwell, G. Web 2.0 and the changing ways we are using computers for learning: What are the implications for pedagogy and curriculum?[DB/OL]. https://www.researchgate.net/publication/264857678_Web_20_and_the_changing_ways_we_are_using_computers_for_learning_what_are_the_implications_for_pedagogy_and_curriculum.

［11］WestED. Using data in efforts to transform teaching and learning [EB/OL]. [2015-03-31]. https://www.wested.org/rd_alert_online/using-data-in-efforts-to-transform-teaching-and-learning/.

［12］Campaign D Q. Teacher Data Literacy: It's About Time. A Brief for State Policymakers [EB/OL]. [2014-06-30]. https://dataqualitycampaign.org/resource/teacher-data-literacy-time/.

［13］Mickey Garrison and Megan Monson. The Oregon DATA Project: Building A Culture of Data Literacy[DB/OL]. [2012-07-17]. http://er.educause.edu/articles/2012/7/the-oregon-data-project-building-a-culture-of-data-literacy.

［14］Wikipedia. Center for Bits and Atoms[DB/OL]. [2018-04-10]. https://

en.wikipedia.org/wiki/Center_for_Bits_and_Atoms.

［15］Wikipedia. Fab lab[DB/OL]. [2018-04-10]. https://en.wikipedia.org/wiki/Fab_lab.

［16］Wikipedia. Neil Gershenfeld[DB/OL]. [2018-04-10]. https://en.wikipedia.org/wiki/Neil_Gershenfeld.

［17］MITOPENCOURSEWARE. How to Make（Almost）Anything[EB/OL]. https://ocw.mit.edu/courses/media-arts-and-sciences/mas-863-how-to-make-almost-anything-fall-2002/.

［18］陈逸群. 李大维 让国际创客看到"深圳力量"[EB/OL]. [2016-11-09]. http://wb.sznews.com/html/2016-11/09/content_3657187.htm.

［19］创业邦. 共筑梦想，中美青年创客大赛今日启动[EB/OL]. [2014-05-06]. http://www.cyzone.cn/a/20140506/257317.html.

［20］腾讯教育. 首届中国国际创客教育高峰论坛在京成功举办［EB/OL]. [2016-04-20]. http://edu.qq.com/a/20160420/032138.htm.

［21］新浪博客：信息化教学创新的博客. 国际创客教育十大关键事件之四：中国创客教育联盟的成立［EB/OL]. [2016-07-05]. http://blog.sina.com.cn/s/blog_1459fdfec0102yi7d.html.

［22］佛山市教育局. 2017年佛山市教育创客培养计划项目圆满完成[EB/OL]. [2017-11-26]. http://www.fsjy.net/kx/jjkx/201712/t20171201_6846022.html.

［23］爱课程. 教师教学能力提升类MOOC项目[EB/OL]. http://tmooc.icourses.cn/.

［24］爱课程. 如何做创客教育[EB/OL]. http://www.icourse163.org/course/icourse-1002420003?edusave=1.

报　告

［1］Allen M，Palaich R. In Pursuit of Quality Teaching：Five Key Strategies for Policymakers[R]. Denver： Education Commission of the States Distribution Center，2000.

［2］Sewart D. Continuity of studeuts in a system of learning at a distance[R].

Hagen：FemUniversity，1978．

报 纸 文 章

［1］佚名. 开启"广州模式"提升教师信息技术能力——广州市"提升工程"取得果果硕果[N]. 中国教育报，2017-05-15（8）.

［2］李凌. 让教师从技术菜鸟到教学专家[N]. 中国教育报，2014-06-05（7）.

［3］黄金鲁克，黄蔚. 中国青少年创客教育联盟成立[N]. 中国教育报，2015-05-20（1）.

［4］钟伟. 教育部与微软签署新一轮"携手助学"合作协议[N]. 中国教育报，2008-11-05（1）.

［5］汪琼. 信息化视角下全球高教发展趋势[N]. 中国教育报，2017-05-20（3）.

［6］程建钢. 信息化融入职教创新发展的问题和对策[N]. 中国教育报，2017-05-06（3）.

［7］张学军，尹晓军.甘肃卓尼县教师人人会用"班班通"[N]，中国教育报，2016-06-05（1）.

［8］熊丙奇. 完善待遇保障机制让教师更乐教[N]. 中国教育报，2018-03-04（2）.

博硕学位论文

［1］王丹丹. 基于TAM的职前教师信息技术接受度影响因素研究[D]. 重庆：西南大学，2015.

［2］谷跃丽. 微型课程的设计与应用研究[D]. 武汉：华中师范大学，2014.

［3］孙婕. 以培养化学师范生教学技能为主线的微课程设计研究——以宁夏大学化学微格教学课程为例[D]. 银川：宁夏大学，2015.

［4］陈苏芳. 以培养师范生教学设计能力为主线的微型课程设计研究[D]. 武汉：华中师范大学，2013.

［5］狄芳. TPACK框架下职前教师信息化教学能力的培养研究[D]. 银

川：宁夏大学，2013．

［6］郝雅琪．基于TPACK模型的职前教师信息化教学能力培养研究[D]．西安：陕西师范大学，2014．

［7］张一春．高校教师ET能力发展模式研究[D]．南京：南京师范大学，2005：155-158，160．

［8］罗艳君．体验式学习在教师教育技术能力培训中的实证研究[D]．保定：河北大学，2010：16-30．

［9］庄琪．高校教师教育技术培训中的合作学习研究——以江苏省高校为例[D]．南京：南京师范大学，2006．

［10］蒿瑞芳．高校教师教育技术能力混合式培训模式的设计与应用研究[D]．重庆：西南大学，2015．

［11］刘艳芳．微课优化高校教师教育技术能力校本培训研究[D]．新乡：河南师范大学，2016．

［12］王时．MOOC背景下高校教师教育技术能力的现状、问题及对策研究[D]．呼和浩特：内蒙古师范大学，2016．

［13］缪巧玲．基于TPACK的职业院校教师信息化教学能力调查与培养研究[D]．重庆：重庆师范大学，2017．

［14］谢娅萍．TPACK框架下高校教师教育技术能力培训的研究[D]．昆明：云南大学，2015．

［15］张淑颖．幼儿园教师信息素养现状调研及其提升策略[D]．武汉：华中师范大学，2017．

［16］于杰．职业教育信息化建设的研究与实践[D]．长春：东北师范大学，2006．

［17］龚龙飞．民族学校教师信息化教学能力的认知及提升策略研究[D]．重庆：西南大学，2016．

［18］木尼热·亚力坤．少数民族地区双语教师信息化教学设计能力发展现状调查研究[D]．西安：陕西师范大学，2014．

［19］王妍莉．"农远工程"环境下民族地区双语教学资源建设与应用策略研究[D]．兰州：西北师范大学，2010．

［20］沈书生．教师教育技术能力培训项目设计研究——以教学人员教

育技术能力初中级培训教材建设为例[D]. 南京：南京师范大学. 2008：34-61.

［21］顾小清. 面向信息化的教师专业发展[D]. 上海：华东师范大学，2004：96，109.

［22］赵健. 网络环境下城乡互动教师学习共同体构建与运行研究[D]. 兰州：西北师范大学，2011：56-61.

［23］丁玲玲. 国外培训需求分析技术的演进及其原因分析[D]. 南京：南京财经大学，2008：20.

［24］李利. 职前教师实践性知识发展研究[D]. 苏州：苏州大学，2012.

会议论文集

［1］Zubiaga A，Namee B M. Knowing What You Don't Know：Choosing the Right Chart to Show Data Distributions to Non-Expert Users [C]//Data Literacy Workshop，2015.

［2］Cox M D，Richlin L. Building Faculty Learning Communities：New Directions for Teaching and Learning [A]. Norman Vaughan. Technology in Support of Faculty Learning Communities [C]. Wiley Periodicals，Inc. 2004：101-109.

附　　录

附录一：基于Web2.0的高校教师教育技术能力评价指标体系各因素加权意见调查问卷

尊敬的专家：

本问卷旨在了解您对基于Web2.0的高校教师教育技术能力评价指标体系各因素加权的意见和看法，以下是基于Web2.0的高校教师教育技术能力的具体指标项目，请你根据重要程度对它们进行排序，在相应重要性程度的序号上打"√"。谢谢您的支持与合作！

表一：主因素加权意见征询表

主因素	重要程度			
	第一位	第二位	第三位	第四位
意识与责任				
知识与技能				
教学设计、实施与评价				
科研、创新与自我发展				

表二：二级因素加权意见征询表

1. 意识与责任

主因素	二级因素及描述	重要性	
		第一	第二
意识与责任	具有应用教育技术促进高校教学和自身专业发展的意识		
	能够遵守与技术使用相关的法律法规和社会道德，并为学生树立典范		

2. 知识与技能

主因素	二级因素及描述	重要性	
		第一	第二
知识与技能	了解教育技术的基本理论、掌握基本的信息技术工具		
	掌握数字化教学的特点、模式与方法		

3. 教学设计、实施与评价

主因素	二级因素及描述	重要性				
		第一	第二	第三	第四	第五
教学设计、实施与评价	能够确定合理的教学目标，选择有效的教学内容					
	能够设计并实施有效的教学活动					
	能够为教学提供恰当的媒体、资源和工具，创设有效的学习环境					
	能够与同行和管理人员等就教学问题进行有效交流					
	能够为学生提供与学习内容和技术标准相一致的多种形成性评价与总结性评价，并能利用评价结果和数据支持教学与学习					

4. 科研、创新与自我发展

主因素	二级因素及描述	重要性	
		第一	第二
科研创新与自我发展	能够关注新技术和方法，并将其应用于个人专业成长		
	能够借助技术手段开展学术交流、提升科研管理水平		

表三：三级因素加权意见征询表

1. 具有应用教育技术促进高校教学和自身专业发展的意识

二级因素	三级因素及描述	重要性			
		第一	第二	第三	第四
具有应用教育技术促进高校教学和自身专业发展的意识	能够认识到教育技术的有效应用对于提升高校教学质量、优化高校教学过程的重要意义				
	能够认识到教育技术能力是高校教师专业素质的必要组成部分，对于自身专业发展具有重要意义				
	能够持续关注Web2.0等新理念、新技术的发展，具有尝试应用新技术促进教学的意识				
	具有终身学习，利用信息技术不断更新自身教学观念和提高自身教学能力与专业能力的意识				

2. 能够遵守与技术使用相关的法律法规和社会道德，并为学生树立典范

二级因素	三级因素及描述	重要性		
		第一	第二	第三
能够遵守与技术使用相关的法律法规和社会道德，并为学生树立典范	能够提倡和教授安全、合法和符合道德，规范地使用数字化信息技术，包括对版权、知识产权和资料来源的尊重，并为学生树立榜样			
	能够提升自身在数字化时代运用信息技术的礼仪和社会交往的责任感，并为学生树立榜样			
	能够运用数字化时代的交流和协作工具与其他文化背景的同事和学生进行交流合作，以发展自身的文化理解力和全球意识			

3. 了解教育技术的基本理论、掌握基本的信息技术工具

二级因素	三级因素及描述	重要性			
		第一	第二	第三	第四
了解教育技术的基本理论、掌握基本的信息技术工具	了解教与学的基本理论观点（如行为主义、认知主义、建构主义等），以及最新进展（如情境认知、活动理论、协作学习、分布式认知理论等）				
	了解教育技术在学科应用中的主要研究方法（如调查研究、行动研究、实验研究、设计性研究、开发性研究等）				
	掌握与自身教学（通用的信息技术、具有学科特点的工具软件）、工作（个人知识管理软件、校务管理软件）相关的信息技术工具				
	掌握教学信息与教学资源的检索、分类、管理的一般方法，掌握利用各种Web2.0工具发布教学资源及与他人协作的方式				

4. 掌握数字化教学的特点、模式与方法

二级因素	三级因素及描述	重要性			
		第一	第二	第三	第四
掌握数字化教学的特点、模式与方法	了解数字化教学资源的基本类型、开发工具及方法，能够使用高效中常见的数字化教学环境（如多媒体教室、网络教室等）开展教学				
	掌握计算机网络应用于教学的一般特点和方法，并能借助网络工具与平台开展教学（如作业系统、答疑系统、网络互动教学平台等）				
	掌握多种数字化教学模式与方法（如授导式教学、自主探究式学习、PBL学习、小组协作式学习、E-Learning、混合式学习等）及其与教学内容、教学目标、教学对象之间的对应关系				
	了解国家质量工程中有关课程建设的理念、基本结构、一般特点、建设规范、评价标准及其应用模式				

5. 能够确定合理的教学目标，选择有效的教学内容

二级因素	三级因素及描述	重要性		
		第一	第二	第三
能够确定合理的教学目标，选择有效的教学内容	能够结合学生和学科特点，确定明确、有效的教学目标，并清晰地描述			
	能够为学生提供丰富的、情景化的教学内容，促进学生将抽象的知识与生活实际相联系			
	能够运用技术工具，为学生提供参与学习目标、学习内容制订的机会，使学生成为积极的参与者			

6. 能够设计并实施有效的教学活动

二级因素	三级因素及描述	重要性		
		第一	第二	第三
能够设计并实施有效的教学活动	能够为学生定制个性化的学习活动，以适应学生多样化的学习风格、学习策略和不同层次的数字化工具与资源的使用水平			
	能够利用技术工具为教学活动提供必要的教学辅助和支持，如为学生的自主学习、合作学习、自我知识管理等提供指导和学习支持			
	能够借助技术工具（如网络教学平台、教学监控软件、网络教学过程质量监控系统等）对教学活动过程进行有效的管理和监控，及时发现教学中存在的问题，并进行及时有效的解决			

7. 能够为教学提供恰当的媒体、资源和工具，创设有效的学习环境

二级因素	三级因素及描述	重要性	
		第一	第二
能够为教学提供恰当的媒体、资源和工具，创设有效的学习环境	能够针对教学内容和教学活动的特点，设计、组织与提供恰当的教学资源，并鼓励学生利用信息技术丰富课程资源		
	能够熟练应用网络教学平台、Web2.0等技术工具，并为学生创设利于协作、交流、互动的以学生为中心的学习环境，提高学生的协作能力和探究能力		

8. 能够与同行和管理人员等就教学问题进行有效交流

二级因素	三级因素及描述	重要性	
		第一	第二
能够与同行和管理人员等就教学问题进行有效地交流	能够借助网络工具进行教学反思，并与同行分享教学经验，与教育技术专家讨论教育技术的教学应用问题		
	能够与技术支持人员、教学管理人员进行交流与沟通		

9. 能够为学生提供与学习内容和技术标准相一致的多种形成性评价与总结性评价，并能利用评价结果和数据支持教学与学习

二级因素	三级因素及描述	重要性				
		第一	第二	第三	第四	第五
能够为学生提供与学习内容和技术标准相一致的多种形成性评价与总结性评价，并能利用评价结果和数据支持教学与学习	能够根据评价目的选择合适的评价方法和工具，并能够对获取的评价数据进行合理的解释、说明					
	能够通过分析技术工具（如Web2.0工具中学习记录功能、电子档案袋）记录的学习过程，对学生进行形成性评价					
	能够通过信息技术工具，促使学生开展自我评价、学生互评，并将其纳入考核结果					
	能够设计合理的作业、考试、任务、项目性评价等，并能够应用信息化工具（如考试系统、在线作业系统等）组织与实施相关评价					
	能够根据教学活动评价结果对教学进行深入分析和反思，并不断调整和优化教学过程					

10. 能够关注新技术和方法，并将其应用于个人专业成长

二级因素	三级因素及描述	重要性		
		第一	第二	第三
能够关注新技术和方法，并将其应用于个人专业成长	能够持续关注新技术及新的教育技术方法（如行动研究）等进行教学改革研究，开展教学实践			
	能够参与区域性和全球化的学习共同体以探究技术的创造性应用，进而促进学生学习			
	能够定期评价和反思当前的研究和专业实践，从而有效地使用已有的和新兴的数字化工具和资源支持学生的学习			

314

11. 能够借助技术手段开展学术交流、提升科研管理水平

二级因素	三级因素及描述	重要性		
		第一	第二	第三
能够借助技术手段开展学术交流、提升科研管理水平	能够借助利用教育技术的手段进行学术检索、了解学科的前沿动态			
	能够利用Web2.0等教育技术手段开展全球范围的学术交流、合作			
	能够借助技术手段开展项目管理（如MS Project），对研究数据进行统计分析（如SPSS）			

附录二：基于Web2.0的高校教师教育技术能力培训需求调查问卷

亲爱的老师：

　　欢迎您参与本次问卷调查。本次问卷旨在了解您对基于Web2.0的高校教师教育技术能力培训的需求情况。您的意见对本次调查非常重要，请您如实填写您的看法。

　　回答本问卷时，最重要的是答案必须尽可能地坦诚和完整。这次调查研究的可靠性，首先就取决于您能在回答问题时说出您的真实想法。

　　本问卷的回答方式，基本上是采用选择答案的方式填写，只要在相应的答案编号上打"√"就可以了。在回答时请您独立思考，勿与他人商量。

　　承担这次调查任务的单位对您所有的回答均严格保密，请不要顾虑。

　　谢谢您的合作！

　　以下是对问卷中出现的术语的界定：

　　Web2.0是以Flickr、Craigslist、Linkedin、Tribes、Ryze、Friendster、Del. icio. us等网站为代表，以Blog、TAG、SNS、RSS、Wiki等社会化媒体的应用为核心，依据六度分隔、XML、Ajax等新理论和技术实现的互联网新一代模式。

广州大学网络与现代教育技术中心

一、基本信息

　　姓名：　　　　　性别：

　　年龄：　　　　　专业技术职称：

　　教龄：

　　学历（请在适当的选项打"√"）：①本科　②硕士研究生　③博士研究生

　　专业（请在适当的选项打"√"）：①文史　②理工　③医科　④艺体　⑤教育　⑥经管

二、教师教育技术能力现状

　　请仔细思考每一个表述与自身教学过程中的实际情况是否相符，并在右边的量表中"√"选出最相符的程度项。

项目	相关描述	非常不同意	不同意	一般同意	同意	非常同意
意识与责任	教育技术有助于优化我的教学过程、提高教学质量					
	教育技术能力是高校教师专业素质的必要组成部分					
	我时常关注新的信息技术发展，并愿意在教学中使用这些技术					
	我能够规范地使用数字化信息技术，包括对版权、知识产权和资料来源的尊重					
	我在利用信息技术工具发布资源时有较强的社会责任感，并规范学生的网络学习行为					
知识与技能	我了解行为主义、认知主义、建构主义等的基本理论，了解什么是情境认知、活动理论、协作学习、分布式认知理论					
	我了解利用教育技术开展教学研究的方法，如调查研究、行动研究、实验研究、设计性研究、开发性研究等					
	我掌握了信息化教学工作的基本工具的使用，如Office、学科教学特有的工具、Web2.0工具、数字化校园平台等					
	我掌握了教学资源的检索、分类、管理的方法，掌握利用Blog、Wiki等Web2.0工具发布教学资源及与他人协作的方式					
	了解数字化教学资源的基本类型、开发工具及方法，如Flash、Photoshop、Premier等					
	我了解如何利用计算机网络开展教学，如利用网络课程、精品课程进行教学					
	我知道授导式教学、自主探究式学习、PBL学习、小组协作式学习、E-Learning、混合式学习等学习模式如何操作，及其与教学内容、教学目标、教学对象之间的对应关系					
	我了解国家质量工程中有关课程建设的理念、基本结构、一般特点、建设规范、评价标准及其应用模式					

（续表）

项目	相关描述	非常不同意	不同意	一般同意	同意	非常同意
教学设计、实施与评价	我能够结合学生和学科特点，确定明教学目标					
	我能够将教学内容与学生的生活情境结合起来					
	我经常为学生提供参与学习目标、学习内容制订的机会					
	我能够根据学生多样化的学习风格、信息技术水平等为学生定制个性化的学习活动					
	能够利用信息技术为教学活动提供必要的教学辅助和支持					
	我能够借助技术工具（如网络教学平台等）对教学活动过程进行有效的管理和监控，及时发现教学中存在的问题，并进行及时有效的解决					
	我能够针对为学生设计、组织与提供恰当的教学资源，并鼓励学生参与课程资源的制作					
	我可以应用网络教学平台、Web2.0等技术工具，并为学生创设利于协作、交流、互动的学习环境，提高学生的协作能力和探究能力					
	我能够借助网络工具进行教学反思，并与同行分享教学经验，与教育技术专家讨论教育技术的教学应用问题					
	我能够与技术支持人员、教学管理人员进行交流与沟通					
	我能够根据评价目的选择合适的评价方法和工具，并对获取的数据进行合理的解释、说明					
	我经常通过分析技术工具（如Web2.0工具中学习记录功能、电子档案袋）记录的学习过程，对学生进行形成性评价					
	我能够在教学中开展学生自我评价、学生互评，并将其纳入考核结果					
	我能够设计合理的作业、考试、任务、项目性评价等，并能够应用信息化工具（如课程中心的作业、测验管理）组织与实施相关评价					
	我能够根据教学活动评价结果，不断调整和优化教学过程					

（续表）

项目	相关描述	非常不同意	不同意	一般同意	同意	非常同意
科研、创新与自我发展	我能够持续关注新技术及新的教育技术方法（如行动研究），并进行信息化的教学改革研究					
	我经常参与区域性和全球化的学习共同体以探究技术的创造性应用，进而促进学生学习					
	我能够定期评价和反思当前的研究和专业实践，从而更有效地开展信息化教学					
	我能够借助利用信息技术的手段进行学术检索、了解学科的前沿动态					
	能够利用Web2.0等教育技术手段开展全球范围的学术交流、合作					
	能够借助技术手段开展项目管理，对研究数据进行统计分析（如SPSS）					

三、对培训的需求

1. 您之前是否参加过教师教育技术培训或其他相关培训？

A. 是　　　　　B. 否

（回答"是"，请答第2题；回答"否"，请跳到第3题。）

2. 在之前参与的类似培训中，您认为存在的问题是什么？（可多选）

A. 培训内容设置不符合需求

B. 培训模式过于单一

C. 培训主讲教师教学经验不足

D. 培训考核不够合理

E. 学员之间缺乏交流

F. 缺乏培训相关的资源

G. 缺乏培训后继工作

H. 其他：＿＿＿＿＿＿＿＿＿＿＿＿

3. 您对希望通过本次培训达到怎样的目标？（可多选）

A. 提高在教学、工作中利用信息技术的意识

B. 掌握教育技术基本理论及信息技术技能

C. 提高利用信息技术开展教学改革的能力

D. 将信息技术应用于科研，促进个人专业发展

E. 其他：_____

4. 您希望本次培训中以哪些内容为主？（可多选）

A. 信息化环境的教学设计、实施与评价

B. 教育技术基本理论

C. 基本的信息技术工具和方法

D. 各种信息技术在教学中的创新应用

E. 利用信息技术辅助科研及个人专业发展

5. 您认为教育技术培训中最佳的教学方式是（选出最佳的两项）：

A. 教师讲课　　　　　　　B. 专家讲座

C. 教师协作学习　　　　　D. 利用资源进行自主学习

E. 案例教学法　　　　　　F. 基于问题的学习

G. 其他：_____

6. 您认为教育技术培训的主讲教师应具备以下哪些能力？（可多选）

A. 完整的教育技术理论和熟练的信息技术工具操作技能

B. 信息化环境教学设计的能力

C. 以培训为教师提供信息化教学示范

D. 对Web2.0等新技术的客观判断，并能将其在教学中创新应用

E. 能为学员的协作学习、研究性学习等提供指导

F. 其他：_____

7. 您最需要的教育技术培训资源是什么？

A. 教师针对培训内容制作的讲义

B. 信息技术与课程整合的优质案例

C. Web2.0等新技术的应用指南

D. 培训中相关工具软件

E. 其他：_____

8. 您认为教育技术培训的时间安排，最好是

A. 短期连续培训（每天）　　　B. 每周一次培训

C. 每两周一次培训　　　　　　D. 不定期培训

9. 您认为教育技术培训中，一个培训班的人数为

A. 10人以下　　　　　　　　　B. 10~20人

C. 21~30人　　　　　　　　　D. 31~40人

E. 40人以上　　　　　　　　　F. 其他

10. 如果在教学中进行分组协作学习，您认为每个小组的人数最好是

A. 2人　　　　　　　　　　　　B. 3-5人

C. 6-8人　　　　　　　　　　　D. 9人以上

11. 如果在教学中进行分组协作学习，您希望的分组方式是

A. 按学科分组　　　　　　　　B. 自愿分组

C. 随机分组　　　　　　　　　D. 异质分组

E. 其他：_____

12. 您希望教育技术培训的考核方式是

A. 集中考试　　　　　　　　　B. 成果评价

C. 形成性评价+成果评价　　　　D. 学习过程评价

E. 其他：_____

问卷到此结束，衷心感谢您的参与及支持！谢谢！

附录三：基于Web2.0的高校教师教育技术能力培训需求分析结果

一、基于Web2.0的高校教师教育技术能力培训需求分析数据分析

本研究根据培养需求分析计划，编制了基于Web2.0的高校教师教育技术能力培养需求分析调查问卷（附录二），针对培训对象开展调查，同时对部分培训对象进行访谈。调查对象为参加广州大学教师教育技术二级培训的35名教师，发放问卷35份，回收问卷35份，回收率100%，有效问卷35份，有效率100%。调查的内容包括广州大学教师教育技术能力现状及教师对教育技术培训内容、方式等方面的需求及态度倾向。调查结果分析如下：

1. 广州大学教师教育技术能力现状

表1 广州大学教师教育技术能力现状——意识与责任

项目	相关描述	非常不同意 -2	不同意 -1	一般同意 0	同意 1	非常同意 2	得分率 Fi
意识与责任	教育技术有助于优化我的教学过程、提高教学质量	0	2	6	10	17	0.6
	教育技术能力是高校教师专业素质的必要组成部分	1	3	2	14	15	0.56
	我时常关注新的信息技术发展，并愿意在教学中使用这些技术	3	10	3	10	9	0.17
	我能够规范地使用数字化信息技术，包括对版权、知识产权和资料来源的尊重	7	8	15	3	2	−0.21
	我在利用信息技术工具发布资源时有较强的社会责任感，并规范学生的网络学习行为	5	10	13	6	1	−0.17

如表1所示，教师教育技术能力现状的"意识与责任"部分的数据统计分析发现，对于"教育技术有助于优化我的教学过程、提高教学质量"，"教育技术能力是高校教师专业素质的必要组成部分"两项的Fi>0.5，这说明广州大学教师对于教育技术的重要性及其在高校教师专业素养中的地位有较为清晰的认识；对于"我时常关注新的信息技术发展，并愿意在教学中使用这

些技术"的Fi>0，说明教师有不断在教学中利用新的信息技术的意识，但这方面的意识并不是很强；对于"我能够规范地使用数字化信息技术，包括对版权、知识产权和资料来源的尊重"及"我在利用信息技术工具发布资源时有较强的社会责任感，并规范学生的网络学习行为"两项的数据分析显示，Fi<0，由此可见，教师对于在信息化教学中的知识版权及发布资源的社会责任感方面需要加强。

因此，对于"意识与责任"部分，广州大学教师需要在持续关注新技术在教学中应用方面有可以提升的空间，对于信息技术环境中的版权、知识产权及资源发布的社会责任感等方面比较欠缺。

表2 广州大学教师教育技术能力现状——知识与技能

项目	相关描述	非常不同意 -2	不同意 -1	一般同意 0	同意 1	非常同意 2	得分率 Fi
知识与技能	我了解行为主义、认知主义、建构主义等的基本理论，了解什么是情境认知、活动理论、协作学习、分布式认知理论	0	1	4	8	22	0.73
	我了解利用教育技术开展教学研究的方法，如调查研究、行动研究、实验研究、设计性研究、开发性研究等	1	2	2	16	14	0.57
	我掌握了信息化教学工作的基本工具的使用，如Office、学科教学特有的工具、Web2.0工具、数字化校园平台等	3	12	2	10	8	0.11
	我掌握了教学资源的检索、分类、管理的方法，掌握利用Blog、Wiki等Web2.0工具发布教学资源及与他人协作的方式	5	8	8	5	9	0.07
	了解数字化教学资源的基本类型、开发工具及方法，如Flash、Photoshop、Premier等	8	6	13	5	3	−0.16
	我了解如何利用计算机网络开展教学，如利用网络课程、精品课程进行教学	0	3	5	14	13	0.53
	我知道授导式教学、自主探究式学习、PBL学习、小组协作式学习、E-Learning、混合式学习等学习模式如何操作，及其与教学内容、教学目标、教学对象之间的对应关系	5	9	16	5	0	−0.2
	我了解国家质量工程中有关课程建设的理念、基本结构、一般特点、建设规范、评价标准及其应用模式	5	7	18	2	3	−0.13

　　如表2所示，"我了解行为主义、认知主义、建构主义等的基本理论，了解什么是情境认知、活动理论、协作学习、分布式认知理论"及"我了解利用教育技术开展教学研究的方法，如调查研究、行动研究、实验研究、设计性研究、开发性研究等"两项的$F_i>0.5$，这说明广州大学教师对于教育技术的基本理论与研究方法比较了解；"我掌握了信息化教学工作的基本工具的使用，如Office、学科教学特有的工具、Web2.0工具、数字化校园平台等"的$F_i>0$，结合对部分教师的访谈发现，经过一级教师培训教师对Office等信息技术工具的使用已经掌握，但对于Web2.0工具及数字化校园平台并不熟悉；"我掌握了教学资源的检索、分类、管理的方法，掌握利用Blog、Wiki等Web2.0工具发布教学资源及与他人协作的方式"项目的$F_i>0$，但是访谈中教师提出较少接触Blog、Wiki等Web2.0工具；对于"了解数字化教学资源的基本类型、开发工具及方法，如Flash、Photoshop、Premier等"项目的$F_i<0$，这是由于教师只接受了Flash培训，对于Photoshop、Premier的技能需要加强；"我了解如何利用计算机网络开展教学，如利用网络课程、精品课程进行教学"项目的$F_i>0.5$，说明广州大学教师对于利用网络课程开展教学较为熟悉；"我知道授导式教学、自主探究式学习、PBL学习、小组协作式学习、E-Learning、混合式学习等学习模式如何操作，及其与教学内容、教学目标、教学对象之间的对应关系""我了解国家质量工程中有关课程建设的理念、基本结构、一般特点、建设规范、评价标准及其应用模式"两项的$F_i<0$，这说明教师对于信息化环境中的新型教学模式并不熟悉，对于国家质量工程的了解也较少。

　　因此，对于"知识与技能"部分，广州大学教师在Web2.0工具的操作、利用Web2.0工具进行资源发布、与他人协作方面需要加强；对于Photoshop、Premier的技能需要加强；对于信息化环境的新型教学模式及国家质量工程方面需要进行系统学习。

表3 广州大学教师教育技术能力现状——教学设计、实施与评价

项目	相关描述	非常不同意 -2	不同意 -1	一般同意 0	同意 1	非常同意 2	得分率 Fi
教学设计、实施与评价	我能够结合学生和学科特点，确定明教学目标	0	3	3	14	15	0.59
	我能够将教学内容与学生的生活情境结合起来	1	2	4	16	12	0.51
	我经常为学生提供参与学习目标、学习内容制订的机会	5	10	8	10	2	-0.09
	我能够根据学生多样化的学习风格、信息技术水平等为学生定制个性化的学习活动	7	12	8	5	3	-0.21
	我能够利用信息技术为教学活动提供必要的教学辅助和支持	2	5	4	16	8	0.33
	我能够借助技术工具（如网络教学平台等）对教学活动过程进行有效的管理和监控，及时发现教学中存在的问题，并进行及时有效的解决	1	6	7	14	7	0.29
	我能够为学生设计、组织与提供恰当的教学资源，并鼓励学生参与课程资源的制作	6	12	13	3	1	-0.27
	我可以应用网络教学平台、Web2.0等技术工具，并为学生创设利于协作、交流、互动的学习环境，提高学生的协作能力和探究能力	3	15	13	3	1	-0.23
	我能够借助网络工具进行教学反思，并与同行分享教学经验，与教育技术专家讨论教育技术的教学应用问题	7	10	5	13	0	-0.16
	我能够与技术支持人员、教学管理人员进行交流与沟通	2	3	14	11	5	0.20
	我能够根据评价目的选择合适的评价方法和工具，并对获取的数据进行合理的解释、说明	3	4	10	4	14	0.31
	我经常通过分析技术工具（如Web2.0工具中学习记录功能、电子档案袋）记录的学习过程，对学生进行形成性评价	1	5	8	9	12	0.37
	我能够在教学中开展学生自我评价、学生互评，并将其纳入考核结果	6	8	15	5	1	-0.19
	我能够设计合理的作业、考试、任务、项目性评价等，并能够应用信息化工具（如课程中心的作业、测验管理）组织与实施相关评价	8	9	10	8	0	-0.24

"我能够结合学生和学科特点，确定教学目标"和"我能够将教学内容与学生的生活情境结合起来"两项的Fi>0，这说明广州大学 教师基本教学目标设计及情境化学内容设计方面的表现是积极的。"我经常为学生提供参与学习目标、学习内容制订的机会""我能够根据学生多样化的学习风格、信息技术水平等为学生定制个性化的学习活动"两项的Fi<0，这说明广州大学教师在教学中对于学生的参与性及个性化方面较少考虑，这与现代教育理论提倡的学生的参与性及个性化理念不符；"我能够利用信息技术为教学活动提供必要的教学辅助和支持""我能够借助技术工具对教学活动过程进行有效的管理和监控，及时发现教学中存在的问题，并进行及时有效的解决"两项的Fi>0，但访谈中发现教师对这两项的理解仅限于网络课程相关的经验；"我能够为学生设计、组织与提供恰当的教学资源，并鼓励学生参与课程资源的制作""我可以应用网络教学平台、Web2.0等技术工具，并为学生创设利于协作、交流、互动的学习环境，提高学生的协作能力和探究能力""我能够借助网络工具进行教学反思，并与同行分享教学经验，与教育技术专家讨论教育技术的教学应用问题"三项的Fi<0，这说明教师在鼓励学生参与资源建设、为学生创建协作学习环境及利用网络工具进行反思基于同行交流等方面非常需要加强；"我能够与技术支持人员、教学管理人员进行交流与沟通""我能够根据评价目的选择合适的评价方法和工具，并对获取的数据进行合理的解释、说明""我经常通过分析技术工具（如Web2.0工具中学习记录功能、电子档案袋）记录的学习过程，对学生进行形成性评价"三项的Fi>0，说明教师在与技术人员、管理人员沟通、选择评价方法及实施评价等方面的表现是肯定的；"我能够在教学中开展学生自我评价、学生互评，并将其纳入考核结果""我能够设计合理的作业、考试、任务、项目性评价等，并能够应用信息化工具组织与实施相关评价"两项的Fi<0，说明教师较少利用信息技术开展过程性评价。

因此，在"教学设计、实施与评价"部分，广州大学教师急需提高的能力主要是（1）在教学内容、教学目标及教学资源方面充分强调学生的参与性及个性；（2）教师利用Web2.0等信息技术工具进行教学反思及与同行进行交流的能力；（3）教师利用信息技术工具对学生的学习过程开展过程性评价的能力。

表4　广州大学教师教育技术能力现状——科研、创新与自我发展

项目	相关描述	非常不同意 -2	不同意 -1	一般同意 0	同意 1	非常同意 2	得分率 Fi
科研、创新与自我发展	我能够持续关注新技术及新的教育技术方法（如行动研究），并进行信息化的教学改革研究	10	8	9	7	1	−0.27
	我经常参与区域性和全球化的学习共同体以探究技术的创造性应用，进而促进学生学习	12	9	4	8	2	−0.30
	我能够定期评价和反思当前的研究和专业实践，从而更有效地开展信息化教学	15	8	3	9	0	−0.41
	我能够借助利用信息技术的手段进行学术检索、了解学科的前沿动态	5	9	13	5	3	−0.11
	能够利用Web2.0等教育技术手段开展全球范围的学术交流、合作	13	10	8	4	0	−0.46
	能够借助技术手段开展项目管理，对研究数据进行统计分析（如SPSS）	10	6	7	9	3	−0.16

如表4所示，以上各项的Fi<0，这说明广州大学教师在利用Web2.0等信息技术开展科研、进行创新应用及促进自我发展方面都需要提升。

2. 广州大学教师教育技术能力培训的需求

以往培训存在问题主要是"培训模式单一""培训考核设置不够合理"及"学员之间缺乏交流"，选择率分别是80.0%，65.7%，68.6%，如表5、表6、表7所示。

表 5 "培训模式单一"的选择率

	频率	百分比 /%	有效百分比 /%	累积百分比 /%
未选	7	20.0	20.0	20.0
选	28	80.0	80.0	100.0
合计	35	100.0	100.0	

表 6 "培训考核设置不够合理"的选择率

	频率	百分比 /%	有效百分比 /%	累积百分比 /%
未选	12	34.3	34.3	34.3
选	23	65.7	65.7	100.0
合计	35	100.0	100.0	

表 7 "学员之间缺乏交流"的选择率

	频率	百分比 /%	有效百分比 /%	累积百分比 /%
未选	11	31.4	31.4	31.4
选	24	68.6	68.6	100.0
合计	35	100.0	100.0	

关于培训对象的预期目标,"提高利用信息技术开展教学改革的能力""将信息技术应用于科研,促进个人专业发展"两项的选择率最高,分别是68.6%和48.6%,如表8、表9所示。

表 8 培训目标——"提高利用信息技术开展教学改革的能力"的选择率

	频率	百分比 /%	有效百分比 /%	累积百分比 /%
未选	11	31.4	31.4	31.4
选	24	68.6	68.6	100.0
合计	35	100.0	100.0	

表9　培训目标——"将信息技术应用于科研，促进个人专业发展"的选择率

	频率	百分比 /%	有效百分比 /%	累积百分比 /%
未选	18	51.4	51.4	51.4
选	17	48.6	48.6	100.0
合计	35	100.0	100.0	

　　培训内容设置方面，选择率最高的是"信息化环境的教学设计、实施与评价""各种信息技术在教学中的创新应用"及"利用信息技术辅助科研及个人专业发展"三项，选择率分别是62.9%，57.1%及42.9%，如表10、表11、表12所示。

表10　培训内容——"信息化环境的教学设计、实施与评价"选择率

	频率	百分比 /%	有效百分比 /%	累积百分比 /%
未选	13	37.1	37.1	37.1
选	22	62.9	62.9	100.0
合计	35	100.0	100.0	

表11　培训内容——"各种信息技术在教学中的创新应用"选择率

	频率	百分比 /%	有效百分比 /%	累积百分比 /%
未选	15	42.9	42.9	42.9
选	20	57.1	57.1	100.0
合计	35	100.0	100.0	

表12　培训内容——"利用信息技术辅助科研及个人专业发展"选择率

	频率	百分比 /%	有效百分比 /%	累积百分比 /%
未选	20	57.1	57.1	57.1
选	15	42.9	42.9	100.0
合计	35	100.0	100.0	

　　关于培训中的教学方式，培训对象最期望的教学方式是"案例教学法"

及"教师协作学习",如表13、表14所示。如表2所示,80%的教师认为以往参与的教育技术培训中存在"培训模式过于单一"的问题,在讲授式培训方式的基础上,要增加案例教学法及教师协作学习等。

表13 培训方式——"案例教学法"选择率

	频率	百分比 /%	有效百分比 /%	累积百分比 /%
未选	14	40.0	40.0	40.0
选	21	60.0	60.0	100.0
合计	35	100.0	100.0	

表14 培训方式——"教师协作学习"选择率

	频率	百分比 /%	有效百分比 /%	累积百分比 /%
未选	13	37.1	37.1	37.1
选	22	62.9	62.9	100.0
合计	35	100.0	100.0	

对于培训教师的能力结构,培训对象认为最主要的是"以培训为教师提供信息化教学示范"及"能为学员的协作学习、研究性学习等提供指导"两项,选择率分别是62.9%、60%,如表15、表16所示。由此可见,半数以上的高校教师认为教育技术培训教师的能力结构中,为学员提供信息化教学示范及为学员的协作学习等提供指导是最重要的两项。

表15 培训教师能力结构——"以培训为教师提供信息化教学示范"选择率

	频率	百分比 /%	有效百分比 /%	累积百分比 /%
0	13	37.1	37.1	37.1
1	22	62.9	62.9	100.0
合计	35	100.0	100.0	

表16 培训教师能力结构——"能为学员的协作学习、研究性学习等提供指导"选择率

	频率	百分比 /%	有效百分比 /%	累积百分比 /%
0	14	40.0	40.0	40.0
1	21	60.0	60.0	100.0
合计	35	100.0	100.0	

培训资源方面,"信息技术与课程整合的优质案例"和"Web2.0等新

技术的应用指南"是培训对象最需要的教育技术学习资源，选择率分别是 37.1%，34.3%，如表17所示。

表17 培训资源需求选择率

	频率	百分比 /%	有效百分比 /%	累积百分比 /%
教师针对培训内容制作的讲义	5	14.3	14.3	14.3
信息技术与课程整合的优质案例	13	37.1	37.1	51.4
Web2.0等新技术的应用指南	12	34.3	34.3	85.7
培训中相关工具软件	5	14.3	14.3	100.0
合计	35	100.0	100.0	

培训时间方面，45.7%的教师认为，每周固定时间培训的方式比较合理，如表18所示。

表18 培训时间需求选择率

	频率	百分比 /%	有效百分比 /%	累积百分比 /%
短期连续培训（每天）	6	17.1	17.1	17.1
每周一次培训	16	45.7	45.7	62.9
每两周一次培训	8	22.9	22.9	85.7
不定期培训	5	14.3	14.3	100.0
合计	35	100.0	100.0	

对于培训中开展协作学习，培训对象认为希望小组人数在6~8人最好，选择率是51.4%，如表19所示；对于分组方式，培训对象倾向于自愿分组的方式，选择率为37.1%，也有34.3%的培训对象选择异质分组，如表20所示。

表19 协作学习最佳小组人数选择率

	频率	百分比 /%	有效百分比 /%	累积百分比 /%
2人	6	17.1	17.1	17.1
3~5人	7	20.0	20.0	37.1
6~8人	18	51.4	51.4	88.6
9人以上	4	11.4	11.4	100.0
合计	35	100.0	100.0	

表20 协作学习分组方式选择率

	频率	百分比 /%	有效百分比 /%	累积百分比 /%
按学科分组	5	14.3	14.3	14.3
自愿分组	13	37.1	37.1	51.4
随机分组	5	14.3	14.3	65.7
异质分组	12	34.3	34.3	100.0
合计	35	100.0	100.0	

培训考核方式希望能够采用形成性评价与成果评价相结合的方式，选择率为48.6%，如表21所示。

表21 培训考核方式选择率

	频率	百分比 /%	有效百分比 /%	累积百分比 /%
集中考试	4	11.4	11.4	11.4
成果评价	10	28.6	28.6	40.0
形成性评价+成果评价	17	48.6	48.6	88.6
学习过程评价	4	11.4	11.4	100.0
合计	35	100.0	100.0	

二、基于Web2.0的高校教师教育技术能力培养需求分析报告

根据培训需求分析小组对广州大学教师教育技术培训的组织分析、任务分析及人员分析结果，形成需求分析报告如下：

1. 广州大学教师教育技术能力培养概况

广州大学对教师的教育技术能力提升具有较大的需求，且已经开展了面向专任教师的教育技术一级培训，主要内容以教育技术导论、信息技术基础、Flash动画制作、网络课程建设等，一级培训使教师认识到了教育技术在高校教学中的重要性、掌握了基本的信息技术操作技能、教育技术的基本理论及网络课程的建设与基本应用等，但教师关于信息化教学的版权意识及责任感、以Web2.0为代表的新型信息技术的应用、在教学中强调学生的参与性

与个性、形成性评价及利用信息技术进行科研与自我发展等多个方面都需要提高。

2. 广州大学教师教育技术能力培养设置

（1）培养内容。从宏观角度而言，培训内容以信息化教学设计、实施及评价，利用信息技术促进教师科研、创新与自我发展为主。具体而言，要突出以下几方面的内容：①信息技术环境中的版权、知识产权及资源发布的社会责任感；②利用Web2.0工具进行教学；③Photoshop、Premiere的应用；④信息化环境的新型教学模式及国家质量工程相关介绍；⑤以学生为中心，强调学生参与性与个性的教学设计与实施；⑥利用Web2.0工具与其他教师共同学习；⑦利用信息技术工具对学生的学习过程开展形成性评价。

（2）培养方式。教师教育技术能力培养方式要以案例教学法、学员间的协作学习方式为主，强调学员在学习过程中的参与性。

（3）培养相关的人力及信息资源。人力资源方面，要提高培训教师信息化教学示范及为学员学习提供指导的能力；学习资源方面以案例及Web2.0的教育应用指南为主。

（4）培养的时间安排。教师对于广州大学一直采用的每周一次的时间安排比较认可，认为这样的安排可以给教师对培训内容的消化与实践过程，而且比较符合大学教师的学习时间特征。

（5）教师协作学习。对于采用协作学习的方式，教师们认为每组人数在6~8人，并结合自愿分组与异质分组两种方式比较合理。

（6）考核评价。教师们认为，教育技术能力培养的考核要结合成果评价与形成性评价两种方式，充分关注教师的学习过程。

附录四：广州大学教师教育技术二级培训（提高班）方案

根据《关于印发〈广州大学教师教育技术培训实施方案〉的通知》（广大〔2009〕209号）的精神，我校自2009年11月至今，面向全校教师开展教师教育技术一级培训，共完成九期860余人的教师教育技术培训。教师在培训中，理解了信息技术在现代社会的地位与作用，掌握了基本的信息技术技能，掌握了教育技术的基本概念和基本理论，掌握了我校网络教学平台的使用方法及网络课程的建设标准等。

根据我校信息化建设工作的目标与要求，提高教师的教育技术和信息技术的应用水平是一项持续的过程。应我校教师教育技术能力提升的需求，现将面向全校教师开展教师教育技术二级培训（提高班），具体实施方案如下：

一、培训对象

面向我校的所有专任教师。其中，50周岁以内（含50周岁）的教师应根据教育部高教司《关于开展高校教师教育技术培训工作的通知》（教高司〔2000〕79号）及广东省高校教师教育技术培训项目的有关文件精神必须参加培训（教育技术专业毕业的除外）。50岁以上的专任教师，原则上不明确规定其必须参加培训，教师可根据自己所担任课程的教学需要参加培训。

二、培训目标

二级培训是在一级培训的基础上，从基于信息化环境的教学设计、新技术在教学中的应用等角度提升教师的教育技术能力，本次培训将以培训本身为教师树立信息化教学的范例，教学活动的设计突出教师体验，强调同学科教师之间形成学习共同体，混合应用集中授课及在线协作的学习方式，力图在培训中提高教师在教学、科研中使用信息技术的意识与能力，促进我校的教育信息化进程。

1. 提高教师基于信息化环境的教学设计能力，能够结合学科特色，实现信息技术与学科教学整合，促进教师利用信息技术开展教学改革的意识与能力，提升教师的信息化教学水平。

2. 促进教师掌握最新的Web2.0等信息技术的操作，了解其在教学中应用的范畴及方式，提高教师及时了解最新的信息技术的意识，并将其融入教学中的能力，创建教师学习共同体。

3．提高教师在数字化学习、信息时代的学与教、精品视频公开课建设研究等方面的能力。

4．提高教师借助技术手段开展进行文献检索、学术交流及科研数据处理的能力，促进教师科研效率的提高。

三、培训的基本要求

二级教师教育技术培训基本要求：

1.掌握信息化环境中教学设计的基本理论和方法。

2.掌握面对面教学与在线学习环境中教学活动、评价的实施。

3.掌握基于Web2.0等新技术应用于教学、科研的方法。

四、培训内容

表1　教师教育技术二级培训课程设置

课程编号	课程名称	课程内容简介	学时	教学方式	考核方式
1	教学设计	信息化教学系统设计的基本原理、方法及实践案例	24	面授+在线	形成性评价成果评价
2	主流Web2.0工具介绍及其在教学中的应用	对Blog、Wiki、RSS、SNS等工具的介绍及教学应用	8	面授+在线	形成性评价成果评价
3	国家精品视频公开课相关讲座		每次讲座6学时，预计2~3次讲座	面授	成果评价
4	图像的采集与处理	Photoshop图像的制作与处理	12	面授+在线评价	成果评价
5	数字视频教学软件的制作	Premiere视频教学素材的采集、过渡效果的添加、音频编辑、字幕制作运动效果、滤镜效果的添加以及素材的合成与输出	12	面授	成果评价

（续表）

课程编号	课程名称	课程内容简介	学时	教学方式	考核方式
6	数字化校园相关平台应用	对广州大学数字化校园工程中各平台应用介绍	4	面授	
7	SPSS数据统计	能够借助技术手段对研究数据进行统计分析	4	面授	成果评价

五、培训方式

本次培训将以培训本身为教师树立信息化教学的范例，教学活动的设计突出教师体验，强调同学科教师之间形成学习共同体，混合应用集中授课及在线协作的学习方式，力图在培训中提高教师在教学、科研中使用信息技术的意识与能力，促进我校的教育信息化进程。

同时，学校将定期邀请国内教育技术知名专家、学者来为参加培训的教师开展专题讲座。

六、培训时间

培训时间安排：周三、周四，每期培训计划招收一个班级，60人，采取自愿报名的方式。

七、相关政策

学校鼓励学科教师积极参加教育技术培训。教师教育技术培训纳入人事处继续教育的范畴，作为教师继续教育的内容。

附录五：信息化教学设计方案评价指标体系各因素加权意见调查表

尊敬的专家：

　　本问卷旨在了解您对信息化教学设计方案评价指标体系各因素加权的意见和看法，以下是信息化教学设计方案的具体指标项目，请你根据重要程度对它们进行排序，在相应重要性程度的序号上打"√"。谢谢您的支持与合作！

表1　主因素加权意见征询表

主因素	重要程度			
	第一位	第二位	第三位	第四位
信息化教学目标设计				
信息化教学环境及资源设计				
信息化教学过程设计				
信息化教学评价设计				

表2　二级因素加权意见征询表

1.信息化教学目标设计

主因素	二级因素及描述	重要性	
		第一	第二
信息化教学目标设计	根据学生及课程的特点，确定课程的教学目标，利用行为目标的方式描述教学目标		
	信息化教学目标体现学生个性化、探究性及协作交流等		

2.信息化教学环境及资源设计

主因素	二级因素及描述	重要性		
		第一	第二	第三
信息化教学环境及资源设计	信息化教学基本软硬件环境的设计，如网络教室、常用办公软件等			
	对信息化教学相关的认知工具进行设计，如概念图、Blog、Wiki等社会化认知工具			
	根据教学目标、教学活动对信息化教学相关的教学资源进行设计			

3. 信息化教学过程设计

主因素	二级因素及描述	重要性		
		第一	第二	第三
信息化教学过程设计	对信息化教学过程中需要完成任务按阶段划分，并明确每个阶段的目标			
	对信息化教学过程中具体的教学活动设计，如活动的参与者、活动的开展形式等			
	信息化教学过程的支架设计，明确在以学生为中心的学习过程中，教师从哪些方面提供指导与帮助			

4. 信息化教学评价设计

主因素	二级因素及描述	重要性		
		第一	第二	第三
信息化教学评价设计	体现评价主体多元化，即不止包括教师评价，还包括学生自我评价与学生互评			
	体现形成性评价与总结性评价的结合，强调对学生学习过程的监控与调节			
	评价手段多样化，除课程考试的评价手段外，采纳评价量表、电子学档等方式			

附录六：基于Web2.0的高校教师教育技术能力培训效果调查问卷

亲爱的老师们：

欢迎您参与本次问卷调查。本次问卷旨在了解您参加广州大学教师教育技术培训后的学习效果。您的意见对本次调查非常重要，请您如实填写您的看法。

回答本问卷时，最重要的是答案必须尽可能地坦诚和完整。这次调查研究的可靠性，首先就取决于您能在回答问题时说出您的真实想法。

本问卷的回答方式，基本上是采用选择答案的方式填写，只要在相应的答案编号上打"√"就可以了。在回答时请您独立思考，勿与他人商量。

承担这次调查任务的单位对您所有的回答均严格保密，请不要顾虑。

谢谢您的合作！

一、基本信息

姓名：　　　　　　性别：

年龄：　　　　　　专业技术职称：

教龄：

学历（请在适当的选项打"√"）：①本科　②硕士研究生　③博士研究生

专业（请在适当的选项打"√"）：①文史　②理工　③医科　④艺体　⑤教育　⑥经管

二、培训后教师教育技术能力现状

请仔细思考每一个表述与自身教学过程中的实际情况是否相符，并在右边的量表中勾选出最相符的程度项。

表1 教师教育技术培训能力现状

项目	相关描述	非常不同意	不同意	一般同意	同意	非常同意	得分率 Fi
意识与责任	能够认识到教育技术的有效应用对于提升高校教学质量、优化高校教学过程的重要意义						
	能够认识到教育技术能力是高校教师专业素质的必要组成部分，对于自身专业发展具有重要意义						
	能够持续关注Web2.0等新理念、新技术的发展，具有尝试应用新技术促进教学的意识						
	具有终身学习、利用信息技术不断更新自身教学观念和提高自身教学能力与专业能力的意识						
	能够提倡和教授安全、合法和符合道德，规范地使用数字化信息技术，包括对版权、知识产权和资料来源的尊重，并为学生树立榜样						
	能够提升自身在数字化时代运用信息技术的礼仪和社会交往的责任感，并为学生树立榜样						
	能够运用数字化时代的交流和协作工具与其他文化背景的同事和学生进行交流合作，以发展自身的文化理解力和全球意识						
知识与技能	了解教与学的基本理论观点（如行为主义、认知主义、建构主义等），以及最新进展（如情境认知、活动理论、协作学习、分布式认知理论等）						
	了解教育技术在学科应用中的主要研究方法（如调查研究、行动研究、实验研究、设计性研究、开发性研究等）						
	掌握与自身教学（通用的信息技术、具有学科特点的工具软件）、工作（个人知识管理软件、校务管理软件）相关的信息技术工具						

项目	相关描述	非常不同意	不同意	一般同意	同意	非常同意	得分率 Fi
知识与技能	掌握教学信息与教学资源的检索、分类、管理的一般方法，掌握利用各种Web2.0工具发布教学资源及与他人协作的方式						
	了解数字化教学资源的基本类型、开发工具及方法，能够使用高效中常见的数字化教学环境（如多媒体教室、网络教室等）开展教学						
	掌握计算机网络应用于教学的一般特点和方法，并能借助网络工具与平台开展教学（如作业系统、答疑系统、网络互动教学平台等）						
	掌握多种数字化教学模式与方法（如授导式教学、自主探究式学习、PBL学习、小组协作式学习、E-Learning、混合式学习等）及其与教学内容、教学目标、教学对象之间的对应关系						
	了解国家质量工程中有关课程建设的理念、基本结构、一般特点、建设规范、评价标准及其应用模式						
教学设计、实施与评价	能够结合学生和学科特点，确定明确、有效的教学目标，并清晰地描述						
	能够为学生提供丰富的、情景化的教学内容，促进学生将抽象的知识与生活实际相联系						
	能够运用技术工具，为学生提供参与学习目标、学习内容制订的机会，使学生成为积极的参与者						
	能够为学生定制个性化的学习活动，以适应学生多样化的学习风格、学习策略和不同层次的数字化工具与资源的使用水平						

（续表）

项目	相关描述	非常不同意	不同意	一般同意	同意	非常同意	得分率 Fi
教学设计、实施与评价	能够利用技术工具为教学活动提供必要的教学辅助和支持，如为学生的自主学习、合作学习、自我知识管理等提供指导和学习支持						
	能够借助技术工具（如网络教学平台、教学监控软件、网络教学过程质量监控系统等）对教学活动过程进行有效地管理和监控，及时发现教学中存在的问题，并进行及时有效地解决						
	能够针对教学内容和教学活动的特点，设计、组织与提供恰当的教学资源，并鼓励学生利用信息技术丰富课程资源						
	能够熟练应用网络教学平台、Web2.0等技术工具，并为学生创设利于协作、交流、互动的以学生为中心的学习环境，提高学生的协作能力和探究能力						
	能够借助网络工具进行教学反思，并与同行分享教学经验，与教育技术专家讨论教育技术的教学应用问题						
	能够与技术支持人员、教学管理人员进行交流与沟通						
	能够根据评价目的选择合适的评价方法和工具，并能够对获取的评价数据进行合理的解释、说明						
	能够通过分析技术工具（如Web2.0工具中学习记录功能、电子档案袋）记录的学习过程，对学生进行形成性评价						
	能够通过信息技术工具，促使学生开展自我评价、学生互评，并将其纳入考核结果						
	能够设计合理的作业、考试、任务、项目性评价等，并能够应用信息化工具（如考试系统、在线作业系统等）组织与实施相关评价						
	能够根据教学活动评价结果对教学进行深入分析和反思，并不断调整和优化教学过程						

（续表）

项目	相关描述	非常不同意	不同意	一般同意	同意	非常同意	得分率 Fi
科研、创新与自我发展	能够持续关注新技术及新的教育技术方法（如行动研究）等进行教学改革研究，开展教学实践						
	能够参与区域性和全球化的学习共同体以探究技术的创造性应用，进而促进学生学习						
	能够定期评价和反思当前的研究和专业实践，从而有效地使用已有的和新兴的数字化工具和资源支持学生的学习						
	能够借助利用教育技术的手段进行学术检索、了解学科的前沿动态						
	能够利用Web2.0等教育技术手段开展全球范围的学术交流、合作						
	能够借助技术手段开展项目管理（如MS Project），对研究数据进行统计分析（如SPSS）						

三、培训效果及态度调查

表2 教师教育技术培训效果及态度调查量表

项目	对培训的评价	非常不同意	不同意	一般同意	同意	非常同意
对培训的总体评价	我对本次教师教育技术培训很满意					
	我很愿意向其他同事推荐该培训					
培训内容	培训内容非常丰富					
	培训内容符合高校教师信息化教学、科研的需求					
	培训内容能够做到理论与实践结合					
	培训内容设置能够综合考虑教师的个性化需求					
	培训提供的资源可以满足我的学习需求					

（续表）

项目	对培训的评价	非常不同意	不同意	一般同意	同意	非常同意
培训主讲教师	培训主讲教师具有较高的教育技术专业能力					
	培训主讲教师能对学员的学习过程进行指导与调节					
	培训主讲教师提供了信息化教学的良好示范					
培训方式	培训采用了教师讲授、案例教学及学习共同体等多种教学方式，我很满意这样的培训方式					
	多种方式的混合教学模式明显优于单一模式					
	我希望在今后的教学中参考本次培训的混合教学方式					
	培训中的案例教学法符合教育技术理论的教学特征，效果明显优于单纯的讲授					
	培训中的基于Web2.0的教师学习共同体选用得当，能够激发教师的学习动机，促进教师间的协作交流					
	培训后，我仍希望能够以教师学习共同体的方式与其他教师进行交流					
培训评价	培训同时对学习过程及学习结果评价，能够做到评价的全面性					
	培训评价对象选择合理，既对学员个人评价，又对学习共同体评价					
	培训制订多个评价量表，保证培训评价的公正性					
培训后继工作	培训的后继工作为教师培训效果巩固提供了保障					
	培训的后继工作方式多样，内容丰富					

附录七：基于Web2.0的高校教师教育技术能力培训策略应用效果调查问卷

亲爱的老师们：

欢迎您参与本次问卷调查。本次问卷旨在了解广州大学教师教育技术培训策略的应用效果。您的意见对本次调查非常重要，请您如实填写您的看法。

回答本问卷时，最重要的是答案必须尽可能地坦诚和完整。这次调查研究的可靠性，首先就取决于您能在回答问题时说出您的真实想法。

本问卷的回答方式，基本上是采用选择答案的方式填写，只要在相应的答案编号上打"√"就可以了。在回答时请您独立思考，勿与他人商量。

承担这次调查任务的单位对您所有的回答均严格保密，请不要顾虑。

谢谢您的合作！

教师教育技术培训策略	题　目	非常不同意	不同意	一般同意	同意	非常同意
培训需求分析策略	1．提高了对自我教育技术能力评价的能力					
	2．提高了表达个人学习需求的能力					
	3．提高了了解学习者需求的意识					
培训方案制订策略	4．提高了参与教师专业成长的能力					
	5．提高了学习者参与学习过程的意识					
案例教学、参与性活动策略	6．提高了分析信息化教学案例的能力					
	7．提高了面对面交流的能力					
	8．提高了对记录及反思学习过程的能力					

（续表）

教师教育技术 培训策略	题 目	非常不 同意	不同意	一般 同意	同意	非常 同意
基于Web2.0 教师学习共 同体的策略	9. 提高了利用信息技术协作学习的意识					
	10. 提高了利用信息技术构建学习共同体的能力					
	11. 提高了分解协作学习任务的能力					
	12. 提高了数字化学习的能力					
	13. 提高了利用信息技术完成协作任务的能力					
	14. 提高了共同体成员利用信息技术协作、交流的能力					
	15. 提高了利用信息技术表达、呈现协作学习成果的能力					
	16. 提高了创新应用信息技术改善教学的能力					
培训评价的 策略	17. 提高了对学习过程自我评价的能力					
	18. 提高了与他人互相评价的能力					
	19. 提高了让学习者参与学习评价的意识					
后继工作的 策略	20. 提高了利用案例等信息化资源开展自主学习的能力					
	21. 提高了持续关注信息技术发展及教学应用的能力					
	22. 提高了学习成果转化的能力					

附录八："移动环境下职前教师信息技术应用能力培养策略"评价指标体系各因素加权意见征询表（专家学者）

尊敬的专家、学者：

本问卷旨在了解您对"移动环境下职前教师信息技术应用能力培养策略"评价指标体系各因素加权的意见和看法，请您根据重要程度对它们进行排序，在相应重要性程度的序号上打"√"（"第一"重要程度最高，依次递减），谢谢！

表1 一级指标加权意见征询表

评价指标	重要程度				
	第一 5	第二 4	第三 3	第四 2	第五 1
V1：教育性					
V2：规范性					
V3：移动服务性					
V4：可行性					
V5：创新性					

表2 二级指标加权意见征询表

1. 教育性

一级指标	二级指标	评价标准	重要程度			
			第一 4	第二 3	第三 2	第四 1
教育性	V11：教学目标	教学目标明确，策略的选择或建构旨在培养职前教师信息技术应用能力				
	V12：教学对象	教学对象定位准确清晰，策略的选择或构建符合职前教师的学习风格、年龄特征、心理认知规律及学习需求				
	V13：教学内容	策略的选择或建构有利于合理呈现教学内容，突出职前教师信息技术能力培养的重点、难点				
	V14：教学过程	策略选择或构建，能够激发职前教师对信息技术相关内容的学习兴趣，调动其学习积极性				

2. 科学性

一级指标	二级指标	评价标准	重要程度	
			第一 2	第二 1
规范性	V21：理论规范	策略的选择或构建符合移动环境下职前教师信息技术应用能力培养的基本理论和原则		
	V22：实践规范	策略的应用符合移动环境下职前教师信息技术应用能力培养的基本技术规范和时间要求		

3.移动服务性

一级指标	二级指标	评价标准	重要程度				
			第一 5	第二 4	第三 3	第四 2	第五 1
移动服务性	V31：自学自评	策略的选择和构建支持职前教师在移动环境下的自学自评活动					
	V32：按需选学	策略的选择和构建支持职前教师在移动环境下按照自身需要选择学习内容					
	V33：群组合作	策略的选择和构建支持职前教师在信息技术应用能力培养过程中构建学习共同体，进行群组合作活动					
	V34：分享交流	策略的选择和构建支持职前教师在信息技术应用能力培养过程中分享交流学习经历和体会					
	V35：互助互评	策略的选择和构建支持职前教师在信息技术应用能力培养过程互助互评，提高学习效果					

4. 可行性

一级指标	二级指标	评价标准	重要程度		
			第一 3	第二 2	第三 1
可行性	V41：技术可行	策略中选择的技术方案在当前技术条件下可以实现			
	V42：过程可行	策略中设计的学习活动过程在当前的环境中可以开展			
	V43：经济可行	策略在现有经济条件下可以有效实施			

5. 创新性

一级指标	二级指标	评价标准	重要程度		
			第一 3	第二 2	第三 1
创新性	V51：理念创新	策略的选择和构建拜托既定培养思维模式，基于新的教学理念，进而指导移动环境下职前教师信息技术应用能力培养的过程			
	V52：方法创新	策略中提炼和总结了新的适用于移动环境下职前教师信息技术应用能力培养的可行性方法与途径			
	V53：实践创新	策略中包含在创新理念和方法指导下的职前教师信息技术应用能力培养实践活动			

若有补充及修改建议，请您写在下方：

本卷完，谢谢您的支持与合作！

附录九："移动环境下职前教师信息技术应用能力培养策略"评价表（专家学者）

尊敬的专家、学者：

　　本问卷旨在了解您对移动环境下职前教师信息技术应用能力培养策略的基本看法，答案无所谓对错，请您如实认真填写，谢谢您的支持与合作！

　　您认为移动环境下职前教师信息技术应用能力培养策略评价在以下几个方面达到效果的程度如何？请在对应的方框中打"√"。

一级指标	二级指标	指标描述	指标权重	评价等级			
				优	良	中	差
教育性 25	教学目标	教学目标明确，策略的选择或建构旨在培养职前教师信息技术应用能力	7				
	教学对象	教学对象定位准确清晰，策略的选择或构建符合职前教师的学习风格、年龄特征、心理认知规律及学习需求	7				
	教学内容	策略的选择或建构有利于合理呈现教学内容，突出职前教师信息技术能力培养的重点、难点	6				
	教学过程	策略选择或构建，能够激发职前教师对信息技术相关内容的学习兴趣，调动其学习积极性	5				
规范性 22	理论规范	策略的选择或构建符合移动环境下职前教师信息技术应用能力培养的基本理论和原则	11				
	实践规范	策略的应用符合移动环境下职前教师信息技术应用能力培养的基本技术规范和时间要求	11				
移动服务性 20	自学自评	策略的选择和构建支持职前教师在移动环境下的自学自评活动	4				
	按需选学	策略的选择和构建支持职前教师在移动环境下按照自身需要选择学习内容	5				
	群组合作	策略的选择和构建支持职前教师在信息技术应用能力培养过程中构建学习共同体，进行群组合作活动	4				
	分享交流	策略的选择和构建支持职前教师在信息技术应用能力培养过程中分享交流学习经历和体会	4				
	互助互评	策略的选择和构建支持职前教师在信息技术应用能力培养过程互助互评，提高学习效果	3				

（续表）

一级指标	二级指标	指标描述	指标权重	评价等级			
				优	良	中	差
可行性21	技术可行	策略中选择的技术方案在当前技术条件下可以实现	8				
	过程可行	策略中设计的学习活动过程在当前的环境中可以开展	7				
	经济可行	策略在现有经济条件下可以有效实施	6				
创新性12	理念创新	策略的选择和构建拜托既定培养思维模式，基于新的教学理念，进而指导移动环境下职前教师信息技术应用能力培养的过程	4				
	方法创新	策略中提炼和总结了新的适用于移动环境下职前教师信息技术应用能力培养的可行性方法与途径	4				
	实践创新	策略中包含在创新理念和方法指导下的职前教师信息技术应用能力培养实践活动	4				
备注	优秀：85～100分；良好：75～85分；中等：60～75分；较差：59分以下						

若有补充及修改建议，请您写在下方：

本卷完，谢谢您的支持与合作！

附录十：移动环境下职前教师信息技术应用能力培养效果调查问卷（职前教师）

亲爱的同学：

　　本问卷旨在了解您对移动环境下职前教师信息技术应用能力培养学习情况和感受，答案没有对错，请您根据实际情况在符合的选项中打"√"，谢谢！

	问　题	很好	较好	中等	较差	很差
应用信息技术优化课堂教学的能力	理解信息技术在优化课堂教学方面的重要作用					
	了解优化课堂教学的信息技术工具的类型、功能及特点					
	掌握信息技术在课堂教学中运用的方法策略					
	能够合理设计技术支持下的课堂教学活动					
	能够应对技术支持下的课堂教学中的常见问题					
应用信息技术改变学习方式的能力	理解信息技术在转变学习方式方面的重要作用					
	了解支持自主、合作、探究学习方式的信息技术及资源					
	掌握信息技术在自主、合作、探究学习中运用的方法策略					
	能够合理设计技术支持下的自主、合作、探究学习活动					
	能够应对技术支持下的自主、合作、探究学习活动中常见问题					

问　题		很好	较好	中等	较差	很差
移动环境下的自主学习能力	理解移动学习方法在自主学习中的重要作用					
	了解适用于自主学习的移动学习设备及软件的类型与功能					
	掌握适用于自主学习的移动学习设备及软件的操作方法及应用策略					
	能够在移动环境下开展自主学习					
	能够应对移动环境下自主学习中出现的常见问题					
移动环境下的自主学习能力	理解移动学习方法在协作学习中的重要作用					
	了解适用于协作学习的移动学习设备及软件的类型与功能					
	掌握适用于协作学习的移动学习设备及软件的操作方法及应用策略					
	能够在移动环境下开展协作学习					
	能够应对移动环境下协作学习中出现的常见问题					
主动学习和运用信息技术的意识	意识到信息技术应用能力的重要性					
	增强主动学习信息技术的意识					
	主动运用信息技术优化课堂教学的意识					
	主动运用信息技术转变学习方式的意识					
积极的学习情绪	在移动环境下信息技术应用能力培养的学习过程中具有积极的学习态度					
	对移动环境下信息技术应用能力培养的学习活动具有浓厚的学习兴趣					
	在移动环境下信息技术应用能力培养的学习过程中具有愉悦的学习体验					

本卷完，谢谢您的支持与合作！

附录十一：移动环境下职前教师信息技术培养前测试卷

本卷共三题，共100分。第一题为单项选择题，共20小题，每小题2分，共40分；第二题为判断题，共5小题，每小题2分，共10分；第三题为设计题，1小题，共50分。

一、单项选择题（每小题2分，共40分）

1. "PPT中超链接的制作"技巧中为了实现PPT中不同页面间的跳转需要插入"超链接"到（　　　）

A．原有文件或网页　　　　　B．新建文档

C．本文档中的位置　　　　　D．电子邮件地址

2. Word表格由若干行，若干列组成的，行和列交叉的地方称为（　　　）

A．块　　　　　　　　　　　B．单元格

C．交叉点　　　　　　　　　D．表格

3. 下列不属于音频格式的是（　　　）

A．wav　　　　　　　　　　B．jpg

C．wma　　　　　　　　　　D．mp3

4. 用Adore Reader可以阅读以下哪种格式文件？（　　　）

A．PDF　　　　　　　　　　B．VIP

C．HTML　　　　　　　　　D．TXT

5. 网络学习空间与其他的系统明显的区别是（　　　）

A．界面友好　　　　　　　　B．提供个性化的服务

C．更有趣　　　　　　　　　D．操作更简单

6. 交互式电子白板中几何作图功能的教学实效是（　　　）

A．即时书写，便于标注　　　B．作图工整，学生易用

C．即时展示，平等接触　　　D．准备充分，方便使用

7. 在教学中利用Google、百度等搜索引擎获取相关资源体现了信息技术在教学应用中的什么功能？（　　　）

A．资源获取加工和利用　　　B．知识创建、展示和演示

C. 情境创设和实验模拟　　　　D. 交流、通信、协作

8. "邮票齿孔的故事"公开课上，老师让学生小组合作解决一个有争议的问题："到底是该感谢那个取下别针在邮票上打孔的人还是该感谢发明家阿切尔呢？"并让大家发表自己的看法，这是常见的（　　）

A. 讲授法　　　　　　　　　B. 讨论法

C. 谈话法　　　　　　　　　D. 演示法

9. 期末，张老师组织学生进入复习巩固阶段，为了使学生检验自己对本册书中重要知识点掌握的情况，张老师应选取的教学方式是（　　）

A. 要求学生在课堂上反复练习，直到学生掌握所学知识点为止

B. 教师通过多媒体课件展现知识点，让学生对照练习

C. 教师做示范之后，学生以此为对照，反复练习，直到掌握所学知识点为止

D. 用多媒体展现知识点和相应的听、说、读、写的练习，让学生对照练习，老师对学生存在的问题进行及时的辅导

10. 学生借助师生交流平台、Email、BBS、学习空间等网络通信工具，实现相互之间的交流，参加各种类型的对话、协商、讨论活动，培养独立思考、求异思维、创新能力和团队合作精神。这是信息技术与课程整合的哪一种方式？（　　）

A. 信息技术作为演示工具　　　B. 信息技术作为个别辅导工具

C. 信息技术提供资源环境　　　D. 信息技术作为协作工具

11. 以下有关教学评价的叙述中，阐述合理的是（　　）

A. 教学评价是教学设计活动的有机组成部分

B. 教学评价结束之后，整个课时的教学活动也就随之结束

C. 教学评价只对教学活动的结果进行测定，衡量和价值判断

D. 教学评价与教学设计的其他环节没有直接的联系

12. 如果学生在默写生字词时笔画顺序错误，老师选择下列哪种方法既能调动学生的学习积极性和主动性，又能充分利用现有的多媒体资源？（　　）

A. 教师口述生字词的笔画顺序，让学生同时练习

B. 学生自己对照课本上的笔画顺序，反复练习直到掌握为止

C. 放映多媒体软件制作的动画，来演示生字词的笔画顺序

D. 教师在黑板上板书生字词，一笔一画地演示正确的笔画顺序

13. 网络安全方案，除增强安全设施投资外，还应该考虑哪些？（　　）

A. 用户的方便性　　　　　　　　　　　B. 管理的复杂性

C. 对现有系统的影响及对不同平台的支持　　D. 以上三项都是

14. 一次作文课，罗老师让学生写一次比赛活动，通过多媒体录像，放映精彩的特写镜头，定格场面，跨越时空，启发和诱导学生"重返"比赛场面进行搜寻和提炼，参赛队员的动作、神态、场外观众的表情和场上气氛等作文的素材也一幕幕重新在孩子们心中鲜活起来。这样一篇篇情真意切的作文就应运而生了。在这个教学过程中，信息技术与课程整合的具体方式是作为（　　）

A. 演示工具　　　　　　　　　　　B. 个别辅导工具

C. 信息加工与知识构建工具　　　　D. 情境探究和发现学习工具

15. 抛锚式教学的五个环节中，（　　）环节的作用就是"抛锚"

A. 创设情境　　　　　　　　　　B. 确定问题

C. 假设　　　　　　　　　　　　D. 搭脚手架

16. 基于MOODLE平台的自主学习的设计起点是（　　）

A. 动机激发　　　　　　　　　　B. 问题提出

C. 问题解决　　　　　　　　　　D. 情境创设

17. 在技术支持的探究学习中，（　　）为主体，（　　）为主导。

A. 教师　学生　　　　　　　　　B. 教师　教师

C. 学生　学生　　　　　　　　　D. 学生　教师

18. （　　）旨在使学习者建构起宽厚而灵活的知识基础，发展有效的问题解决技能，发展自主学习和终身学习的技能，成为有效的合作者，并培养学习的内部动机。

A. 基于问题学习　　　　　　　　B. 有意义的学习

C. 资源型学习　　　　　　　　　D. 网上合作学习

19. 任务驱动式学习越来越受到学校老师的关注，下列选项中对它的理解最为合理的（　　）

A. 任务驱动式学习是行为主义理论中一种学习模式，强调对学生的刺激，关注学生被刺激后的反馈

B. 任务驱动式学习是认知主义理论中的一种学习模式，强调教师讲授

C. 任务驱动式学习是构建主义理论中的学习模式，强调学生的体验和活动参与

D. 任务驱动式学习是信息加工理论中的一种学习模式，强调学生对知识的加工和积累

20. 在进行小组合作学习时，教师要注意以下问题（　　　）

A. 教师只是学习活动的组织者、合作者、引导者

B. 要摒弃将现成知识、结论灌输给学生的做法

C. 结合教学实际，努力探索出适合学生的有效的小组合作学习模式

D. 以上都是

二、判断题（每小题2分，共10分）

1. 利用信息技术可以模拟实验发生的真实情境，所以实验只要用信息技术完成就行。　（　　　）

2. 某位教师想在课堂上播放一段Flash视频，当他想要打开该视频文件时发现，该电脑系统中没有安装可播放该视频的软件，不能正常播放从而打乱了该教师的上课程序安排，该教师进行教学设计时学习环境分析这一步骤没有做好。　（　　　）

3. 课件制作应尽可能多地使用动画、声音等效果，激发多感官参与。　（　　　）

4. 教师在博客上发布电子教案时，如果引用他人在网站、论坛中的文章，可以不必注明资源出处。　（　　　）

5. 信息技术与课程整合是指在课程教学过程中把信息技术、信息资源、信息方法、人力资源和课程内容有机结合，共同完成课程教学任务的一种新型教学方式。　（　　　）

三、设计题（共50分）

请自选教学内容设计一份技术支持下的教学设计方案。

（参考答案一　见第362页）

附录十二：移动环境下职前教师信息技术培养后测试卷

本卷共三题，共100分。第一题为单项选择题，共20小题，每小题2分，共40分；第二题为判断题，共5小题，每小题2分，共10分；第三题为设计题，1小题，共50分。

一、选择题（每小题2分，共40分）

1. PowerPoint用于书写本帧幻灯片的说明内容的是（　　　）

A. 幻灯片视图　　　　　　　　B. 工作区

C. 大纲视图区　　　　　　　　D. 备注页区

2. 在"Word快速转换成PPT的技巧"一课中，在大纲栏中对文本进行降级处理使用的快捷键是（　　　）

A. Tab　　　　　　　　　　　B. Enter

C. 先按Tab再按Enter　　　　　D. 先按Enter再按Tab

3. 下列软件中属于音频处理软件的是（　　　）

A. CoolEdit　　　　　　　　　B. Premier

C. PhotoShop　　　　　　　　D. Animator Pro

4. Cajviewer是哪种数据库全文的阅读软件？（　　　）

A. 超星数字图书馆　　　　　　B. 中国学位论文库

C. 中国知网　　　　　　　　　D. 中国科技期刊库

5. 以下哪一点不属于网络学习空间的内容（　　　）

A. 个人网络知识管理　　　　　B. 开展娱乐

C. 个人网络自主学习　　　　　D. 个人网络社交

6. 具有"辨别正误"这一特点的交互式电子白板的功能是（　　　）

A. 书写功能　　　　　　　　　B. 容器功能

C. 幕布功能　　　　　　　　　D. 拖动副本功能

7. 搜集与使用教学资源时，下列做法错误的是（　　　）

A. 要发挥网络教学资源的作用

B. 对别人的课件进行适当修改，以适于并在自己的教学中使用

C. 合理使用，有序管理

D. 只搜集电子资源而不需搜集使用常规的教学幻灯片、模型等教学资源

8. 以下属于高效课堂评价原则的是（　　　）

A. 学习过程评价与学习结果评价相结合，侧重于学习结果的评价

B. 对合作小组集体的评价与对小组成员个人的评价相结合

C. 侧重于小组成员个人的评价

D. 评价的内容可以不包括组员的参与情况

9. 在课堂上应用多媒体的过程中，以下做法正确的是（　　　）

A. 多媒体的使用能促进学生的学习，所以用得越多越好

B. 要把握演示的节奏，避免导致信息量过大，学生不能及时掌握

C. 教师只需专心于媒体演示，可以忽略与学生交流

D. 由于多媒体能将信息生动形象地呈现给学生，那么课堂上的信息尽量用课件呈现

10. 老师在讲授"圆明园的毁灭"时，需要让学生通过听录音、看视频、搜索圆明园的相关资料等方式走进文本，并以小组合作的方式解决问题：圆明园以前是如何的辉煌，它又是怎样被毁灭的？为了提高教学效率，他把学生带到了多媒体网络教室，对老师选择信息化教学环境不正确的说法是（　　　）

A. 实现教学信息呈现和教学资源共享

B. 体现了学生的自主探究学习

C. 为教师运用现代教育理论、教学模式和教学方法提供了优良的支持平台

D. 学生可以在网络上自行随意选择学习程序，有利于"因材施教"

11. 常见的网络信息系统不安全因素包括（　　　）

A. 网络因素　　　　　　　　　B. 应用因素

C. 管理因素　　　　　　　　　D. 以上皆是

12. 教师为学生提供了一个多媒体教学软件，要求学生自己在家自主学习课文，并完成练习题，教师则根据练习题判断学生自学的效果。这是信息化教学资源的（　　　）教学应用形态。

A. 课堂演示　　　　　　　　　B. 网络课程

C. 资料与工具　　　　　　　　D. 个别化学习

13. 一节语文课上，老师先采用故事导入，然后认读上一节课学习的词语，接着开始讲授新课。新课上完后，老师出题巩固，最后检查学生完成的情况。按照这样的步骤来学习，属于（   ）

A. 抛锚式教学策略　　　　　　B. 支架式教学策略

C. 五段教学策略　　　　　　　D. 先行组织者教学策略

14. 张老师让六年级的学生写一篇"我最向往的地方"的作文，学生先在网上自由遨游，选择祖国山河的壮丽一景，然后将文本、图形等进行重新加工，用Word写出一篇精美、感人的作文。在这个教学过程中，信息技术与课程整合的具体方式是作为（   ）

A. 演示工具　　　　　　　　　B. 个别辅导工具

C. 信息加工与知识构建工具　　D. 交流工具

15. 信息技术与课程整合的模式多种多样，下面（   ）不属于创新型模式。

A. 信息环境下的合作学习模式

B. 信息环境下的探究学习模式

C. 信息环境下的"主导—主体"教学模式

D. 基于计算机的操练与练习

16. 自主学习策略的基本过程，下列说法正确的是（   ）

A. 学生根据老师给的相关材料，总结出一般规律

B. 让学生通过对具体事例的归纳来获得一般法则，并用它来解决新的问题

C. 学生在观察老师的解题过程，通过学习也解答类似的题目

D. 教师指导学生完成特定的课题

17. 基于Web的学习模式中，属于主动地、小组形式的学习模式的是（   ）

A. 掌握式学习　　　　　　　　B. 异步讨论模式

C. 问题教学模式　　　　　　　D. 协作学习模式

18. 教师在组织学生进行合作学习时要注意（   ）

A. 培养学生自己解决冲突的能力

B. 让学生自由分小组

C. 仔细设计合作学习活动

D. 引导学生自己设计合作学习活动

19. 某小学在打造高效课堂，促进全面发展的理念下，在语文课堂上率先进行小组合作探究学习，对于这种教学组织形式下列描述不正确的是（　　　）

A. 小组学习有利于促进学生之间的交流

B. 为使小组成员更大程度地参与，小组人数应尽可能地少

C. 小组发言应采用民主的原则

D. 合作小组可以根据需要适时调整

20. 以下有关研究性学习的描述不正确的是（　　　）

A. 学生是研究性学习的主体

B. 广义上，学生自发的、个体的探究活动也是一种研究性学习

C. 教师在学生的研究性学习过程中主要负责传授和讲解知识

D. 研究性学习的主要目标是培养学生的创新精神和实践能力

二、判断题（每小题2分，共10分）

1. 信息技术条件下的一些教学过程是传统教学无法完成的，运用信息技术进行教学一定比传统教学效果好。　　　　　　　　　　　　　（　　　）

2. 在制作多媒体课件时，如果大量需要教科书上的文本，可以通过扫描仪将教材上的文字扫描到文字处理软件中，然后复制到课件中使用，以提高课件制作效率。　　　　　　　　　　　　　　　　　　　　　（　　　）

3. 网络探究学习任务的最终作品必须以多媒体形式呈现，如多媒体演示文稿、网页等。　　　　　　　　　　　　　　　　　　　　　　（　　　）

4. 与多媒体教室环境相比，网络教室环境的优势在于能够提供丰富的学习资源和便于交流的平台。　　　　　　　　　　　　　　　　　（　　　）

5. 根据信息技术与课程整合的不同程度和深度，可以将整合的进程大略分为三个阶段：封闭的、以知识为中心的课程整合阶段，开放式的、以资源为中心的课程整合阶段和全方位的课程整合阶段。　　　　　　　（　　　）

三、设计题（共50分）

请自选教学内容设计一份技术支持下的教学设计方案。

（参考答案二　见第362页）

参考答案一：

一、选择题

1. C　2. B　3. B　4. A　5. B　6. B　7. A　8. B　9. D　10. D

11. A　12. C　13. D　14. A　15. B　16. D　17. A　18. A　19. C　20. D

二、判断题

1. 错　2. 对　3. 错　4. 错　5. 对

参考答案二：

一、选择题

1. D　2. B　3. A　4. C　5. B　6. C　7. D　8. B　9. B　10. D

11. D　12. D　13. D　14. C　15. D　16. B　17. D　18. C　19. B　20. C

二、判断题

1. 错　2. 对　3. 错　4. 对　5. 对